全 世 界 无 产 者， 联 合 起 来！

列宁全集

第二版增订版

第十三卷

1906年5—9月

中共中央 马克思 恩格斯 列宁 斯大林 著作编译局编译

人民出版社

《列宁全集》第二版是根据中国共产党中央委员会的决定，由中共中央马克思恩格斯列宁斯大林著作编译局编译的。

凡　　例

1. 正文和附录中的文献分别按写作或发表时间编排。在个别情况下，为了保持一部著作或一组文献的完整性和有机联系，编排顺序则作变通处理。

2. 每篇文献标题下括号内的写作或发表日期是编者加的。文献本身在开头已注明日期的，标题下不另列日期。

3. 1918年2月14日以前俄国通用俄历，这以后改用公历。两种历法所标日期，在1900年2月以前相差12天（如俄历为1日，公历为13日），从1900年3月起相差13天。编者加的日期，公历和俄历并用时，俄历在前，公历在后。

4. 目录中凡标有星花*的标题，都是编者加的。

5. 在引文中尖括号〈　〉内的文字和标点符号是列宁加的。

6. 未说明是编者加的脚注为列宁的原注。

7.《人名索引》、《文献索引》条目按汉语拼音字母顺序排列。在《人名索引》条头括号内用黑体字排的是真姓名；在《文献索引》中，带方括号[　]的作者名、篇名、日期、地点等等，是编者加的。

目　　录

插　图

前　　言

本卷收载列宁在1906年5月至9月期间的著作。

1906年春夏两季,对待国家杜马的态度问题成了各政党和各派别进行激烈斗争的中心问题。布尔什维克采取的抵制第一届杜马选举的方针没有成功,因为当时革命的最大洪峰已经过去。1906年4月27日(5月10日),第一届国家杜马开幕。沙皇政府根本不打算把政权交给杜马。立宪民主党人在杜马中组成了人数最多的党团,准备靠牺牲人民的利益而同专制政府勾结。农民代表和民粹派知识分子代表组成的劳动派成为杜马的第二大党团,他们常常倾向于自由派资产阶级,同时又反映了农民群众的自发性反抗。在杜马外面,工人、农民和士兵掀起了反对专制制度的斗争。1906年第二季度,罢工斗争有显著的增长,参加罢工的人数约48万人。这一年夏季,农民运动重新发展起来,农民骚动蔓延了215个县,占俄国欧洲部分总县数的一半。军队中的革命斗争一直没有间断过。俄国社会民主工党在党的第四次(统一)代表大会上只是实现了形式上的统一。在代表大会以后,孟什维克和布尔什维克在革命的重大问题上继续坚持各自的观点和纲领。孟什维克通过它控制的党中央委员会推行其机会主义的策略路线,布尔什维克同这一路线进行了针锋相对的斗争。

本卷的第一篇文献《关于俄国社会民主工党统一代表大会的

报告(给彼得堡工人的信)》是列宁在党的第四次代表大会刚一结束时写的一本小册子。这本小册子详细报告了这次代表大会的工作及其决议,深刻论述了布尔什维克和孟什维克在土地问题、对革命局势和无产阶级任务的估计、对待国家杜马的态度以及武装起义问题上的不同立场和观点。

列宁着重批驳了孟什维克维护土地地方公有的论点,指出了主张把地主的土地分配给农民的"分配派"的错误,论证了布尔什维克提出的无偿地没收一切地主的土地、立即把它们交给农民革命委员会、在一定政治前提下实行全部土地国有化的土地纲领。列宁在本文中第一次说明了工人阶级及其政党利用议会的问题。列宁指出,社会民主党人"主张利用议会斗争,主张参加议会斗争,但是他们又无情地揭露'议会迷',即把议会斗争奉为**唯一的**或者说在任何条件下都是主要的政治斗争形式"。(见本卷第 34 页)列宁批评孟什维克帮助立宪民主党人传播立宪幻想,过高估计了立宪民主党人的作用,过低估计了革命民主派的作用。列宁认为,无产阶级的同盟者是农民的和革命的民主派,而不是摇摆不定的立宪民主党人。

列宁对代表大会作了简短总结并说明了今后的任务。列宁指出,代表大会的巨大的实际成就是实现了俄国社会民主工党在组织上的统一。列宁写道:"现在留下的是一项重大的、严肃的和非常重要的任务:在党组织中真正实现民主集中制的原则,——要进行顽强不懈的努力,使基层组织真正成为而不是在口头上成为党的基本组织细胞,使所有的高级机关都成为真正选举产生的、要汇报工作的、可以撤换的机关。"(见本卷第 59 页)列宁认为,代表大会的巨大的思想成就是更明确地划清了社会民主党右翼和左翼的界限。列宁指出，在统一的党内开展思想斗争对于促进党的健康发展，提高无产阶级的政治觉悟，防止一切使党脱离正确道路的倾向，是十分必要的，但这种思想斗争不应该分裂组织，不应该破坏无产阶级的行动一致，努力做到“讨论自由，行动一致”。

载入本卷的《新的高潮》、《关于目前的政治局势》、《军队和人民》、《暴风雨之前》等文章，分析了政治局势和无产阶级及其政党在这个阶段的任务，竭力使当时俄国开始出现的局部的革命新高潮带有尽可能多的自觉性和组织性，阻止群众的过早发动。列宁在《新的高潮》一文中指出，不应当加速事变的进程，现在促进爆发没有好处，应当使无产阶级和农民更有准备地迎接新的决定性的斗争。列宁在《暴风雨之前》一文中写道，俄国革命正走着一条艰苦的道路，“在每一次高潮之后，在每一次局部胜利之后，接着便是失败、流血和专制政府对自由战士的残暴迫害。但是，在每一次‘失败’之后，运动愈来愈壮阔，斗争愈来愈深入，各个阶级和集团的群众愈来愈多地卷入和参加到斗争中来”（见本卷第 328 页）。

收进本卷的《杜马和人民》、《立宪民主党人阻碍杜马面向人民》、《连讨价还价也不肯！》、《救济饥民和杜马的策略》、《立宪民主党杜马把钱交给了大暴行制造者的政府》、《大胆的攻击和胆怯的防御》等文章，揭露了杜马这个虚假议会的软弱无力，揭露了立宪民主党人的两面派手法和怯懦行为，强调了议会外的斗争的策略。列宁指出，立宪民主党杜马的利益是同人民群众的利益相对立的，杜马代表的是同沙皇政府的利益紧密交织在一起的资产阶级的利益，因此，能够解决土地和自由问题的，只有劳动者的革命斗争，而不是杜马。列宁 1906 年 5 月 9 日（21 日）在彼得堡帕宁娜伯爵夫人民众文化馆召开的讨论杜马活动的群众大会上发表演说，申明布尔什维克对待杜马和参加杜马的各个党派的态度，揭露立宪民主党人力图同专制政府勾结。与会者通过了列宁提出的决议。决议指出，专制政府的行为以及农民和全体人民的需要完全得不到满足的事实，已经使杜马外的、人民争取掌握全部政权的决战成为不可避免。

孟什维克号召人民群众支持整个杜马，他们迎合立宪民主党人，把杜马看做革命力量的"团结中心"。在《糟糕的建议》、《普列汉诺夫同志是怎样论述社会民主党的策略的？》、《谁赞成同立宪民主党结成联盟？》、《立宪民主党的应声虫》等文章中，列宁揭露孟什维克充当立宪民主党的奴仆的作用，批判孟什维克无视杜马的阶级实质，把立宪民主党的杜马当成全体人民的代表机关，鼓吹社会民主党同立宪民主党结成联盟，追随立宪民主党的改良主义而出卖革命的领导权。列宁要求区别对待各资产阶级党派：应当支持革命民主派，因为只有农民才能成为无产阶级的可靠同盟军；必须反对妥协的资产阶级，因为自由派资产阶级力图保持旧政权，同专制政府分享政权。他指出，孟什维克的策略使无产阶级政党的利益屈从于资产阶级的利益，妨碍群众认清立宪民主党的真正本质。

1906年5月13日（26日），沙皇大臣会议主席哥列梅金拒绝立宪民主党杜马为答复沙皇演说而提出的所有要求。杜马通过了一项表示不信任内阁并要求更换内阁的决议。孟什维克控制的社会民主工党中央委员会提出"以杜马任命的内阁代替现有内阁"的口号，表示支持杜马关于用杜马任命的责任内阁即立宪民主党内阁取代哥列梅金内阁的要求。载入本卷的《关于杜马组阁的口号》、《无产阶级的策略和目前的任务》、《让工人来决定》、《为政权而斗争和为小恩小惠而"斗争"》、《关于内阁的谈判》、《再论杜马内阁》等文章，坚决反对组成“杜马责任内阁”这个立宪民主党的口号，揭露自由派资产阶级同专制政府关于瓜分政权的幕后谈判，批判中央委员会的机会主义错误。列宁指出：无产阶级进行斗争，资产阶级则窃取政权；组织杜马内阁或立宪民主党内阁不过是用虚伪的宪法粉饰专制政府，只可能是让专制政府同自由派资产阶级结合起来反对革命的工人和农民；支持组织杜马内阁，就会腐蚀人民的革命意识，模糊革命斗争的根本任务，削弱无产阶级的独立性和战斗力。列宁为俄国社会民主工党彼得堡委员会起草的关于对国家杜马的态度的决议和关于杜马组阁问题的决议，成了布尔什维克同孟什维克在对杜马的态度问题上进行辩论的纲领。这两个决议明确表示，不能支持杜马组成内阁的要求，应该建立由杜马中的革命分子组成的执行委员会，以便在反对沙皇政府的斗争中统一行动。

第一届国家杜马中的社会民主党代表是支持孟什维克的。列宁密切注视他们的活动。在收入本卷的《国家杜马中的工人团》、《社会民主党人在梯弗利斯选举中的胜利》、《关于工人代表的呼吁》、《团结起来！》、《关于我们杜马党团的宣言》、《资产阶级的谴责和无产阶级的号召》、《杜马内的政党和人民》等文章中，列宁称赞并支持俄国最早参加议会活动的工人代表的每一个正确的行动，同志式地批评他们的失算和错误。列宁认为，社会民主党代表在杜马中的工作是困难的，错误在开始时也是难免的。所有党员有责任指出他们在杜马中的成就，实事求是地批评他们的错误，帮助他们完成艰巨的任务。列宁欢迎工人代表的第一个重大的独立行动，即发表《告俄国全体工人书》，同时又警告他们不要轻信自由派资产阶级。列宁指出，工人代表应当支持的不是整个杜马，而仅仅是劳动派。列宁建议工人代表推动劳动派完全独立地行动，真正捍卫革命农民的利益。列宁认为，社会民主党党团1906年6月16日（29日）在杜马宣读的宣言是一个严重错误。这个宣言是以孟什维克中央委员会所赞同的宣言草案为基础的。它避而不谈无产阶级的革命任务和无产阶级对待杜马内各个党派的态度，竟说杜马会成为反对警察专制的全民运动的中心。布尔什维克发表了社会民主党党团拒绝采纳的列宁拟定的宣言草案。列宁在把发生的意见分歧交给群众评判时指出，社会民主党党团脱离了俄国社会民主工党统一代表大会的决议而向右转了。尽管社会民主党党团存在不彻底性，由于布尔什维克和列宁的影响，他们在杜马讨论的许多问题上基本上都站在正确的立场上。

土地问题在俄国政治生活和经济生活中占据中心地位。1906年6月，杜马内开始了土地问题的辩论。劳动派反映了农民群众要求立即解决土地问题的愿望。布尔什维克的杜马策略是要使劳动派脱离立宪民主党人的影响，建立无产阶级和革命民主力量的联盟。编入本卷的《农民团或"劳动"团和俄国社会民主工党》、《杜马中的土地问题》、《既不给土地，也不给自由》、《土地问题和争取自由的斗争》、《立宪民主党、劳动派和工人政党》等文章，批判立宪民主党的土地纲领，指出劳动派的不彻底性和解决土地问题的正确途径。在杜马中，对于土地问题主要有两种解决办法——立宪民主党的办法和劳动团即农民代表的办法。立宪民主党提出的土地法案（《42人法案》）规定保存地主占有制，只是准许用赎买的办法转让那些农民用自己的农具耕种或租佃的地主土地。列宁指出，这是维护地主的利益，而对农民只作一些不得已的让步。赎买土地的结果是牺牲贫苦农民的利益而加强富农，从而分裂农民，削弱争取自由和全部土地的斗争。农民代表提出的土地改革法案(《104 人法案》)要求强制转让地主、官家、皇室、皇族、寺院、教会的土地,根据劳动定额平均使用土地。列宁指出,这个法案中的土地普遍平均使用制是小资产阶级空想社会主义。他解释说,在现存制度下,土地问题不能解决,因为只要保存资本主义的基础,即使是最公平地分配土地,还会重新产生剥削和不平等。他把立宪民主党的和劳动团的土地纲领作了比较以后指出,劳动团在反对地主土地所有制和反对一般土地私有制的斗争方面更为坚决,工人政党应当支持劳动团反对立宪民主党。孟什维克却认为立宪民主党的纲领更进步一些。列宁写道,孟什维克的错误是不善于把革命民主派从整个资产阶级民主派中区分出来,他们由于害怕接近社会革命党而过分地靠近了立宪民主党。列宁认为,农民实际上要求的不是土地改革,而是土地革命,应当让劳动团懂得,土地问题将不是在杜马内得到解决,而是要靠人民和旧政权的斗争来解决。

1906 年 6 月 20 日(7 月 3 日),沙皇政府发出通报,宣布不得侵犯地主占有制,不准强制转让土地。列宁在《大胆的攻击和胆怯的防御》和《杜马内的政党和人民》这两篇文章中指出,这是反动的专制政府对人民的真正宣战。他批评社会民主党党团没有独立地发表告人民书和争取反政府斗争的主动权,没有把革命农民中的优秀分子争取到社会民主党方面来。

沙皇政府对农民运动的发展和杜马中关于土地问题的讨论感到惊慌。它在 7 月 8 日解散了杜马,以此显示它不容许地主占有制遭受任何损害的意志。孟什维克的中央委员会面对杜马的解散完全陷于惊慌失措。它不号召群众准备和组织武装起义,却号召群众对解散杜马进行局部的抗议活动。列宁在《杜马的解散和无产阶级的任务》和《政治危机和机会主义策略的破产》这两篇文章中，评论了第一届国家杜马的解散这一政治事件，指出即将到来的斗争不是争取建立人民代表机关，而是争取创造不能驱散或解散人民代表机关的条件，即要推翻专制政府。为此，要把群众性的政治罢工和武装起义结合起来，起义的目的不只是消灭一切地方政权，而且还要夺取地主的土地。关于起义的组织问题，列宁提议在各地建立工人代表苏维埃、农民委员会和类似的机关，并且要广泛宣传同时举行起义的必要性，要立即准备起义的力量，组织群众的自由结合的战斗队。列宁严厉批判了孟什维克在杜马解散以后的策略路线。他指出，事件的客观进程向无产阶级和农民提出的斗争任务不是争取召集没有权力的杜马，而是争取推翻专制制度并召集真正有权力的人民代表机构即立宪会议。时机正是要求利用杜马的解散作为理由来大张旗鼓地进行鼓动，号召举行全民的起义。

1906 年 7 月在斯维亚堡、喀琅施塔得和雷瓦尔（现塔林）先后过早举行的海军起义被反动势力镇压下去了。布尔什维克号召工人阶级、革命农民和军队中的先进部分吸取武装起义的经验教训，准备向专制制度进攻。本卷中的《莫斯科起义的教训》和《滚开吧！》这两篇文章，总结了 1905 年莫斯科十二月武装起义的历史经验，论述了武装起义的组织问题和策略问题。在《莫斯科起义的教训》一文中，列宁分析了 1905 年 12 月莫斯科武装起义的各个具体事件，从中总结了罢工转向起义的客观条件、进行起义的方式、军队转到人民方面来的条件、起义的战术、起义力量的组织等方面的经验教训。列宁着重论述了把总罢工转变为武装起义的问题。他把无产阶级的群众性斗争由罢工发展成起义的转变称为俄国革命在1905年十二月事件中取得的最伟大的历史成果。他针对普列汉诺夫所说的“本来就用不着拿起武器”的言论写道:“正好相反,本来应该更坚决、更果敢和更富于进攻精神地拿起武器,本来应该向群众说明不能单靠和平罢工,必须进行英勇无畏和毫不留情的武装斗争。”(见本卷第367页)他批判了孟什维克鼓吹的消极等待军队转向革命的观点。他认为,应该积极、大胆、机智、主动地争取军队转到革命方面来。列宁肯定了莫斯科起义创造的新的街垒战术和新型的战斗组织,即游击战争的战术和相应建立的一些机动的人数很少的队伍。列宁在《谈最近的事件》、《滚开吧!》和《关于波兰社会党的游击行动》三篇文章中斥责了攻击和败坏游击战术的言行。

在革命低落的情况下,布尔什维克需要根据新的形势改变自己的策略,其中包括重新考虑是否抵制杜马的问题。列宁在1906年8月写的《论抵制》一文中,作出了从抵制杜马的策略转向利用杜马讲坛揭露沙皇制度和资产阶级的必要性的结论。他写道:“第二届杜马一旦(或者说:“如果”)召集起来,我们就不拒绝参加第二届杜马。我们不会拒绝利用这个斗争舞台,但决不夸大它那有限的意义,恰恰相反,我们将根据历史的经验,使它完全服从于另一种斗争,即采取罢工、起义等形式的斗争。”(见本卷第340页)

本卷文献比《列宁全集》第1版相应时期的文献增加3篇《报刊评论》。另外,1906年6月28日(7月11日)发表的一篇《报刊评论》的前一部分是第1版未曾收入的。

弗·伊·列宁
（1900年）

关于俄国社会民主工党统一代表大会的报告

（给彼得堡工人的信）[1]

（1906年5月上半月）

同志们！我被你们选为代表出席了俄国社会民主工党统一代表大会[2]。现在我不能亲自到彼得堡来，因此请允许我提出一个关于代表大会的书面报告，并且顺便谈一谈对代表大会的一些看法。

在谈正题以前，应当先作一个重要的说明。参加这次代表大会的有120人或者还多一点，开了将近30次会议，要把代表大会上发生的一切事情丝毫不差地记住，是根本不可能的。我是代表大会常务委员会的主席之一，此外还参加了其他几个委员会的工作，因此我在代表大会期间不可能记笔记。没有笔记，光靠记忆是不行的。由于忙于委员会的工作，或者由于一些偶然的原因和个人的事，有些会议我没有出席，因此代表大会上的许多个别情节和个别代表的发言我根本没有听到。代表人数比较少的前两次（第二次和第三次）代表大会[3]的经验告诉我，即使注意力高度集中，也完全不可能把代表大会的情况都确切地记在脑子里。在第二次和第三次代表大会记录印出后，我阅读了这些记录，虽然我亲自参加了代表大会，但是却像读一些新书一样，因为这些记录确实使我知道了不少新的事情，纠正了我对代表大会的许多不确切或不完整的印象。因此，我恳切地提醒你们，这封信只是一个粗略的报告，是一定要根据代表大会的记录加以订正的。

一

代表大会的成员

先谈一下代表大会成员的一般情况。大家知道，有表决权的代表是按每300个党员选举1名代表的规定选举出来的。有表决权的代表一共有110名左右，在代表大会开始时好像要少一些（没有到齐）；在代表大会快结束时大概有113名。有发言权的代表中有5名中央机关报的编辑（"少数派"3名，"多数派"2名，因为我已经得到了你们的有表决权的代表委托书）和5名（如果我没有记错的话）统一的中央委员会的委员。其次有发言权的还有各组织的没有表决权的代表和某些代表大会特邀代表（"土地委员会"[4]委员2名，还有普列汉诺夫和阿克雪里罗得，以及阿基莫夫同志和其他一些人）。有发言权的还有工人人数在900名以上的大的组织（彼得堡、莫斯科和南方区域组织）的几位代表。最后，有发言权的还有各民族社会民主党的代表：波兰社会民主党[5]3人，拉脱维亚社会民主工党[6]和犹太组织（崩得）[7]各3人，乌克兰社会民主工党（这个名称好像是在乌克兰革命党[8]最近一次代表会议上通过的）1人。有发言权的一共有30人，或者还要多一些。就是说，总共不是120人，而是140多人。

有表决权的代表如果按照在策略纲领上的"倾向"，或者不妨说按照派别立场划分，情形大致是这样：孟什维克 62 名，布尔什维克 46 名。在代表大会的多次“派别性的”表决中，至少这个数字我是记得最清楚的。当然有一部分代表是不坚定的，或者说在某些问题上是动摇的，用议会的术语来说，这就是所谓“中派”或者“泥潭派”。虽然根据投票情形被我划为孟什维克的一些同志也自命为“调和派”或“中派”，但代表大会上“中派”的力量还是很弱。在代表大会的比较重大的几次表决中，我记得只有一次（关于崩得同党合并的问题的表决）这些“孟什维克调和派”是真正没有表现派别倾向地投了票。这一次表决，我记得是以 59 票的多数战胜了派别倾向十足的孟什维克，详细情况下面再谈。

总的来说是 62 比 46。代表大会是孟什维克的代表大会。孟什维克拥有巩固的和稳定的优势，这就使他们甚至能够事先进行协商，从而预先确定代表大会的决议。既然有一个固定的紧密结合的多数，在派别会议上私下进行协商实际上是十分自然的事情，所以当某些代表，特别是所谓的中派的代表抱怨这一点时，我在同代表们的谈话中把这种抱怨叫做“中派对自己力量薄弱的抱怨”。有人曾经试图把派别会议问题提到代表大会上来讨论，但是这个问题被撤销了，因为事实表明，反正派别已经结成，派别会议已经也可以让局外人参加，这些会议已经可以成为“公开”的会议。[9]例如在代表大会快结束时，中央委员会的成员问题（像下面就会看到的）实际上不是通过代表大会的选举，而是通过派别的简单“协商”解决的。现在我不想评论这种现象。在我看来，为这种现象而难过是没有什么用的，因为在旧的派别划分没有消除以前，这种现象是完全无法避免的。

至于派别内部的分歧，我要指出，这种分歧只是在土地问题

（一部分孟什维克反对地方公有，布尔什维克则分为主张实行分配土地的“罗日柯夫派”和主张没收土地、在共和制条件下实行国有化的一派）以及同崩得联合的问题上明显地出现过。其次，令人注意的是孟什维克中的那个在《开端报》[10]上已经明显地表现出来的、党内习惯于把它同帕尔乌斯同志和托洛茨基同志的名字联在一起的派别完全不见了。的确，在孟什维克中间可能有“帕尔乌斯派”和“托洛茨基派”（例如有人肯定地对我说，他们大概有 8 个人），但是，由于取消了临时革命政府这个问题，他们没有能够有所表现。然而更有可能的是，由于代表大会召开以前本来同普列汉诺夫的《日志》[11]不一致的孟什维克在代表大会上普遍地转到了普列汉诺夫方面，于是“帕尔乌斯派”也向右走了那么一步。我只记得一件事情，也许就是孟什维克中的“帕尔乌斯派”迫使全体孟什维克稍微改变了一下态度。这就是关于武装起义问题的事件。委员会的领导人普列汉诺夫修改了孟什维克原来的决议，把“争取政权”（决议的这个地方谈到运动的任务）改成了“用强力争取权利”（或者“夺取权利”——我记不太清了）。这个修正案的机会主义是这么明显，以致在代表大会上遭到了最激烈的反对。我们有力地抨击了这个修正案。孟什维克的队伍发生了动摇。我不太清楚是不是召开了派别会议，在派别会议上发生了什么事情；有人告诉我有 10 个倾向于“帕尔乌斯主义”的孟什维克声明他们坚决不同意修正案，我不知道这个消息是不是确实。事实是：在代表大会上发生争论以后，普列汉诺夫不肯把这个问题提交表决，自己撤销了修正案，他的借口（在外交手腕上也许是巧妙的，但也是令人可笑的）是在“修辞”上不值得大肆争论。

最后，在结束代表大会成员问题的时候，我还想谈一谈代表资

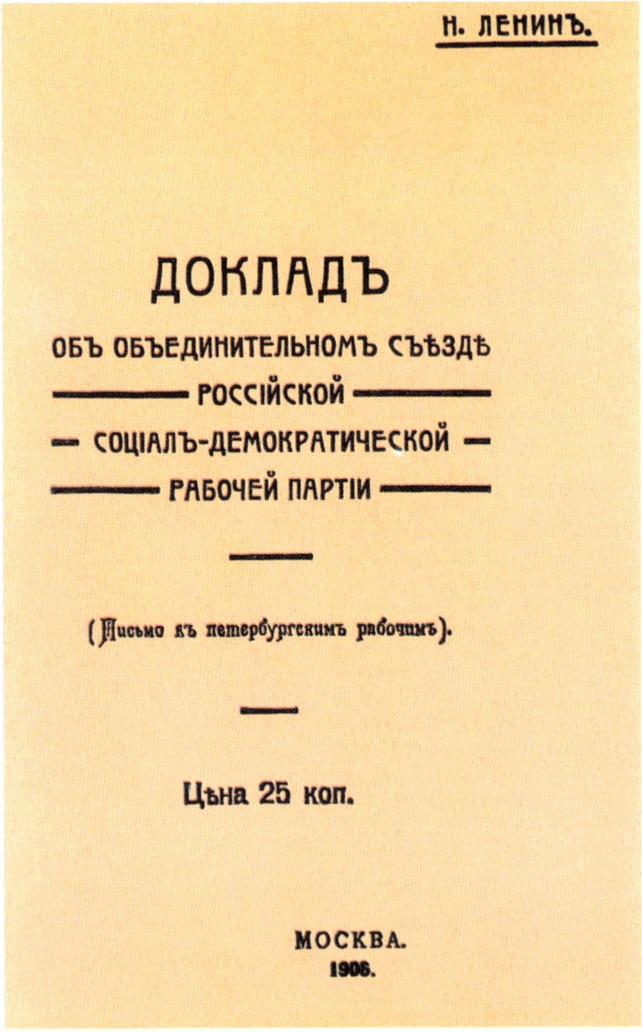

1906 年列宁《关于俄国社会民主工党
统一代表大会的报告(给彼得堡工人的信)》小册子封面
(按原版缩小)

格审查委员会(代表大会成员审查委员会)。代表资格审查委员会有过两个,因为代表大会选出的第一个委员会全体辞了职。[12]这是前几次代表大会上从来没有见过的非常突出的事情,这件事至少证明在代表大会成员的审查工作中有极端不正常的地方。我记得第一个委员会的主席是一位调和派,最初他也博得了我们这一派的信任。既然他没有能把自己的委员会统一成一个整体,既然他和整个第一个委员会都被迫辞职,可见这位调和派已经没有能力调和了。代表大会上因代表资格审查委员会的报告而引起的斗争的详细情况我简直没有注意到。当时一再发生很激烈的斗争,有几位布尔什维克的代表资格被取消,人们的情绪非常激动,在第一个委员会辞职的时候几乎发展到爆发的地步,而当时我正好不在场。我还记得一件也同确定代表大会成员有关的显然相当重要的事情。这就是梯弗利斯工人(大概有 200 人)曾经对梯弗利斯代表团的代表资格提出抗议,这个代表团几乎全都是孟什维克,其人数也非同一般,大概有 11 人之多。这个抗议书在代表大会上宣读了,因此想必已经记录在案。[13]

只要这两个代表资格审查委员会是比较仔细地完成自己的工作,认真地起草关于代表资格审查和各地代表大会代表选举情形的报告的,那么委员会的工作也必定已经记录在案。是不是这样做了,记录中是不是有这个报告,我不知道。如果没有,那么毫无疑问,委员会没有仔细认真地完成自己的任务。如果有,上面我所说的话可能有很多地方就要加以订正,因为在这样一个非原则性的十分具体的事务性问题上,凭一般印象是特别容易出错的,所以特别须要仔细研究文件。

为了把一切形式上的问题作一结束而尽快转到更有意义的原

则性问题上去，我要顺便再谈一谈记录问题。我担心我们代表大会在这方面的工作也会比第二次和第三次代表大会差一些。这两次代表大会的记录全部是经代表大会批准的。统一代表大会的各位秘书破天荒地这样失职，代表大会破天荒地这样匆匆忙忙结束（尽管已经从代表大会的议程中撤销了许多极重要的问题），以致**没有**能够把全部记录拿到代表大会上批准。记录委员会（孟什维克2名，布尔什维克2名）在代表大会结束后获得了从未有过的广泛而模糊不清的大权：批准没有完成的记录。如果发生意见分歧，委员会就得请在彼得堡的代表大会代表解决。所有这一切都令人十分忧虑。我担心我们会得不到像第二次和第三次代表大会那样好的记录。诚然，我们有两位速记员，有些发言差不多会全文记录下来，而不像从前那样只是作一些摘要，但是代表大会上所有争论的完备的速记记录是根本谈不到的，因为正像两位速记员再三向代表大会声明的那样，他们两个人是根本不能胜任这样的工作的。我是主席，所以我竭力坚持秘书至少要提供好的摘要，哪怕十分简短；我说，可以把个别发言的速记记录作为对记录的额外的补充；但是，必须有最根本的东西，就是说，不是要有个别的发言，而是要有所有一切争论的发言，即使是摘要也好。[14]

二

常务委员会的选举。代表大会的议程

现在我按会议的程序来谈一谈代表大会的工作。选举常务委员会的表决是第一次表决，实际上这次表决预先决定了代表大会一切最重要的问题的表决(不管局外人觉得这是多么奇怪)。有将近 60 票(如果我没有记错的话,大概是 58 票)选了普列汉诺夫和唐恩,不少选票上没有填第三个候选人而留下了空白。有 40 多票或者将近 40 票选了我。后来“中派”有所表现了,他们忽而给这个候选人忽而给那个候选人增加 10 票或 15 票。结果好像普列汉诺夫以 69(或者 71?)票,唐恩以 67 票,我以 60 票当选。

关于代表大会议程问题的争论有两次是很有意义的,这两次争论很清楚地说明了代表大会的成分和性质。第一个争论是要不要把同各民族社会民主党合并的问题列为第一项议程。各民族党当然希望这样做。我们也赞成。孟什维克却否决了这一点,他们的理由是:应当先让俄国社会民主工党自决,然后再同别人合并,应当先让“我们”自己决定“我们”**怎样**,然后再同“他们”合并。对于这个理由(这个理由从心理学上看是完全可以理解的,从孟什维克的派别观点上看也是正确的),我们反驳说:否认各民族党有权同我们**一起**自决难道不奇怪吗?既然“他们”同“我们”合并,那么“我们”就要一起而且应该一起(包括他们在内)来决定“我们”**怎样**。还必须指出,关于波兰社会民主党的问题,早在代表大会开幕前,统一的中央委员会就已经达成了关于完全合并的协议。尽管如此,把这个问题列入第一项议程的提议还是被否决了。波兰代表团团员瓦尔沙夫斯基同志公开地反对这一点,甚至冲着孟什维克大声喊叫起来,使整个会场都发笑了,他对孟什维克说:你们想首先“吃掉”或者“咬死”布尔什维克,然后再同我们合并!这当然是开玩笑,而且我是最不喜欢在诸如“吃掉”这样一些“可怕的字眼”上挑剔的,但是这个玩笑对当时那种独特的政治形势却是一种突出的、非常中肯的评价。

第二个有意义的争论，是要不要把我国革命的目前形势和无产阶级的阶级任务的问题列入代表大会议程。根据我们在《党内消息报》[15]第 2 号上的声明①，我们布尔什维克当然是赞成的。从原则上来看，下面这个根本问题无论如何是回避不了的：革命是不是真正在走向高涨，在当前的客观条件下，现在革命运动的哪些形式是主要的，由此产生了无产阶级的哪些任务。孟什维克根本反对把这个问题列入代表大会议程，因而陷入了很难令人羡慕的境地。他们借口说什么这是一个理论问题，在这些问题上不能用决议来束缚党等等，这种任意杜撰和编造的做法实在令人吃惊。大概是唐恩，他竭力反对把这个问题列入议程，当时大会上另一位发言人反驳唐恩的发言，拿出了《党内消息报》第 2 号，心平气和地读了孟什维克策略纲领中的几个“致命的字眼”：“我们”（正是我们，孟什维克），“我们承认，并且**建议代表大会承认**”。结果引起了哄堂大笑。这位发言人问道：同志们，怎么会这样呢？怎么会昨天“我们建议代表大会承认”，而今天“我们建议代表大会”不要讨论这个问题呢？这个问题列入了代表大会议程，但是孟什维克后来还是坚持自己的意见。关于这一点，下面我们还要谈到。

三

土 地 问 题

代表大会首先提出的是土地问题，或者更确切些说，是土地纲

① 见本版全集第 12 卷第 200 页。——编者注

领问题。争论是很大的。提出了许多非常有意义的原则问题。一共有 5 个报告人：我维护土地委员会的草案（刊印在《修改工人政党的土地纲领》这本小册子上）①，反对马斯洛夫的地方公有。约翰同志维护地方公有。第三个报告人普列汉诺夫维护马斯洛夫，并且企图使代表大会相信，列宁的国有化是社会革命党[16]和民意党[17]的思想。第四个报告人施米特维护按“A 方案”（这个方案见前面提到的小册子）②精神修改的土地委员会的草案。第五个报告人波里索夫维护分配。他的纲领在结构上很独特，但在实质上同我们的纲领最相近，只是要把土地分给农民所有，而不是实行以建立共和制为前提的国有化。

不言而喻，在这个报告中要详细说明涉及十分广泛的辩论的一切情形，我是无能为力的。因此我尽量只谈主要的东西，也就是说只谈“地方公有”的实质和那些反对以建立共和制等为前提的国有化的理由。同时我要指出，普列汉诺夫对问题的提法是整个争论的焦点，因为这种提法带有强烈的论战性，这对于分清各种不同的基本思想倾向往往是有益的，是理想的。

“地方公有”的实质是什么呢？“地方公有”就是把地主的土地（或者更确切些说，是大私有者的全部土地）交给地方自治机关，或任何地方自治机构。农民的份地和小私有者的土地应该仍归他们所有。大地产则“转让”，交给按民主原则组织起来的地方自治机构。简单地说就是：农民的土地仍归农民所有，而地主的土地农民可以向地方自治机关租佃，不过是向民主的地方自治机关租佃。

我是第一个报告人，我坚决地反对这个草案。这个草案不是

① 见本版全集第 12 卷第 240—241 页。——编者注
② 同上书，第 241 页。——编者注

革命的。农民不会拥护这个草案。如果没有十分彻底的民主国家制度直到实行共和制，如果不实行人民选举官吏，如果不取消常备军等等，这个草案是有害的。这是我的三个主要理由。

我认为这个草案不是革命的草案。第一，因为这个草案中说的是一般的转让而不是没收(不付赎金的转让)；第二(这也是主要的)，因为这个草案中没有号召以**革命的方式**实行土地改革。在立宪民主党人[18]这些要人民同专制制度妥协的伪善的妥协分子也自称为民主派的时候，侈谈所谓民主就等于什么也没有说。如果不提出口号，号召农民自己**立即**就地即通过各地革命农民委员会夺取土地，并由农民自己**处置**所夺取的①土地直到全民立宪会议的召开，那么任何土地改革都只能是自由派官吏的**改良**，立宪民主党人的改良，而不是农民革命。如果不提出这样的口号，那么我们的纲领将是立宪民主党人的或半立宪民主党人的土地改革纲领，而不是农民革命的纲领。

其次，农民不会拥护地方公有。实行地方公有，就是份地由农民无偿地占有，而地主的土地则要向地方自治机关租佃。革命的农民不会同意这一点。他们或者会说：我们要分配全部土地，或者会说：我们要把全部土地变成全体人民的财产。地方公有的口号永远不会成为革命农民的口号。如果革命胜利了，那么革命**无论如何**不会停留在地方公有上。如果革命没有胜利，那么“地方公有”只会成为一种像1861年改革[19]一样的对农民的新的欺骗。

---

①　在我的草案中用的是“所没收的”。波里索夫同志正确地指出了这是一种错误的说法。应该说：“所夺取的”。没收是法律认可的、法律批准的夺取。我们应该提出没收的口号。为了实现这个口号，我们应该号召农民**夺取**。农民的这种夺取应该由全民立宪会议加以认可，使之合法化，全民立宪会议作为人民专制的最高机关，将根据自己颁布的法律把夺取变成**没收**。

现在谈一谈我的第三个主要理由。如果以一般的"民主制"为前提,而不是以特定的共和制和人民选举官吏为前提,那么地方公有是有害的。地方公有就是把土地交给地方政权机关,交给地方自治机构。如果中央政权不是**彻底的**民主的(共和制等等),那么地方政权只能在琐碎的事情上实行"自治",只能在脸盆镀锡[20]的问题上独立自主,只能实行亚历山大三世时期我国地方自治机关曾经有过的那么多的"民主"[21]。而在重大问题上,特别是在地主土地占有制这种根本性的问题上,地方政权的民主制对不民主的中央政权来说简直是玩具。如果没有共和制和人民选举官吏这个前提,地方公有就意味着把地主的土地交给选举出来的地方当局,尽管中央政权还是掌握在特列波夫和杜巴索夫手里。这样的改革简直是开玩笑,而且是有害的玩笑,因为特列波夫和杜巴索夫之流会把修建自来水和电车等权利交给选举出来的地方当局,而永远**不会**把从地主那里夺来的土地交给它们。特列波夫和杜巴索夫之流一定会把这些土地从归地方自治机关"管辖"**转到**归内务部"管辖",农民一定会受三倍的欺骗。因此必须号召大家打倒特列波夫和杜巴索夫之流,由人民选举一切官吏,不要不这么做或者在这么做之前去设计一套自由派的地方改良的玩具式的模型。

普列汉诺夫维护地方公有的理由有哪些呢?他在他的两次发言中最突出地提出的是**防止复辟的保证**问题。他的这个独到的理由可以概述如下。土地国有化曾经是彼得一世以前的莫斯科罗斯[22]的经济基础。我们目前的革命和其他任何革命一样,都没有防止复辟的保证。因此,为了防止复辟(即为了防止革命前的旧制度复活),正是在国有化问题上要特别小心从事。

孟什维克觉得普列汉诺夫的这个理由非常有说服力,因此他们兴高采烈地给普列汉诺夫鼓掌，特别是为他的攻击国有化的“骂人字眼”（社会革命党思想等等）鼓掌。但是只要稍微想一想，就会相信这个理由纯粹是诡辩。

现在首先来看一看“彼得一世以前莫斯科罗斯的国有化”吧。我们且不说普列汉诺夫的历史观点实际上是进一步夸大了的、自由主义民粹派对莫斯科罗斯的看法。我们只要翻一翻克柳切夫斯基、叶菲缅科等人的著作就可以知道，谈论彼得一世以前的俄国土地国有化是不严肃的。不过，我们还是先撇开这些历史考查工作吧。我们暂且假设，在彼得一世以前的莫斯科罗斯，在17世纪，真正实现了土地国有化。从这里得出什么结论呢？按照普列汉诺夫的逻辑得出的结论是，实行国有化就会使莫斯科罗斯易于复辟。但是，这样的逻辑恰恰是诡辩，而不是什么逻辑，或者说这是文字游戏，而对现象的经济基础或概念的经济内容根本不加分析。即使莫斯科罗斯实行过（或者：如果说莫斯科罗斯实行过）土地国有化，这个土地国有化的经济基础也是**亚细亚生产方式**。但是在俄国，**资本主义生产方式**从19世纪下半叶起就确立起来了，到了20世纪已经占了绝对的优势。这样，普列汉诺夫的这个理由还剩下什么呢？他把以亚细亚生产方式为基础的国有化和以资本主义生产方式为基础的国有化混为一谈了。他只看到字眼相同，而忽略了经济关系即生产关系上的根本差别。他立论于莫斯科罗斯的复辟（即想象中的亚细亚生产方式的复辟），而实际上谈的却是像波旁王朝复辟（他曾谈到这次复辟）这样的政治复辟，也就是以资本主义生产关系为基础的反共和制统治形式的复辟。

在代表大会上有没有人向普列汉诺夫指出他把事情弄混了呢？有的。有一位在代表大会上叫杰米扬的同志在发言中说，普列汉诺夫企图用“复辟”来恐吓我们，但是这是毫无用处的。从他的论证的前提得出的是莫斯科罗斯的复辟，即亚细亚生产方式的复辟，即在资本主义时代纯粹不可思议的东西。而从他的结论和他所举的例子得出的则是由拿破仑实行的帝国复辟，或法国资产阶级大革命之后波旁王朝的复辟。但是这样的复辟和资本主义以前的生产方式没有任何关系。这是第一。第二，**这样的**复辟恰巧不是土地国有化的结果，而是出卖地主土地的结果，也就是说，这是采取极端资产阶级的、纯粹资产阶级的措施，采取绝对加强资产阶级的即资本主义的生产关系的措施的结果。这就是说，普列汉诺夫拉扯上的**不管哪一种**复辟，无论是亚细亚生产方式的复辟（莫斯科罗斯的复辟），还是 19 世纪法国的复辟，都同国有化问题绝对无关。

普列汉诺夫同志对杰米扬同志的这些完全无法辩驳的理由是怎样回答的呢？他回答得非常巧妙。他大声说，列宁是社会革命党人，而杰米扬同志给我喝了一种可以说是杰米扬的鱼汤[23]。

孟什维克兴高采烈。他们听到普列汉诺夫的这句出色的俏皮话笑得要死。雷鸣般的掌声震动了整个会场。而关于普列汉诺夫提出的复辟能不能自圆其说的问题，却被孟什维克的代表大会完全取消了。

当然我丝毫不想否认，普列汉诺夫的精彩回答不仅是一句出色的俏皮话，如果您高兴的话，甚至可以说是出自马克思主义者的深思熟虑。但是我仍然认为，普列汉诺夫同志完全被莫斯科罗斯的复辟和 19 世纪法国的复辟搞糊涂了。我想“杰米扬的鱼汤”一定会成为一个“有历史意义的说法”，不过不是用在杰米扬同志身上（像因普列汉诺夫的出色的俏皮话而欣喜若狂的孟什维克所想象的那样），**而是用在普列汉诺夫同志身上**。至少在统一代表大会上就有一些代表在谈论普列汉诺夫的发言时提到了"莫斯科的三鲜汤"[24]和"香肠的俏皮话"，因为普列汉诺夫同志谈到在目前俄国革命中夺取政权的问题时，为了让他的那些孟什维克开心，曾经讲过一个关于法国某个外省小城市里一位公社战士在"夺取政权"失败后吃香肠的笑话。

前面我已经说过，在代表大会上我是第一个作关于土地问题报告的人。作总结发言时，我也是5个报告人中的第一个，而不是最后一个。所以我发言是**在**杰米扬同志**以后**，普列汉诺夫同志**以前**。因此，我不可能预先知道普列汉诺夫反对杰米扬的理由的那种天才的雄辩。我只简单地重复了这些理由，发言的重点不是指出作为地方公有的论据的复辟论的十分空洞，而是分析复辟问题的实质。我问普列汉诺夫同志：你所指的是什么样的防止复辟的保证呢？是指消灭产生复辟的经济基础的绝对保证呢？还是指相对的和暂时的保证，也就是创造一种不是消灭复辟的可能性，而只是减少复辟的可能性，只是增加复辟的困难的政治条件呢？如果是前者，那么我要回答：**只有**西欧的社会主义革命才能成为防止在俄国（革命胜利后的俄国）发生复辟的充分保证。其他的保证没有，也不可能有。因此从这一方面说来，问题在于俄国的资产阶级民主革命究竟怎样和究竟用什么方法才能促进或加速西欧的社会主义革命。这个问题可以设想的答案只有一个：既然区区的10月17日宣言[25]就引起了欧洲工人运动的高涨，那么俄国资产阶级革命的**彻底**胜利多半不可避免地（或者至少有很大的可能）会引起欧洲一系列的政治动荡，大大推动社会主义革命。

现在，我们来谈一谈"第二种"也就是相对的防止复辟的保证。

在资本主义生产方式的基础上的复辟，即不是滑稽可笑的“莫斯科罗斯的复辟”，而是19世纪初法国式的复辟的经济基础是什么呢？是小商品生产者在一切资本主义社会中所处的地位。小商品生产者动摇于劳动和资本之间。他们同工人阶级一起反对农奴制度和警察专制制度。但是同时他们又总想巩固他们作为资产阶级社会中的私有者的地位，因此，只要**这个**社会的发展情况稍微顺利一些（例如工业繁荣，土地改革以后国内市场扩大等等），小商品生产者**必然**掉过头来反对为社会主义而斗争的无产者。我说，因此以资本主义社会中的小商品生产和小农所有制为基础的复辟在俄国不仅是可能的，甚至是**不可避免的**，因为俄国是一个小资产阶级占优势的国家。接着我又说，如果从复辟角度来看，可以用这样一句话来说明俄国革命的形势：俄国革命自己有足够的力量取得胜利，但是没有足够的力量保持胜利的果实。俄国革命能够取得胜利，是因为无产阶级同革命的农民一起能够组成一支不可战胜的力量。俄国革命不能保持住胜利的果实，是因为在一个小经济十分发达的国家里，小商品生产者（包括农民在内）在无产者**从**争取自由走**向**争取社会主义的时候，必然会掉过头来反对无产者。要保持住胜利的果实，要防止复辟，俄国革命必须有非俄国的**后备军**，必须有外来的帮助。世界上有这样的后备军吗？有的，这就是西欧的社会主义无产阶级。

谁要是在谈论复辟的时候忘记了这一点，那就表明他对俄国革命的看法是极端狭隘的。他忘记了18世纪末资产阶级民主革命时期的法国是被落后得多的半封建的国家包围着，这些国家是复辟的后备军，而20世纪初资产阶级民主革命时期的俄国是被先进得多的国家包围着，在这些先进的国家里有能够成为革命后备军的社会力量。

总之，普列汉诺夫由于提出了防止复辟的保证问题而涉及许多极有意义的题目，但是他丝毫没有就事情的本质加以说明，却避开了(引导孟什维克听众避开了)地方公有问题。的确，如果说小商品生产者阶级作为一个阶级来说是资本主义复辟(为了简便起见，我们这样称呼不是在亚细亚生产方式基础上的而是在资本主义生产方式基础上的复辟)的支柱，那么这同地方公有又有什么关系呢？地方公有是**土地占有**的一种形式，但是，**阶级**的基本的和主要的特点并不因土地占有形式不同而有所改变，难道这还不清楚吗？无论是把土地实行国有、地方公有还是实行分配，小资产者都必然地、不可避免地是反对无产者的复辟支柱。如果说在这方面可以在各种土地占有形式之间划一条鲜明的界限的话，恐怕也只能赞成分配土地，因为分配土地使小业主和土地有更紧密的联系，——更紧密的，因此也是更难割断的联系①。所以用复辟作论据来为地方公有辩护，简直是可笑的。

在代表大会上讨论的时候，在我后面作总结发言的约翰和普列汉诺夫同志试图再一次悄悄地从这个关于复辟的拙劣的论据跳到另一个表面上相似而内容完全不同的论据上去。他们不再从共和制建立后防止君主制复辟的保证这个角度来替地方公有辩护了，也就是说，不是把它当做保障共和制的手段，不是作为永久性的制度，而是在反对君主制争取共和制的**斗争过程**中把它当做基础，当做有助于进一步取得成就的手段，作为暂时的和过渡的制

① 我们说“恐怕也只能”，是因为小业主同自己的“小块土地”有更紧密的联系是否正是波拿巴主义[26]的最好的支柱，这还是一个可以讨论的问题。在这里还不适于详细地谈论这个具体问题。

度。普列汉诺夫在这里竟把实行土地地方公有的大的地方自治机构称为地方“共和制”，并说它们将成为反对君主制的支柱。

关于这个论据，应该指出以下几点：

第一，马斯洛夫的最初纲领和代表大会通过的约翰—普列汉诺夫—科斯特罗夫的纲领中**一个字也**没有提到地方公有是革命**进程中**的暂时的、过渡的手段，是**争取进一步的成就的斗争工具**。因此这种解释是一种“随意的捏造”，纲领中的原话不是证实了而是驳倒了这种解释。例如我在自己的纲领中提出，革命农民委员会是革命的工具，是争取进一步的成就的斗争的基础，我在纲领中还直截了当地说：党建议农民委员会夺取土地并处置这些土地**直到立宪会议的召开**。马斯洛夫—约翰—普列汉诺夫—科斯特罗夫的纲领不仅没有谈到这一点①，反而肯定无疑地提出了一个长期安排土地使用的计划。

第二，反对这个论据的主要的和根本的理由是，普列汉诺夫的纲领在防止复辟或防止反动的保证这个幌子下得出的是**同反动派搞交易**的结论。请你们想想吧，难道我们没有为我们所要领导的广大群众写下纲领，特别是土地（农民）纲领吗？可是结果怎样呢？个别党员，甚至党的领袖也会说，实行土地地方公有的地方自治机关将成为同中央君主制相对抗的共和制。而在纲领中，土地改革

① 正因为普列汉诺夫的纲领没有谈到这一点，我们在代表大会上完全有权拿地方公有的新解释来同孟什维克的“革命自治”比较。正是普列汉诺夫，在布尔什维克对问题作了长时间的解释以后不得不承认，“革命自治”这个口号没有对任何人说明任何东西，而且把许多人弄糊涂了（见《日志》第 5 期）。布尔什维克早在《前进报》[27]和《无产者报》[28]上就说过，“革命自治”这个口号是不充分、不完全的，它没有表达革命彻底胜利的条件。要取得这种胜利，所需要的不是革命自治，而是革命政权，不仅需要地方革命政权，而且需要中央革命政权。（见本版全集第 11 卷第 160—167、188—199、356—372 页。——编者注）

直接地、明确地同地方管理机关的民主制相联系，但是**一个字也**没有提到同中央管理机关和国家制度的**彻底**民主制有联系！我要问你们：大批党的工作人员在日常的宣传鼓动工作中应该以什么为指导呢，是普列汉诺夫所说的同中央君主制相对抗的地方"共和制"的言论呢？还是我们新的党纲条文呢？在党纲中，为农民提出的土地要求明确地仅仅同地方管理机关的民主制相联系，而根本没有同中央政权和国家制度的民主制联系起来。普列汉诺夫的言论本身就混乱不清，因而必然会同那个"**赫赫有名的**"（普列汉诺夫认为是"赫赫有名的"）"革命自治"的口号一样，起着"**把人弄糊涂**"的作用。**实际上**我们党的纲领成了**同反动派搞交易**的纲领。如果我们根据**这个纲领**在现代俄国的**实际政治**意义，而不是根据我们的几位发言人所说的那些理由来看，这个纲领不是社会民主党的纲领，而是立宪民主党的纲领。他们的理由是十分美妙的，他们的意图也完全是社会民主党的，而纲领实际上却成了立宪民主党的纲领，其中贯穿着"搞交易"的思想，而不是"农民革命"的思想（顺便说说，普列汉诺夫说，过去我们害怕农民革命，现在应该把这种害怕心理抛掉）。

以上我分析了"防止复辟的保证"这个论据的**学术**意义。我现在来分析一下这个论据在杜巴索夫宪制和立宪民主党国家杜马时期[29]的**政治**意义。它的学术意义等于零或者负一。从政治上来讲，它则是立宪民主党武库中的武器，是给立宪民主党人帮忙的。你们可以环顾一下你们的周围，究竟哪一个**政治派别**把指出复辟危险变成了几乎是自己的一种垄断呢？是立宪民主党这个派别。我们党的一些同志曾经指出立宪民主党人的"民主制"和他们的维护君主制等等的纲领之间存在着矛盾，立宪民主党人在无数次回答这些同志时是怎么说的呢？他们说，触犯君主制就会引起复辟的危险。许许多多立宪民主党人向社会民主党人喊道：不要触犯君主制，因为你们没有防止复辟的保证。与其招致复辟的危险，反动的危险，倒不如同反动派搞交易，——这就是立宪民主党人的政治智慧的全部实质，这就是他们的全部纲领和全部策略，这一切正是由于站在小资产者的阶级立场上，由于担心民主革命进行到底会给资产阶级带来危险而必然产生的。

现在我只举两个例子来证实我所说的话。米留可夫和盖森的机关报《人民自由报》[30]在1905年12月写道，莫斯科证明了武装起义是可能的，然而起义还是注定了要失败，这并不是因为起义没有希望，而是因为起义的成果总归要被反动势力清除的（见我写的《社会民主党和国家杜马》这本小册子中的引文[31]）。另外还有一个例子。早在1905年，我曾经在《无产者报》上引用了《俄罗斯新闻》[32]上维诺格拉多夫的文章中的几句话①。维诺格拉多夫希望俄国的革命不要按照1789—1793年的方式，而按照1848—1849年的方式，也就是说，他希望我国不要有**胜利的**起义，希望我国的革命不要进行到底，希望革命早一点因为自由派资产阶级的背叛行为和他们同君主制的妥协而中断。维诺格拉多夫用普鲁士警官的复辟吓唬我们，当然，他根本没有谈到像德国无产阶级这样的"革命的保证"。

借口没有防止复辟的保证，这纯粹是立宪民主党的思想，是**资产阶级反对无产阶级的政治武器**。资产阶级的利益驱使资产阶级反对无产阶级同革命的农民一起把资产阶级民主革命进行到底。

① 见本版全集第11卷第226—231页。——编者注

在这一场斗争中，资产阶级的哲学家和政治家必然要抓住一些历史的论据和过去的例子。在过去，工人总是被欺骗，甚至在革命胜利以后也会发生复辟，因此，我国也不能例外，——资产阶级说，他们这样说自然是想削弱俄国无产阶级对自己力量和对欧洲社会主义力量的信心。资产者教训工人说，政治矛盾和政治斗争的尖锐化会导致反动，因此应当**缓和**这些矛盾，与其在胜利以后冒反动的危险，倒不如不去争取胜利，而去同反动派搞交易。

普列汉诺夫抓起资产阶级反对无产阶级的思想武器是偶然的吗？不是的。既然普列汉诺夫对十二月起义作了错误的评价（"本来就用不着拿起武器"[33]）并且采用隐晦的手法在《日志》上鼓吹工人政党支持立宪民主党人，他这样做就是必然的了。在代表大会上讨论另一项议程时曾接触到这个问题，当时发生了资产阶级为什么称赞普列汉诺夫的争论。关于这一次争论我以后还要谈到，在这里我只要指出，当时在代表大会上我并没有把我的上述理由加以发挥，只是大略地谈了一下。当时我说，我们的"防止复辟的保证"是把革命进行到底，而不是同反动派搞交易①。我的土地纲领所谈的就是这一点，它完完全全是农民起义和彻底完成资产阶级民主革命的纲领。例如，"农民革命委员会"是农民起义所能走的唯一的道路（同时我完全没有把农民委员会同革命政权对立起来，像孟什维克把革命自治同革命政权对立起来那样；我把农民委员会当做一种革命政权机关，一种需要其他中央机关、临时革命政府、全民立宪会议来补充的机关）。**只有**这样表述的土地纲领，才能排除资产阶级官僚解决土地问题的办法，才能排除彼特龙凯维

① 见本版全集第12卷第328页。——编者注

奇、罗季切夫、考夫曼、库特列尔之流的解决土地问题的办法。

普列汉诺夫不可能不注意到我的纲领的这一基本点。他注意到了而且在代表大会上承认了这一点。但是他表达他的承认的时候又采用了(可谓禀性难移)杰米扬的鱼汤或者说普列汉诺夫垃圾的方式。是的,在列宁的纲领里有夺取政权的思想。列宁自己也承认这一点。但糟就糟在这里。这是民意主义。列宁在恢复民意主义。同志们,应该反对恢复民意主义。列宁甚至说什么“人民的创造性”。这还不是民意主义吗?等等,等等。

我们,布尔什维克,我和沃伊诺夫,都对普列汉诺夫的这些论断表示衷心的感谢。这些论据对我们只有好处,因而也是我们所欢迎的。同志们,请你们稍微考虑一下这个论断吧:“因为列宁的纲领中有夺取政权的思想,所以列宁是民意党人。”这里说的是什么纲领呢?土地纲领。在这个纲领中是要谁夺取政权呢?革命的农民。列宁是否把无产阶级同这些农民混为一谈了呢?不仅没有混为一谈,而且在他的纲领的第三部分中专门把他们区别开了,孟什维克的代表大会还把这一部分(第三部分)全部照抄到自己的策略决议中!

这不是很好吗?普列汉诺夫本人说过,我们,马克思主义者,是不应该**害怕农民革命**的。但同时他又好像觉得**革命的农民夺取政权**是民意主义!!革命的农民不夺取政权,又怎么可能有胜利的农民革命呢??普列汉诺夫的话简直到了荒谬的地步。既然坐到了斜坡上,就会止不住一个劲儿地往下滑。起先他否认在当前的革命中无产阶级有夺取政权的可能。现在他又否认在当前的革命中革命的农民有夺取政权的可能。既然**无论**无产阶级,**无论**革命的农民都不可能夺取政权,那就是说政权**应该仍旧由沙皇和杜巴**

索夫掌握。或者说应该由立宪民主党人夺取政权？但是立宪民主党人自己又不愿意夺取政权，他们要保留君主制、常备军、参议院和其他各种美妙的东西。

我在代表大会上说，普列汉诺夫**害怕夺取政权就是害怕农民革命**，难道说得不对吗？① 沃伊诺夫说，普列汉诺夫年轻的时候被民意党人吓坏了，以致当他自己承认农民革命的必然性的时候，当社会民主党人中已经没有任何人还抱农民社会主义幻想的时候，他还总是仿佛看到民意党人的幻影，这难道说得不对吗？沃伊诺夫在代表大会上讽刺孟什维克关于武装起义的决议（该决议第一条一开始就承认任务是"向专制政府争取政权"），说"夺取政权"是民意主义，而"争取政权"才是真正的、深思熟虑的马克思主义，这难道说得不对吗？而实际上的结果正是这样：为了反对社会民主党内的民意主义，孟什维克赐给了我们党一个"**争取政权**"的纲领——**由立宪民主党人**来争取。

关于民意主义的叫嚷当然一点也没有使我感到惊奇。我记得非常清楚，社会民主党内的机会主义者一向就是（从 1898—1900 年时就开始）拿这个稻草人来吓唬革命的社会民主党人的。[34]阿基莫夫同志在我们的统一代表大会上发表了一篇为阿克雪里罗得和立宪民主党人辩护的精彩演说，他恰巧使人回想起了这一点。我希望以后能在著作中再来谈这个问题。

关于"人民的创造性"的问题我要谈几句话。我在代表大会上是从什么意义上谈到"人民的创造性"的呢？② 这同我在《立宪民

① 见本版全集第 12 卷第 330 页。——编者注
② 同上书，第 330—331 页。——编者注

主党人的胜利和工人政党的任务》这本小册子①(该小册子已经分发给代表大会的代表了)中谈到这个问题时一样。我把 1905 年 10—12 月同现在立宪民主党时期作了对比,并指出在革命时期人民(革命的农民加上无产者)的创造性比在立宪民主党时期更丰富、更有效果。普列汉诺夫认为这是民意主义。我认为从学术的观点来看,普列汉诺夫这样说是回避如何估价 1905 年 10—12 月时期这个最重要的问题(普列汉诺夫根本没有想到要在《日志》中分析这一时期的**运动形式**,而一味在那里说教!)。从政治方面来看,这不过是一个新的证据,证明普列汉诺夫在策略上同布兰克先生以及所有立宪民主党人非常接近。

为了结束土地问题,我再谈一谈最后一个重要的论据。普列汉诺夫说,列宁是一个幻想家,他幻想由人民选举官吏等等。给这么好的结局写一个纲领并不困难。不,请你给坏的结局写一个吧。你应当使你的纲领"考虑得非常周密"。

毫无疑问,在这个论据中有一个所有的马克思主义者都必须十分重视的意见。的确,一个**只**考虑到好结局的纲领是不合适的。我在代表大会上回答普列汉诺夫说,正是在这一方面我的纲领显然要比马斯洛夫的高明。要相信这一点,只要回想一下**租佃制**的存在就够了。农业中的资本主义(和半资本主义)生产方式的特点是什么?在一切地方租佃制得到发展。这一条是不是适用于俄国呢?是适用的,而且是在很大规模上。约翰同志反驳我,说什么我的纲领中有一种荒谬的思想:在没收地主土地以后还存在租佃制。但是他错了。约翰同志在这一点上有三个错误:第一,我的纲领的

① 见本版全集第 12 卷第 285—313 页。——编者注

整个第一部分都是讲农民革命的最初步骤（夺取土地**直到**全民立宪会议的召开），也就是说在我的纲领中“不是”在没收“以后”“还存在”租佃制，而是承认事实，因为租佃是事实；第二，没收是使土地所有权转移到另一些人的手里，所有权转移本身丝毫没有触动租佃制；第三，大家都知道，农民的土地和份地也有租佃制。

你们看一看，在“考虑得非常周密”方面，在不仅要注意到好的情况而且要注意到坏的情况方面，我们做得怎样。马斯洛夫大模大样地把租佃制一笔勾销。他一下子就直接假设一个能够消灭租佃制的改革。正像我已经指出的一样，从“坏的实际情况”和必须重视这种情况看来，这种假设是十分荒谬的。正相反，我的纲领的整个第一部分**完全**是建立在革命农民所反对的“坏的实际情况”的基础上的。因此在我的纲领里租佃制并没有完全消失（在资本主义社会中消灭租佃制，至少同取消常备军等等一样，按普列汉诺夫的“健全头脑”来看是一种“幻想的”改革）。由此可见我注意“**坏的**实际情况”，要比马斯洛夫认真得多，同时，我向农民宣传的**好的**实际情况，也并不是以立宪民主党人的交易（地方共和制同中央君主制相对抗）为出发点，而是以革命的彻底胜利和争得真正的民主共和制为出发点。

在代表大会上，我特别强调了土地纲领中这方面的政治宣传的特殊重要意义，可能我还需要在著作中不止一次地谈到这个问题。在代表大会上有人反驳我们布尔什维克说，我们已经有一个政治纲领，那才是谈共和制的地方。这种反驳意见证明他们对问题考虑得很不周到。不错，我们有一个总的原则纲领（党纲的第一部分），也有几个专门性的纲领，如政治纲领，工人纲领，农民纲领。**谁**也没有建议在纲领的关于工人的部分（八小时工作制等等）中特别地、专门地谈到这种改革或者那种改革的政治条件。为什么呢？因为八小时工作制以及这一类的改革在**任何**政治条件下都**必然**会成为使运动前进的工具。在农民纲领中应不应该**特别地、专门地谈到**政治条件呢？应该的，因为在特列波夫和杜巴索夫之流的统治下，最好的重新分配土地的办法也**可能**成为使运动倒退的工具。我们就拿马斯洛夫的纲领来看吧：纲领中谈到把土地交给**民主的**国家和**民主的**地方自治机构，也就是说，虽然有了党的政治纲领，他的纲领中还是特别地、专门地谈到了目前土地改革的政治条件。这就是说，必须预先说明实现土地要求的特殊政治条件是无可争辩的。全部问题在于，从学术的观点和彻底的无产阶级民主的观点来看，能不能允许不把根本性的土地改革同人民选举官吏、同共和制联系起来，而把它同任何一种"民主"联系起来，因而也就是同立宪民主党的民主联系起来，——这种民主，不管我们愿不愿意，现在是报刊上和"社会"中主要的和流行最广、影响最大的一种假民主主义。我认为是不能允许的。我可以预言，实践不久就一定会纠正我们的土地纲领的错误，也就是说，政治形势将**迫使**我们的宣传员和鼓动员在同立宪民主党人的斗争中不是强调立宪民主党人的民主，而是强调人民选举官吏和共和制。

至于谈到分配土地的纲领，我在代表大会上是用下面这几句话来说明我对它的态度的：地方公有是错误的，也是有害的；分配作为一种纲领是错误的，但并不是有害的。因此，我当然比较倾向于分配，并且准备投票拥护波里索夫而反对马斯洛夫。分配不会有害，因为农民都同意这个办法，这是第一点；它用不着以彻底改组国家作为条件，这是第二点。为什么说分配是错误的呢？因为这个办法片面地看待农民运动，只考虑到过去和现在，没有注意到将来。“分配派”在反驳国有化的时候对我说，当你听到农民谈国有化的时候，他所说的并不是他想要的。不要只听言论，而要注意问题的实质。农民想要的是私有权，是出卖土地的权利，而关于“上帝的土地”等等言论不过是夺取地主土地的愿望的思想外衣而已。

我回答“分配派”说：这一切都是对的；但是，正是在你们认为问题已经解决了的地方，我们同你们的意见分歧才刚刚开始。你们在重复旧唯物主义的错误，马克思曾经说过：旧唯物主义者会解释世界，而我们应该改变世界①。分配论者也正是这样，他们**正确地**理解了农民的关于国有化的言论，**正确地解释了这些言论**，但是问题的全部实质在于他们不善于把这种正确的解释变成**改变世界的杠杆**，变成进一步推动运动前进的工具。这并不是说硬要农民抛弃分配而接受国有化（如果真有什么人产生这种愚蠢的想法，我的纲领的第一种方案也会完全打消这种想法），而是说社会主义者在无情地揭露农民关于“上帝的土地”这种小资产阶级幻想的时候，应该善于向农民指出前进的道路。我在代表大会上已经向普列汉诺夫说过，我还要千百次地重复说：实际工作者将会把现在的纲领庸俗化，就像过去把割地问题庸俗化那样，他们将会把小错铸成大错。他们会向那些高喊土地不属于任何人而属于上帝、属于国家财产的农民群众证明分配的优越性，他们这样就会玷辱马克思主义，把马克思主义庸俗化。我们不应该向农民说这些。我们应该向农民说：这些所谓土地不属于任何人而属于上帝、属于国家财产的言论中包含着深刻的真理，但是应该很好地分析这个真理。

① 参看《马克思恩格斯文集》第1卷第502页。——编者注

如果土地属于国家财产，而国家财产又由特列波夫掌握，这就等于说这些土地将属于特列波夫，你们愿意这样吗？如果罗季切夫们和彼特龙凯维奇们如愿以偿地掌握了政权，因而也掌握了国家财产，你们愿意不愿意这些土地落到他们手里呢？农民自然会回答说：不，我们不愿意。我们决不把从地主手中夺来的土地交给特列波夫们，也决不交给罗季切夫们。既然这样，就必须由人民选举所有的官吏，取消常备军，建立共和制，**只有**在这个条件下，把土地转为“国家财产”，把土地转交给“人民”的措施才会是有益无害的。根据严格的学术观点，根据一般的资本主义发展条件的观点，如果我们不愿意背离《资本论》第3卷，我们无疑应该说，在资产阶级社会中土地国有化是可能的，它会有助于经济发展，促进竞争，使资本更好地流入农业，使粮食价格降低等等。因此，在资本主义高度发展条件下的真正农民革命的时代，我们无论如何**不能**干脆整个地否定国有化。这是一种狭隘、片面、草率和近视的表现。我们要做的只是向农民说明国有化这一有益的措施所必须具备的政治前提，然后还应该指出国有化的资产阶级性质（我的纲领的第三部分就这么做了，它已经包括在统一代表大会的决议里面）。

在结束我对代表大会上土地问题争论情况的介绍时，我还要讲讲对马斯洛夫的纲领草案作了哪些修正。在表决采用哪一个纲领草案作为基础的时候，起初赞成马斯洛夫的一共有52票，**即不到半数**，赞成分配的有将近40票（为了不致分散反对地方公有的票数，我附和了“分配派”）。直到重新投票时，马斯洛夫的草案才得到60多票，因为所有的动摇分子，唯恐党会根本没有土地纲领，都投了赞成票。

在几个修正案中，孟什维克否决的是一个要求比较确切地规定“民主制国家”这个概念的修正案。我们建议用这样的措辞：“充分保证人民专制的民主共和国”。这个修正案所依据的是上面明确讲到过的思想：如果没有**充分**民主的中央国家政权，那么地方公有就是完全有害的，而且可能蜕化成立宪民主党的土地改革。修正案引起了一场轩然大波。当时我恰巧不在会场。现在我还记得，当我穿过邻室回来时，“议会休息厅”的喧嚣声和戏谑的喊叫声——“约翰同志宣布共和制了！”“在他的纲领里找不到防止复辟的保证。”“普列汉诺夫同志复辟了君主制。”——真使我大吃一惊。

后来人们告诉我，情况是这样。一向动不动就要抱委屈的孟什维克，看到这个修正案又感到受了委屈，他们认为这个修正案的用意是要揭露机会主义，是要说孟什维克反对共和制。于是他们怒气冲冲，大嚷大叫。布尔什维克自然也激动起来。人们要求进行记名投票。这时激动的情绪达到了顶点。约翰同志很不安，他不愿意引起争执，当然他一点没有“反对共和制”的意思，他站起来声明他撤销自己的提法，同意修正案。布尔什维克对“宣布共和制”报之以掌声。但是普列汉诺夫同志或者另一位孟什维克插进来进行争论，要求重新表决，于是——据别人告诉我——总共以38票对34票（显然有很多人不在会场或者弃权了），“君主制又复活了”。

在被通过的修正案中，必须指出的是“转让”一词改成了“没收”。其次，“地方公有派”终于不得不向“分配派”让了步，科斯特罗夫同志提出了一个在一定条件下也同意分配的修正案。这已经不是马斯洛夫最初提出的纲领，而成了在大会上人们打趣地说的“被阉割的”纲领。实质上这是一个混杂的纲领，既有国有化（一部分土地变成**全民**财产），也有地方公有（一部分土地由大的地方自治机构支配),又有分配。同时,在纲领中和策略决议中都没有十分明确地规定,什么时候实行地方公有,什么时候实行分配。结果得出的不是一个考虑得非常周密的纲领,而是一个漏洞百出的纲领①。

四

对革命时局和无产阶级阶级任务的估计

标题上的这个问题被列为代表大会讨论的第二个问题。报告人是马尔丁诺夫和我。马尔丁诺夫同志在报告中并没有替刊载在《党内消息报》第2号上的孟什维克决议草案本身辩护。他选择了另外一种做法,就是对自己的观点作了一个“概括的叙述”,并对孟什维克所说的布尔什维克观点进行了概括性的批评。

他谈到了杜马这个政治中心,谈到了夺取政权思想的危害性,谈到了革命时期宪政建设的重要性。他批评十二月起义,号召公开承认我们的失败,指责我们的决议是“技术性地”提出了罢工和起义的问题。他说:“立宪民主党人虽然是反对革命的,却在为革命的进一步发展作准备。”(我们问,为什么在你们的决议中没有谈这一点呢?)他说:“我们正处在革命爆发的前夜。”②(我们又问,为什么在你们的决议中没有这一点呢?)他又说:“客观上立宪民主党

① 一个主张部分地实行分配的孟什维克同志(斯特卢米林)在代表大会上对这个“被阉割的”马斯洛夫纲领进行了最猛烈的批评。他宣读了书面声明,非常中肯地和无情地指出了(更确切地说应该是斥责了)这一纲领中的内在矛盾。可惜我没有把他宣读的话摘记下来。

② 放在引号里的是我记在笔记中的话。

人要比社会革命党人起的作用更大。”把夺取政权同特卡乔夫思想相提并论，把杜马当做“宪政建设”的起点和“代议制度”的基石而放在首要地位，这就是马尔丁诺夫同志的报告的基本思想。像所有的孟什维克一样，他使我们的策略消极地迁就事变进程中的最微小的曲折，使它服从当前的利益、暂时的需要（或者说似是而非的需要），不自觉地降低无产阶级作为资产阶级民主革命中的先进战士的主要的、根本的任务。

我的报告是在精确地比较了向代表大会提出的两个决议的基础上拟定的。我说，两个决议都承认革命正趋向新的高涨，都承认我们的任务是努力把这一革命进行到底，都承认只有无产阶级和革命的农民一起才能完成这一任务。有了这三条前提，策略路线似乎应该完全一致了。然而我们且看看，哪一个决议更彻底地贯彻了这个基本观点？哪一个决议更正确地论证了这个观点和更确切地指明了从这个观点得出的结论？

接下去我指出，孟什维克的决议所作的论证是根本站不住脚的，完全是空话而不是论证（“斗争不允许政府有其他的选择。”[35]这就是一句典型的空话！这正是应该加以证明的，而且话也不能这么说。孟什维克是从没有被证明的和不能被证明的前提出发的）。我说，谁**真正**承认革命的高涨是不可避免的，谁就应该作出关于运动**主要**形式的相应结论。这正是我们在学术上和政治上应该解决的根本问题，而孟什维克却回避这个问题，他们说：有杜马的时候，我们就支持杜马，有罢工和起义的时候，我们就支持罢工和起义，至于这种还是那种运动形式是必然的，他们是不愿意或者不会考虑的。他们不敢对无产阶级和全体人民说，哪种运动形式是**主要的**。既然这样，那么关于革命高涨和把革命进行到底（孟什维克说了一句非常不妥当的话：**从逻辑上**进行到底）的言论就都是十足的空话。这就是说，不是把无产阶级提高到革命的先进领袖的地位，使他们能更深更广地认识革命的意义，根据民主的总的和根本的利益来理解自己的策略，而是把无产阶级降低为资产阶级民主革命的消极参加者和卑微的“粗工”。

我说，孟什维克只用了黑格尔的“一切现实的东西都是合理的，一切合理的东西都是现实的”这个有名的原理的前一半。杜马是现实的，因此杜马是合理的。他们经常这样说，而且满足于这种说法。我们回答说，杜马外面的斗争是“合理的”。这个斗争是由于当前的整个形势而客观地、必然地产生的。也就是说这一斗争是“现实的”，尽管它在目前遭到了镇压。我们不应该盲目地适应时局，这将是机会主义。我们应该周密考虑事变的更深的原因和我们的策略的更远的后果。

孟什维克在自己的决议中承认，革命正趋向高涨，承认无产阶级和农民一起应该把革命进行到底。但是，谁要是认真地这样想，谁就应该会作出结论。既然说和农民一起，那就是说你们认为自由主义君主派资产阶级（立宪民主党人等等）是不可靠的。那么，为什么你们不像我们的决议那样说明这一点呢？为什么你们一字不提必须同立宪幻想即相信旧专制政府的诺言和法律进行斗争呢？立宪民主党人惯于忘记这一斗争；立宪民主党人自己就在散布立宪幻想。而社会民主党人，如果在革命时期忘记反对立宪幻想的任务，那就是**在政治上**把自己同立宪民主党人等同起来。如果社会民主党人不以实际行动揭露人民中存在的立宪幻想，那么所有关于“革命高涨”、关于“把革命进行到底”、关于“新的革命爆发”的言论又有什么价值呢？

关于立宪幻想的问题，现在恰恰是一个能够最容易、最可靠地把机会主义者和主张进一步发展革命的人区别开来的问题。机会主义者避而不揭露这些幻想。主张革命的人无情地指出这些幻想的虚假性。而孟什维克社会民主党人竟闭口不谈这样一个问题！

孟什维克不敢公开地、直截了当地说 10—12 月的斗争形式是不适用的和不妥当的，而是用最坏的、隐蔽的、间接的、转弯抹角的方式说出这个意思。这对社会民主党人来说是非常不体面的。

这就是我的报告的基本论点。

在就这些报告进行的辩论中，应该提到以下这样一些有代表性的事件。有一位在代表大会上叫做波里斯·尼古拉耶维奇的同志使我在我的总结发言中不能不惊呼：寻找的东西有时也会自己送上门来[①]。他的言论可以说是汇集了孟什维主义的“精华”，在这一方面很难找到比他做得更突出的了。他说，“可笑”的是，布尔什维克认为“运动的**主要**形式”不是合法的和立宪的形式，而是广大人民群众的革命运动。这是“可笑的”，因为这种运动实际上并不存在，而杜马是实际存在的。关于无产阶级作为“首领”或者“领袖”的作用，关于无产阶级可能成为“尾巴”等等这些话，都是“形而上学”，是“漂亮的空话”。

我对这位彻底的孟什维克回答说，摘下你的立宪民主党人的眼镜吧！这样你就会看到俄国的农民运动，看到军队中的动荡，看到失业者的运动，你就会看到现在“隐藏起来”的、但是连温和的资产者也不敢否认的那些斗争形式。他们直截了当地说，这些斗争形式是有害的或者说是不必要的。而孟什维克社会民主党人则对

① 见本版全集第 12 卷第 338 页。——编者注

这些斗争形式加以**嘲笑**。这就是资产阶级和孟什维克社会民主党人之间的区别。这同过去的伯恩施坦，即德国的孟什维克，德国的右翼社会民主党人的情况一模一样。资产阶级曾经认为并且公开宣布 19 世纪末叶德国的革命斗争形式是有害的。伯恩施坦则对它们加以**嘲笑**。

由于在代表大会上提到了伯恩施坦问题，自然引起了这样一个问题：资产阶级为什么称赞普列汉诺夫？俄国大量的自由派资产阶级报纸和出版物，甚至包括十月党人的《言论报》[36]在内，都对普列汉诺夫赞扬备至，这是事实，代表大会不能不注意到这个事实。

普列汉诺夫决定应战。他说，资产阶级称赞伯恩施坦同称赞我的原因是不一样的。他们称赞伯恩施坦是因为他向资产阶级交出了我们的理论武器马克思主义。他们称赞我是因为我的策略。情况不一样。

对于这一点，波兰社会民主党的代表和我向普列汉诺夫作了回答。我们两个人都指出普列汉诺夫说的**不对**。资产阶级称赞伯恩施坦不仅是因为理论，甚至完全不是因为理论。资产阶级唾弃任何理论。资产阶级称赞德国的右翼社会民主党人是因为他们主张另一种**策略**。称赞他们是因为他们的策略。是因为他们和革命策略不同的改良主义者的策略。是因为他们把合法的、议会的、改良主义的斗争看做是主要的或者几乎是唯一的斗争。是因为他们力图把社会民主党变成搞民主的社会改良的党。就是因为这些伯恩施坦才受到称赞。资产者称赞伯恩施坦是因为他在社会主义革命前夜**缓和**劳动和资本之间的矛盾。资产阶级称赞普列汉诺夫是因为他在资产阶级民主革命时期**缓和**革命人民和专制制度之间的矛盾。他们称赞普列汉诺夫是因为他把"议会"斗争看做是主要的斗争形式，是因为他指责 10—12 月斗争，特别是指责武装起义。他们称赞普列汉诺夫是因为他在当前的策略问题上已经成了社会民主党右翼的领袖。

我忘记了补充说明，孟什维克在讨论立宪幻想这个问题的时候是怎样表现的。他们没有什么稳定的立场。其中一些人说反对立宪幻想是社会民主党的经常任务，根本不是当前的特别任务。另外一些人(例如普列汉诺夫)声称反对立宪幻想是无政府主义。孟什维克在立宪幻想问题上的这两种各走极端、针锋相对的意见，非常突出地暴露了他们的观点是根本站不住脚的。到了立宪制度已经确立，立宪斗争在一定时期成为阶级斗争和一切政治斗争的主要形式的时候，揭露立宪幻想就不是社会民主党的特别任务、当前任务了。为什么呢？因为在那个时候，立宪国家中的一切事情就是**完全按照**议会的决定去处理的。立宪幻想是对宪法的一种虚幻的信仰。立宪幻想在宪法貌似存在而实际上并不存在的时候，换句话说，也就是在一切事情**并不按照**议会的决定去处理的时候，才会占据首要地位。当实际政治生活同议会斗争中所反映的政治生活**不一致**的时候，这时，**只有这时**，反对立宪幻想才是先进的革命阶级即无产阶级的当前任务。自由派资产者害怕议会外面的斗争，在议会还软弱无力的时候就散布立宪幻想。无政府主义者根本反对在任何情况下参加议会。社会民主党人则主张利用议会斗争，主张参加议会斗争，但是他们又无情地揭露"议会迷"，即把议会斗争奉为**唯一的**或者说**在任何条件下都是主要的**政治斗争形式。

俄国的政治现实是不是同杜马的决议和演说一致呢？我们国

家的事情是不是按杜马的决定去处理的呢？“杜马”的政党是不是多少真实地反映了当前革命时期的**实际**政治力量呢？提出这些问题就足以了解孟什维克在立宪幻想问题上是多么茫然失措了。

这种茫然失措在代表大会上最突出的表现是，孟什维克尽管占多数，却不敢把自己关于对时局的估计的决议提付表决。他们收回了自己的决议！布尔什维克在代表大会上曾大大地嘲笑这一件事。胜利者收回了自己的胜利的决议，——人们是这样议论孟什维克所采取的这种在历届代表大会的历史中前所未有的异常举动的。人们要求在这个问题上进行记名投票，而且确实进行了记名投票，尽管孟什维克对这一点非常生气，向常务委员会提出了书面声明，说“列宁在收集反对代表大会各项决议的鼓动材料”。似乎这种收集材料的权利不是任何反对派的权利和义务！似乎我们的胜利者并没有因为他们的懊丧而突出地暴露了他们由于收回自己的决议而陷入十分难堪的处境！战败者坚决要求胜利者通过他们自己的胜利的决议。我们实在不能希望得到比这更明显的道义上的胜利了。

当然，孟什维克说，他们不想把我们不同意的东西强加于我们，不想使用暴力等等。人们对这一类的遁词理所当然地报以嘲笑，并且再一次要求进行记名投票。要知道孟什维克在他们深信自己是正确的那些问题上，已经毫不客气地把他们的意见“强加于”我们，毫不客气地使用了“暴力”（为什么要用这个可怕的字眼呢？）等等。关于对时局的估计的决议并没有号召党采取任何行动。但是没有它，党就不可能**了解**代表大会的全部策略的原则根据和**理由**。

所以，在这方面收回决议是实践上的机会主义的最高表现。

我们的任务是在有杜马存在的时候就参加杜马。至于任何一般的议论，任何一般的估计，任何深思熟虑的策略，我们可不想操这份儿心。这就是孟什维克通过收回决议的行动告诉无产阶级的。

毫无疑问，孟什维克深知他们的决议是不中用的，是不正确的。深信自己的观点正确却不肯直截了当地、明确地把这些观点讲出来，这种事是不会有的。问题的关键就在于孟什维克对他们自己的决议甚至不能作任何修正。因此，在对时局的估计和对无产阶级整个阶级任务的估计方面，在任何一个重大问题上，他们都没有能够取得一致的意见。他们只能一致作出一个消极的决定：根本收回决议。孟什维克模糊地感觉到，如果通过自己的**原则**决议，他们就会破坏自己的那些**实践**决议。可是他们这样做也无济于事。孟什维克和布尔什维克对时局估计的决议可以而且应当由**全**党，由**所有**党组织加以讨论和对比。这个问题还悬而未决，应该加以解决。把这两个决议同政治生活的实际经验加以对照，例如同立宪民主党杜马的教训加以对照，就会很明显地证明布尔什维克对俄国革命时局的看法和对无产阶级阶级任务的看法是正确的。

五

对国家杜马的态度

在代表大会上占优势的派别关于国家杜马问题的报告人，是阿克雪里罗得同志，他的长篇发言也没有把两个决议（委员会提出了两个决议，因为孟什维克和布尔什维克没有达成协议）进行比较，作出评价，没有确切说明少数派对这一问题的全部观点，而是"概括地叙述"议会制的意义。报告人高谈阔论，大讲其历史，描述了什么是议会制，它的意义，它在发展无产阶级组织、进行鼓动和唤醒无产阶级觉悟方面的作用等等。报告人一再含沙射影地说到"无政府主义密谋分子的"观点，他完全翱翔于抽象的领域之中，高飞在九霄云外，抛出一连串的陈词滥调和美妙的历史见解，这些东西对于一切时代、一切民族、一切历史时期全都适用，但由于这些东西本身的抽象性，唯独对于掌握我们面临的具体问题的具体特点没有用处。关于阿克雪里罗得这样极其抽象地、空洞地、泛泛地谈论问题的做法，我还记得下面这样一个十分突出的例子。他在发言中两次（我作了记录）提到社会民主党人同立宪民主党人搞交易或者说达成协议的问题。有一次他顺便谈到这个问题，他以不屑一顾的口吻，三言两语地表示反对达成任何协议。另一次他谈得比较详细，他说：一般地讲，达成协议是可以允许的，但是不能在某个委员会里偷偷摸摸地干，而必须是公开地、让全体工人群众都知道和都清楚的情况下达成协议，它们应当成为重大的政治步骤或行动。这种协议会提高作为政治力量的无产阶级的作用，更清楚更明显地向他们显示政治结构的情况，显示各个阶级的不同的地位，不同的利益。它们会把无产阶级卷入一定的政治关系，教会他们辨认出敌人和怀敌意者，等等。阿克雪里罗得同志的大"报告"就正是用这一类的议论拼凑成的，——这些议论无法重述，只能举出个别例子来加以说明。

我在答复的报告中首先声明，阿克雪里罗得描绘了一幅十分美丽的、可以说是绝妙的图画。他热情地、熟练地画了这幅画，涂了鲜明的颜色，画了细致的线条。只可惜这幅图画不真实。画是一幅好画，没有说的，只是图画的主题是幻想的。这是一幅以一般议会制的意义为题的美妙的习作，一篇谈论代表机关的作用的生动的通俗演讲。只可惜关于现存的俄国“议会”（如果可以用这样一个词的话）的具体历史条件一点没有谈到，在这方面什么也没有说明。我说，阿克雪里罗得关于同立宪民主党人达成协议的议论充分暴露了自己。他承认，这种在真正的议会制存在的情况下有时是不可避免的协议，其意义取决于能否公开地诉诸群众，取决于能否排除旧的“偷偷摸摸”的方式，代之以在群众中进行鼓动，由群众自己做主，诉诸群众。

毫无疑问，这些东西都是很美妙的。可是，在俄国“议会”制度下可不可能有这些东西呢？或者说得更确切些，根据我国现实（而不是图画上的）情况的客观条件，俄国的真正群众性的行动是以这种形式进行的吗？阿克雪里罗得同志，你们所希望的社会民主党人的诉诸群众只能是通过秘密传单，而立宪民主党人却拥有发行千百万份的报纸，实际情况不是这样吗？不要毫无用处地叙述议会制的美妙之处了（谁也不否认它们），描绘一下社会民主党的报纸、集会、俱乐部、工会的现实情况岂不更好吗？其实您关于议会制的一般议论是默认要以报纸、集会、俱乐部、工会这一切为前提的，因为这一切都是议会制度的一部分，这一点难道还要我来向你这位欧洲人证明吗？

为什么阿克雪里罗得在他的报告中只限于一些陈词滥调和抽象的原理呢？因为他要掩盖俄国1906年2—4月这一时期的政治上的具体的实际情况。这一实际情况表明**专制制度**同受压迫的愤怒的**无产阶级和农民**的矛盾非常**尖锐**。为了用一般议会制的图画吸引听众，就必须把这些矛盾说得不那么尖锐，**缓和**这些矛盾，描绘一幅同立宪民主党人达成理想的公开的协议的“理想的”蓝图，而最主要的是必须把这些尖锐的矛盾**抽象化**，忘掉这些矛盾，避而不谈这些矛盾。

为了对实际的意见分歧作出估计而不致陷入漫无边际的空谈，我在报告中比较了并且详细地分析了这两个决议①。经过比较和分析，我认为孟什维克关于杜马的决议和布尔什维克关于杜马的决议之间有四个基本差别。

第一，孟什维克对于选举没有作出任何评价。在代表大会进行期间，俄国十分之九的地区的选举已经结束。无疑，这些选举提供了大量的政治材料，这些材料把实际情形而不是我们幻想的那种情形描绘出来了。我们直接地、确切地估计了这些材料，我们认为，这些材料证明：在俄国绝大多数地方，参加选举就等于支持立宪民主党人，这实际上不是社会民主党的政策。孟什维克关于这一点**一声不吭**。他们**不敢**这样在具体的基础上提出问题。他们不敢正视实际情形，不敢根据处在立宪民主党人和黑帮分子之间的这种地位作出必要的结论。他们没有对**实际的**选举作出评价，没有对**整个**选举的结果作出评价，因为这种评价**是对他们不利的**。

第二，孟什维克的整个决议只把杜马当做或者看成是一个法律机关，而没有看做是表明一定的资产阶级分子的意志（或者说意志薄弱）的机关，是为一定的资产阶级政党的利益服务的机关。孟什维克在自己的决议里一般地谈论杜马，说杜马是一种“设制”，是一种“纯粹的”人民代表机关。这不是马克思主义者谈论问题的方法，而是纯粹的立宪民主党人的方法；这不是唯物主义方法，而是

① 见本版全集第12卷第343—347页。——编者注

最坏的意义上的唯心主义方法；这不是无产阶级的阶级分析的方法，而是小市民的含糊不清的方法。

我在代表大会上说，就拿孟什维克决议中最具有代表性的一段话来看看吧："……(4)这些冲突〈同反动派的冲突〉迫使国家杜马在广大群众中寻找支持……"(我引自孟什维克向代表大会提出的草案。)说杜马能够而且一定会在广大群众中寻找支持，这话说得对吗？**什么样的**杜马？是十月党人的杜马吗？大概不是。是工人和农民代表的杜马吗？它不必**寻找**支持，因为它不论过去、现在还是将来都得到支持。是立宪民主党人的杜马吗？是的，对立宪民主党人的杜马，也只有对立宪民主党人的杜马，这话才说对了。立宪民主党人的杜马确实需要在广大群众中**寻找支持**。但是，只要你给孟什维克的抽象的、唯心主义的、一般的说法注入具体的阶级内容，你就会发现他们的说法是不完全的，因而也是不正确的。立宪民主党人**希望**依靠人民。这是事实。我们(布尔什维克)关于对资产阶级政党的态度的决议正是这样谈到立宪民主党人的。但是我们的决议还补充说：立宪民主党人**摇摆不定**，一方面希望依靠人民，另一方面又**害怕人民的革命自主精神**。没有一个社会主义者敢否认这里加着重标记的话是正确的。那么，在大家都已经清楚杜马是立宪民主党人的杜马的时候，为什么孟什维克在关于杜马的决议中只谈出**一半真理**呢？为什么他们只指出立宪民主党人**光明的一面**，而闭口不谈另一面呢？

我们的杜马并不是人民代表机关这个"纯粹的观念"的体现者。只有立宪民主党教授中的资产阶级庸人才会这样想。待在我们的杜马里的一定**阶级**和一定政党的代表决定着杜马的性质。我们的杜马是立宪民主党人的杜马。如果我们只说杜马希望依靠人民，而不补充说它害怕人民的革命主动精神，那我们就是公然撒谎，就是把无产阶级和全体人民引入迷途，就是最不可饶恕地迁就一时的情绪，就是被摇摆于自由和君主制之间的政党的胜利所迷惑，就是不善于估价这个政党的真正实质。对于你们的这种沉默，立宪民主党人当然会加以称赞，可是觉悟的工人会称赞你们吗？

再举一个例子。孟什维克在自己的决议中写道："沙皇政府力求遏止革命的高涨。"这是对的。但是，是不是只有沙皇政府想这样做呢？立宪民主党人不是无数次地证明了，他们**既**希望依靠人民，**又**力求遏止人民革命的高涨吗？社会民主党人这样给立宪民主党人涂脂抹粉是不是合适呢？

于是我作出下面这样一个结论。我们的决议说，杜马可以**间接地**促进革命。**只有**这种说法才是正确的，因为立宪民主党人在革命和反动之间摇摆不定。我们的决议在**谈到杜马**的时候直接、明确地说，必须揭露立宪民主党人的动摇性。在关于杜马的决议中对这一点闭口不谈，就意味着陷入了资产阶级的"纯粹的人民代表机关"的理想。

实际经验已经开始推翻孟什维克的幻想。你们已经可以在《涅瓦报》[37]上找到一些文章，这些文章指出（遗憾的是不够系统）：立宪民主党人在杜马中的所作所为是不革命的；无产阶级不允许"米留可夫之流的先生们同旧制度搞交易"。孟什维克这样说，就完全证实了我在代表大会上对他们决议的批评是正确的。孟什维克这样说，就是在跟上革命发展的浪潮，尽管这种发展还比较软弱，但是已经开始暴露立宪民主党人的本性，已经开始表明布尔什维克对问题的提法是正确的。

第三，我说，孟什维克的决议没有根据无产阶级策略的观点把资产阶级民主派清楚地加以区分。无产阶级应该在一定程度上同资产阶级民主派一起前进，或者说“分进合击”[38]。可是在目前杜马的时代，无产阶级究竟应该同资产阶级民主派的哪一部分“合击”呢？孟什维克同志们，你们自己也明白，杜马已经把这个问题提到日程上来了，可是你们却回避这个问题。而我们直接地、明确地说：同农民的或者说革命的民主派一起，要通过我们同他们的团结一致使立宪民主党人的动摇性和不彻底性起不了作用。

孟什维克（特别是普列汉诺夫，我再说一遍，他是代表大会上孟什维克的真正的思想领袖）企图通过把自己的立场“深刻化”来回答这种批评。他们喊道：不错，你们要揭露立宪民主党人。可是我们是在揭露**所有的**资产阶级政党；请看一看我们决议的最后一段吧：“向群众揭露**所有的**资产阶级政党的不彻底性”等等。于是普列汉诺夫傲慢地补充说，只有资产阶级激进派才专门强调立宪民主党人，而我们社会党人要揭露所有的资产阶级政党。

在似乎是把问题“深刻化”的后面隐藏着的这样一种诡辩，在代表大会上多次被使用，现在也经常被使用，因此值得谈一谈。

我们所说的这个决议要谈的究竟是什么问题呢？是谈社会党人要揭露所有的资产阶级政党呢，还是要确定资产阶级民主派中的哪个阶层**现在**能够帮助无产阶级把资产阶级革命推向前进呢？

很明显，不是前者，而是后者。

既然这一点很明显，那就没有理由用前者来代替后者。布尔什维克关于对待资产阶级政党的态度的决议清楚地说明，社会党人要揭露所有的资产阶级民主派，其中也包括革命的和农民的资产阶级民主派，然而，关于无产阶级当前策略的问题要谈的，不是社会党人的批评，而是政治上的互相支援。

资产阶级革命愈向前发展，无产阶级就愈要在资产阶级民主派的左翼中寻找自己的同盟者，愈要从资产阶级民主派的上层深入到它的下层中去。有一个时期，贵族代表和提出（在1901年）希波夫式的“权利与拥有权力的地方自治机关”的口号[39]的司徒卢威先生，也能够支持革命。后来革命大大地向前发展了。资产阶级民主派上层开始脱离革命。下层开始觉醒。无产阶级开始在资产阶级民主派的下层中（为**资产阶级**革命）寻找同盟者。现在无产阶级在这一方面的策略的唯一正确的规定应该是：同农民的（要知道农民也是资产阶级民主派，孟什维克同志们，请不要忘记这一点！）和革命的民主派在一起，使立宪民主党人的动摇性起不了作用。

再说一次。立宪民主党杜马的最初一些步骤证明哪一个路线是正确的呢？实际生活已经走在我们的争论前面。实际生活迫使《涅瓦报》也把农民团（“劳动团”[40]）划分出来，选择了劳动团而不要立宪民主党人，同劳动团接近，揭露立宪民主党人。实际生活已经使人们懂得了我们的口号：在资产阶级革命胜利以前，无产阶级的同盟者是农民的和革命的民主派。

第四，我批评了孟什维克决议的最后一条，也就是关于杜马中社会民主党议会党团的那一条。我指出，大批有觉悟的无产阶级群众没有参加选举。在这种条件下，把党的正式代表强加给这些工人群众是不是合适呢？党能不能担保这些候选人真正是党所要选择的呢？社会民主党的第一批杜马候选人预料将来自**农民**和城市小资产阶级选民团，这会不会造成某种危险和反常情况呢？社会民主工党的第一批杜马候选人竟不是由工人组织选出，不受工人组织的监督……　纳扎尔同志要求社会民主党杜马候选人由地方工人组织**提名**，他的这个修正案被孟什维克否决了。我们要求进行记名投票，并且把我们的不同意见记录在案。①

我们投票赞成高加索人的修正案（在一些还没有举行选举的地方参加选举，但是不同其他党派结成联盟），因为禁止同其他党派结成联盟和达成协议，对党无疑有巨大的政治意义。

我还要指出，代表大会否决了叶尔曼斯基同志（自认为是个调和派的孟什维克）的修正案，他要求只有在能够对群众进行鼓动和广泛地组织群众的条件下，才准许参加选举。

各民族社会民主党的代表，包括波兰人，崩得，记得还有拉脱维亚人，都在这个问题上发了言，他们坚决主张抵制，同时强调要考虑地方的具体条件，反对根据抽象的考虑决定这样的问题。

在社会民主党议会党团的问题上，代表大会也通过了一个给中央委员会的指示。这一指示（可惜它没有收入中央委员会出版的代表大会决议里面）委托中央委员会通知**所有的**党组织：(1)谁，(2)在什么时候，(3)在什么条件下被中央委员会指定为党的议会党团的代表了。其次要定期通报关于这些党代表的活动的报告。该决议委托社会民主党杜马代表所属的地方工人组织监督自己的这些在杜马中的“全权代表”。② 这里我要附带指出，这个重要决议由于表明了社会民主党人不像资产阶级政客那样看待议会制，而遭到了司徒卢威先生的《杜马报》**41**和《新时报》**42**一致的不满和嘲笑。

关于国家杜马问题的讨论情形就要讲完了，最后我还要谈两个插曲。第一个，是阿基莫夫同志的发言，他是被邀请出席代表大

---

① 见本版全集第12卷第350—351页。——编者注

② 参看《苏联共产党代表大会、代表会议和中央全会决议汇编》1964年人民出版社版第1分册第168页。——编者注

会的有发言权的代表。我要对不熟悉我党历史的同志们说，阿基莫夫同志自 90 年代末起就是党内最彻底的机会主义者，或者说是最彻底的机会主义者之一。甚至新《火星报》[43]也得承认这一点。阿基莫夫在 1899 年及以后的年代里是一个“经济派”[44]，并且始终如一。司徒卢威先生在《解放》杂志[45]上一再称赞过他的“现实主义”和他的马克思主义的学识。阿基莫夫同志与《无题》周刊[46]中的伯恩施坦派(普罗柯波维奇先生等)很难说有什么本质的区别。在社会民主党右翼同左翼展开斗争的情况下，这样一个同志的出席当然不能不在代表大会上引起重视。

阿基莫夫同志是紧接在几位报告人之后第一个就国家杜马问题发言的人。他声明，他有很多地方不同意孟什维克的意见，但是他完全同意阿克雪里罗得同志的意见。他不仅赞成参加杜马，而且还主张支持立宪民主党人。阿基莫夫同志公开地维护立宪民主党人(而不是用隐蔽的形式，例如说什么立宪民主党人比社会革命党人重要等等)，在这一方面他是唯一的一位彻底的孟什维克。他公开地反对我在《立宪民主党人的胜利和工人政党的任务》这本小册子中对立宪民主党人的评价。用他的话说，立宪民主党“确实是争取人民自由的党，但是比较温和”。立宪民主党人是“孤苦伶仃的民主派”——我们这位孤苦伶仃的社会民主党人说。“孟什维克必须人为地设置障碍，以免成为立宪民主党人的帮手。”

正像读者所看到的，阿基莫夫同志的发言又一次非常清楚地表明我们的孟什维克同志们倒向哪一边。

第二个插曲从另一方面说明了这一点。事情是这样的。委员会提出的孟什维克关于国家杜马的最初决议草案的第五条(关于军队问题)有这样的话：“……在俄国土地上将第一次看到由**沙皇**

亲自促成的、为法律所承认的、从民族内部产生的新政权”等等。在批评孟什维克决议对国家杜马的不慎重和乐观的(说得温和一些)态度时,我也批评了加了着重标记的这些词句,我开玩笑地说:也许还要加上“上帝恩赐的”(政权?)。委员会的委员普列汉诺夫同志对于我开这个玩笑非常生气。他发言时喊道:怎么!说我有“机会主义的嫌疑”(这是我记下来的他的原话)吗?我是军人,我知道军人怎样对待政权,也知道沙皇承认的政权在军人眼中有什么意义等等。普列汉诺夫同志生气,正暴露了他的弱点,更明显地表明他做得“过火”了。我在自己的总结发言中回答说,问题根本不在于“嫌疑”,说这些抱怨的话是可笑的。谁也不会责备普列汉诺夫信仰沙皇。但是决议不是为普列汉诺夫写的,而是为人民写的。对人民说这些只有维特之流的先生们才能说出的模棱两可的道理是不适当的。这些道理会转过来反对我们,因为如果强调国家杜马是“政权”(?? 这个词就足以表明我们的孟什维克太乐观了),而且是沙皇促成的政权,从这里就会得出这样的结论:这个合法的政权应该合法地进行活动,应该听从“促成”它的人的话。

孟什维克自己也看出普列汉诺夫做得过火了。根据他们自己人的建议,这些加着重标记的词句从决议中删掉了。

六

武 装 起 义

代表大会的注意力主要集中在土地问题和国家杜马问题这两个主要问题上以及对时局估计的讨论上。我们在这些问题上花费了多少天，我已经记不清了，但一个明显的事实是，很多出席会议的代表都疲倦了，不仅是疲倦，他们好像还希望撤销议程上的一些问题。大会通过了一个加速大会工作的建议，因此，关于武装起义问题的报告人的报告时间**减少**为15分钟（前面一些问题的报告人曾经不止一次地超过规定的半小时）。这样就开始把一些问题匆忙地加以结束。

在代表大会上占优势的"少数派"关于武装起义问题的报告人切列万宁同志，果然不出所料，正像布尔什维克屡次预言的那样，"滚到普列汉诺夫那一边去了"，也就是说，实质上站到代表大会召开以前很多孟什维克所不同意的《日志》的观点上去了。我的笔记本里记下了他的这样一些话："十二月起义只不过是绝望的产物"；"十二月起义的失败在最初几天就已经注定了"。普列汉诺夫所说的"本来就用不着拿起武器"这句话像一根红线贯穿在他的叙述中，同时照例掺杂着一些对于"密谋分子"、对于"夸大技术问题"的攻击。

我们的报告人文特尔同志枉然地试图用简短的发言促使代表大会对这两个决议的原文加以评价。有一次他甚至不得不拒绝继续报告下去。这是在他发言的中途，在他宣读孟什维克决议的第一条"斗争提出了从专制政府手中争取政权的直接任务"的时候发生的。原来，我们的报告人虽然是武装起义决议起草委员会的一员，但**不知道**该委员会**在最后时刻**在提交代表大会的胶版印的决议草案中作了**新的**修改。该委员会中以普列汉诺夫为首的孟什维克建议，以"**用强力争取权利**"的字样来代替"争取政权"的字样。

修改提交代表大会的决议而不通知报告人、起草委员会的委员，这种做法粗暴地破坏了代表大会工作的一切惯例，使我们的报告人非常气愤，他拒绝继续报告下去。只是在孟什维克作了很久的“解释”之后，他才同意说几句话作为结束。

这样的修改的确是令人吃惊的。关于起义的决议中竟不谈争取政权，而谈争取权利！请想想看，这种机会主义的说法会在群众的思想中引起多么大的混乱，这种用伟大手段(起义)达到渺小目的(争取权利，也就是说从旧政权手中争取权利，要它让步，而不是推翻它)的极不相称的做法会是多么荒唐。

当然，布尔什维克对这个修正进行了最有力的抨击。孟什维克的队伍动摇了。看来，他们感到：普列汉诺夫又一次做得过火了；对起义的任务作如此温和谨慎[47]的估计，在实际工作中是不会有好结果的。普列汉诺夫只好打退堂鼓。他收回了他的修正案，并说他认为没有什么重大差别，其实不过是“修辞”上的问题。这当然是把苦药丸包上一层糖衣。大家都知道，这根本不是什么修辞上的问题。

普列汉诺夫的修正明显地暴露了孟什维克在起义问题上的基本意图：想出一些借口来反对起义，否定十二月起义，劝止再次起义，使起义的任务化为乌有，或者把这些任务确定得根本不再需要通过起义来完成。但是孟什维克不敢直接而果断地、公开而明确地说出来。他们的态度是十分虚伪的，他们用一种隐蔽的形式和半暗示的手法来表达他们的内心思想。无产阶级的代表可以而且应该公开地批评无产阶级的错误，而采用隐蔽的、模棱两可的、含混不清的形式，则是和社会民主党完全不相称的。孟什维克的决议正是不自觉地反映了这种模棱两可的态度：一方面找一些借口来反对起义，同时又说什么“人民”承认起义。

谈论技术问题和密谋活动，这是十分明显地转移人们的视线，是十分粗暴地掩盖在对起义的**政治**估价上的分歧。为了避免作这种估价,为了避免直接说出十二月起义是不是一个前进的步骤和运动向更高阶段的发展,就需要转变话题,撇开政治问题而谈论技术问题,撇开对 1905 年 12 月事件的具体估价而一般地谈论密谋活动。把莫斯科十二月斗争这样的**人民**运动说成是密谋活动,说出这种话实在是社会民主党的莫大的耻辱!

我们对孟什维克同志们说,你们想展开争论,你们想"刺一下"布尔什维克,你们关于起义的决议满篇都是对看法和你们不一致的人的攻击。那就尽情地争论吧。这是你们的权利,也是你们的义务。但是不要把估价这段历史性事件的大问题变成琐碎无聊的争论。不要损害党的尊严,让它在工人、农民、城市小资产阶级的十二月斗争这个问题上,除了对另一派别挖苦中伤以外,别的什么话也不会说。请你们再稍微提高一步,如果愿意的话,你们可以专门草拟一个反驳布尔什维克的论战性的决议,但是对于起义问题,你们要给无产阶级和全体人民一个直接明了的而不是口是心非的答案。

你们大叫什么夸大技术问题和密谋活动。可是,请你们看看这两个决议草案吧。你们会看到,写在我们的决议中的恰巧不是技术性的材料,而是**历史性的和政治性的**材料。你们会看到,我们的根据恰巧不是来自毫无内容和无法检验的陈词滥调("争取政权的斗争任务"),而是来自**运动的历史**,来自 1905 年最后一个季度的政治经验。你们是在诿过于人,因为正是你们的决议非常缺乏历史性的和政治性的材料。你们的决议是谈起义的,可是却没有一句话谈到罢工同起义的关系,没有一句话谈到 10 月以后的斗争怎样必不可免地导致起义,没有一句话直接明了地谈到十二月事件。正是在我们的决议里，起义不是被当做密谋家的号召，不是被当做技术问题，而是当做由十月罢工、关于自由的许诺、取消自由的企图以及维护自由的斗争所造成的十分具体的历史情况的**政治结果**。

关于技术问题和关于密谋活动的词句，不过是你们**回避**起义问题的遁词罢了。

孟什维克关于起义问题的决议，在代表大会上就被称为“**反对武装起义的决议**”。任何人，只要稍微仔细地阅读过提交代表大会的两个决议，恐怕都不敢否认这种说法的正确性。①

我们的论点只有一部分对孟什维克产生了影响。谁要是把他们的决议**草案**同他们最后通过的决议比较一下，就会发现他们去掉了不少实在琐碎的攻击和观点。但是总的精神当然还是依然如故。孟什维克的代表大会在俄国第一次武装起义以后表现出茫然失措，避开直接回答问题，不敢直接向无产阶级说明这次起义是个错误还是前进一步，需要不需要第二次起义，第二次起义同第一次起义在历史上的联系是怎样的，这是历史事实。

孟什维克想从议程上撤销起义问题，他们很想这样做，但是又不敢承认这一点，这种支吾搪塞的做法使这个问题实际上悬而未决。十二月起义**还**需要**党**作出评价，所有的组织也都应该严肃地注意这个问题。

起义的实践问题也悬而未决。以代表大会的名义确认了运动

① 为了帮助读者以自觉的批判的态度分析代表大会上的争论，我把多数派和少数派的最初的决议草案以及代表大会通过的决议都收在附录里。只有对这些文本进行仔细研究和比较，才能在社会民主党的策略问题上独立地作出判断。

的**直接**(请注意这一点!)任务是“**争取政权**”。要知道这可以说是最最布尔什维克的说法,可是人们责备我们说,正是这种说法使问题流于空谈。但是既然代表大会这样说了,我们就应该以此为准绳,我们就应该**根据这一点**对那些可能忘记了这一**直接**任务的党的地方和中央的机关和组织进行最坚决的批评。我们可以而且应该根据代表大会的决议在一定的政治时期把这一**直接**任务**放到首位**。谁也没有权利阻止我们这样做,这样做完全符合代表大会的指示,因为我们已经删去了“争取权利”的字样,已经迫使代表大会承认“**争取政权的直接任务**”。

我们劝各个党组织不要忘记这一点,特别是在我们这个声名狼藉的杜马挨了专制政府的耳光的时候。

沃伊诺夫同志在讨论武装起义的时候非常中肯地指出了孟什维克已经陷入了怎样的窘境。说“争取权利”,这是彻头彻尾的机会主义的说法。说“争取政权”,那就等于丢掉自己手中的一切攻击布尔什维克的武器。沃伊诺夫讽刺说,现在我们才知道什么是正统的马克思主义,什么是密谋分子的邪说。“争取政权”是正统,“夺取政权”是密谋活动……

这位演讲人还描述了孟什维克在这个问题上的一般特征。他说孟什维克是印象派,是情绪不定的人,是见异思迁的人。在涨潮的时候,在1905年10—11月,你看吧,《开端报》拼命地疾驰狂奔,它表现得甚至比布尔什维克更布尔什维克。它已经从民主专政跳到社会主义专政去了。退潮了,情绪低落了,立宪民主党人行时了,孟什维克又赶忙适应这种低落的情绪,跑跑颠颠地跟在立宪民主党人屁股后面,对10—12月的斗争形式摆出一副不屑一顾的神气。

孟什维克拉林在代表大会上的书面声明非常有趣地证实了上述情况。他把这份声明交给了常务委员会，因此，声明一定全部记录在案了。拉林在声明中说，孟什维克在10—12月间犯了错误，因为他们采取了布尔什维克的行动。我在代表大会上听到一些孟什维克口头上对这一“宝贵的招供”表示了个人的异议，但这种异议是否在发言或者声明中吐露过，这一点我不能肯定。

普列汉诺夫的发言也是大有教益的。他谈到了夺取政权（如果我没有弄错的话）。不过他在这里非常奇怪地说漏了嘴。他喊道：我反对像密谋分子那样夺取政权，但是我完全赞成像法国大革命时期的国民公会[48]那样夺取政权。

普列汉诺夫的这句话被我们抓住了。我对他说，妙极了，普列汉诺夫同志，把你说过的话写到决议中去吧。随便你们怎样激烈地谴责密谋活动，我们布尔什维克还是会完全一致地投票赞成这样一项认可并且向无产阶级建议按照国民公会的方式夺取政权的决议。你们可以谴责密谋活动，不过要在决议中认可国民公会式的专政，那样，我们就会完全地、无条件地同意你们的。不仅如此，我还向你们担保，在你们签署这个决议以后，**立宪民主党人就不会再称赞你们了！**

沃伊诺夫同志也指出普列汉诺夫由于无意中“说漏了嘴”，讲到国民公会，从而陷入极大的矛盾。国民公会就是下层的专政，即城市和农村最下层的贫民的专政。在资产阶级革命中，国民公会就是不由大资产阶级或者中等资产阶级而由普通人、贫民即我们所说的“无产阶级和农民”在其中完全独占统治地位的权力机关。肯定国民公会而又反对夺取政权，这等于玩弄词句。肯定国民公会而又竭力反对“无产阶级和农民的革命民主专政”，这等于自己打自己的耳光。布尔什维克一向都是讲由人民群众，由无产阶级和农民夺取政权，而绝不是由什么“觉悟的少数”夺取政权。所谓密谋活动和布朗基主义[49]云云，不过是一种天真无邪的装腔作势，一提到国民公会，它们就碰得粉碎了。

七
代表大会的结束

武装起义问题是在代表大会上进行了比较详细的和原则性的讨论的最后一个问题。其他问题都草草结束，或者没有经过讨论就作了决定。

关于游击性战斗行动的决议是作为关于武装起义的决议的附加部分通过的。当时我不在会场，也没有从同志们那里听到任何有关这个问题的比较有意义的讨论。而且，这个问题也不是什么原则问题。

关于工会的决议和对农民运动的态度的决议是一致通过的。在这些决议的起草委员会中，布尔什维克和孟什维克在这些问题上达成了协议。我要指出，关于农民运动的决议对立宪民主党作了十分正确的估计，同时承认了起义是争取自由的“唯一手段”。在我们日常的鼓动工作中，应该经常地注意到这两点。

同各民族社会民主党统一的问题占用了比较多的时间。同波兰人合并的问题一致通过了。同拉脱维亚人合并的问题，我记得也一致通过了，至少没有发生多大的争论。在同崩得合并的问题上发生了一场激战。我记得结果是以 54 票或者将近 54 票通过了合并。布尔什维克(几乎全部)、中派和派别情绪最少的孟什维克都投了**赞成**票。大家都同意俄国社会民主工党各地方领导委员会应当是统一的委员会,出席代表大会的代表要根据共同的原则选举。通过了一项承认必须为实现集中的组织原则而奋斗的决议(我们提出了措辞不同但是意思完全一致的另一个决议,其中强调了我们向崩得所作的让步的实际意义,肯定了必须为无产阶级力量的新的更紧密的团结进行坚定不移的斗争)。

在同崩得合并的问题上,有一些孟什维克勃然大怒,他们指责我们违背了第二次代表大会的原则。对照一下《党内消息报》第2号,就是对这种指责的最好的回答。**早在代表大会召开以前很久**布尔什维克就在那里发表了一个决议草案,其中建议向**所有的**民族社会民主党作一系列**进一步的**让步,直到"在党的地方的、省的和中央的机关中有按一定比例选出的代表"①。孟什维克也在《党内消息报》第2号上提出了自己的反决议作为对我们决议的答复,然而他们的决议**一个字也**没有提到不同意我们的进一步向崩得及其他民族社会民主党让步的方案。

我觉得,这个事实对究竟是布尔什维克由于派性而投票赞成崩得,还是孟什维克由于派性而投票反对崩得这个争论不休的问题,作了最好的回答。

党章很快就通过了。我参加了党章起草委员会。孟什维克曾想把召开紧急代表大会所必需的党员人数增加到全体党员的⅔。当时我同我们布尔什维克同人断然声明:削减一派的第三次代表大会的党章所承认的反对派的最低限度的自治权和各种权利的任

① 参看本版全集第12卷第210—211页。——编者注

何微小尝试，必然会造成分裂。孟什维克同志们，问题取决于你们：如果你们愿意抱忠实的态度，尊重少数派的一切权利，尊重反对派的一切权利[①]，那么我们服从，我们将选派自己的同志参加中央委员会，我们将谴责分裂。如果你们不愿意那样做，那么分裂是不可避免的。

孟什维克同意把⅔降低为½。党章一致通过了，包括第 1 条和民主集中制的原则。只有两点引起了意见分歧。

第一，我们建议给第 1 条加一个附注，规定改变住址的党员有权参加当地的党组织。

这个附注的目的在于防止小的争吵和纠纷，防止把持不同见解者排挤出组织，防止孟什维克和布尔什维克互相排斥。党日益壮大。它正在成为一个大党。应该结束争夺地盘的斗争。党的所有机关是选举产生的。而党的基层组织对全体党员来说则应该是完全开放的。只有这样，思想斗争才不致被组织上的无原则纠纷所玷污。

尽管我们一再坚持，孟什维克还是否决了这个附注。但是为了证明自己忠实的意图，他们同意通过一个决议："代表大会否决这个附注，只不过是因为这个附注是多余的，是**不言而喻的**。"（我在这里是凭记忆引证的，因为在我的记事本里没有这一决议的原文。）在发生各种各样的争论和组织纠纷的情况下，考虑一下这个决议是非常重要的。

第二点分歧涉及中央委员会和中央机关报的关系。孟什维克

① 这里我要提醒大家，我在代表大会召开以前就在我的小册子《社会民主党和国家杜马》（其中附有唐恩的文章）中指出，必须保证处于少数地位的派别**有批评代表大会决议的自由和鼓动召开新的代表大会的自由**（第 8 页）。[50]

通过了在代表大会上选举中央机关报编辑部以及中央机关报编辑部成员作为中央委员会成员参加解决政治问题的条文(这个含混不清的条文势必会引起误解)。布尔什维克根据俄国党内和德国党内①打笔仗的可悲的经验,主张由中央委员会任命中央机关报编辑部,主张中央委员会有权撤换编辑部成员。我认为,孟什维克的决定无疑地表明,在我党右翼中,著作家和实际政治领导者之间的关系也不正常。

我还要当做一个大笑话指出来的,是孟什维克在代表大会上确认了阿姆斯特丹国际社会党代表大会关于对资产阶级政党的态度的决议[53]。把这个决定载入我们社会民主党代表大会的历史真要成为一个大笑话。难道国际社会党代表大会的**所有的**决定不是**所有**国家的社会民主党都必须遵守的吗?挑出这样一个决定加以确认是什么意思呢?什么地方和什么时候看到过一个国家的社会民主党只谈所有国家共同适用的对待所有资产阶级政党的态度,而不解决以什么态度对待**本**国这一个或那一个资产阶级政党的问题呢?在代表大会召开以前,布尔什维克和孟什维克都准备了关于**在俄国**在基督降生后第**1906年**对各资产阶级政党的态度的决议草案。如果代表大会没有时间研究这个问题,那就应该干脆把它搁下。选择这样的"中间"道路,即不研究俄国政党的问题,而确认国际的关于一般问题的决定,这只是向全世界表明自己的茫然失措。这等于说:我们不知道我们应该怎样用自己的头脑来解决关于俄国各政党的问题,所以我们只好重复一下国际的决定!这

① 指不久前发生的一次"事件":《前进报》[51]的6位编辑由于德国社会民主党中央执行委员会把他们免职而掀起了一场争吵。[52]

是把问题留做悬案的一种最拙劣的、只能引起人们嘲笑的方式。

然而这个问题是非常重要的。读者将会在附录中找到多数派和少数派的相应决议的草案。我们建议关心这个问题的人(实际工作者、鼓动员、宣传员,哪有不关心这个问题的呢?)随时拿这些草案同“革命的教训”对照,也就是同各个政党的生活中的政治事实对照,目前俄国实际生活正提供很多很多这样的事实。谁愿意这样做,谁就会发现,革命愈来愈证实我们对资产阶级民主派中的两个主要派别,即自由主义君主派(主要是立宪民主党人)和革命民主派的估计是正确的。

孟什维克的决议则明显地表现出束手无策和茫然失措,以致在代表大会上只好采取确认国际的决定这样一种可笑的做法。孟什维克的决议只是些泛泛的空谈,并没有试图解决(或者大致指出如何解决)俄国政治现实中的具体问题。这个茫然失措的决议写道,应该批评所有的政党,应该揭露它们,应该承认没有十分彻底的民主政党。但**究竟**应该**怎样**“批评和揭露”俄国**各种各样的**资产阶级政党或者这些各种各样类型的政党,这一点决议却不知道。决议说应该“批评”,但是它又**不会**批评,因为对资产阶级政党进行马克思主义批评就是要对各种各样的资产阶级政党的不同的**阶级**基础进行**具体的**分析。决议束手无策地说什么没有十分彻底的民主政党,而不善于判明**俄国**各资产阶级民主政党在彻底性上的**差异**,这种差异在我国革命进程中已经表现出来而且在继续表现出来。在孟什维克决议的空洞词句和老生常谈后面,甚至我国三种基本类型的资产阶级政党——十月党[54]、立宪民主党、革命民主派之间的界限也消失了。我们的这些右翼社会民主党人在估计俄国各种各样的资产阶级政党的阶级基础和倾向方面完全束手无策,已经到了令人可笑的地步，他们竟还指责左翼社会民主党人犯了“真正的社会主义”[55]的错误，即忽视了资产阶级民主派在历史上的具体作用！这简直是又一次诿过于人。

我稍微离开了我要谈的本题。但是我在我的这本小册子的开头就预先说过，我打算在报告代表大会情况的时候，同时谈一谈我对代表大会的一些看法。我认为党员要对代表大会作出有见识的评价，就应该不仅考虑到代表大会完成的工作，还要考虑到代表大会应该完成而没有完成的工作。每一个有头脑的社会民主党人都一天比一天更清楚地意识到，必须对俄国各种各样的资产阶级民主政党进行马克思主义的分析。

代表大会上的选举只用了几分钟。事实上一切在代表大会的全体会议举行以前就安排好了。中央机关报由孟什维克安排了五个清一色的孟什维克组成；我们同意了派三个人参加中央委员会，而孟什维克有七个。这三个人作为一种监督者和反对派权利的捍卫者，今后的处境如何，将来才会见分晓。

八
代表大会的总结

整个地看一下代表大会的工作和代表大会的工作所造成的我们党的形势，我们得出下面一些主要的结论。

代表大会的一个重大的实际成果就是确定了（部分已经实现了）同各民族社会民主党的合并。这次合并巩固了俄国社会民主工党。它将有助于消灭小组习气的最后痕迹。它将给党的工作带来新的生气。它将大大加强俄国所有各民族的无产阶级的力量。

少数派和多数派的合并也是一个重大的实际成果。分裂中止了。社会民主主义的无产阶级和它的政党应该是团结一致的。组织上的意见分歧几乎完全消除了。现在留下的是一项重大的、严肃的和非常重要的任务:在党组织中真正实现民主集中制的原则,——要进行顽强不懈的努力,使基层组织真正成为而不是在口头上成为党的基本组织细胞,使所有的高级机关都成为真正选举产生的、要汇报工作的、可以撤换的机关。要进行顽强不懈的努力来建立一个包括全体觉悟的工人社会民主党人、独立进行政治活动的组织。应该实现直到现在还多半是在纸上承认的所有党组织的自治权。应该彻底消除争地盘的斗争、畏惧其他“派别”的心理。但愿我们能真正有团结一致的党组织,而在这些组织内部,各个不同的社会民主主义思想派别之间只能进行纯粹的思想斗争。这是不容易做到的,我们也不可能马上做到。但是道路已经确定,原则已经宣布,我们现在应该力求完全地、彻底地实现这个组织上的理想。

我们认为代表大会的一个重大的思想成果是更明确地划清了社会民主党右翼和左翼的界限。欧洲所有的社会民主党都有这两派,我们党内也早就形成了这两派。更清楚地划分他们的界限,更明确地判明争论的起因,这是促进党的健康发展、加强对无产阶级的政治教育、制止一切使社会民主党严重脱离正确道路的倾向所必要的。

统一代表大会提供了大量实际的文件材料,根据这些材料可以十分确切地、无可争辩地判明,在哪些问题上我们的意见一致,在哪些问题上我们的意见有分歧,分歧究竟有多大。应该**研究**这些文件材料，应该了解确切地表明了分歧的内容和程度的那些**事实**，应该抛弃旧的小组习气：一味地大叫大嚷，危言耸听，咄咄逼人，而不对某个某个问题上表现出来的某点某点分歧进行实际的分析。因此我们认为在这本小册子的附录中，必须包括尽可能完整的有关统一代表大会的**文件**材料，使党员能够真正独立地**研究**分歧，而不是重复那些不假思索地接受来的老调子。这些文件材料当然是枯燥的。并不是所有的人都能有足够的兴趣和耐心阅读那些决议草案，拿草案和通过的决议比较，考虑每一条每一句的不同的措辞的意义。但是不做这种严肃认真的工作，就不可能自觉地对待代表大会的决议。

这样，把我上面所谈的代表大会的争论归纳起来，把代表大会没有研究的（或者说搁下来的）决议草案的不同倾向归纳起来，我得出的结论是：代表大会大大帮助了我们更清楚地划分社会民主党右翼和左翼的界限。

我们的右翼不相信俄国目前的革命即资产阶级民主革命会取得完全胜利，害怕这个胜利，没有坚决地、明确地向人民提出争取这个胜利的口号。它一直纠缠在一个根本错误的、把马克思主义庸俗化的思想上：似乎资产阶级革命只能由资产阶级独立地“干”，或者说资产阶级革命应该仅仅由资产阶级进行。对于无产阶级作为争取资产阶级革命的完全彻底胜利的先进战士的作用，社会民主党右翼是不清楚的。

例如他们提出（至少是代表大会的右翼发言人有几位在发言中提出）**农民革命**的口号，但是并没有把这个口号贯彻到底。他们没有在纲领中规定明确的革命路线（由革命农民委员会**夺取**土地，**直到**召开全民立宪会议），以便在人民中进行宣传鼓动工作。他们不敢在农民革命的纲领中表达由革命农民夺取政权的思想。他们违背了自己的诺言，恰巧没有“从逻辑上”把农业中的资产阶级民主改革进行到底，因为在资本主义制度下，“从逻辑上”（**和从经济上**）把这种改革进行到底，那就只有实行消灭绝对地租的土地国有化。他们杜撰出一条十分勉强的中间路线，主张由各地区各自分散地实行土地国有化，在不民主的中央政权下维持民主的地方自治机关。他们用复辟的幽灵来吓唬无产阶级，而没有注意到他们是抓起了资产阶级反对无产阶级的政治武器，他们是在给君主派资产阶级帮忙。

我们的右翼社会民主党人的整个策略路线过高地估计动摇不定的君主主义自由派资产阶级（立宪民主党人等等）的意义和作用，而过低地估计革命的资产阶级民主派（“农民协会”[56]，杜马中的“劳动团”，社会革命党人，人数众多的半政治性半工会性的组织等等）的意义。这种对立宪民主党人的过高估计和对革命民主派“下层”的过低估计，同上面指出的对资产阶级革命的不正确看法有极其密切的联系。立宪民主党人的表面成就，他们的轰动一时的“议会”胜利，他们的装腔作势的“立宪”演说，把我们的右翼社会民主党人弄得眼花缭乱。这些人迷恋于权宜之计，而忘记了民主派的更根本的和更重要的利益，忘记了那些力量，那些很少在特列波夫和杜巴索夫之流所允许的“立宪制度”的表面上“喧嚷”，却在革命民主派的下层进行着更深刻的尽管不太显眼的工作，酝酿着一些不完全是议会性质的冲突的力量。

正因为如此，我们的右翼社会民主党人对起义持怀疑的（说得温和一点）态度，他们力图丢掉10月和12月的经验和当时所制定的斗争形式。正因为如此，他们在反对立宪幻想的斗争中，在这个在任何真正革命时期都处于首要地位的斗争中，表现出了动摇和消极。正因为如此，他们对抵制杜马的历史作用毫不理解，竭力想用“无政府主义”这种尖刻的字眼来回避对一定时期的运动的具体条件作出估计①，他们迫不及待地想参加假立宪机关，过高估计这个机关的积极作用。

我们应该同我们的右翼社会民主党人的这些倾向进行最坚决的、公开的、无情的思想斗争。应该努力做到对代表大会的决定进行最广泛的讨论，应该要求全体党员以十分自觉的、批判的态度对待这些决定。应该使所有的工人组织在充分了解情况的基础上说明自己赞成哪些决定，不赞成哪些决定。如果我们是真正地、严肃地决定在我们党内实行民主集中制，如果我们决定吸引工人群众自觉地解决党的问题，那就应该在报刊、集会、小组和团体中进行

① 我刚刚收到卡尔·考茨基的新的小册子《国家杜马》。他对抵制问题的提法同孟什维克的提法有天壤之别。我们的可怜的社会民主党人，例如《涅瓦报》的涅哥列夫，胡说什么抵制是无政府主义！考茨基却不然，他对具体条件进行分析之后写道：“在这种条件下，我们的大多数俄国同志认为用这种方法召集的杜马只不过是令人极端愤慨的伪造的人民代表机关，并且决定对它进行抵制，这是毫不奇怪的……” “我们的大多数俄国同志认为，与其参加选举运动然后进入杜马，不如进行斗争以便搞垮这届杜马、争取召集立宪会议更为恰当，这也是毫不奇怪的。”

我们多么希望阿克雪里罗得的关于议会制的好处和无政府主义的害处的空洞词句能够尽快公之于世，好跟考茨基的这种历史的具体评价作一番对照！

顺便说一说。考茨基在他这本小册子里是这样谈到革命的胜利的：“农民和无产阶级将愈来愈坚决地和不客气地迫使杜马的代表向左转〈用《涅瓦报》的轻蔑的说法，是“赤裸裸地揭露立宪民主党人”〉，在**他们还没有完全战胜自己的对手**以前……日益削弱和钳制自己的对手。”总之，**农民和无产阶级**将战胜“他们”，也就是把政府和自由派资产阶级全都战胜。可怜的考茨基！他不懂得，资产阶级革命只能由资产阶级进行。他陷入了“布朗基主义”的无产阶级和农民的胜利（“专政”）的邪说。

这样的讨论。

但是，在统一的党内进行的这种思想斗争，不应该分裂组织，不应该破坏无产阶级行动的一致。这在我们党的实践上还是一个新的原则，因此，要正确地加以贯彻还要做很多工作。

讨论自由，行动一致，这就是我们应该努力做到的。在这一方面，统一代表大会的决定给全体社会民主党人留下了足够的活动余地。现在还远远谈不上按“地方公有”的精神采取实际行动，而支持农民的革命行动，批判小资产阶级的空想，这却是所有社会民主党人都同意的。因此我们应该讨论地方公有，谴责地方公有，不要担心这样会破坏无产阶级的行动的一致。

关于杜马的问题，情形有些不同。在进行选举的时候行动**必须**完全一致。代表大会决定，在所有将要举行选举的地方我们**都**参加选举。在选举期间，不得对参加选举进行任何批评。无产阶级的**行动**应该是一致的。将来只要有社会民主党的杜马党团，我们都将随时承认它是**我们**党的党团。

但是，除了行动的一致之外，还必须最广泛地、自由地讨论和谴责我们认为有害的措施、决定和倾向。只有这样进行讨论，通过决议，提出异议，才能形成我们党的真正的公众舆论。只有在这种条件下，我们才会成为一个善于**随时**表明自己的意见，用正确的方法把已经确定的**意见**变成下一次代表大会的**决定**的真正的党。

现在我们看一看引起意见分歧的第三项决议，即关于起义的决议。在这里，在进行斗争期间行动一致是绝对必要的。在进行这样激烈的斗争期间，全力以赴的无产阶级大军的内部不允许进行**任何**批评。而在还没有号召采取行动的时候，可以对决议及其根据和各条规定进行最广泛的、自由的讨论和评价。

因此，活动范围是很广阔的。代表大会的决议提供了很多的余地。不管怎样迷恋于假立宪制度，不管有人怎样夸大杜马的“积极”作用，不管社会民主党的极右派怎样号召温和谨慎，我们手中有对付这一切的最有力的武器。这个武器就是代表大会关于起义的决议的第一条。

俄国社会民主工党统一代表大会确认运动的**直接**任务是从专制政府手中**争取政权**。谁忘记了这个直接任务，谁把它放在次要地位，谁就是**违背**代表大会的意志，我们就要同这些违背代表大会意志的人进行最尖锐的斗争。

我再说一遍：余地是很多的，从议会党团到争取**政权**的直接任务。在这样广阔的范围内进行思想斗争，可以也应该不致引起分裂，不致影响无产阶级行动的一致。

因此我们号召所有不愿让我们党过于右倾的社会民主党人进行这样的思想斗争。

附　录

评价俄国社会民主工党统一代表大会工作的参考资料

为了使读者能够在代表大会记录印出以前根据文件研究代表大会讨论过的问题，我们把孟什维克和布尔什维克在代表大会上提出的决议草案以及代表大会通过的决议刊印在这里。正像本小册子正文中所指出的那样，只有研究了这些材料，才可能对代表大会上的思想斗争的真正意义有一个明确的概念。我们把《党内消息报》第 2 号刊登的未经代表大会研究的和没有提交代表大会的一些重要决议案也刊印在这里，因为代表大会所有的代表在争论中都考虑到了这些决议案，有时还引用了这些决议案，如果不了解这些决议案，就不可能彻底弄清楚意见分歧。

1906 年 6 月在莫斯科印成单行本　　　　译自《列宁全集》俄文第 5 版第 13 卷第 1—66 页

争取自由的斗争和争取政权的斗争

(1906 年 5 月 4 日〔17 日〕)

《新时报》在揭露。这家为实际上仍旧保持专制的政府服务的报纸,对我们的报纸[57]进行了一连串严厉的谴责,并且提醒立宪民主党人注意无产阶级的阶级斗争对资产阶级的危险性。在《新时报》的话里面,除了通常的向当局告密之外,有些地方很有现实意义,值得引起公众的注意。

《新时报》写道:"立宪民主党人把社会革命派‹指《浪潮报》›说成是'争取政治自由的先进战士'不觉得可耻吗?根本不是这么回事。他们不是在争自由,而是在争政权,他们要用他们自己的专制——无产阶级的专制代替旧的专制。"

《新时报》忠心耿耿地为专制政府效劳。奴仆为了主子的利益,煞费苦心地用社会主义革命的幽灵恐吓资产阶级。这是第一项任务。第二项任务是把当前正在进行的革命说成是社会主义革命,把"人民专制"和"无产阶级专制"混同起来。

专制制度的奴仆为了要把上面两项任务办好,只好求助于捣鬼和捏造。在任何时候,在任何地方,旧专制政权的奴仆总是要求助于这种"捏造",他们不仅在报刊文章中,而且在自己的全部政策中都竭力这样做。

因此，分析一下《新时报》的骗术是有很重大的意义的。首先，我们来研究一下这个“惊人的”发现：“他们”**不是**在争自由，**而是**在争政权。我们来看看这是什么意思。人民的自由，只有在人民真正能够毫无阻碍地结社、集会、办报、亲自颁布法律、亲自选举和撤换一切负责执行法律并根据法律进行管理的国家公职人员的时候，才能得到保障。这就是说，人民的自由，只有在国家的全部政权完全地和真正地属于人民的时候，才能完全地和真正地得到保障。这是不言而喻的道理，只有像《新时报》这类政府的奴仆才故意要模糊人民的意识。工人政党的纲领也肯定了这个明显的道理。在这个纲领所列举的可以在资产阶级社会的基础上即在保存生产资料私有制和市场经济的条件下实现的**政治**要求中，第一项就是**人民专制**。谁为人民的自由而斗争，而不为人民在国家中掌握全部政权而斗争，那他不是自相矛盾，就是别有用心。

单从我们推论的逻辑来说，争取自由的斗争和争取政权的斗争的关系就是这样。在争自由的斗争的历史上，情况一向如此：争自由的人民，在其斗争初期可以得到旧政权关于保障自由的**诺言**。不依靠人民的、高踞人民头上的旧的国家政权，由于害怕革命，**向人民许诺**保障自由。但是，只要还存在着人民不能加以撤换的政权，诺言就只是诺言，诺言就根本不能兑现。因此，在历次革命的历史中，在革命发展的一定阶段上，由于现实生活的教训，广大人民群众就会理解我们以上推论的明显的逻辑。

在俄国，这样的时刻也正在到来。1905 年 10 月的斗争，按其历史意义来说，就是要旧政权许诺保障自由的斗争。除了诺言，人民直到现在还没有争到丝毫更多的东西。但是，为了争取这更多的东西而遭到的多次失败，并不是毫无作用的。这些失败使人民作好了迎接更严重的斗争的准备。许诺自由而没有自由，旧政权有无限权力，“主宰一切”，而杜马中的“人民代表”只能空发议论，毫无实权，这种矛盾，特别是在当前，在有了杜马的经验之后，人民群众已经愈来愈强烈地、愈来愈深刻地、愈来愈尖锐地感觉到了。为确保人民有充分自由而进行的争取人民掌握全部政权的斗争，正非常迅速地到来，它的到来不是仅仅由于我们的推论的主观逻辑，而是由于政治事件的客观逻辑。因此，短短几天的杜马会议，已经令人感到了一股清新的空气。杜马是进行揭露的最好的武器，它也确实在非常出色地揭穿某些骗人的鬼话，使人们看清了**这种**杜马有什么力量，诺言有什么意义，恩赐的宪法或者说旧的政权和新的自由二者缔结的契约有什么好处。正因为如此，解放运动所取得的新的实际进展的征兆，正十分迅速地开始显露出来。立宪民主党人在选举中的胜利曾一度冲昏了所有的人的头脑。现在立宪民主党人在杜马中的行为已开始败坏立宪民主党人的名誉。随着为保障人民有真正的自由而进行的争取人民掌握全部政权的斗争的到来，主张旧的政权同新的自由妥协的分子在人民的心目中正在失去而且将来必然会继续失去自己的光彩。

载于1906年5月5日《浪潮报》
第9号

译自《列宁全集》俄文第5版
第13卷第67—69页

新的高潮[58]

（1906年5月6日〔19日〕）

杜马会议开始之日，也就是黑帮大暴行开始之时。立宪民主党人和一切政治庸人为之欢欣鼓舞的“和平议会”道路开始之日，也就是国内战争最粗暴、最露骨、最直接的表现开始之时。采取“法制”方式，即通过选票和统计票数来解决国家大事开始之日，也就是依靠根除思想不同的人，消灭（的确是：用火与剑来消灭）政敌来解决国家大事的最野蛮的暴行①开始之时。

这是不是偶然的巧合呢？当然不是。如果解释说，警察组织大暴行是为了挑拨，为了破坏杜马的威信，那是不够的。自然，警察直接参与其事，那是毫无疑问的。自然，警察是在组织、煽动和挑拨。这一切都是事实。在官僚制度进行的殊死战争中，官僚制度的奴仆和维护者是不惜采取任何手段的。可是为什么他们偏要在现在大规模地采取这样的斗争方式呢？这个问题值得仔细考虑一下，这样才不会把革命发展的整个整个时期都看成是交战者用心特别恶毒、特别残忍、特别野蛮的结果。

我们正处在一个新的社会运动高潮的开端。无论是失业者的运动、五一节的行动，或者是农民和军队中日益增长的骚动，无论

① 沃洛格达民众文化馆被警察唆使的一群人烧毁，辛比尔斯克的游行示威者横遭殴打，——这就是近来最突出的几次大暴行。

是群众大会或者是报刊和工会,——这一切都极其肯定地说明新的高潮已经到来。广阔的人民运动的高潮在几天之内就已经超过了立宪民主党人和一切"左派"在选举获胜时所表现出的那个高潮。立宪民主党人已经落后了。立宪民主党杜马已经黯然失色,没有来得及开花就凋谢了。我国小资产阶级不结果的花的这种凋谢,立宪民主党人的这种张皇失措,其最显著的表现之一,就是德·普罗托波波夫先生(立宪民主党人,国家杜马代表)昨天在《杜马报》上发表的一篇文章。普罗托波波夫先生哭诉说:"全国都期待国家杜马能火速从根本上解决若干最复杂的问题,而且主要是能同样火速地在实际上实现大家期望的改革。"这位立宪民主党人恳求说,同胞们,发发慈悲吧。要知道,我们既没有"魔杖",也没有"全部政权"(这位立宪民主党人忘了补充一句:在立宪民主党人的纲领中,即在他们的政治理想中,人民也是没有全部政权的)。要知道,国家杜马不是国民公会。这位立宪民主党人脱口说出了惊慌失措的庸人的一段绝妙的、几乎是动人的供词:"只有那种国民公会式的杜马才能满足我国社会大部分人的要求。"对的总是对的。大概"大部分人",甚至农民和工人群众,都要求有一个国民公会,而得到的却是……立宪民主党杜马。可怜的、可怜的立宪民主党人啊!他们可曾预料到高潮竟会如此迅速而一往直前地超过他们吗?

于是,这个巨大的高潮就成了下面这些现象的物质基础:斗争异常尖锐化;"和平的议会活动"黯然失色,退居次要地位;用暴力直接解决国家大事的方式代替了立宪的把戏。结果,十月的高潮重新出现了,不过它的基础更广得多,规模更大得多,农民和工人阶级群众的觉悟更高,他们的政治经验(由于经历了 10—12 月这个时期)也大大丰富了。在 10 月,斗争的双方势均力敌。旧的专制制度**已经没有**力量统治国家了。人民也**还没有**力量取得能保障完全自由的全部政权。10 月 17 日宣言是这种均势的法律表现。但是,这种均势虽然使旧政权作了让步,使它不得不在纸上承认自由,却只意味着斗争的短暂的停歇,绝不是斗争的终止。在 10 月和 11 月里有人说,我们的政府在"罢工","窥伺"革命,屏息不动,等待时机一到,立即投入殊死的战斗,结果取得了胜利。一向目光短浅的政治庸人,带着他们所固有的怯懦心理和脆弱的虚伪的"理想",对政府的这种"罢工"、这种窥伺革命的"不道德行为"表示不满、抱怨和愤慨。在这里不满是毫无用处的。"既然是战争,就要有作战姿态。"在任何战争中,交战者双方在势均力敌的时候,总要停顿一段时间,养精蓄锐,吸取已有的经验,进行准备,然后投入新的战斗。库罗帕特金和大山岩的军队交战时就是这样。任何大的国内战争,过去是这样,将来也永远会是这样。"既然是战争,就要有作战姿态。"

但是,国内战争和普通战争是有区别的:交战双方的成员极其复杂,不固定,而且也无法固定,因为经常有人从一个阵营跑到另一个阵营(有时是十月党人跑到政府方面,有时是一部分军队转到人民方面),还因为无法在"战斗人员"和"非战斗人员"之间,也就是说,无法在可以算做交战者和不能算做交战者之间划一条界限。当政府"罢工",警察屏息不动在"窥伺"的时候,战争并没有终止,因为这个战争是国内战争,在居民内部有同旧政权利害相关的旧政权的维护者,也有自由的维护者。正因为如此,目前使双方势均力敌的高潮,一方面必然还是会削弱政府的力量,使它"罢工",使它再来"窥伺革命";另一方面,必然会使 10 月、11 月和 12 月的斗争形式重新出现。任何人，只要他想自觉地对待我们面临的伟大事件，想从革命中学习，他就应当充分理解这些斗争形式的必然性，应当好好考虑这些斗争形式赋予我们的任务。

立宪民主党人因选举获胜而得意扬扬，不惜纸墨地大肆宣扬俄国已走上议会制的道路。我们党的右翼社会民主党人也在津津乐道。他们在党的统一代表大会上俨然是胜利者，不顾左翼社会民主党人的抗议，竟撤销了关于革命高潮、关于当前运动的主要形式、关于无产阶级的任务等决议。他们在这方面颇像米留可夫先生，米留可夫先生在立宪民主党人的最近一次代表大会上[59]本来提出了人民是不是比杜马更革命以及狭义的革命斗争是不是不可避免的问题，可是马上又怯懦地收回了这个问题，不让别人讨论。这位立宪民主党人回避这个问题是不奇怪的。社会民主党人这样做就不体面了。实际生活已经惩罚了这种做法。实际生活已经以不可抗拒之势提出了一些斗争形式，这些斗争形式使杜马退居次要地位，而使新的十月和新的十二月事件日益临近，根本不管我们的愿望如何。

在代表大会上曾经有一个右翼社会民主党人嘲笑左翼社会民主党人的决议，这个决议公开坦率地承认"运动的**主要**形式"不是傀儡的立宪形式，而是10月和12月的形式，即广大群众起来直接摧毁旧法律、旧政权机关，利用在斗争中建立的新政权作为争取自由的武器。社会民主党右翼的这个发言人叫嚷道，我们现在没有看到这些斗争形式。这不是真实情况，而是我们的左派，这些幻想家，这些骚乱派，这些无政府主义者的臆造。我们在代表大会上回答这位同志说，摘下你的立宪民主党的眼镜吧！那样，你看到的就不仅是表面现象。你会看到，杜马的斗争恰恰不是**主要的形式**。

你会懂得，客观条件正在使**杜马外的**运动形式成为必然的形式，成为主要的、重要的、根本的、有决定意义的形式。

在代表大会的这些争论以后过了一两个星期，革命不仅打掉了右翼社会民主党人的立宪民主党的眼镜，而且也打掉了广大人民群众的立宪民主党的眼镜。杜马已经黯然失色，立宪幻想已经破灭。目光短浅的和随波逐流的人昨天还不愿意正视的10月和12月的斗争形式已经在迫近。社会民主党如果不能认识到这些斗争形式必然会成长和发展起来，如果不向群众充分说明实际生活已经或很快就要向他们提出的任务，那么它对无产阶级就没有尽到自己的职责。社会民主党如果用我们党右翼经常使用的所谓骚乱主义和民意主义这种轻蔑的字眼来拒绝研究和估计这些形式，那么它就辜负了它所代表的阶级。自发的浪潮正在高涨，我们必须立刻全力以赴，使这一高潮比10月和12月时具有更高的自觉性和更强的组织性。

我们不应当加速事变的进程。现在促进爆发对我们没有好处。这是无可怀疑的。我们应该从1905年年底的经验中吸取这一教训。但这只是任务的一小部分，这只是从消极方面来决定我们的策略。谁仅仅看到问题的这一面，谁把这个消极方面的任务当做某种积极方面的东西，谁就无法遏制地要堕落成使人民自由和专制制度妥协的资产阶级妥协派。

工人阶级政党面临着极重要的、迫切的基本任务。我们应当把我们的全部思想、全部力量、整个宣传、鼓动、组织和直接的实际工作用于使无产阶级和农民更有准备地迎接新的决定性的斗争。选择这一斗争的形式是不以我们的意志为转移的，——俄国革命的历史发展以铁的必然性决定了这些形式。我们已经知道，根据经验知道，政府的“窥伺”是什么意思，群众由于政治总危机迅速成熟而日益激奋是什么意思。我们知道，十月斗争曾以多么惊人的速度发展起来，又怎样必然地转变成为十二月斗争。所以大家都要守在自己的岗位上。没有人能够预言总解决的时刻，没有人知道12月和10月的运动形式最终将按什么方式和如何结合起来发展。但是运动的这些形式已经开始发展起来了。它们的机构已经出现了。伟大革命的结局在很大程度上（如果不是全部）要取决于先进阶级的团结、觉悟、坚定和决心。

载于1906年5月6日《浪潮报》第10号

译自《列宁全集》俄文第5版第13卷第70—75页

关于代表大会的总结

（1906 年 5 月 6 日〔19 日〕）

今天《言语报》[60]写道："种种迹象表明，反对党的辉煌胜利使那些看来已被埋葬的旧幻想复苏了，革命运动有回到布朗基主义道路的危险；在十二月'武装起义'失败以后，俄国社会民主党明智的'少数派'曾经积极设法使革命运动离开这条道路。"

这是值得俄国工人深思的一段宝贵的供词。为什么资产阶级要侮辱某些社会民主党人，拍着他们的肩膀称赞他们明智呢？因为他们曾积极设法使运动离开布朗基主义道路，离开"12 月的"道路。十二月斗争真的是布朗基主义吗？不，不是的。布朗基主义是否定阶级斗争的理论。布朗基主义不是想通过无产阶级的阶级斗争，而是想通过少数知识分子的密谋活动使人类摆脱雇佣奴隶制。在十二月斗争中有这种密谋活动或者与此相类似的行动吗？丝毫没有类似密谋的活动。这是广大无产阶级群众的阶级运动。无产阶级采用了纯粹无产阶级的斗争武器——罢工，团结了过去从来没有在俄国政治舞台上露过面的半无产者群众（铁路员工、邮电职工等），农民群众（南方、高加索、波罗的海沿岸边疆区）以及城市小资产者（莫斯科）。资产阶级想用"布朗基主义"这个吓人的字眼来贬低、侮辱和诽谤人民争取政权的斗争。如果无产者和农民只是为从旧政权取得让步而斗争，那对资产阶级当然是再好不过了。

右翼社会民主党人搬出“布朗基主义”，不过是想在论战中哗众取宠。资产阶级把这个字眼变成了反对无产阶级的武器，他们说：“工人们，放明智一点！要为扩大立宪民主党杜马的权利而斗争，要替资产阶级火中取栗，而不要搞争取人民全部政权这种蠢事，这种无政府主义，布朗基主义！”

自由派资产者说右翼社会民主党人曾经积极设法使运动离开10月和12月的道路和方式，这是不是事实呢？很可惜，这是事实。并不是所有右翼社会民主党人都认识到他们的策略的这种作用，但是他们策略的实际作用却正是如此。坚持参加杜马选举，实质上就是支持那些埋葬了革命而把革命斗争称为“旧幻想”的立宪民主党人。右翼社会民主党人不顾左翼社会民主党人激烈反对而通过的统一代表大会的全部三项最重要的原则性决议——土地纲领、关于国家杜马的决议以及关于武装起义的决议，都带有“一部分明智的社会民主党人”力图使革命运动离开10月和12月的道路的明显痕迹。拿有名的“地方公有”来说。固然，在我们的压力下，马斯洛夫提出的地方公有草案初稿无疑是向左转了。把“转让”改为“没收”，容许进行土地分配，增添了支持“农民的革命行动，直到实行没收”等等的字样。但是尽管经过了阉割，地方公有终究还是地方公有。地方公有就是把地主的土地交给民主的地方自治机关。革命的农民是不会同意这样做的。只要这种地方的民主制还和不民主的中央政权并存，他们现在和将来就都有理由不信任地方自治机关（即使是民主的地方自治机关）。只要全部政权——不折不扣的全部政权——还不是由人民选举产生，不是向人民汇报工作，并且可以由人民撤换的，他们就有理由拒绝把土地交给地方的和中央的政权机关。代表大会不顾左翼社会民主党人的反对，否决了这个条件。代表大会不同意在全部国家政权机关由人民选举时把土地交给人民，而决定把土地交给选举出来的地方政权机关！代表大会的理由是什么呢？据说是在纲领中不需要有夺取政权的思想；需要的是防止复辟的保证。但是，害怕革命农民夺取政权，纯粹是立宪民主党人害怕农民革命的心理。

至于防止复辟的保证，那么真正的保证只有一个，就是西方的社会主义革命。除了这个条件，世界上没有任何东西能够保证我们防止不民主的中央政权复辟，因为还存在着资本主义和总是摇摆不定的小商品生产者。因此，我们不应当徒劳地幻想什么防止复辟的相对保证，而应考虑如何把我国革命进行到底。在代表大会上，右翼社会民主党人倒是找到了防止复辟的保证，就是通过了一个类似与复辟势力妥协的纲领：只要我们在土地纲领中不提使不民主的中央政权实行完全民主制的必要性，我们就有了防止**这个**政权复辟的保证……

拿关于国家杜马的决议来说。代表大会是在立宪民主党人的选举胜利已成为事实的时候通过这项决议的。代表大会不顾我们的抗议，泛泛空谈人民代表的杜马，而不谈实际存在的立宪民主党杜马。右翼社会民主党人不愿意指出**这个**杜马伪善的本性，不提醒工人注意**立宪民主党**杜马力图起反革命的作用，不同意直接明确地指出社会主义工人必须同农民的和革命的民主派一道反对立宪民主党人。他们希望成立社会民主党议会党团，而不好好想一想，我国有没有议会，我国有没有社会民主党议员。

拿上述决议中的第三个决议来说。这个决议开头用了一些非常革命的词句，可是对 10—12 月的斗争却充满了怀疑，甚至持否定的态度。这个决议根本未讲到要总结俄国无产阶级和俄国人民在1905年年底取得的**历史**经验。这个决议不承认由于历史的必然性所曾经出现过、而现在又重新出现的完全确定的斗争形式。我们只是简单地概括地指出了在代表大会上引起争论的几个决议的主要缺点。我们将来还要反复讨论这里提到的一些问题。无产阶级政党必须根据立宪民主党杜马和新高潮迅速发展的局面所提出的新材料认真地讨论和重新考虑这些问题。无产阶级政党必须学会用严格批判的态度对待自己的代表所通过的决议。资产阶级报刊异口同声地称赞俄国社会民主党的明智的乖孩子们，这明显地向无产阶级指出了党内存在着某种疾病。

我们应该治好而且一定能治好这种疾病。

载于1906年5月7日《浪潮报》第11号

译自《列宁全集》俄文第5版第13卷第76—79页

杜马和人民

（1906年5月9日〔22日〕）

杜马同人民的关系的问题现在已经提到日程上了。所有的人都在讨论这个问题，在杜马中占支配地位的立宪民主党人更是特别积极地讨论着这个问题。下面是经常反映比较好的立宪民主党人的观点的左派立宪民主党人的《我们的生活报》[61]所发表的一段极有意思的评论。

"自然出现这样一个问题：杜马同人民保持一致的界限在哪里呢？越过什么样的界限杜马就会或者成为受人民热情驱使的玩物，或者相反地脱离人民和政党呢？如果群众自发地行动，他们对待杜马的态度将是很危险的。一旦发生什么重大事件，自发产生的不满就会爆发出来，立刻影响到杜马，杜马就很难保持住独立的有组织地进行活动的人民意志代表机关的地位。历史——就还拿法国革命的历史来说吧——不止一次地提供了人民代表成为受群氓驱使的玩物的例子。但是也可能相反，——抱十分冷淡的态度。我们能不能确有把握地说，当杜马被解散的时候，它真正会受到人民支持呢？甚至那些要求杜马现在就作出特别激进的决定的人，会不会也带着怀疑的微笑站到一边冷眼旁观呢？他们会不会说'我们早就预言过杜马是软弱无力的'呢？但他们将做出什么事情以及在什么时候做这些事情呢？"

评论者号召成立各种俱乐部和举行各种集会，使杜马同人民建立起生动活泼的联系。"善意地批评杜马和积极地支持杜马，这就是当前的崇高任务。"

这位具有崇高想法的立宪民主党人的这些善意的言论，多么突出地反映了立宪民主党以及受它支配的杜马的软弱无力！俱乐部，集会，同人民的生动活泼的联系……　为什么要这么郑重其事地来谈这些很平常的东西呢？难道还用得着证明俱乐部和集会的好处吗？在我们所处的革命高涨形势下刮起来的第一股自由的微风，确实刮出了许多群众大会、俱乐部以及日益发展的报刊事业。只要没有外来的阻挠，这种情况还会继续下去。但是这一切只涉及所谓的技术问题：俱乐部、集会、报刊、请愿（这是我们的右翼社会民主党人特别推崇的），这一切能帮助杜马了解人民的意见，也帮助人民了解杜马。这一切当然是绝对必要的。这一切无疑是能起组织作用和互相通气的作用的。这一切有助于建立"联系"，不过要请大家想一想，这是什么联系呢？这是纯技术性的联系。社会民主主义的工人组织应该密切注视立宪民主党杜马。这是不容争辩的。但是即使通气通得再好，即使组织得再好，它们的"联系"也不会是利益的联系，也不会是任务的统一，也不会是政治行动的一致。问题的实质就在这里。我们这位崇高的激进派只注意联系的**方法**问题，而忽略了联系的**内容**，忽略了阶级利益的差别，政治任务的不同。

他为什么忽略了这些东西呢？这是因为，作为立宪民主党人，他没有能力觉察到，或者说他害怕承认，立宪民主党杜马已经**落后**于广大的人民群众。杜马不是领导觉悟的农民群众为土地和自由而斗争，而是落在农民的后面，**缩小**农民斗争的规模。杜马落在无产阶级后面有多远就用不着说了。立宪民主党杜马不是农民群众和工人阶级的领袖，而是幻想既能同右派联合又能得到左派同情的"崇高的"中间人。立宪民主党杜马就是立宪民主党人用杜马制造出来的东西。这个"人民自由"党是动摇于民主派小资产阶级和反革命大资产阶级之间的、既想依靠人民又害怕人民的革命主动精神的资产阶级政党。人民同旧政权之间的斗争愈尖锐，中间人的地位就愈难保持，动摇者就愈软弱无力。因此，从上面那段评论和立宪民主党人的每次讲话中都可以听到沮丧的调子。因此，他们对自己的软弱发出痛苦的怨声。因此，他们总是试图把自己的软弱、犹豫、动摇归罪于人民。

这位“崇高的”资产阶级激进派担心杜马会成为受人民热情驱使的玩物，会成为受群氓驱使的玩物，请大家好好地想一想这种担心有什么意义！这些可怜虫觉察到他们不可能成为人民热情的表达者，人民的领袖，就把自己的软弱、自己的落后归罪于人民，轻蔑地把人民称为群氓，傲慢地拒绝充当“玩物”。可是，俄国现在仅存的一点自由正是由这些“群氓”，由人民争取来的，他们奋不顾身地走上街头，在斗争中付出了无数的牺牲，用自己的行动支持了“不自由，毋宁死”这个伟大的口号。人民的所有这些行动正是“群氓”的行动。俄国的整个新纪元正是靠人民的热情赢得并且支持下来的。

而你们这个标榜“人民自由”的党，却害怕人民的热情，害怕“群氓”。你们还好意思指责“群氓”抱冷淡态度！你们是天生的怀疑论者，你们的整个纲领，你们的整个不彻底的策略，都表明了你们自己是怀疑论者，而你们却把人民不相信你们的空话说成是人民抱有“怀疑主义”！你们的政治视野始终超越不出“人民是否支持杜马？”这个问题的范围。

我们再从另一方面考察一下这个问题。立宪民主党人在杜马中是支持人民呢，还是在人民后面走？如果人民为了自由“要做”一些**已经做过**的事情，这些怀疑论者是支持他们呢，还是阻挠他们，给他们泼冷水，指责他们是无政府主义和布朗基主义，指责他们的荒谬行为的自发性和自发行为的荒谬性？

但是农民群众和工人阶级一定会轻蔑地把这种意志薄弱的资产阶级知识分子的可怜的恐惧和怀疑抛到一边，径直去完成自己的事业。他们不会支持杜马，他们支持自己所提出的要求，这些要求立宪民主党杜马反映得很不完全很不充分。

立宪民主党人自以为是世界中心。他们幻想和平的议会制。他们把幻想当做现实。请看，他们在斗争，对他们应该支持。先生们，事实不是恰恰相反吗？难道不正是你们自己经常提起"杜马一定会被解散"这句话吗（在实行真正的议会制的国家里，任何人都根本不会想到这句话）？谁要是认真地考虑一下这句话的意义，考虑一下不得不讲这句话的形势，那就会懂得，我们将要看到的，不是虚伪词句粉饰下的一片荒凉，就是群氓的新事业，伟大的人民热情所完成的新事业。

我们不能指望立宪民主党人会对这一事业有所帮助。可以料想到，杜马中的少数派即"劳动团"和"工人团"一定不会像立宪民主党人那样提出问题。他们将不会请求人民支持，也不会宣布自己是现在这个傀儡议会中的力量，而会把自己的一切力量，自己的全部工作用来至少在某些方面支持这项未来的伟大事业。

载于1906年5月9日《浪潮报》第12号

译自《列宁全集》俄文第5版第13卷第80—83页

报刊评论[62]

（1906年5月9日〔22日〕）

在《涅瓦报》第6号《自由派的称赞》一文中，尔·马·同志想证明，资产阶级称赞右翼社会民主党人是真正的社会民主党人，而责骂左翼社会民主党人是无政府主义者。他说，资产阶级特别怕无政府主义，认为这是粗暴的斗争方式，是炸弹等等。

这种看法简直是对事实的嘲弄。

难道尔·马·同志不知道，资产阶级正是因为德国的伯恩施坦派[63]和法国的米勒兰派[64]实行机会主义，正是因为他们使尖锐斗争中的矛盾缓和下来，才称赞过他们吗？难道尔·马·竟"聪明"到愿意把伯恩施坦派和米勒兰派认做真正的社会民主党人吗？

或者，尔·马·同志不妨想一想俄国自由派资产阶级过去对待民意党人和社会革命党人的恐怖行为的态度，以及现在对待十二月斗争形式的态度。要知道，在恐怖手段针对自由派资产阶级所憎恨的专制制度时，自由派资产阶级对社会革命党人的称赞曾多于对社会民主党人的称赞。尔·马·同志，不是这样吗？如果右翼社会民主党人抛弃他们**现在的**立场而主张实行纯粹的议会制，尔·马·同志，您是不是认为自由派资产阶级会称赞他们呢？那时候，尔·马·同志，您是不是会说，自由派资产阶级根本不了解，社会民主党人主张的纯粹议会制在**目前**比右翼社会民主党人现在的立场对自由派资产阶级要有害得多，而对无产阶级要有利得多呢？

载于1906年5月9日《浪潮报》第12号

译自《列宁全集》俄文第5版第13卷第84页

发表布尔什维克关于国家杜马的决议草案时加的按语[65]

（1906年5月9日〔22日〕）

我们把这个决议草案刊印出来，建议公正的人士断定一下：这个草案会不会给人一种口实，说是在玩弄“无政府主义”和“布朗基主义”等词句？此外，现实生活证明了哪一个决议案是正确的，是代表大会通过的那个决议案，还是这个决议案？只能间接地利用杜马，这一点现在难道还不清楚吗？这两个决议案中，哪一个更直接地符合真正革命的民主派的要求，更正确地评价了“立宪民主主义”在杜马中、在实践中的表现，这一点现在难道还不清楚吗？

载于1906年5月9日《浪潮报》第12号

译自《列宁全集》俄文第5版第13卷第85页

在帕宁娜伯爵夫人民众文化馆群众大会上的演说[66]

(1906 年 5 月 9 日〔22 日〕)

1

《涅瓦报》的简要报道

卡尔波夫同志认为,杜马是不会真的被解散的,因为立宪民主党人正在竭力设法使它不被解散。从他们在杜马的活动中,就可以看出这一点。立宪民主党人力图把旧政权和人民自由协调起来。讲演人接着谈到俄国社会民主工党的策略。他认为,代表大会通过的关于对杜马的态度的决议是“极不全面、极不正确的。我们应当执行统一的俄国社会民主工党的决定,但是我们将在我们的活动中充实它的决定”。

讲演人认为抵制不是错误。无产阶级曾经对他们说,它一定要打倒这个杜马。这件事没有成功,但由此得出什么结论呢?当然,人民只会从杜马得到益处。行动始终如一的农民代表和工人代表也会带来许多益处。但是对杜马施加压力是没有用的。在政府同人民作对的时候,我们必须记住,只有斗争的双方才能解决冲突。

我们要对农民说：农民同志们，你们要学习，以便到时候你们也有充分准备去支援革命运动。（热烈鼓掌）

载于1906年5月11日《涅瓦报》
第8号

译自《列宁全集》俄文第5版
第13卷第91页

2

《浪潮报》的简要报道

他和米雅柯金公民都受到了卡尔波夫同志的反驳。卡尔波夫向米雅柯金公民解释说，交易是谈判的实际结果，谈判则是搞交易的准备，因此米雅柯金公民对立宪民主党的态度是十分错误的。讲演人完全赞成全党必须执行统一代表大会的决定，同时也指出代表大会的某些决定是错误的，这种错误也是巴尔坚耶夫[67]同志对立宪民主党所采取的错误态度的根源。讲演人说，揭露立宪民主党，不是简单的谩骂，而是一种必要的、最有效的手段，通过它能够使广大人民群众脱离力图同旧政权搞交易的不彻底的怯懦的自由派资产阶级，而靠拢决心为政权进行坚决斗争的革命民主派资产阶级。使立宪民主党这样的政党丧失威信，就能有力地促进人民群众在政治上的开展。至于冲突时刻何时到来，当然不取决于我们的意志，而取决于政府的行动，取决于人民群众的政治觉悟程度和情绪。我们的任务是，竭尽全力使有组织的无产阶级在当前的新的高潮中和未来的不可避免的决战中，都能够成为所向无敌的革命大军的领袖。

载于 1906 年 5 月 11 日《浪潮报》
第 14 号

译自《列宁全集》俄文第 5 版
第 13 卷第 92 页

在帕宁娜伯爵夫人民众文化馆群众大会上通过的决议

(1906年5月9日〔22日〕)

大会要求全体公民注意，专制政府通过制造大暴行，以及不断地加紧进行军警的迫害，公然嘲弄人民代表机关，并准备用暴力来回答全体人民对自由的要求和农民对土地的要求。

大会声明，“人民自由”党（立宪民主党）只是怯懦地、不全面地表达了人民的要求，它没有履行自己宣布召开全民立宪会议的诺言。我们提醒人民要防备这个动摇于人民自由和压迫人民的旧专制政权之间的政党。

大会号召国家杜马中的农民团（“劳动团”）和工人团要完全摆脱立宪民主党人的影响，坚决地提出各自的独立的要求，并且把人民的要求全部提出来。

大会要求一切珍重自由事业的人注意，专制政府的行为以及农民和全体人民的需要完全得不到满足的事实，已经使杜马外的决战不可避免，这是一场使人民争取掌握全部政权的决战，只有它能保障人民的自由和需要。

大会深信，无产阶级将一如既往地站在人民中一切革命分子的最前列。

载于1906年5月11日《浪潮报》第14号

译自《列宁全集》俄文第5版第13卷第93—94页

国家杜马中的工人团

(1906年5月9日〔22日〕)

在国家杜马中有一个由15人组成的工人团。这些代表是怎样进入杜马的呢？工人组织并没有提他们做候选人。党并没有委托他们在杜马中代表党的利益。没有一个社会民主工党的地方组织作出关于选派自己的党员进入国家杜马的决定（尽管可以作出这种决定）。

工人代表是通过非党的途径进入杜马的。几乎所有的代表甚至全部代表都是通过同立宪民主党人达成直接的或者间接的、默认的或者公认的协议进入杜马的。有很多人进入杜马甚至分不清他们是以立宪民主党人还是社会民主党人的身份当选的。这是事实，而且是政治上非常重要的事实。避而不谈这个事实，像现在很多社会民主党人那样，是不能原谅的，也是没有用的。所以说不能原谅，是因为这是暗中戏弄一般选民，特别是戏弄工人政党。所以说没有用，是因为这一事实在事变进程中必然要暴露出来。

俄国社会民主工党统一代表大会没有考虑这个事实，而认为成立社会民主党议会党团是件好事，这是一个错误。从昨天我们刊载的左翼社会民主党人的决议①可以看出，已经向代表大会指出过这个事实。但是要公正地指出，由于左翼的坚决要求，代表大会

① 见本版全集第12卷第341—342页。——编者注

曾经通过了一个给党中央委员会的很重要的指示。中央委员会的刊物不公布这一决议是一个重大的缺点，我们发表代表大会的各项决议正是转载自这个刊物的。关于议会党团的决议责成中央委员会明确通知**所有的**党组织：(1)谁，(2)在什么时候，(3)在什么条件下已经被中央委员会承认为国家杜马中党的代表。其次，决议责成中央委员会向党定期汇报议会党团的活动，最后，要求社会民主党的国家杜马代表所在的工人组织负责对这些代表特别加以监督。

在指出这个非常重要的决议以后，我们再进一步研究杜马中的工人团的问题。工人团的领袖米哈伊利琴科在被选入杜马的时候，声明他是社会民主党人。以米哈伊利琴科为代表的工人团明显地表示了要同立宪民主党人划清界限和成为真正的社会民主党的工人团的愿望。

这种愿望是值得充分同情的。在代表大会上我们曾经反对成立正式的议会党团。我们的理由在昨天刊出的我们的决议中已经确切地、详细地作了说明。当然，尽管我们认为成立正式的议会党团是不恰当的，这一点也不妨碍我们支持**任何**工人代表脱离立宪民主党而向社会民主党**靠拢**的**任何**愿望。

但是从愿望到现实还有一定的距离。仅仅声明自己是社会民主党人是不够的。应该真正执行社会民主党人的工人政策。当然，我们完全懂得这些议员新手的困难处境。我们很清楚，对于那些开始从立宪民主党转向社会民主党的人所犯的错误应该抱谅解的态度。但是，如果他们决心彻底转变，那就只有对这些错误进行公开的和直接的批判。假装没有看见这些错误，就是对社会民主党和整个无产阶级的不可宽恕的罪过。

现在就必须指出工人团在杜马中所犯的一个错误。在对沙皇演说的答词进行投票以后过了几天，工人团的几位代表在报上声明，他们“在投票的时候弃权了，同时，只是不愿意使自己的弃权成为一种反对的表示，以免同葛伊甸伯爵集团[68]混淆起来”。立宪民主党是在革命和反动之间摇摆不定的政党。葛伊甸之流一向是而且将来也总会从右边反对这个党，社会民主党人则从左边反对这个党。不作反对的表示，是工人团的一个错误。工人团应该撇开立宪民主党人，直接地、大声地向全体人民说：“立宪民主党人先生们，你们采取了虚伪的态度。你们的答词带有交易的味道。丢掉这一套外交辞令吧。请你们大声宣布，农民要求全部土地，农民应该无偿地取得全部土地。请你们宣布人民要求充分的自由，为了保证真正的而不仅仅是纸上的自由，人民要把全部政权拿过来。不要相信纸上写的‘宪法’，只相信进行斗争的人民的力量！我们投票反对你们的答词。”

如果工人团这样说了，它就是真正执行了社会民主党人的工人政策。这样它就不仅代表了工人的利益，而且也代表了为自由奋斗的全体革命人民的利益。那样，它在谈到这次被拒绝召见时就可以说：“瞧，立宪民主党人先生们，你们得到了很好的教训。由于你们的答词的虚伪态度，你们受到了应得的惩罚。如果你们还继续持这种态度，那么不久就会有这么一天，人民会‘用被欺骗了的儿子对那荒唐胡为的父亲的痛苦的讥笑’[69]来谈论你们。”

为了避免恶意地歪曲我们的话，我们再说一遍：我们批评工人团的行为并不是指责工人团的成员，而是为了促进俄国无产阶级和农民在政治上的开展。

我们应该再从这个角度指出《涅瓦报》的严重错误。该报写道：“我们不能够把草拟答词的事件当做中止杜马活动的借口……”“我们不认为现在就有直截了当地提出问题的理由。”(第6号)这是虚伪的态度。社会民主党人硬装成是能够替杜马负责的人是有失体面的。如果社会民主党人在杜马中占多数,那么杜马就不成其为杜马了,或者社会民主党人就不成其为社会民主党人了。让立宪民主党人替杜马负完全责任吧。让人们从他们的亲身体验而不是从我们的亲身体验学会摆脱立宪幻想吧。

同志们,你们自己说过:“无产阶级不让米留可夫之流有同旧制度搞交易的自由。”这句话很漂亮。但是立宪民主党人搞交易的实质是什么呢?当然不是个人的变节行为。这种粗俗的看法是根本违反马克思主义的。搞交易的实质在于也仅仅在于立宪民主党人没有离开也不愿离开让旧制度保持政权的立场,由旧制度发号施令的立场。只要立宪民主党人还是立宪民主党人,他们下面的话就说得很对:离开这个立场就意味着直截了当地提出问题,意味着为中止杜马活动提供借口。

社会民主党人如果发一些可能被人们认为是替立宪民主党人辩护的议论,那是不体面的。我们不应该替他们的伪善言论辩护,他们说什么全部问题都在于杜马“有礼貌”和特列波夫“不礼貌”(司徒卢威在《杜马报》上的话)。我们应该揭露这种伪善,把立宪民主党人得到的“第一次教训”同他们的整个立场和他们的整个答词的固有的虚伪性联系起来。我们不应该从杜马内部的角度来估价国内的革命形势。正相反,我们应该从国内革命形势的角度来估价杜马内部的问题和事件。

载于1906年5月10日《浪潮报》第13号

译自《列宁全集》俄文第5版第13卷第86—89页

谈谈组织问题[70]

（1906 年 5 月 10 日〔23 日〕）

布尔什维克曾在代表大会党章起草委员会上直率地声明，任何试图削减一派的第三次代表大会规定的地方组织自治权和反对派的权利的做法，都必不可免地会引起分裂。因此，布尔什维克坚持不得削减召集下一届代表大会的权利等等。布尔什维克建议在党章中增加一条，规定党员更换住址后有权参加当地的党组织。代表大会否决了这一条规定，**但通过了一项决议，说它否决这一条规定，完全是因为这是多余的和不言而喻的**。

这样，孟什维克就承诺了要保持忠诚，不搞"排挤"别人的小动作。希望全党都来严密监督这一诺言的兑现，——党的监督是消除分裂的可能性的唯一保证。

载于 1906 年 5 月 10 日《浪潮报》
第 13 号

译自《列宁全集》俄文第 5 版
第 13 卷第 90 页

农民团或"劳动"团和俄国社会民主工党

(1906年5月10日〔23日〕)

昨天我们考察了社会民主党对杜马中的工人团的态度①。现在我们来考察一下劳动团的问题。

大家知道,这个名称是指杜马中已经开始摆脱立宪民主党并结成一个独立政党的130—140名农民代表。虽然这个摆脱的过程还远没有结束,但是已经表现得十分明显了。哥列梅金用自己的一句名言绝妙地说明了这一点,他说:杜马中三分之一的成员(劳动团和工人团合在一起恰好接近这个数字)在自投绞架。[71]

这句名言清楚地说明了革命的资产阶级民主派和非革命的资产阶级民主派(立宪民主党人)之间的差别。农民团的革命性表现在哪里呢?与其说是表现在它的远未得到充分表达的政治要求上,还不如说是表现在它的土地要求上。农民要求土地,并且是全部土地。农民要求在真正能改善他们的生活状况,也就是在完全不付赎金或者付极少的赎金的条件下获得土地。换句话说,实际上农民要求的不是土地改革,而是土地革命。他们要求的这种革命丝毫不触犯货币权力,不触犯资产阶级社会基础,但是能十分彻

① 见本卷第91—94页。——编者注

底地破坏旧农奴制度的**经济**基础，破坏整个农奴制的（既是地主的，又是官吏的）俄国的**经济**基础。正因为如此，社会主义无产阶级全心全意地竭力帮助农民彻底实现他们的要求。如果农民不彻底战胜旧制度遗留下来的骑在他们头上的一切压迫者，资产阶级民主革命也就不可能彻底胜利。而这种胜利是全体人民所需要的，也是无产阶级为实现社会主义而进行的伟大斗争所需要的。

但是，无产阶级在支持革命农民的同时，一刻也不应忘记自己的阶级独立性，自己的特殊的阶级任务。农民运动是另一个阶级的运动；这不是无产阶级的斗争，而是小业主的斗争；这不是反对资本主义基础的斗争，而是替资本主义的基础清除农奴制一切残余的斗争。农民群众醉心于自己的伟大斗争，他们必然认为，夺得全部土地，就等于解决了土地问题。他们幻想平分土地，幻想把土地交给全体劳动者，但是忘记了资本的权力，忘记了货币的力量，忘记了即使分配得十分“公平”，商品经济也必然会重新产生不平等和剥削。他们醉心于反对农奴制的斗争，看不到进一步的更伟大更艰苦的反对整个资本主义社会和争取彻底实现社会主义的斗争。工人阶级将始终如一地进行这个斗争，并且为此而组成一个独立的政党。资本主义的残酷教训也必然会愈来愈迅速地使小业主觉醒过来，使他们确信社会民主党的观点是正确的而终于靠拢无产阶级的社会民主党。

无产阶级现在常常听到资产阶级说：你们应当同资产阶级民主派一起行动。没有资产阶级民主派，无产阶级就不能完成革命。这是对的。但是问题在于：无产阶级**现在**可以而且应当同哪个民主派一起行动，同立宪民主党这个民主派呢，还是同农民民主派，同革命民主派呢？答案只能有一个：不是同立宪民主党民主派，而是同革命民主派；不是同自由派，而是同农民群众。

我们在牢记这个答案的同时，也不应当忽略这样一点：农民愈是迅速地觉醒起来，他们愈是公开地进行政治活动，资产阶级民主派的一切革命分子也就愈倾向于农民，自然，同时也倾向于小市民。细小的差别变得无关紧要了。一个根本的问题被提到了首位：这些或那些政党、派别、组织是否都能跟革命农民一起走到底。可以愈来愈清楚地看到，社会革命党人、某些独立的社会主义者、最左的激进派和许多农民组织正在**政治上**结合成一个**革命民主派**。

由此可见，右翼社会民主党人在代表大会上犯了一个重大的错误，他们（马尔丁诺夫和普列汉诺夫）叫喊道：“立宪民主党这个政党，比社会革命党更重要。”社会革命党人就其本身来说是无足轻重的。但是作为农民自发趋向的代表者，社会革命党人正是广泛而强大的革命民主派的一部分，没有这个革命民主派，无产阶级就根本不要想取得我们革命的彻底胜利。杜马中的农民团或“劳动”团和社会革命党人接近不是偶然的。自然，一部分农民能够理解社会民主主义无产阶级的彻底的观点，但是另外一部分农民无疑会把“平均”使用土地看做是解决土地问题的办法。

劳动团无论在杜马里面或者在杜马外面（这更重要）无疑都起很大的作用。觉悟的工人应当竭尽全力加强在农民中的鼓动工作，使劳动团摆脱立宪民主党，使它能提出完整的和彻底的政治要求。让劳动团更紧密、更独立地组织起来，让它扩大自己在杜马外面的联系，让它牢记：土地这个大问题在杜马里面是解决不了的。这个问题要靠人民和旧政权的斗争来解决，而不能靠杜马中的投票来解决。

目前，对取得革命的胜利来说，再没有比革命的资产阶级民主派的这种团结、教育和政治上的训练更重要的事了。社会主义无产阶级在无情地揭露立宪民主党人的动摇性的同时，将全力支持这一伟大的事业。社会主义无产阶级在这方面不会陷入任何小资产阶级的幻想。它将始终坚持以实现社会主义为目标的无产阶级的严格的阶级斗争的立场。

无产阶级要高呼：农民对他们的一切压迫者的彻底胜利万岁！这一胜利是我们无产阶级实现社会主义的斗争得到成功的最可靠的保证。

载于 1906 年 5 月 11 日《浪潮报》
第 14 号

译自《列宁全集》俄文第 5 版
第 13 卷第 95—98 页

杜马中的土地问题

（1906 年 5 月 12 日〔25 日〕）

立宪民主党人在杜马中采取的第一个行动，就是草拟对沙皇演说的答词。他们草拟的是怯懦的请求，而不是要求。第二个“行动”，就是当接受他们的代表团呈递答词的请求遭到拒绝时，就悄悄地转到当前的事务上去。他们表现得更加怯懦。目前他们正在采取第三个行动，探讨提到杜马议事日程上来的土地问题。

全体工人应当特别仔细地注意这个问题。土地问题是最使农民群众激动的问题。而农民现在已经成为工人在革命中的主要的、几乎是唯一的同盟者。在土地问题上可以特别明显地看出，自称为人民自由党的立宪民主党是不是真正忠于人民的自由。

人民，首先是农民，希望什么？农民希望得到土地。这是谁都知道的。农民要求国内的全部土地属于农民。农民希望摆脱地主和官吏的压迫。从地主那里夺回土地，使地主不能强迫他们服工役（实质上等于从前的徭役）；从官吏那里夺回权力，使他们不能任意欺压平民，这就是农民所希望的。因此工人既要帮助农民进行争取土地的斗争，又要帮助他们直接地、明确地和十分肯定地提出土地问题。

土地问题特别容易被搞得混淆不清。很容易把事情设想成这样：农民当然应该得到份地，但是土地分配本身附带着一些条件，这些条件会使农民从土地分配中所得到的好处化为乌有。如果土地还是由官吏来分配，如果各种“调停人”还是由自由派地主来充当，如果由旧专制政权来确定赎金的“微薄的数量”，那么，结果就不会给农民带来好处，而是像1861年那样，对农民又是一场欺骗，在农民的脖子上又套上一条新的绞索。因此，觉悟的工人应当竭力说服农民，要他们在土地问题上特别小心谨慎，不可持轻信态度。土地的赎金问题和将来由哪个政权“分配”土地的问题，在目前情况下具有特别重大的意义。在赎金问题上可以立即准确无误地断定，谁支持农民，谁支持地主，以及谁企图从一方投到另一方去。俄国农民知道——知道得多么清楚啊！——赎金究竟是怎么回事。在这个问题上，农民的利益和地主的利益界限是十分明显的。因此，俄国社会民主工党统一代表大会把土地纲领草案初稿中的“转让”改为“没收”（即不付赎金的转让），是做得完全正确的。

在由哪个政权分配土地的问题上，农民和官吏的利益也同在赎金问题上农民和地主的利益一样是大不相同的。所以社会主义的工人应当特别耐心地向农民说明，重要的是不能让旧政权来解决土地问题。要让农民知道，如果这件事抓在旧政权手里，那么任何土地改革都不会有什么好处。幸而俄国社会民主工党统一代表大会在这个问题上也已经在实质上取得一致的意见，因为代表大会的决议毫无保留地承认应当支持农民的革命行动。诚然，在我们看来，代表大会没有明确指出，土地改革只能交给**完全**民主的国家政权，只能交给由人民选出、向人民报告工作并且可以由人民撤换的公职人员去进行，这是犯了一个错误。关于这一点我们打算下一次再详细地谈。

在杜马中，将提出两个主要的土地纲领。在杜马中居统治地位的立宪民主党人是想既要地主吃饱，又要农民完好。他们同意强制转让大部分的地主土地，但是第一，他们要以交付赎金为前提；第二，他们主张由自由派官吏而不是由革命农民来解决实行土地改革的手段和方法问题。立宪民主党人在自己的土地纲领上，也同往常一样，像游蛇似的蜿蜒扭动于地主和农民之间，旧政权和人民自由之间。

劳动团或者说农民团，还没有完全确定自己的土地纲领。他们只提出全部土地应当属于劳动人民，至于赎金问题，以及旧政权问题，暂时还没有谈起。等这个纲领明确规定以后，我们还会不止一次地谈到它。

自然，官吏政府甚至对于立宪民主党的土地改革也听都不愿意听。以那些最富有的、每人往往占有几万俄亩土地的地主官吏为首的官吏政府，“宁愿改信伊斯兰教”（像一位富于诙谐才能的作家所说的那样），也不容许强制转让地主的土地。这就是说，杜马不可能真正“**解决**”土地问题，只不过是发表宣言、宣布要求而已。从立宪民主党人那里我们只会再一次听到怯懦的请求，而不是人民代表所应该提出的自豪而大胆的、正当而公开的要求。我们希望劳动团至少在这一次能够完全摆脱立宪民主党而独立自主。

社会主义的工人现在则担负着一项特别重大的任务。他们应当用一切方法、一切力量来扩大整个组织，特别是扩大同农民的联系。应当尽量广泛、明确、详尽、透彻地向农民说明赎金问题和能不能容忍由旧政权来掌握土地改革问题的全部意义。应当竭力巩固和发展社会主义无产阶级同革命农民的联盟，以迎接当前政治危机的不可避免的高潮的到来。这个联盟，也只有这个联盟，是胜利解决农民获得"全部土地"、人民获得充分自由和全部政权问题的保证。

载于1906年5月12日《浪潮报》第15号

译自《列宁全集》俄文第5版第13卷第99—102页

决议和革命

(1906 年 5 月 13 日〔26 日〕)

昨天的《我们的生活报》的社论，今天的《言语报》、《杜马报》、《我们的生活报》、《国家报》[72]和《言论报》的社论，总之，所有的资产阶级报刊，无一例外，对左翼社会民主党人群起而攻之。发生了什么事情呢？不久前立宪民主党人还丝毫不把"抵制派"放在眼里，这些"胜利者"的骄傲气焰现在到哪儿去了呢？立宪民主党人称霸的黄金时代，这些先生因可怜无产阶级犯了错误而教训无产阶级学习真正的治国之道的那个时代，已经一去不复返了。发生了什么事情呢？

司徒卢威先生在 5 月 11 日的《杜马报》社论中回答说，革命精神正在复活。他说得很对。人们对杜马的希望每时每刻都在消失。对于如何赢得人民自由这一点，随着滥用人民自由名义的党的真正面目的暴露而愈来愈清楚了，这个党在选举期间曾经利用了人民的某种程度的厌倦情绪，也利用了竭力阻挠选出真正人民利益的真正代表的维特—杜尔诺沃的政策。一个明显地表现出反革命性质的组织的活动，使人非常清楚地看到，新的斗争形式是不可避免的。是的，资产阶级在选举期间以为革命已经结束，以为它窃取工农的斗争成果的好时机已经来临。但它自己欺骗了自己。它把暂时的沉寂看做革命力量的枯竭，看做革命的终止。它刚刚在杜马的安乐椅上坐稳，刚开始和颜悦色地同旧政权谈判，准备牺牲工农的利益来做一笔友好的交易，突然发现工农要干预这个把戏，要破坏这种交易。

在帕宁娜夫人民众文化馆举行的群众大会尤其使立宪民主党人先生们感到愤怒。社会民主党人在大会上的演说使这个臭泥潭翻腾起来了。立宪民主党人先生们叫喊说：哎呀！你们批评我们党，就是在帮助政府。这是老一套的说法。每当社会民主党人出来向无产阶级和全体人民解释当前事变的真正意义，驱散资产阶级政治家在工人中散布的迷雾，提醒工人防备资产阶级出卖人民的自由，向工人指出他们在革命中的真正地位的时候，自由派先生们就要叫喊，说这样做会削弱革命的力量。每当社会民主党人说，工人不应该站在资产阶级的旗帜下，他们有他们自己的旗帜，有社会民主党的旗帜的时候，自由派就开始大叫大嚷，说这样做就是给政府帮忙。不对。革命的力量就在于无产阶级阶级觉悟的提高，就在于农民政治觉悟的提高。当社会民主党人批评立宪民主党人的政策的时候，他们是在提高这种觉悟，在加强革命的力量。当立宪民主党人用自己的宣传蒙蔽人民的时候，他们是在模糊这种觉悟，在削弱革命的力量。应当对立宪民主党人说：我们不信任你们，因为你们不是很全面很坚决地把人民的要求提出来，因为你们愿意同政府做买卖，而不愿同它作斗争，——我们这样做并不是说，因为揭露立宪民主党人就忘记了政府。

这只是向人民指出真正斗争和真正胜利的道路。一旦无产阶级和农民群众认清了这条道路，立宪民主党人就找不到对象做买卖了，因为旧政权一定会被摧毁的。

立宪民主党人叫喊说，你们在驱使无产阶级公开行动。别着急，先生们！你们根本没有资格谈什么行动，你们这些靠工农的鲜血在政治上发迹的人，用不着像犹大那样谈什么“无谓的牺牲”。

在同一个群众大会上，有人十分正确地讲到用不着“鞭策”无产阶级，这些话完全反映了社会民主党人的共同信念。任何人都可以在《浪潮报》上读到用不着加速事变的进程①这样的话。但加速是一回事，创造条件使一部伟大戏剧的下一幕能够演出是另一回事。我们号召无产阶级和农民作好准备以迎接这个时刻的来临。它的来临不单单取决于我们，还取决于其他情况，例如也取决于立宪民主党人先生们将背叛自由事业的程度。阐明斗争的条件，指出可能采取的斗争形式，向无产阶级指出它在未来斗争中的地位，积极组织无产阶级的力量，启发无产阶级的觉悟——这就是我们的任务。而在目前这主要就是要不断揭露立宪民主党人，提醒大家防备立宪民主党。我们现在这样做，将来也要这样做。如果立宪民主党人因此而激动和发火，这就说明我们的工作干得不坏。如果立宪民主党人因此而叫喊和抱怨革命力量被削弱，这就说明他们清楚地预感到，真正的革命，工农的革命，很快就要冲垮立宪民主党杜马了。立宪民主党人唯恐革命超越资产阶级所规定的对它有利的界限。工人阶级和农民应当记住，他们的利益是超出这些界限的，他们的任务就是把革命进行到底。

这正是群众大会的决议所说的，这个决议竟使立宪民主党人普罗托波波夫不得不思念起区警察局局长来。立宪民主党人先生们，写东西要谨慎一些才好。

载于 1906 年 5 月 13 日《浪潮报》
第 16 号

译自《列宁全集》俄文第 5 版
第 13 卷第 103—105 页

① 见本卷第 73 页。——编者注

既不给土地，也不给自由

（1906 年 5 月 13 日〔26 日〕）

大臣会议主席已把一份对杜马答词的复文“声明”转交国家杜马。

这一声明是大家都一直焦急地盼望着的。这个声明应当提出政府的纲领。

政府的“纲领”也确实提得十分明确。现在我们把声明中两段重要的话全部摘引如下：

“关于采用国家杜马提出的办法解决农民的土地问题，即动用皇族、皇室、寺院、教会的土地以及强制转让的私有土地（包括农民私有者购置的土地），大臣会议认为有责任声明，根据国家杜马设想的原则来解决这个问题是绝对不许可的。当局不能在承认一些人的土地所有权的同时，剥夺另一些人的这种权利。当局也不能单单否认土地私有权，而不同时否认其他一切财产的所有权。在世界任何地方和社会生活发展的一切阶段，所有权不可剥夺和不可侵犯的原则都是民族昌盛和社会发达的基石、国家的根基，没有这种根基，国家就根本无法存在。现在设想的办法也不是由现实的要求产生的。国家拥有丰富的、远未耗尽的资源，如果再广泛采用所有的合法手段，土地问题无疑会顺利地得到解决，而不致破坏我们国家的根基，损伤我们祖国的元气。

国家杜马答词中提出的其余的立法性措施，基本精神就是要确立得到杜马多数信任的大臣对人民代表机关负责的制度，撤销国务会议，取消特别法令规定的对国家杜马立法活动的限制。对这些设想大臣会议认为自己无权研究；它们牵涉到彻底改变国家的一些根本法律的问题，而这些法律国家杜马是无权要求加以修改的。”

总之，在**土地**问题上是“绝对不许可”。在**自由**问题上，即在人民代表机关的实际权利问题上，“杜马无权要求加以修改”。

在土地问题上，农民完全得指靠地主的自愿，完全得指靠地主的同意。强制转让是绝对不许可的。一丝一毫认真改善农民生活的做法也是绝对不许可的。

在自由问题上，人民完全得指靠官吏。未经官吏同意，人民代表无权决定任何事情。大臣会议甚至认为自己无权研究杜马要求扩大人民代表机关权利的愿望。人民代表对权利问题连想也不能想。他们的任务就是请求。而官吏的任务就是审查这些请求，像上述声明审查杜马的“请求”那样。

既不给土地，也不给自由。

我们现在无法再进一步分析声明的实质了。

我们要看一看，杜马的代表能不能从这个声明中学到什么东西。立宪民主党人大概什么也不会学到的。现在劳动团和工人团应该表明，他们是否已经能够比较独立自主，不受立宪民主党人的影响，他们是否已经懂得必须停止请求，他们是否能用直接而明白的语言同人民谈话。

载于1906年5月14日《浪潮报》第17号

译自《列宁全集》俄文第5版第13卷第106—107页

社会民主党人
在梯弗利斯选举中的胜利

(1906年5月14日〔27日〕)

据电讯报道,社会民主党人在梯弗利斯的选举中获得了全胜。81名复选人中,有72名社会民主党人,只有9名立宪民主党人。[73]库塔伊西选出的4名代表,全是社会民主党人。诺伊·饶尔丹尼亚被选为梯弗利斯的杜马候选人,他是当地最有声望的一位社会民主党人。[74]

我们祝贺我们高加索同志们的胜利。在我们党的统一代表大会作出决定之后,工人政党在不同其他政党结成联盟即达成任何协议的条件下参加选举,已经成为必尽的义务。[75]如果高加索的同志能完全独立自主地使自己的候选人当选(可以想象梯弗利斯的情况就是如此),那么他们就可以避免阿尔马维尔的同志们所犯的错误了。[76]那样,就完全遵守了代表大会的决定;那样,被选入杜马的就会是富有党性的社会民主党人,而且是严格遵照党的路线选出来的;那样,我们很快就可以听到中央委员会任命我们党在杜马中的正式代表的消息。

我们的读者知道,我们当初是主张抵制杜马的。我们曾经在代表大会上投票反对成立社会民主党议会党团,其理由在《浪潮报》第12号上刊载的决议中已经确切地阐述过了[①]。这并不是出于原则的考虑，而是为了慎重和出于对当前实际条件的考虑。不言而喻，如果现在真正有党性的社会民主党人真正按党的路线被选进了杜马，我们大家作为统一的党的党员，都会尽力帮助他们完成他们艰巨的任务。

我们不要过分夸大梯弗利斯胜利的意义。只有真正形成了哪怕是稍微“像样的”议会制，社会民主党在议会选举中的胜利，才会也才可能使我们由衷地感到高兴。俄国还没有这样的议会制。俄国目前的形势要求社会民主党担负起西欧任何一个社会民主党都没有担负过的伟大任务。我们距离社会主义革命，要比西方的同志远得多，但是我们正面临着一场无产阶级起领袖作用的资产阶级民主主义的农民革命。目前形势的这些特点，使迅速成熟起来的政治危机根本不可能在杜马里面得到解决。

在俄国目前所处的这个时期，社会民主党人参加选举，决不意味着群众在选举运动的过程中真正变得坚强起来。在不能自由办报，不能召集群众开会，不能广泛进行宣传鼓动的条件下，社会民主党人当选往往不是表明无产阶级的而且完全是社会民主主义的政党的团结，而仅仅表明人民的强烈抗议。在这种情况下，广大的小资产阶级阶层有时会投任何一个反政府的候选人的票。如果单单根据梯弗利斯的选举结果来确定对整个俄国的整个抵制策略的评价，那就未免太轻率，考虑得太不周到了。

还没有人知道，总的说来，归根到底立宪民主党杜马将起什么作用。立宪民主党人是杜马的主人，这是事实。立宪民主党人在

① 见本版全集第12卷第341—342页。——编者注

杜马中的行为表明他们是很糟糕的民主派，是人民自由的怯懦的、不彻底的、摇摆不定的拥护者，这是所有社会民主党人一致公认的。立宪民主党人现在掌握着杜马，比以往任何时候更起劲地在人民中散布立宪幻想，以此来模糊工农的政治觉悟。

我们需要等着看一看实践经验向我们表明什么情况，然后再来判断能够在多大程度上也从杜马内部反对立宪民主党人的这些反动意图。我们希望我们那些被选为杜马代表的高加索的同志，能够第一次在这个新的讲坛上理直气壮地发言，丝毫不要缩小痛苦的真相，要无情地打破对空话、诺言、文件的信仰，填补我们的报刊由于直言不讳而被删削文字、追究责任所造成的空白，号召无产阶级和革命农民清楚明确地提出问题，在杜马外面进行即将来临的争取自由的决战。

载于 1906 年 5 月 14 日《浪潮报》第 17 号

译自《列宁全集》俄文第 5 版第 13 卷第 108—110 页

政府、杜马和人民

（1906 年 5 月 17 日〔30 日〕）

杜马和政府发生了争执。它对内阁表示不信任，要求内阁下台。内阁把杜马的声明当做耳边风，而且更加公开地奚落杜马，建议杜马研究尤里耶夫市机关守卫人员的洗衣房的问题。

杜马同政府之间的这场争执、这场冲突的实质是什么呢？广大的农民群众、一般小市民群众以及一些资产阶级的政治家（立宪民主党人），都认为或者试图使自己和别人相信，发生这场冲突是由于政府不了解它的任务和它的地位。不了解的东西说明白了，人们对新鲜的东西即对立宪制度习惯了，对国家大事必须由公民投票来解决而不是由旧政权的命令来解决也习惯了，那时一切都会走上正轨。根据这种看法，在我们面前的是“立宪冲突”，即在一个实际上除了承认旧政权，也承认人民代表政权的立宪国家中，各种不同的机关之间的冲突。习惯成自然，——小市民这样想，资产阶级的政治家也这样议论。小市民这样想是由于单纯和没有政治经验。资产阶级的政治家这样想是由于这种思想符合他们的阶级利益。

例如，立宪民主党的主要机关报《言语报》说：“我们的大臣们在立宪制度的理论和实践方面的经验还不及我们大多数代表。”[77] 你们看，问题在于我们的大臣没有经验，没有跟柯瓦列夫斯基教授和米留可夫教授学过国家学。这就是问题的全部实质。好吧，过去没有从书本学过，现在就从杜马中的演说学吧。习惯成自然。于是立宪民主党的《言语报》用德国资产阶级作例子。德国资产阶级在1848年也同政府发生过争执（说得温和一些）。他们也曾为人民力争或者想为人民力争全部政权和充分自由。在人民斗争遭到德国政府镇压以后，资产阶级被允许在议会中有自己的代表。代表们讲，旧政权干。代表们向大臣们讲解他们“不了解”的东西，给他们讲授“立宪制度”，讲了大约15年，从40年代末一直讲到60年代初。在60年代，俾斯麦同资产阶级的“人民代表”公开地吵了一架，但这是家庭争吵的最后一次爆发。资产阶级被德国军队的胜利迷住了，他们有了在完全保留贵族官吏政府的政权的情况下的普选权，也就完全和好了。

这就是立宪民主党的《言语报》特别欣赏的、俾斯麦同“人民”代表的最后一次重大争吵的例子。德国资产阶级（在革命被彻底镇压下去以后15年）向俾斯麦让步了。而我们俄国的资产阶级却想立刻得到哥列梅金的让步。而且立宪民主党人事先就欢呼起来：在我们这里哥列梅金势必比当时的俾斯麦要作更大的让步。

我们完全同意，哥列梅金远不如俾斯麦。但是我们认为对工人阶级来讲，现在特别重要的是了解资产阶级同各式各样的俾斯麦之间的交易的**实质**，至于日后让步的程度问题，那是以后的事情。俾斯麦们只是在革命被彻底镇压下去的时候，“人民的自由”被资产阶级彻底出卖掉的时候，资产阶级同保护地主反对农民，特别是保护资本家反对工人的旧的贵族官吏政权亲密无间地和睦共处的时候，才同资产阶级和解的。

这就是俾斯麦同德国的立宪民主党人，即同普鲁士的进步党人[78]所达到的和解的真正基础。这就是德国的柯瓦列夫斯基们和米留可夫们在革命被镇压下去以后的15年里一直给俾斯麦们讲授的那种“立宪制度”的重要背景。我们的教授们也许不知道这一点，因为教授只知道书本，不知道生活，但是工人应该知道这一点。

我们俄国现在所进行的这一场严肃斗争，根本不是为了解决哥列梅金们和自由派资产阶级究竟在怎样让步的条件下才能够彼此靠拢的问题。现在进行的斗争是在旧的制度下无法生活下去的人民群众同在真正的立宪制度下无法存在下去的农奴制官吏的旧政权之间的斗争。这一场斗争并不是为了解决应该怎样正确运用立宪制度的教训的问题，而是为了解决立宪制度到底能不能存在的问题。

这不是议会冲突，杜马本身也根本不是议会，根本不是在确立了宪法的情况下的资产阶级“制度”的机关。杜马只是在它外面或者说撇开它而发展起来的人民运动的标志和它的非常软弱的表现。

杜马同政府的冲突只是**间接地**表明农民群众和工人阶级的一切基本的迫切的愿望同旧政权的绝对完整和绝对不可侵犯之间的冲突。这些迫切的愿望往往用两个简单的字眼来表达：土地和自由。这些愿望没有得到满足。拥护这些要求的力量还远远没有完全发展起来。充分显示这些力量的条件刚刚在成熟起来。

我们现在不应该让人民去注意柯瓦列夫斯基们给哥列梅金们讲的立宪制度课。我们现在不应该老是重提俾斯麦们同资产阶级上层的小小的争吵。工人阶级和农民决不允许立宪民主党人把杜马变成进行这种争吵和妥协的机关。表明立宪民主党人向这一方面动摇的任何一个步骤都应该加以揭露。杜马中的劳动团和工人团要了解，只有同立宪民主党人划清界限，只有使自己的水平超出立宪制度的学校课程，只有理直气壮地提出人民的一切要求和一切需要，只有说出全部痛苦的真相，他们才能够对争取真正自由的斗争作出力所能及的贡献。

载于1906年5月18日《浪潮报》
第20号

译自《列宁全集》俄文第5版
第13卷第111—114页

立宪民主党人阻碍杜马面向人民

(1906 年 5 月 18 日〔31 日〕)

我们刚才得到一个消息说,在今天的杜马会议上发生了下面这样一件事情。会议讨论了废除死刑的法律草案问题。劳动团成员阿拉季因比过去任何人更坚决地提出了这个问题。他说(引自《交易所新闻》[79]晚上版的号外):"我们必须同行政当局斗争。我们一些人想用各种质问折磨各位大臣,但是他们一定会对这些质问置之不理,难道这还不明显吗? 不,我们必须在两条道路中选择一条:或者继续玩质问的游戏,或者**把人民的事业掌握在自己手里**。"阿拉季因提议,不要把问题拖延一个月,不要把法律草案交给委员会,而要立即解决问题。他用下面的话结束自己的演说:"**如果我们不能让人民了解全部真相**,如果我们不明确地对人民说,掌握大炮和机枪的人是有罪的,我们就该遭殃了。"

波亚尔科夫神父也发表了同样的意见。他说:"政府**在嘲弄**国家杜马。我们不应当请求而应当要求:在今天或者明天就废除死刑,否则我提议大家都回家去,因为我认为,在死刑废除以前,在这儿开会,领薪水,是不光彩的。"

这就是说,劳动团提出了建议,内容很清楚:要面向人民,要提出要求而不是请求,不要理会官方的那些规定,不要拖延问题,不要把问题交给委员会。

立宪民主党人阻碍杜马面向人民。在波亚尔科夫之后发言的立宪民主党人纳波柯夫号召"按合法的途径办事"。他坚持把法律草案交给委员会。

在讨论结束时,杜马主席(立宪民主党人多尔戈鲁科夫)宣布:"我们有**四个**提案:其中有两个提案**我不能提出来表决**,因为这两个提案不符合议会办事的常规。这两个提案就是:面向人民和面向君主。"

在其余的两个提案中——(1)交给委员会,(2)立即讨论——第一个提案得到**一致**通过,因为第二个提案已经撤销。

劳动团显然又一次在立宪民主党人坚持和威胁之下让步了,没有坚持住它原来采取的坚决立场。

自觉地对待争取自由的斗争的人民,必须抗议立宪民主党人在杜马中的行为,必须号召劳动团坚定不移地宣布并且力争**实现**面向人民!

载于 1906 年 5 月 19 日《浪潮报》
第 21 号

译自《列宁全集》俄文第 5 版
第 13 卷第 115—116 页

关于工人代表的呼吁[80]

（1906年5月18日〔31日〕）

我们热烈欢迎在信念上跟我们最接近的杜马代表工人团的宣言，这是代表们第一次不是向政府而是直接向人民发出的呼吁。我们认为，杜马中的劳动团，或者说农民团，也应当仿效工人代表的榜样。

工人代表的呼吁中讲了许多正确的话，但是我们认为其中也有一些缺点。

工人同志们想“竭力使杜马准备召集立宪会议”。在这一点上，他们恐怕难以指望得到整个杜马哪怕是杜马中的多数的支持。在杜马中占优势的自由派曾经不止一次地许诺人民召开立宪会议，但是他们不仅没有实践这个诺言，而且甚至没有在杜马中大胆地、坚决地提出这个要求。在这方面，工人代表只能比较有把握地指靠劳动团，指靠农民代表。因此，工人阶级不能把支持**整个**杜马当做自己的任务，因为俄国自由派太不可靠了，工人最好是全力支持**农民代表**，鼓励他们完全独立地讲话，以革命农民的真正代表的姿态进行活动。

无产阶级已经证明自己是有斗争能力的。现时它正在聚集力量以便发动新的坚决的斗争，但只能是同农民一道发动。所以工人代表号召无产阶级不要理睬任何挑衅，不要在不必要的情况下同敌人发生分散的冲突，这是正确的。无产阶级的血是极其宝贵的，没有必要和没有胜利的把握决不要流血。

只有认识到本届杜马的软弱和缺陷的农民群众，能够成为确保工人胜利的坚强支柱。虽然工人大会的决定和决议在组织工人阶级进行斗争方面很有益处，但是不能把它们当做有效的支柱，来对抗已经准备用最残酷的暴力来回答人民要求的敌人。相反，工人阶级还应当向农民群众说明，如果他们天真地把希望寄托在恳求、决定书、请愿和告状上面，那他们就错了。

目前俄国的整个发展表明，关于人民的命运即**土地**和**自由**问题的重大争论，是不可能用言论和表决的办法来解决的。

载于 1906 年 5 月 19 日《浪潮报》
第 21 号

译自《列宁全集》俄文第 5 版
第 13 卷第 120—121 页

连讨价还价也不肯!

(1906 年 5 月 19 日〔6 月 1 日〕)

司徒卢威的高贵的情感受到了伤害。原来政府比他所想象的更愚蠢,同它打交道简直无利可图。司徒卢威先生把政治想象得非常简单:杜马,即在杜马中占多数的立宪民主党人,用最文明的商界中惯用的礼貌语言索要高价;政府作微小的让步,杜马再降一些价,这样,人民自由就会降临俄国。为了达到这个目的,立宪民主党人先生们什么都做到了!可是,突然,政府竟这样不明事理,竟这样缺乏做买卖的机智!

司徒卢威先生感到愤慨:

它(政府)本来还可以避开杜马的某些要求和建议,接受其余的要求和建议并且把它们变成自己的东西。它本来可以在政治方面作些大的让步,而尽力在经济方面杀价。它本来可以采取相反的做法。但是,只有毫无政治头脑的人,才会否决所有**争论**中的一切重要的东西,拒绝实行以强制转让私有土地为基础的土地改革,无视人民的需要和人民的权利意识。

总之,杜马在对沙皇演说的答词中提出的要求都属于**可以争论的**问题;这不是什么要用一切手段去赢得和立刻进一步加以扩大的**必要的**东西,这只是用来讨价还价的。

大赦,普选权,自由和强制转让土地,这都是可以争论的,这都可以讨价还价，并且……作出让步，只要政府也拿出某种东西作为交换。

必须记住这一点。司徒卢威先生是在非常愤慨的时候，才无意中说出了社会民主党人一向对人民指出的立宪民主党人的策略。

甚至在对沙皇演说的答词中提出的那些打了折扣的、被立宪民主党人歪曲了的人民的要求，对立宪民主党来说也不是必要的起码的条件，而是事先就准备降低的最高价格。使司徒卢威先生扫兴的是，买卖没有做成……因为政府缺乏“政治头脑”。司徒卢威先生证明，政府毫无政治头脑。为什么呢？就是因为特列波夫、哥列梅金和斯季申斯基之流的先生们，根本不肯同立宪民主党人就人民权利问题讨价还价，而是一口拒绝了他们。

而所谓富有“政治头脑”，显然就是明目张胆地贩卖人民自由。

工人和农民们，要记住这些！在哥列梅金的杜马演说发表的前夕，立宪民主党人先生们认为，“政治头脑”就是就缩减在对沙皇演说的答词中提出的人民要求同特列波夫做成一笔买卖。

立宪民主党人先生们真是太不幸了，买卖没有做成。无产阶级和农民的实际利益同旧政权为自己的生存而斗争的实际利益之间的冲突，无法纳入外交买卖的范畴。俄国革命不能遵循立宪民主党的轨道，原因也并不在于司徒卢威先生或特列波夫先生的“政治头脑”如何。互相冲突的利益的性质本身推动俄国革命走上革命力量和反革命力量进行公开斗争的道路。

正因为如此，贩卖人民自由的先生们，革命中的经纪人先生们，战时的外交家先生们是注定要永远失望的。

载于1906年5月19日《浪潮报》
第21号

译自《列宁全集》俄文第5版
第13卷第117—119页

土地问题和争取自由的斗争

（1906 年 5 月 19 日〔6 月 1 日〕）

杜马正在讨论土地问题。对于这个问题提出了两种主要的解决办法：立宪民主党的办法和“劳动派”即农民代表的办法。

对于这两种解决办法，俄国社会民主工党统一代表大会在关于对农民运动的态度的决议中讲得十分正确：“各资产阶级政党力图利用和操纵农民运动——一些人（社会革命党人）是为了空想的小市民社会主义，另一些人（立宪民主党人）则是为了在某种程度上保存大土地私有制，同时用部分让步来满足农民的私有者的本能，以削弱革命运动。”

我们且来研究一下社会民主党代表大会这项决议的意义。立宪民主党是半地主的政党。在这个党里有很多自由派地主。他们竭力捍卫地主的利益，而对农民只准备作一些不得已的**让步**。立宪民主党人力图尽一切可能保护大土地私有制，不同意完全转让地主的所有土地，把它们交给农民。立宪民主党人主张由农民赎买土地，即由农民通过国家**赎买**地主的土地，从而把农民上层分子变成“秩序党”。事实上，不管怎样安排赎买，不管规定怎样的“合理”价格，赎买对于殷实农民是轻松的，对于贫苦农民则是沉重的负担。不管纸上写着什么关于村社赎买等等的条例，实际上土地必然落到那些赎买得起的人的手中。正因为如此，赎买土地的结果是加强富裕农民的力量而牺牲贫苦农民的利益，是分裂农民，并以此来削弱他们争取充分自由和全部土地的斗争。赎买的结果是较殷实的农民从自由事业方面被**引诱**到**旧政权**方面去。赎买土地就等于赎买争取自由的斗争，赎买就是用金钱把一部分争取自由的战士吸引到自由的敌人方面去。赎买自己土地的殷实农民会变成小地主，他们会特别容易而且牢靠地转到旧的地主官吏政权方面去。

因此，社会民主党代表大会说得十分正确：立宪民主党（这个半地主的政党）是在维护**削弱**革命运动，即**削弱**争取自由的斗争的措施。

现在我们研究一下杜马中的"劳动派"或者说农民代表是怎样解决土地问题的。他们还没有充分说明自己的观点。他们站在立宪民主党人和"灰色派"（社会民粹派政党）之间，站在赎买部分土地（立宪民主党人）和没收所有土地（社会革命党人）之间，但是他们愈来愈离开立宪民主党人，而愈来愈接近"灰色派"。

社会民主党代表大会说"灰色派"是资产阶级的政党，它的目的就是空想的小市民社会主义的目的，这样说是不是正确呢？

我们看一看"灰色派"所提出的、昨天登在他们的报纸《人民通报》[81]（第9号）上面的最近的土地改革草案[82]。这是一个主张消灭一切土地私有制和"普遍平均使用土地"的法案。为什么"灰色派"希望平均使用土地呢？因为他们希望消灭贫富之间的差别。这是社会主义的愿望。所有社会主义者都希望做到这一点。但是有各种各样的社会主义，世界上甚至有僧侣社会主义，有小市民社会主义，也有无产阶级社会主义。

小市民社会主义是小业主希望消灭贫富之间的差别的幻想。

小市民社会主义认为可以把所有的人变成“平均化的”业主，没有贫富之分。小市民社会主义起草种种主张普遍平均使用土地的法案。而事实上，按小业主所希望的那样做是消灭不了贫困和贫穷的。只要世界上还存在着货币权力和资本权力，就不可能平均使用土地。只要还存在着市场经济，只要还保持着货币权力和资本力量，世界上任何法律都无法消灭不平等和剥削。只有建立起大规模的社会化的计划经济，一切土地、工厂、工具都转归工人阶级所有，才可能消灭一切剥削。因此，无产阶级社会主义（马克思主义）揭露小市民社会主义希望在资本主义制度下实行小经济“平均制”是毫无根据的，甚至保持小经济也不可能。

觉悟的无产阶级全力支持农民争取全部土地和充分自由的斗争，但是他们提醒农民不要存任何幻想。农民在无产阶级的帮助下能够推翻地主的整个统治，能够完全消灭地主土地占有制和地主官吏的国家。农民甚至能够消灭一切土地私有制。所有这些做法，给农民、工人阶级以及全体人民都会带来很大的好处。工人阶级的利益要求最齐心协力地支持农民的斗争。但是，就是最彻底地推翻地主和官吏政权，也丝毫不会破坏资本的权力。只有在没有地主和官吏政权的社会中，才能解决无产阶级与资产阶级之间的最后的伟大斗争，即争取社会主义制度的斗争。

正因为如此，社会民主党人同立宪民主党人的背叛性的纲领进行坚决的斗争，并提醒农民对“平均制”不要抱幻想。为了在目前这场争取土地和自由的斗争中取得胜利，农民应当摆脱立宪民主党人而完全独立地行动。农民不应当热衷于研究土地制度的各种草案。只要政权仍然掌握在旧的专制的地主官吏政府手里，所有这些关于“劳动份额”、“平均制”等等草案，都是一些空洞无聊的东西。草案中一大堆规章条例只能削弱农民争取土地的斗争，因为旧政权不是把它们抛到九霄云外，就是把它们变成欺骗农民的新方式。“土地制度草案”不能帮助农民了解如何获得土地，反而使农民更难于正确地了解问题。这些草案用琐碎的毫无意义的文牍主义谎言解释官吏政府的旧政权问题。这些草案用对善良的长官的幻想在人们的头脑中制造混乱，而实际上却是旧的残暴的长官仍然横行无忌。先生们，抛弃那种纸上空谈的“土地制度草案”的把戏吧，——一旦没有旧政权的障碍，农民是会很容易处理土地问题的，——最好把全部注意力放在农民为争取彻底消除所有这些障碍的斗争上。

载于1906年5月20日《浪潮报》
第22号

译自《列宁全集》俄文第5版
第13卷第122—125页

哥列梅金派、十月党人和立宪民主党人

（1906年5月19日〔6月1日〕）

昨天我们谈了立宪民主党人在国家杜马中取得的对劳动派的新的不光彩的胜利①。立宪民主党人迫使劳动派撤回了他们的建议，劳动派要求面向人民和不按照把杜马变成官僚机构的软弱无力的附属品的手续讨论废除死刑的法律草案。

今天《新时报》的哥列梅金派[83]和《言论报》的十月党人完全证实了这种认为立宪民主党人取得了对劳动派的胜利的说法。《新时报》写道："劳动团提出了某种……违反杜马组织条例的东西。也就是说，它要求国家杜马讨论法律草案的实质，接着就进行表决，不遵守等待一个月的规定，也就是不让司法大臣有发表自己意见的可能。俄国人往往为了表示宽大而损害法制，可是任何一点这样的意图，都必然引导杜马进行显然违法的活动，并带来'不经官方许可'这种不稳妥办法所造成的一切后果。"

《新时报》继续写道，立宪民主党的发言人"激烈地反对了劳动派提出的违法措施"并且"取得了辉煌的胜利"。在说到劳动派撤回自己的建议时，《新时报》指出："最后，一切得到圆满解决，法制

① 见本卷第116—117页。——编者注

取得巨大胜利。”哥列梅金派由于**这种**法制取得胜利而欢欣鼓舞，这是很自然的，任何人都不会期待他们有什么别的表现。遗憾的是，还有太多的人对立宪民主党人抱有希望。《新时报》最后说：“任何代表如果仿效阿拉季因先生，他的不可饶恕的轻举妄动一定会受到指责。”

在十月党人的《言论报》上，伊波利特·霍夫施泰特尔先生申斥了立宪民主党人，像父亲似地教训他们：“空气中开始闻到了真正革命的气息。”立宪民主党人不希望革命，因此应该明智一些。“只要现行法律还多少允许取得进一步的完全合法的法律、政治和社会成果，国家杜马中的觉悟的先进代表的神圣职责就是在合乎法律的原则下做坚定的反对派，而不是不惜任何代价地挑起冲突。”

哥列梅金派和十月党人的立场已经很清楚了。现在是更清楚地更冷静地估计同他们相近的立宪民主党人的立场的时候了。

载于1906年5月20日《浪潮报》第22号

译自《列宁全集》俄文第5版第13卷第126—127页

批评自由和行动一致[84]

（1906年5月20日〔6月2日〕）

编辑部收到一张由俄国社会民主工党中央委员会签署的传单：

“鉴于某些党组织提出了**关于批评党代表大会的决定的自由的限度**问题，中央委员会注意到，俄国无产阶级的利益总是要求俄国社会民主工党在策略上达到高度一致，我们党的各部分**在政治行动上的这种一致**现在比任何时候更为必要，因此认为：

(1)任何人都享有在党的刊物和党的会议上发表个人的意见和维护自己特有的观点的**充分自由**；

(2)党员不得在广大群众性的政治集会上进行违反代表大会决定的**鼓动**；

(3)在**这种**集会上任何党员都**不得号召进行违反代表大会的决定的活动**，也不得提出与代表大会的决定不一致的决议案。”（黑体都是我们用的）

在实质上研究一下这个决议，我们就可以看到这个决议中的一些荒唐说法。决议说，享有“在党的会议上”发表个人的意见和提出批评的“充分自由”（第1条），而在“广大群众性的集会”上（第2条）“任何党员都不得号召进行违反代表大会的决定的活动”。请看结果就是：党员在党的会议上**有权**号召进行违反代表大会的决定的活动，——而在广大群众性的集会上**不**“享有”“发表个人的意见”的充分自由！！

决议的起草人完全错误地理解了党内的**批评自由**同党的**行动**

一致的相互关系。在党纲的**原则**范围内，批评应当是完全自由的（不妨回忆一下普列汉诺夫在俄国社会民主工党第二次代表大会上关于这个问题的发言[85]），不仅在党的会议上，而且在广大群众性的集会上都是如此。禁止这种批评或这种“鼓动”（因为批评和鼓动是分不开的）是不可能的。党的政治行动必须一致。不论在广大群众性的集会上，不论在党的会议上或者在党的报刊上，发出任何破坏已经确定的行动一致的“号召”都是不能容许的。

可见，中央委员会对批评自由规定得不确切，规定得太狭窄了，而对行动一致也规定得不确切，规定得太宽了。

举一个例子来说明。代表大会决定了参加杜马选举。参加选举是完全确定了的行动。在选举的时候（例如目前在巴库），党员在**任何地方**提出**任何不参加选举**的号召都是绝对不能容许的。在这个时候“批评”参加选举的决定也是不能容许的，因为这样做就会在事实上破坏选举鼓动的成就。相反，如果选举的日期还没有确定，在**这种**时候，党员在**任何地方批评**参加选举的决定都是容许的。当然，在实践中运用这个原则有时也会引起争执和误会，但是**只有**根据这个原则党才能很好地解决**一切**争执和一切误会。可是中央委员会的决议却提出了某种无法实现的规定。

中央委员会的决议实质上是错误的，也是**违反党章**的。民主集中制和地方机关自治的原则所表明的正是充分的普遍的**批评自由**，只要不因此而破坏**已经确定的行动**的一致，——它也表明不容许有**任何**破坏或者妨害党既定行动的**一致**的批评。

我们认为，中央委员会没有经过党的刊物和各个党组织事先的任何讨论就公布了有关这个重要问题的决议是一个很大的错误；事先的讨论本来是可以帮助它避免上述的这些错误的。

我们号召所有党组织现在来讨论中央委员会的决议,并且明确表示自己对这个决议的态度。

载于1906年5月20日《浪潮报》第22号

译自《列宁全集》俄文第5版第13卷第128—130页

糟糕的建议[86]

（1906年5月20日〔6月2日〕）

普列汉诺夫同志在《信使报》[87]上发表了一封给工人的信。他给工人提出一些应该怎样行动的建议。他是这样说的。政府不阻止对杜马进行最尖锐的批评。它这样做是想削弱人民对杜马的支持。政府想在工人还没有准备好的时候就向工人挑战。工人应当打乱政府的计划。他们不必因为资产阶级政党控制着杜马而感到不安。在杜马中占优势的资产阶级在为全体人民要求自由，为农民要求土地。因此全体人民应当支持杜马。

在这一番议论中混杂着正确的东西和错误的东西。现在我们来平静而详细地分析一下普列汉诺夫同志的思想和建议。

普列汉诺夫同志的第一个思想。政府不阻止对杜马进行最尖锐的批评，目的是想削弱人民对杜马的支持。

这话对吗？让我们看看，近来都在什么地方对杜马进行了最尖锐的批评呢？在《涅瓦报》、《人民事业报》[88]、《浪潮报》这样一些报纸上，再就是在一些群众大会上。自由派资产阶级，即在杜马中占多数的立宪民主党人，对这种批评，特别是对彼得堡的群众大会，恨得咬牙切齿。立宪民主党人甚至对区警察局局长不注意社会党人的群众大会而感到惊奇。

政府是怎样行动的？它查封了《人民事业报》和《涅瓦报》，三次对《浪潮报》起诉。它禁止举行群众大会，它宣布要由法院追究5月9日在帕宁娜夫人民众文化馆举行的群众大会。

从这里我们清楚地看到，普列汉诺夫同志是**不对的**。他犯了一个很大的错误。

现在我们来看看普列汉诺夫同志的第二个思想。政府想在工人还没有准备好的时候就向工人挑战。接受挑战是不明智的，号召现在就拿起武器是不明智的。

这是正确的思想。但是普列汉诺夫同志把这个思想叙述得很不全面，以致引起一些极有害的误解。也就是说，首先，他忘记补充一句：政府的一切行动和它对杜马的整个态度使得在杜马外面进行新的斗争成为不可避免。其次，他没有指出工人应当同农民一起进行这个斗争，不要理睬动摇变节的自由派资产阶级。

普列汉诺夫把这个正确的思想叙述得很不全面，他没有意识到他是在替那些争取禁止社会党人的群众大会的自由派资产阶级帮忙。资产阶级极力把事情说成这样，似乎社会党人指出立宪民主党人的无用以及必须进行杜马外面的斗争的**任何**言论，都是有害地号召工人**立刻**进行搏斗。资产阶级是有意识地诬蔑社会党人，普列汉诺夫由于对政治形势作了错误的估计而助长了这种诬蔑。

就拿被资产阶级谩骂和诽谤得最厉害的《浪潮报》来说吧。《浪潮报》是不是号召过立刻进行搏斗呢？没有，没有号召过。资产阶级对《浪潮报》进行了诬蔑。**两个星期以前**《浪潮报》就说过（第10号）：“我们不应当加速〈即人为地加快、催促、促进〉事变的进程。现在促进爆发对我们没有好处。这是无可怀疑的。”[1]不是

---

① 见本卷第73页。——编者注

说得很清楚吗？为什么资产阶级要诬蔑和诽谤社会党人呢？因为他们说出了真理，他们说杜马外面的斗争是不可避免的，说无产阶级和农民要进行斗争，而**不理睬**自由派资产阶级的变节行为。

再拿在帕宁娜夫人民众文化馆通过的决议来说（这一决议刊登在《浪潮报》第 14 号上和其他许多报纸上）[①]。这个决议号召**立刻**进行搏斗了吗？没有，没有号召。为什么自由派资产阶级和全体立宪民主党人对这个决议恨得发狂呢？因为它说出了真理，首先它揭发了政府（“嘲弄人民的代表机关”，“准备用暴力来回答”），接着又揭发了自由派（“**怯懦地、不全面地**表达了人民的要求”，“动摇于自由和旧政权之间”）；因为这个决议号召劳动派即农民的代表**坚决地行动，完全摆脱立宪民主党人**；最后，因为这个决议公开地说杜马外面的坚决斗争**是不可避免的**。资产阶级歪曲这个决议的含义，是要把社会党人说成是一些不明智地号召立刻进行搏斗的人，是要使人们**不去注意**那些实际上是对资产阶级的指责。资产阶级这样做，是正确地理解了自己的利益的。普列汉诺夫同志附和资产阶级是错误的，因为他不正确地估计了无产阶级对政府和对资产阶级的真正态度。

再看普列汉诺夫同志的第三个思想。“杜马中的资产阶级在为全体人民要求自由，为农民要求土地。”这话对吗？不对，这里只有一半的真理，或者说只有四分之一的真理。资产阶级向旧政权不是要求，而是请求。资产阶级禁止在杜马中谈“要求”。资产阶级（立宪民主党人）要求的是**这样的**“自由”（比如说出版“自由”），就是可以把发表社会党人言论的人关进教养院或者送去服苦

① 见本卷第 89—90 页。——编者注

役①。[89]资产阶级**不是**要求把土地给农民，而是要求把**一部分土地卖给**农民(因为赎买也是一种买卖)。关于这种**不彻底性**，关于资产阶级草案的这种**怯懦性**，关于立宪民主党人的这种动摇不定，普列汉诺夫同志都只字不提，他这样做对吗？不对，他完全做错了。普列汉诺夫同志的这个错误会起什么作用呢？这个错误对无产阶级，对争取自由的斗争的胜利是非常危险的。一切社会党人都同意这样的看法：这个斗争将在杜马外面解决，甚至不管我们愿意与否，这个斗争在不久的将来就会爆发。在这个斗争中，无产阶级可以而且应当同农民同心协力，而**不相信**动摇不定、出卖变节、朝三暮四的自由派资产阶级。在斗争中再没有什么比相信朝三暮四的人更危险的了。在转向新的斗争的前夕，我们如果闭口不谈自由派资产阶级的怯懦、动摇和变节，就会危害无产阶级和自由的事业。

现在来看普列汉诺夫同志的最后一个思想或者建议。“全体人民应当一致支持杜马。”工人不必因为资产阶级政党控制着杜马而感到不安。

说得不错，工人不必因此而“感到不安”。他们也没有因此而感到不安。他们准备在反对政府的斗争中支持资产阶级。不过问题在于：支持**什么样的**资产阶级，在**什么**斗争中支持和**怎样**支持。立宪民主党人是惯于不谈这些会暴露他们的动摇性的问题的。作为社会民主党人的普列汉诺夫同志不谈这些问题可就不体面了。

支持整个的“杜马”就是支持**立宪民主党**杜马，因为控制杜马的是立宪民主党人。马克思主义者不应当笼统地把杜马视为“人

① 见《浪潮报》第22号上的《新的苦役法案》一文。

民的”代表机关。他必须分析究竟哪些阶级在以这个杜马的名义说话。

可以不可以支持整个的立宪民主党杜马呢？不，不可以，因为无产阶级应当揭穿和痛斥杜马的每一个动摇的和不坚定的步骤。《信使报》的同志们在刊登普列汉诺夫同志的文章的同一版上写道：“杜马中的左翼〈即劳动团和工人团〉驯服地忍受着穆罗姆采夫先生和多尔戈鲁科夫先生〈杜马的主席，两个都是立宪民主党人〉的侮辱性的、**反动的**监护。”这才是实际情形。这才真正是社会党人的言论。“人民”或者无产阶级可以一致支持这个成为自由派对劳动派进行**反动的**监护的工具的“杜马”吗？不，不可以支持，也绝不会支持。

在杜马中有两个主要的资产阶级政党：立宪民主党和劳动派。前者是妥协的、变节的、分明准备同专制政府搞交易的、分明不能进行坚决斗争的资产阶级。后者是从事劳动的、备受压迫的、梦想平分土地的、能进行最坚决的奋不顾身的斗争的、被事变的整个进程和政府的全部行为推向这个斗争的小资产阶级。无产阶级应当**“立刻”**支持**什么样的**资产阶级呢？支持**后一种**资产阶级，同时要“人民”提防前一种资产阶级的动摇。无产阶级应当支持而且必将支持劳动派反对立宪民主党，揭发立宪民主党对劳动派实行的“反动的监护”，号召劳动派摆脱这种监护。

现在来谈最后一个问题：在什么斗争中支持和怎样支持？在杜马里面支持谁就是投票赞成谁。大家知道，工人团已经拒绝投票赞成立宪民主党人（整个“杜马”）对沙皇演说的答词。工人代表拒绝**一致**“支持”“杜马”。那么，是不是工人在这里也犯了“错误”呢？如果普列汉诺夫同志是这样想的，那就请他直截了当说出来，这样的事情应该毫不含糊地说清楚。

严肃的支持，真正的支持，在杜马外面会有的。这不决定于我们，而是决定于事变的整个进程，决定于目前斗争的本质，因为这不是杜马同内阁的斗争，而是人民同旧政权的斗争。把这种“对杜马的支持”仅仅称为“支持”是奇怪的，不正确的。这将是杜马外面的坚决的斗争；无产阶级应当仅仅同农民一起开始这个斗争；不管立宪民主党的、“杜马的”、自由派的资产阶级怎样动摇不定，怎样出卖变节，怎样同反动派勾勾搭搭，无产阶级和农民一定能在斗争中取得胜利。

现在我们可以看出，普列汉诺夫同志对工人阶级提出的建议是多么糟糕。我们社会民主党的统一代表大会已经犯了一些错误，使党向右移了一点，对于一心想支持立宪民主党人的这种危险性估计不足。普列汉诺夫同志犯了一个大错误，他向右走得太远了，居然号召无产阶级完完全全无条件地支持立宪民主党人和立宪民主党杜马。

载于1906年5月21日《浪潮报》
第23号

译自《列宁全集》俄文第5版
第13卷第131—136页

关于解散国家杜马的传闻和谣言

（1906年5月20日〔6月2日〕）

各报都提到了《政府通报》[90]上关于准备在6月15日解散国家杜马以便歇夏的短讯！现在通讯社电讯又否认这条消息，但正像《言语报》所正确指出的，这种否认是含糊其词的，谁也不会相信。

过几个星期解散杜马“歇夏”的可能性仍然存在。因此，《信使报》提出的杜马是否**会散伙**的问题很值得注意。《信使报》引用了罗季切夫先生在国家杜马的发言：“在我们没有完成把我们派进杜马时要我们完成的任务以前，我们决不散伙。”该报还引用了另一个立宪民主党人格列杰斯库尔先生的话：“杜马在这个斗争〈同政府的斗争〉中还有一张王牌——立法权，杜马只有在打出这张王牌之后才能退位并且向人民宣布自己无能。”

《信使报》**希望**罗季切夫先生“郑重地”向国家杜马建议：即使政府解散杜马，也不要散伙。因此《信使报》坚决支持罗季切夫而反对格列杰斯库尔。同时，《信使报》以一种理直气壮的轻蔑口吻谈到如下的前景：“搞一大堆法律”（我们可以插一句：一部分是罚苦役的法律，一部分是不果断、不坚决的法律），“只是为了向全体人民证明自己的无能和为了退位”。

我们非常高兴，因为《信使报》的同志们承认：如果杜马将只是

“搞一大堆法律”,“表明自己无能”,那么杜马所起的作用就是可笑的和可鄙的。我们也非常高兴,因为《信使报》的同志们认为,**只有**杜马**拒绝**散伙的前途,才可以把杜马看成是“聚集人民力量的中心,是围绕着它来组织人民力量和统一运动的核心”。我们可以假定:杜马如果**拒绝**受合法范围的限制,那它会比现在为运动做更多的事情。但是直到现在我们所看到的是:当劳动派胆怯地试图走上这条道路的时候,立宪民主党杜马只是从中阻挠。我们并不“希望”罗季切夫先生说得“郑重”。此外,我们认为,如果罗季切夫先生们能够在什么时候走出合法范围,采取像拒绝散伙这一类的步骤,那么**这样的时机不应该让政府来选择**。拒绝散伙就是选择政府指定的进行决定性冲突的时机,因为解散杜马的命令将由政府颁布。但是,那些想要选择最有利的冲突时机的人(即劳动派,因为我们没有权利指望立宪民主党人),应该做到**自己来选择**这个时机,而不要让政府选择。因为,照《信使报》中肯而尖刻的说法,政府很可能不会去妨碍立宪民主党人“搞一大堆法律”。

载于1906年5月21日《浪潮报》
第23号

译自《列宁全集》俄文第5版
第13卷第137—138页

考茨基论国家杜马[91]

（1906 年 5 月 23 日〔6 月 5 日〕）

卡·考茨基新写的小册子《国家杜马》（1906 年圣彼得堡阿米兰出版社版，定价 3 戈比）已经出版了。作者针对俄国社会民主党内争论的问题发表的一些看法，是非常值得注意的。首先是关于抵制杜马的问题。读者当然很清楚，我们的右翼社会民主党人一向用不大值钱的手法回避这个问题。他们的论点很简单：参加议会斗争就是社会民主主义，不参加就是无政府主义。**这就是说**抵制是错误的，布尔什维克是无政府主义者。例如，可怜的社会民主党人涅哥列夫同志就是这样议论的，他的一群伙伴也是这样议论的。

考茨基是一个马克思主义者。**因此**他的论点不同。他认为，必须研究俄国的**具体历史**条件，不要重复欧洲人的那些老生常谈。

考茨基在扼要地叙述了杜巴索夫制度以后写道："在这种条件下，我们的大多数俄国同志认为用这种方法召集的杜马只不过是令人极端愤慨的伪造的人民代表机关，并且决定对它进行抵制和不参加选举运动，**这是毫不奇怪的**。"

考茨基认为这种"布朗基主义"和"无政府主义"的策略丝毫没有什么可奇怪的。普列汉诺夫同志和所有的孟什维克考虑一下这一点不是很有教益的吗？

考茨基接下去写道："我们的大多数俄国同志认为，与其参加选举运动然后进入杜马，不如进行斗争以便搞垮这届杜马、争取召集立宪会议**更为恰当**，这也是毫不奇怪的。"

结论是很清楚的。马克思主义者在解决具体历史问题时，应该以仔细分析当前的一切政治条件为根据，而不是以空谈布朗基主义–无政府主义等等这样的对立面为根据。

正当跟在立宪民主党人后面重复说抵制是一个错误在社会民主党人中间成为一种时髦风尚的时候，考茨基却完全公正地分析了问题，在他的见解中根本没有与此相类似的结论。尽管他是在"阻挠杜马召集"的尝试业已失败的时候写这本小册子的，但是他并没有急忙在杜马召集的事实面前卑躬屈膝。考茨基不像有些人那样，在每一次失败以后(例如在十二月起义失败以后)赶紧忏悔和承认"错误"。考茨基知道，无产阶级在斗争中的失败决不总是意味着无产阶级的"错误"。

考茨基在小册子的另一个重要地方谈到的问题是：在目前俄国革命中，是谁，也就是说，是社会上哪些阶级或者哪些集团，将取得胜利。考茨基写道："农民和无产阶级将愈来愈坚决地和不客气地〈《涅瓦报》的一些曾经赞扬立宪民主党"英明"的同志们，请记住这一点！〉迫使杜马的代表向左转，在**他们还没有完全战胜自己的对手**以前，将日益加强**杜马中的左翼**，日益削弱和钳制自己的对手。"(第8页)

由此可见，考茨基预料**农民和无产阶级**将在目前的俄国革命中取得胜利。孟什维克同志们是不是可以向我们说明一下，无产阶级和农民的革命民主专政同他们的胜利之间的区别在哪里呢？是不是因为考茨基认为在**资产阶级**革命中能**取得胜利**的不是资产阶级而是农民和无产阶级就责备他主张布朗基主义和民意主义呢？

谁愿意考虑一下这个问题，那他很快就会了解孟什维克的根本错误，——他们总是认为在资产阶级革命中只能谈资产阶级的领导权，因此总是害怕农民和无产阶级获得政权（而革命的胜利就是获得政权）的思想。

考茨基的第三个重要的宝贵的思想是关于杜马的作用，他认为杜马是一个新的中心，是组织运动的重大步骤。考茨基说："不管杜马朝哪个方向走，它今后对革命的直接和间接的，有意或无意的推动，将在全俄国同时发生作用，也会在各地同时引起反作用。"

这种说法是十分正确的。现在有人强加在布尔什维克身上这样一种思想：似乎布尔什维克建议"避开"杜马，甚至赶走杜马，似乎他们忽视杜马。这是谎话。布尔什维克在统一代表大会上就曾提出一项决议，其中写道：

"社会民主党**应该利用**国家杜马，利用杜马同政府之间的冲突或者杜马内部的冲突，同杜马中的反动分子作斗争，无情地揭露立宪民主党人的不彻底性和动摇性，**特别关注**农民革命民主派分子，把他们团结在一起，使他们反对立宪民主党人，支持他们那些符合无产阶级利益的言行"①，等等。

谁愿意根据布尔什维克的决议，而不是根据涅哥列夫们的胡言乱语来评论布尔什维克，那他就会看到，考茨基和布尔什维克在**国家杜马**问题上**没有任何分歧**。

① 见本版全集第 12 卷第 342 页。——编者注

考茨基在这本小册子中完全没有谈到杜马中的社会民主党议会党团的问题。

载于1906年5月23日《生活通报》杂志第6期

译自《列宁全集》俄文第5版第13卷第139—142页

立宪民主党、劳动派和工人政党

(1906年5月24日〔6月6日〕)

无论国家杜马中的人民代表制怎样由于选举法和选举情况而受到歪曲,它毕竟还是提供了不少可以用来研究俄国各阶级的政策的材料。它也有助于纠正对这个问题的错误的或者狭隘的看法。

布尔什维克在提交统一代表大会的决议草案中坚决主张把资产阶级政党分为三种主要类型①,现在日益证明这种划分是正确的。这三种主要类型就是:十月党、立宪民主党和革命民主派或农民民主派。当然,不能期待每一类型中的各党派是完全和彻底团结一致的,因为,俄国社会各阶级公开出现在稍微自由的政治舞台上还为时不久。

十月党是彻头彻尾的地主和大资本家的阶级组织。这一部分资产阶级的反革命(反对革命)性质十分明显。它是站在政府一边的,尽管在分享政权上同政府继续争执。葛伊甸们及其同伙,在对旧政权持反对派立场方面有时甚至同立宪民主党人合流,但是就连那些对任何"反对派"都心驰神往的人也不会因此忘记十月党的真实本质。

立宪民主党是第二种类型的主要政党。这个政党不是专门同

① 见本版全集第12卷第208—210页。——编者注

资产阶级社会中的哪一个阶级相联系，但它却是彻头彻尾的资产阶级政党。它的理想是实现清除农奴制的、有秩序的资产阶级社会，在这个社会里，为了防止无产阶级的侵犯，应当有诸如……参议院、常备军、不经选举的官吏以及关于出版的苦役法等等作为保护。立宪民主党是半地主的政党。它梦想收买革命。它渴望同旧政权搞交易。它害怕人民的革命主动精神。随着这个政党的公开政治活动，特别是在国家杜马里的活动的发展，它的动摇性和不坚定性也日益明显地暴露出来。因此，那些无远见的、被暂时的成绩弄得眼花缭乱的人要求支持立宪民主党人的呼声，在工人阶级中永远也得不到广泛的响应。

第三种类型的资产阶级政党是劳动派，即最近提出自己的纲领的、国家杜马的农民代表。革命的社会民主党人很久以来已在密切注视着这一类型政党在俄国的出现。农民协会是这个政党的基本组织之一，贫穷知识分子的各种激进的团体也在一定程度上倾向于这个政党，社会革命党人也在朝着这个方向发展，越出了知识分子的狭隘圈子。这一派别中众多的种类和小派别，是完全符合俄国“劳动的”小资产阶级种类繁杂和人数众多这一情况的。农民是这一派别、这些党派的主要支柱。客观条件迫使农民坚决反对地主土地占有制，反对地主的权力以及同这种权力密切联系在一起的全部旧的国家政权。**这个**资产阶级民主派**不得不**变得带有革命性，而自由派，如立宪民主党等等，则代表那些因其生存条件而**不得不**寻求与旧政权搞交易的资产阶级。其次，农民的要求自然带有空想的形式，是实现不了的愿望，例如在保持资本统治的条件下平均使用土地。

无产阶级意识到自己的阶级利益与革命的民主派的利益不

同,需要组成完全独立的阶级政党。但是社会主义无产阶级决不会由于需要批判空想而忘记自己的积极的任务:全力支持革命民主派同旧政权和旧制度的斗争,提醒人民警惕自由派资产阶级的不坚定性,同革命的农民达成战斗协议以减少这种不坚定性的危害。

这应当成为社会民主主义无产阶级在目前的一切策略、一切政治行动的**基础**。为了跟农民共同行动,无产阶级必须竭力启发、发动和引导农民参加斗争,坚决地使他们抛弃对“请愿”、“决定书”以及对国家杜马这个全俄请愿机关的信任。“使广大群众认识到杜马完全无用”(统一代表大会的决议),这就是无产阶级的任务。为了跟农民共同行动,无产阶级应当严格禁止单独的、不合时宜的爆发。而为了同样的目的,即在不可避免的即将到来的斗争中取得胜利,必须最无情地揭露立宪民主党人的动摇性,最明确地提出“杜马完全无用”的问题,最坚决地反对抹杀立宪民主党和劳动派之间的差别的企图。

社会主义无产阶级就应当从这样的观点来评价立宪民主党和劳动派之间的关系。试以土地改革问题为例。立宪民主党主张**赎买**。劳动派主张只给土地**报酬**,也许,可以采取救济金或者在救济院安排一个免费床位的形式。《浪潮报》已经说明了赎买和在救济院安排一个床位之间的重大区别。工人政党要求**没收**,就是既不交赎金也不给报酬的转让,当然工人政党并不拒绝在救济院里救济贫穷的地主。显然,工人政党应当支持劳动派反对立宪民主党。土地赎买曾一度在俄国起了非常有害的作用,曾经使农民破产,使地主发财,加强了旧的国家政权。目前在俄国,主张赎买的只能是一些半拥护政府的人。

试以政治纲领为例。立宪民主党要求设立参议院和实行不完备的民权制度。劳动派坚决主张在以普遍的……投票方式选出的议会之上不应当再有“任何上层建筑和类似国务会议、贵族院和众议院等等的障碍物”[92]。劳动团几乎完全同意包括八小时工作制等等在内的工人最低纲领。显然，工人政党在这方面也应当支持劳动派反对立宪民主党。

我们试拿如何处理土地的问题为例。立宪民主党主张把一部分土地留给农民和地主所有，一部分交给国家。劳动派主张把全部土地交给国家(尽管不是马上交)，并且主张实行平均使用土地。显然，劳动派在反对地主土地占有制以及整个土地私有制的斗争方面**走得远些**。工人政党如果不在这个问题上也支持劳动派反对立宪民主党，就大错特错了。尽管双方都有错误，但这决不能成为工人政党不去支持真正革命的资产阶级民主派的理由。立宪民主党和劳动派都犯了错误，他们认为至少可以把一部分土地交给远不是完全民主的国家。把土地分掉比把土地交给这样的国家要好些。遗憾的是，俄国社会民主工党代表大会也犯了这样的错误，它允许把一部分土地交给“民主的”国家，而没有**确切**规定这种民主制的**程度**及其完备性。通过立宪民主党和劳动派的纲领的对比，可以特别明显地看出社会民主党代表大会的错误。

其次，劳动派的错误还在于，它认为在保持商品经济的条件下可以“平均”使用土地。工人政党应当坚决地揭露和反驳这种小资产阶级空想。

但是，如果因为反对小业主的无谓的**幻想**而忘记这个阶级在当前革命中的真正革命的**行动**，那是愚蠢的。马克思主义者是不能这样做的。例如，《信使报》(第5号)就犯了上述的错误，它说：

“劳动团的法案在主要之点上远远不能令人满意〈对！〉，而且不应当受到工人阶级的支持〈这就不对了！〉”。

工人政党应当在保持完全独立自主的条件下在这里也支持劳动派反对立宪民主党。在揭露双方的错误时，不能忘记劳动派比立宪民主党走得远些，同立宪民主党的错误相比，劳动派的错误在革命发展的更高阶段上才会有实际意义。人民正在通过立宪民主党**清除**关于有可能把人民自由同旧政权相结合的幻想。人民将通过劳动派**清除**关于有可能把“平均”使用土地同资本主义相结合的幻想。人民正在通过立宪民主党清除最初的资产阶级幻想；人民将通过劳动派清除自己最后的资产阶级幻想。立宪民主党的幻想阻碍资产阶级革命的胜利。劳动派的错误将阻碍社会主义的迅速胜利（这样的迅速胜利并不是工人凭空幻想出来的）。由此可以清楚看到立宪民主党和劳动派之间的重大差别，工人政党必须严格考虑到这个差别。

不这样做，我们就会把社会主义无产阶级由革命的先锋队，由农民的更有觉悟的参谋变成自由派资产阶级的不自觉的帮凶。

载于1906年5月24日《浪潮报》
第25号

译自《列宁全集》俄文第5版
第13卷第143—147页

普列汉诺夫同志是怎样论述社会民主党的策略的？[93]

（1906年5月26日〔6月8日〕）

最近两号《信使报》刊登了普列汉诺夫同志的第一封信《论策略和不策略》。自由派资产阶级的报刊已经十分正确地指出，普列汉诺夫同志比《信使报》要右得多。所有自由派资产阶级的报刊都对普列汉诺夫同志大加赞赏，把他同整个社会民主党对立起来。

让我们比较冷静地看一看普列汉诺夫同志的论点吧。

普列汉诺夫同志和社会民主党的波尔塔瓦《钟声报》[94]展开了论战。他援引了该报的这样一段话：

《钟声报》写道："只接受社会民主党的纲领，还不能使个别人甚至一整批人成为社会民主党的成员。要做到这一点，必须完全接受社会民主党的策略的原则。

社会民主党不同于其他政党的一个突出标志，就是除了它的纲领以外，还有它对待一切其他的，资产阶级政党的不调和的阶级立场。"

普列汉诺夫同志对上面一段话竟严厉地"挥舞起拳头"。第一，他要求把"立场"一词改为"反对立场"。我们觉得，这种修改不但丝毫没有把原文改好，反而改坏了。第二，普列汉诺夫同志自告奋勇地当起了校对员。原文中"其他的"一词的后面没有逗号。没有私心的校对员通常是默不作声地改正这样的错误。自命不凡的校对员却要就这一点写上将近半栏的小品文！

现在谈本题吧。普列汉诺夫同志实质上是反对什么呢？他说："作者把一切其他的[①]资产阶级政党看成只是反动的一帮。"

这是**不符合事实的**。上面引的那一段话根本没有这样的说法。而在普列汉诺夫援引的接下去的另一段话里，作者是把两类资产阶级政党**截然区别开来的**：(1)"立宪民主党反对派的"，(2)"右翼的"。普列汉诺夫同志企图把"只是反动的一帮"的说法强加在作者头上，这不仅是不公平的，而且简直为真正想进行辩论的社会主义者所不取。

普列汉诺夫同志说："不同的资产阶级政党涂上了不同的色彩。"我们已经指出，《钟声报》上这篇文章的作者是完全同意这种正确的见解的，这位作者就是把立宪民主党反对派的"色彩"与右翼的"色彩"区别开来的。因此，和吹毛求疵的可是却不高明的批评家的意见相反，作者并没有违反社会民主党的策略的"原则"。但是，对确定**俄国**社会民主党**在**革命**时期**的策略来说，仅仅把资产阶级政党的这两种"色彩"区别开来还是**不够的**。这是《钟声报》的见解或表述上的一个真正的缺陷，而普列汉诺夫同志并没有看到这个缺陷。他捏造了种种不存在的缺陷，却忽略了这个实际上存在的缺陷。

如果普列汉诺夫同志真想和布尔什维克进行辩论[②]，而不是为了讨好和取悦于立宪民主党的报刊，那么他就不能避而不谈下

---

① 普列汉诺夫同志**也**忘记在这里加一个逗号或者把"其他的"一词删去，也就是说，他**本人也重复了**他严厉地加以责备的这个同志所犯的笔误！

② 我们并不了解《钟声报》的那篇文章的作者，也不了解这个社会民主党报纸的编辑部和它的倾向。我们在这里所谈的是普列汉诺夫的"批评"的总的思想，而不单单谈他和《钟声报》的论战。

面这个事实:正是布尔什维克早就坚持必须把资产阶级政党至少区分为**三种**主要的“色彩”。这正是**两种策略**的根本区别之一。普列汉诺夫同志希望用庸俗的小市民对于所谓“不策略”的叹息来掩饰这种政治策略上的区别,是徒劳的。

一年以前,在国外出版了后来又在俄国再版的布尔什维克的小册子《两种策略》[①]。这本小册子证明,整个孟什维主义的主要错误,就在于不了解哪些资产阶级分子能够同无产阶级一道把俄国资产阶级民主革命进行到底。直到现在,孟什维克始终错误地认为,资产阶级革命应当由“资产阶级”(整个资产阶级,不分“色彩”!)自己去进行,无产阶级则应该加以协助。因此,孟什维克(包括普列汉诺夫在内)从来不能多少按照马克思主义者的观点确定,从各阶级在政治上重新组合的角度来看“当前革命的决定性的胜利”究竟是**什么**,虽然他们也愿意谈论决定性的胜利,甚至在各种决议中反复谈论。布尔什维克说决定性的胜利只能是无产阶级和农民的专政,孟什维克不喜欢这个说法,可是他们既无法驳倒这种说法,也无法修正或者改变这种说法。

布尔什维克过去和现在始终认为,在资产阶级民主革命时代,只有农民才能成为无产阶级的坚强可靠的同盟军(直到这个革命胜利为止)。农民也是“资产阶级民主派”,但是它的“色彩”却与立宪民主党人或十月党人完全不同。不管**这个**资产阶级民主派自己是否愿意,**历史**向它**提出了**在对待俄国“旧制度”方面真正革命的目标。**这个**资产阶级民主派**被迫**进行斗争来反对地主权力以及与它相联系的旧的国家政权的**基础本身**。客观条件没有“强迫”**这个**

① 见本版全集第11卷第1—124页。——编者注

资产阶级民主派用全力去保存旧政权，用同旧政权**搞交易**的办法去完成革命。因此，**这个**资产阶级民主派，按其**被迫**行动的倾向来看，是**革命的民主派**。所以，布尔什维克确定了社会主义无产阶级在资产阶级民主革命时期的策略是：无产阶级必须领导农民（不是同他们融合）反对旧政权和旧制度，使在人民自由和旧政权之间摇摆不定的自由派资产阶级的不稳定性和动摇性起不了作用。

俄国社会民主主义无产阶级在目前时期的这些策略原则，正是孟什维克所不了解的。普列汉诺夫同志也不了解这些原则。他力图用笔误、排印错误这类议论，以及生拉硬扯的引文等等来回避、抹杀和掩盖关于我们策略的这一**具体**问题。

请大家自己判断吧。普列汉诺夫在第5号的《信使报》上硬说布尔什维克有这样的思想："无产阶级不能和资产阶级一道前进……这样做是机会主义。"

普列汉诺夫同志，我们还没有死！把我们当做死人，往我们身上栽赃，那只会使自己出丑。任何一个人只要稍微读过《前进报》、《无产者报》、《两种策略》、《立宪民主党人的胜利》以及布尔什维克的其他小册子，都会马上看出普列汉诺夫是在胡说。

一年半以来，布尔什维克已经一再地说，孟什维克的错误是不会把革命的资产阶级民主派从现在正在迅速丧失其革命性的整个资产阶级民主派中划分出来。一年半以来，布尔什维克已经一再地说，孟什维克由于可笑地害怕"接近"社会革命党人，而过分地**接近**立宪民主党人，对有**革命色彩的**资产阶级民主派估计不足。布尔什维克一再地说，孟什维克的**机会主义**就在于他们为了自由派的暂时胜利而忘记民主派的根本利益，从而也就是忘记**社会主义的**根本利益，因为在资产阶级革命时期，没有民主派的胜利，就不可能有社会主义的真正的胜利；还在于他们盲目地崇拜地方自治派或者说立宪民主党人的表面的胜利。

普列汉诺夫同志，这就是您的**机会主义**！

普列汉诺夫叫喊说：马克思教导我们，“不要问资产者**想要**什么，而要问他们**被迫**去做什么”。

正是这样，普列汉诺夫同志。正是您忘记了马克思的这个教导，正像旨在破坏马克思主义的伯恩施坦徒劳无益地援引马克思的话一样，您也在徒劳无益地援引马克思的话。您忘记了**立宪民主党人**“被迫”同旧政权**搞交易**，**而农民民主派或者说革命民主派**却“被迫”同旧政权进行坚决的斗争，或者说，至少是立宪民主党人只会搞交易，而农民还会进行严肃的斗争。普列汉诺夫同志用**整个**“资产者”被迫做些什么的**泛泛**空话，来**掩盖**立宪民主党人**色彩**的“资产者”和革命民主派**色彩**的资产者被迫做什么这样一个具体问题。

现在可以判断，是谁**实际上**不会区分当前**俄国**资产阶级的各种色彩？是谁用烦琐哲学、迂腐思想和“真理的木乃伊”去款待工人，而不指出资产阶级民主派内部在当前特别具有重要意义的区别？

密切关心这个问题的读者，不应当根据偶然的印象，而要靠认真研究社会民主党的文献和历次代表大会的决议来解决这个问题。请看一看代表大会关于国家杜马的决议，并把它同布尔什维克的决议草案①比较一下吧。你们可以看到，正是代表大会的（孟什维克的）决议**不会**明确地区别农民民主派和立宪民主派。相反，

① 见本版全集第12卷第341—342页。——编者注

布尔什维克的决议案正是强调了这种区别。代表大会的决议仅限于建议揭露**一切**资产阶级政党的不彻底性，我们的决议案则指出了立宪民主党人的动摇性，指出必须把农民民主派团结起来，使他们和立宪民主党人相对立。在这方面，代表大会的决议是毫无用处的，因为**一切**国家的社会党人在**一切**时候都必须揭露**一切**资产阶级政党；谁仅限于这样做，他就是像小学生一样重复背得烂熟的马克思主义词句，而不能领会这些话并把它运用到俄国来。在资产阶级革命时期大谈"揭露一切资产阶级政党"，等于什么也没有说，甚至是说假话，因为只有随着**这些或那些**资产阶级政党**历史地**登上前台以后，才谈得上真正地切实地揭露它们。相反，我们的决议案恰恰把那些**目前**具有政治意义的不同"色彩"区分开来了。因此，国家杜马的活动一开始就**正好**证实了**我们的**决议案的正确性，使大家都清楚地看到立宪民主党人的动摇性和"劳动派"的比较革命的实质。

再举一个例子。关于对资产阶级政党的态度问题。孟什维克在召开代表大会以前是怎样解决这个问题的呢？泛泛的空谈。关于这一点，可以看一看他们的决议草案。而布尔什维克呢？他们把资产阶级反对派分成**三**类：十月党人、立宪民主党人和革命民主派（见布尔什维克的决议草案）①。代表大会是怎样解决这个问题的呢？孟什维克**不敢**提出自己的决议案，而**重申了阿姆斯特丹决议**！资产阶级革命时代的俄国社会民主党人，除了重复欧洲人在资产阶级革命一百年以后所说的话以外，对于俄国各种不同色彩的资产阶级竟谈不出任何自己的看法！！

① 见本版全集第12卷第208—210页。——编者注

可敬的普列汉诺夫在诿过于人,这难道不是很明显吗?

就拿普列汉诺夫同志关于40年代德国“真正的社会主义”的议论来说吧。这个“真正的社会主义”的实质是什么呢?一是不理解阶级斗争和政治自由的意义。再就是不会区分资产阶级这一或那一阶层在当时政治斗争中的作用。普列汉诺夫同志企图以此来责难**我们**,这实在是太可笑了,因为正是他作为孟什维克的首领**掩盖了**在目前情况下具有根本意义的、立宪民主党反对派资产阶级和革命民主派资产阶级之间的区别。

总之,这种责难布尔什维克类似“真正的社会主义者”的说法,令人只能置之一笑。请想想看吧:有些人总是异口同声地责备我们太刻板、太僵化、太顽固。而同时我们的论敌却把我们叫做“布朗基主义者”、“无政府主义者”、“真正的社会主义者”。布朗基主义者是密谋家(他们从来不赞成总罢工),他们夸大革命政权的作用。无政府主义者根本否定任何政权,不管是革命政权还是其他政权,用完全的散漫无羁来反对布朗基主义的严密组织。“真正的社会主义者”有点像是温和的拉甫罗夫分子,是半文化派,是非革命者,是奇谈怪论和抽象说教的英雄。孟什维克臆造出这种**自相矛盾的**责难布尔什维克的话,最好不过地打了他们自己。我们只须指出孟什维克的这种思想混乱,就足以驳倒他们的责难了。

相反,我们一向认为,孟什维克是社会民主党的右翼,他们倾向于机会主义,也就是说,倾向于为了暂时的利益,为了似是而非的条件去“迁就”暂时的情绪、局势和关系,而忘记了无产阶级的长远的、主要的、根本的利益。

普列汉诺夫同志目前的整个策略归纳起来是什么呢?就是向

立宪民主党人的胜利卑躬屈膝,忘记了他们现在的行为的重大消极方面,掩盖了立宪民主党人**与**资产阶级民主派的革命分子**相比**的反动性,模糊了那些往往相信“请愿”和傀儡议会的工人和农民的意识。

立宪民主党人竭尽全力把自己装扮成一般资产阶级民主派,掩盖自己同劳动团的分歧,掩饰自己同农民民主派的不一致,竭力支持资产阶级民主派中的不可靠的右翼。不管普列汉诺夫同志原来希望得到什么结果,实际得到的结果只能是:他**事实上支持了**立宪民主党人的这些反动意图。正因为这个缘故,立宪民主党人才对他大加赞扬。

普列汉诺夫同志说:早在1903年(俄国社会民主工党第二次代表大会时),我就反对当时党内的右翼(阿基莫夫、马尔丁诺夫等人),坚持必须支持一切反对专制制度的**反对派**运动。马克思在1847年曾经持同样的看法。普列汉诺夫想使读者相信,布尔什维克忘记了这个真理。

普列汉诺夫同志错了。当人们解决在**某个**时期是否支持反对派的革命的资产阶级的**某一部分**这样一个具体问题时,他们并不否定支持反对派运动这个一般原理。普列汉诺夫的错误在于,他以**抽象的**说法偷换了**具体的**历史问题,这是第一。第二,普列汉诺夫同志的错误在于,他对俄国资产阶级民主派采取了完全**非历史的**观点。普列汉诺夫忘记了,随着革命的进展,这个资产阶级民主派的各个阶层的地位是要发生变化的。革命愈高涨,资产阶级中最不革命的阶层就愈加迅速地脱离革命。谁不了解这一点,谁就无法对一般资产阶级革命进程中的任何事物作出解释。

举两个例子来说明。

马克思在1847年支持了德国资产阶级的最怯懦的反对党①。他在1848年却无情地严厉地斥责了十分激进的、比我国立宪民主党人左得多的德国立宪民主党人。他们在法兰克福议会[95]中进行了“根本性的工作”，并要全世界相信这种根本性的工作具有极大的鼓动作用，而不了解为实际的政权而斗争的必然性②。马克思是不是自相矛盾呢？是不是采取了另一种观点呢？是不是陷入了布朗基主义呢(伯恩施坦派以及德国的自由派教授就是这样认为的)？绝对不是。**革命向前发展了**。不仅1847年的德国的“希波夫派”，而且1848年的德国的“立宪民主党人”都**落后于**革命了。马克思作为先进阶级利益的忠实的捍卫者，无情地斥责了在落后者当中影响最大的那些人的落后现象。

普列汉诺夫在援引马克思的话时，歪曲了他的话。

第二个例子。

在1903年，甚至更早一些，在1901—1902年间，旧《火星报》曾支持“希波夫派”[96]，即当时同司徒卢威先生一道提出“权利与拥有权力的地方自治机关”口号的怯懦的自由主义的地方自治派。革命向前发展了，社会民主党人就从可以说是资产阶级反对党的上层转向其革命的下层。随着整个民主运动的发展、扩大和深入，他们“攻击”希波夫派，说他们没有明确地要求立宪；“攻击”立宪派，说他们忽视了普遍的……选举权；“攻击”那些承认普选权的人，说他们不承认革命等等。革命的社会民主党人在1901—1902年期间曾支持持反对党立场的“希波夫派”，而在1905—1906年

① 参看《马克思恩格斯全集》第1版第4卷第207—222页。——编者注

② 参看《马克思恩格斯全集》第1版第5卷第14—18、25—27、44—48、71、114—115、371—431页，第21卷第22—23页。——编者注

期间转而支持革命的农民,他们是不是自相矛盾呢?绝对不是。他们是始终如一的。

自相矛盾的倒是普列汉诺夫同志,他只看到立宪民主党人的暂时的胜利,而没有看到实际生活已经提出的更高的民主主义任务。

再往下谈吧。关于普列汉诺夫对立宪民主党杜马持完全不批判的态度,这里有一个特别明显的例子。

普列汉诺夫同志摘引了《钟声报》的下面一段话:

"我们把这些一般性的原理运用于议会的工人团时,可以说,只有当工人团在杜马的活动中贯彻了社会民主党的基本策略原则时,它才能反映俄国无产阶级的最有战斗力、最有觉悟的一部分人的真正的意向,换句话说,才能称为社会民主党的工人团。

不陷入杜马中的立宪民主党反对派的大泥潭,不做在杜马中占多数的立宪民主党人的尾巴,而与这个多数针锋相对,揭露他们的意图的局限性及其同'右翼'政党、同政府妥协的倾向——这就是无产阶级的代表唯一应有的、同时也是真正社会民主党的策略,我们应当坚定不移地向国家杜马中的工人代表推荐这个策略。任何其他策略都会模糊无产阶级的阶级意识(而工人团的成员是自命为无产阶级在杜马中的代表的),使他们变成资产阶级政党的附庸,变成反对无产阶级在俄国革命总进程中实现自己独立的任务的工具。"

对于这段话普列汉诺夫作了如下的评论:

"如果我们这位波尔塔瓦的同志把自己的一般性原理运用于法国的社会党,那么他不必把自己的文章的结尾几行作任何重大修改,只要更动几个字眼就行了:把'立宪民主党人,立宪民主党的'改为'激进派,激进派的',把'杜马'改为'众议院',再把'俄国革命'改为'社会历史运动'。这确实是再方便不过了。"

我们请读者再读一下《钟声报》的这段话以及普列汉诺夫的评语。这段评语异常明显地向我们揭示了普列汉诺夫所以转向伯恩施坦的一个根源。

真难设想:《钟声报》**只要**把文章的结尾几行更动几个字眼**就行了**:把"立宪民主党"改为"激进派",把"杜马"改为"众议院"。

普列汉诺夫同志的这种论断彻底地暴露了他自己。他明显地表明,他丝毫不了解什么是立宪幻想,从而也丝毫不了解俄国资产阶级革命的目前形势。

俄国立宪民主党人和俄国杜马之间,法国激进派[97]和法国议院之间,在各自的相互关系上有着**根本的**差别,而普列汉诺夫却没有注意到这种差别。普列汉诺夫忽略了《钟声报》这篇文章中的**一个短语**,它虽然很短,却非常值得注意,非常重要。这就是:"**同政府妥协**"。

普列汉诺夫同志,请想一想吧:在法国能够谈得上众议院同政府"妥协"吗?不,不能。为什么呢?因为在那里,政府在一切最重大的问题上都是听命于议院的。议院中的多数本身就是实在的**政府**,可以任命合乎自己心意的人当部长。激进派在议院中取得了多数,**从而就成为**政府。在一定时期内,议会中的对比关系,无论同人民内部现实的力量对比关系还是同国家政权与人民的对比关系,都是或多或少地相适应的。这一时期的成文的宪法同现实的、实际的宪法,同力量的对比也没有很大的差距。

在俄国,可以**而且应当**说,杜马的多数是和政府妥协的。为什么呢?因为我国的实际权力,无论按法律还是按实际情况来看,都**完全不属于杜马**,而属于旧的专制政府。杜马不是像议院那样的国家政权机关,而只是一部分人向旧政权请愿、请求、提出要求的机关。因此,杜马的多数能够同政府"实行妥协",而这在法国却是荒谬绝伦的。议会中的对比关系,不论同国内现实的力量的对比关系,还是同国家政权与人民的对比关系,都是完全不相适应的。

在法国,实际的阶级斗争正是在议院中有代表的一些力量之间进行的,甚至这些力量的代表人数在一定时期也是或多或少地同这些力量的“战斗作用”对比情形相适应的。

在俄国,实际的斗争**完全不是在**杜马中有代表的**那些力量之间**进行的,这些力量在杜马中的代表人数正是现在和这些力量的“战斗作用”的对比情形有着特别突出的根本的差距。俄国的现实的政府在杜马中几乎根本没有代表,它有另外的“机关”,无产阶级也几乎没有代表,农民代表的人数也少得可怜。

普列汉诺夫同志企图拿俄国同法国比较,这表明他完全陷入了立宪幻想的泥沼。他把词句(议会、议院)当做本质,把招牌当做内容。因此,他完全忽略了俄国目前一切最重要的特点,即在杜马中有极少数代表的“人民”和旧政权之间的斗争日益成熟,“妥协派”、变节者在这个斗争中的作用在**变得**特别重要和特别**危险**。

伯恩施坦在1899年曾把小资产阶级知识分子“妥协派”(搞无产阶级和资产阶级调和的社会自由派)当做握有实际权力的资产阶级本身,因而给德国无产阶级带来了极大的危害,——同样,普列汉诺夫在1906年也把半反动的资产阶级“妥协派”(搞人民自由和旧政权调和的立宪民主党人)当做国家中独立的政治力量,当做可以而且应该支持的权力,也给俄国无产阶级带来了极大的危害。

伯恩施坦号召对社会自由派要“讲策略”,要支持他们,不要把他们推到反动派方面去,这实际上是号召支持一种**不存在的东西**。他迷恋于社会和平这个**幻影**,而忘记了争取政权的根本任务。

普列汉诺夫号召对立宪民主党人要“讲策略”,要支持他们,不要把他们推到反动派方面去,这实际上是号召支持一种**不存在的**

东西。他迷恋于议会制（在资产阶级革命、而不是社会主义革命时代）这个**幻影，而忘记了争取政权的根本任务**。

社会自由派资产阶级和立宪民主派资产阶级对伯恩施坦和普列汉诺夫都宠爱备至，把他们捧上了天，替他们大肆吹嘘，翻印他们的著作，因为他们在资产阶级同无产阶级的斗争中给资产阶级**帮了忙**。

工人们，在这个问题上不要上当。所谓社会民主党要“讲策略”，要“支持”立宪民主党人等等这些字眼，在现实的政治中是有**自己的**意义的，这种意义不取决于普列汉诺夫的善良愿望，而取决于**实际的力量对比关系**。普列汉诺夫可能自己认为并且要别人相信，他并没有打算削弱或者缓和各阶级之间以及人民同旧政权之间的政治和社会对抗。可是普列汉诺夫的话在目前政治形势下**正是起了这样的作用**，这不取决于他的意志。

伯恩施坦所希望的不是社会和平（至少他要人相信他不是这样希望的），但是资产阶级很正确地了解到他的话的真实含义正是如此。请看看我们俄国立宪民主党人的报刊吧。这些报刊称赞普列汉诺夫，而且不管他是否同意，从他的话里得出**自己的结论**。科特利亚列夫斯基先生昨天在《杜马报》（第 22 号）上论证说，任何“**阶级**斗争和阶级仇恨”都是妨碍民族解放事业的。他直截了当地把《浪潮报》的斗争同盖得派[98]反对饶勒斯派[99]的斗争、费里反对屠拉梯的斗争、考茨基反对伯恩施坦的斗争加以对比；他担心像“我们俄国现在进行的这种阶级仇恨的说教，将损害政治上共同行动所十分必要的各社会集团的团结，从而根本破坏〈请注意！〉一切合理的人民代表机关的行动的基础”。“它〈阶级仇恨〉会不会使立宪制度的精神也遭到破坏呢？”

司徒卢威先生今天在《自由和文化》杂志[100]（第7期）上哭泣说，社会民主党人“把自由交给**阶级纷争的泼妇**去折磨”，说他们“片面地、发疯似的热衷于**阶级斗争的思想**”（第458页），说“**政治和平**”（请回忆一下欧洲资产者所说的“社会和平”！）“向我们提出了崭新的要求”（第514页）。资产阶级透彻地知道，普列汉诺夫散布的正是关于“政治和平”的谎言，实际上是在冲淡一切阶级纷争，一切阶级斗争。一爪落网，全“身”被缚。在对待目前政治的态度上，普列汉诺夫同志完全落入司徒卢威先生的笼中。

普列汉诺夫同志写道，“辱骂不是批评”。“批评确实能提高认识，相反，辱骂只会模糊认识。就拿背叛这个辱骂性字眼来说。我们如此频繁地叫喊资产阶级背叛，以至于当他们真的‘背叛’，也就是说，当他们同官僚制度和解的时候，当我们真的需要大声疾呼，叫喊资产阶级背叛的时候，我们的叫喊已经产生不了应有的效果，结果我们就会遭到和那个在狼还没有来时大喊‘狼来了！狼来了！’的小孩子同样的命运。”

普列汉诺夫的这一小段议论，真可以称得上是俄国伯恩施坦主义的绝妙范例！

首先，请看普列汉诺夫同志多么没有固定的见解。在1905年11月，他在《日志》第3期上写道：“……最近我们总是叫喊资产阶级的**什么**〈！〉背叛。可是，资产阶级究竟能背叛什么呢？无论如何不是背叛革命，因为它从来没有为革命思想效过力。”

请看，普列汉诺夫同志在1905年11月甚至完全不明白资产阶级**能**背叛什么。现在他明白这一点了。他不仅认为资产阶级**可能**背叛什么，而且已经发现它**真的会背叛**。半年之内，普列汉诺夫同志改变了自己的立场：起初说资产阶级根本没有什么可背叛的，现在却说它真的会背叛,就是说,会同官僚制度和解。

如果普列汉诺夫同志在其他方面的看法不是同样摇摆不定,我们对他的这个进步是很高兴的。他说,背叛是个辱骂性的字眼。这个观点不是新的。这是一切自由派资产者的观点。立宪民主党的报刊用数以千计的文章向俄国公众灌输这样一种思想:所谓资产阶级"背叛"的说法只不过是"疯狂的"布尔什维克惯用的辱骂性字眼。现在资产阶级在这个问题上找到了新的同盟者。普列汉诺夫同志也深信,"背叛"是个"辱骂性的字眼"。

正如过去有个时候为了反对伯恩施坦,不得不反复说明和详尽解释马克思主义的基本知识一样,现在,为了反对普列汉诺夫,也不得不这样做。他是大错特错了。"背叛"不是"辱骂性字眼",从科学的和政治的观点来看,是对确切的事实和资产阶级确切的意图的唯一正确的说明。"背叛"一词所表达的意思是和"搞交易"一样的。普列汉诺夫本人不能不承认这一点,因为他把背叛和与官僚制度和解看成同一个东西。现在请看"疯狂的"《浪潮报》关于"搞交易"这个概念是怎样说的。

《浪潮报》第13号上写道:"立宪民主党人搞交易的实质是什么呢?**当然不是个人的变节行为。这种粗俗的看法是根本违反马克思主义的**。搞交易的实质在于也仅仅在于立宪民主党人没有离开也不愿离开让旧制度保持政权的立场,由旧制度发号施令的立场。"①

可见,背叛或者搞交易的实质完全不在于个人的变节行为。背叛或者搞交易的实质**仅仅**在于,自称维护"人民的"(应读做:资

① 见本卷第94页。——编者注

产阶级的)自由的党力图让旧的专制政府保持政权,力求由自己和专制政府**分享**政权。

“人民自由”党在背叛人民自由,这正是因为它把相当大的一份人民的权利和人民的政权拱手让给**旧政权**的代表。普列汉诺夫同志不愿了解这个简单的道理,实在太奇怪了。他把情况描述成我国的资产阶级**还没有**背叛,只是在将来才会背叛。

这是对背叛和搞交易的实质一窍不通。

资产阶级和立宪民主党人已经**千百次地**背叛了自由,并且和官僚制度实行**和解**。立宪民主党的纲领是怎样的呢? 它是不是资产阶级的某种政治步骤呢? 无疑是的。这个纲领也正是背叛的纲领,搞交易的纲领! 立宪民主党人的**每一个**政治步骤都是在这样或那样地贯彻和实现**这个**纲领。特鲁别茨科伊 1905 年夏季的讲话,在四原则选举制[101]问题上转弯抹角的态度,出版自由的苦役法案,所有这些,正是自由派资产阶级实现其背叛纲领的步骤。

照普列汉诺夫同志看来,如果资产阶级不再采取什么**特殊的**步骤,就不会发生任何资产阶级背叛问题。这是不对的。如果资产阶级,更确切地说,立宪民主党人,继续他们从前的做法,那么**他们的全部行动就会构成一幅彻底背叛的图画**。当前社会民主党内机会主义的实质就在于不了解这一点。

如果立宪民主党人的小市民幻想实现了,如果杜马和“社会舆论”的“和平压力”迫使政府作了微小的让步,如果国务会议[102]准备按照国务会议成员霍米亚科夫先生的处方(立宪民主党的《杜马报》昨天报道了他的方案)稍稍作些迁就,如果旧政权改组内阁,给右翼立宪民主党人几个舒适安逸的职位等等,那么我们可以看到,最终的结局**肯定就是**立宪民主党人和官僚制度的“和解”。普列汉诺夫的全部错误就在于,似乎“背叛”的道路现在是或者将要是我国资产阶级的“新”道路,而实际上这无非是资产阶级旧道路的继续,它提供了——如果用法律语言来说——背叛的全部“要素”。

普列汉诺夫说,当资产阶级“真的”背叛时,人家也不会相信我们的叫喊了,因为大家对背叛这个词已经习以为常。

这是多么绝顶的政治上的幼稚无知啊!社会民主党的全部政策就是要**照亮**人民**群众应当**走的道路。我们高举起马克思主义的火炬,用各个阶级所采取的每一个步骤,用每一个政治事件和经济事件表明,实际生活**证实了**我们的学说。资本主义愈发展,政治斗争愈尖锐,就有更多的人相信我们的话,相信我们的话被实际生活(或者说被历史)所**证实**。譬如现在在俄国,已经有成千上万的人相信我们对立宪民主党人的评价是正确的。在革命迅速发展的情况下,或者在革命急剧转变,立宪民主党人同专制制度进行某种重大的交易的情况下,相信我们的评价是正确的将会是成百万甚至成千万人。

因此,说我们现在**过于频繁**地叫喊背叛,将来人家就会不相信我们,这是极端荒谬的。普列汉诺夫同志企图用类似老处女、女训导员等等向女子中学学生训话时常说的那些东西来遮盖这种荒谬说法,那是徒劳无益的。他以教训的口吻说,“批评应当有根有据”。

真是新鲜而又高明的见解。普列汉诺夫同志,您的批评也应当有根有据才是。可是请看,您**没有举出一个实际的**稍微重要的例子来说明我们对立宪民主党人进行了没有根据的批评,而您的泛泛的议论在读者头脑中却散布了许多**没有根据的**意见!单是把“背叛”说成辱骂性的字眼就够荒唐的了!

“在我们的队伍中，对这种对立〈资产阶级利益和无产阶级利益的对立〉的认识可以说已经成了**固定的偏见**”，这句话就够荒唐的。普列汉诺夫同志，这个“在我们的队伍中”何所指呢？是在日内瓦的俄国庸人的队伍中吗？是笼统地在我们党员队伍中吗？是不是还应该想到人民群众的广大队伍呢？

一位工人在《号召报》[103]上说普列汉诺夫是“**从远处**”考虑问题，这话很对。无产者和半无产者群众既不了解整个这种对立，也不了解立宪民主党人的资产阶级性质。而现在立宪民主党的报刊超过了我们社会民主党的报刊大约10倍。立宪民主党人还通过立宪民主党杜马以及自由派的一切机关加紧腐蚀人民。只有完全丧失现实感的人，才会设想我们揭露立宪民主党人的动摇性和背叛行为是**超越了**事变的进程和群众的要求。恰好相反，我们在这方面是**落后于**事变的进程和群众的要求了！普列汉诺夫同志，您最好对立宪民主党人写一些通俗的、“有根有据的”批评，这会更有益些。

现在看一看普列汉诺夫关于杜马的结论。

他写道：“我们的政府已经犯了许多不可饶恕的错误，这些错误已经使它处于深渊的边缘；但是这些错误还没有把它推下去。**一旦解散杜马，政府就要跌入深渊**……　杜马甚至在唤醒沉睡的人；它甚至把最落后的人推向前进；它打破了群众中历史遗留下的最后的政治幻想……　杜马的根本性的工作将有极大的鼓动作用。”

请仔细研究一下这些论断吧。一旦解散杜马，政府就要跌入深渊。就假定是这样吧。可是，如果杜马仅限于进行根本性的工作，哪里说得上要解散它呢？什么是根本性的工作？就是杜马按照法律进行的工作。杜马把法律草案提交国务会议，向各部大臣提出质问。国务会议和大臣们把问题拖延下去，尽力缓和所发生的一切冲突。俄国政府的机关报《俄罗斯国家报》[104]早就说过，让杜马去成为反对派的杜马吧，只要不成为革命的就行。换句话说，你们可以进行根本性的工作，但是不能再多走一步。

何必为根本性的工作解散杜马呢？？如果杜马不采取革命的步骤，不采取完全非根本性的步骤，或者在杜马外面没有掀起使立宪民主党杜马也会成为政府的障碍的运动，**那就永远不会解散杜马**。我们以为这种推测比"解散杜马"这种毫无根据的空谈更可靠得多。

政府不仅在解散杜马的情况下会垮台。它在其他情况下也会垮台，因为杜马根本不是运动的**主要**因素，也不是运动的最可靠的标志。它不会自行垮台，只有在……一种第三者（既不是政府，也不是杜马）的积极行动下才会垮台。讲清这种行动的必然性，讲清它多半会采取的形式，它的性质，以及能够采取这种"行动"的人们的阶级成分，讲清这种行动获得成功的条件，以及其他等等，这一切是社会民主党人的责任。而立宪民主党人恰恰最无情地反对社会民主党人这样做。所以破坏立宪民主党人的威信正是进行这项工作的条件之一，也是吸引群众支持这项工作的一个保证。

既说政府"跌入"深渊，同时又说批评和谴责立宪民主党人的背叛不合时宜，这是不能自圆其说的。跌入"深渊"只是一个比喻的说法，如果我要模仿普列汉诺夫的做法，我就要说，这是句革命的**空话**。政权将落到谁的手中呢？工人和农民会允许政权落到立宪民主党人手中，听任他们马上去和旧的专制政府分享政权吗？正是从这个观点来看，让人民对立宪民主党人**提高戒心**不是特别必要吗？

我们认为，是的。我们认为，普列汉诺夫的机会主义妨碍和危害了教育群众认清立宪民主党人这一必要的工作，他毫无根据地反对揭露立宪民主党的真正本质的策略。

普列汉诺夫说杜马的根本性的工作有极大的鼓动作用，这正暴露了他对问题的极端片面的看法。正像我们在《浪潮报》上已经指出的，在这里孟什维克自己纠正了普列汉诺夫，他们完全公正地嘲笑了“杜马的”前途是“搞一大堆法律”①。直到现在，俄国还是一个拥有最多的纸上的警察式法律的国家。如果杜马将来总是进行“根本性的”工作，那么俄国很快就会成为一个拥有最多的纸上的激进法律的国家。如果以为这些法律或法案的鼓动作用是和它们篇幅长短以及数量多少成正比例，那就太迂腐了。要这样想，就只有忘掉法兰克福议会的例子，它勤勤恳恳地做了自己的“根本性的工作”，同普列汉诺夫一样，它以为正是这些根本性的工作具有最大的鼓动作用。要这样想，就只有闭眼不看俄国所发生的事情，闭眼不看立宪民主党人在杜马中的无休止的演说怎样使公众疲惫不堪的迹象，闭眼不看立宪民主党人的“苦役”法案以及他们为这些法案辩护的可怜的空谈所造成的印象，闭眼不看立宪民主党人对日益逼近的新浪潮，对不可避免的新斗争，对普列汉诺夫所说的“跌入深渊”表现出的这种极端令人厌恶的小市民的恐惧心理。普列汉诺夫同志，揭露立宪民主党人，这就是使广大人民群众作好思想准备去迎接政府的跌入深渊，去积极促其实现，在政府跌入深渊时**不让**立宪民主党人“捞到油水”，为政府跌入深渊而英勇果敢地作好准备。

有人对我们说，杜马在唤醒人们，杜马在揭露最后的幻想。不

① 见本卷第137—138页。——编者注

错。但是只有在**我们**揭露了**立宪民主党**杜马的怯懦性和动摇性的情况下，只有在**我们**讲清了与杜马有关的、表明幻想已经破灭的事实的情况下，“杜马”才这样做。立宪民主党人并没有这样做。立宪民主党人是反对这样做的。立宪民主党人在散布立宪幻想。祖巴托夫政策[105]也曾经唤醒了工人，也曾经揭露了幻想，但是，这也是在我们对祖巴托夫政策腐蚀人民进行了斗争的情况下才这样做的。不要试图以杜马不是祖巴托夫式的组织为理由来反驳这种论据。比拟并不是等同。恐怕谁也无法给我找出一份立宪民主党人的报纸或者他们的一篇重要的政治言论，其中（报纸或言论）不包含**腐蚀**人民政治觉悟的成分。

这就是普列汉诺夫同志所忘记了的东西。他庄严地和郑重其事地宣称：“整个哲学的意义就是：凡是有助于对人民进行政治教育的东西都是好的，凡是有碍于这一工作的东西都是不好的。”其他一切都是偏见，都是烦琐哲学。

对，对，社会民主党人的一翼确实陷入了不可救药的烦琐哲学。不过，是哪一翼呢？是右翼还是左翼呢？能否设想还有什么东西比这种把无产阶级在革命时期的策略归结为对人民进行政治教育的任务更迂腐，更没有生气，是更道地的烦琐哲学呢？如果是那样的话，社会民主党的阶级斗争和庸俗的资产阶级文化派[106]的斗争之间还有什么界限呢？革命在高涨，各阶级纷纷出场，群众在从事有历史意义的工作，形形色色的资产阶级政党相继形成，复杂的政治危机日益加剧，在空前丰富的种种事变和1905年经验所奠定的基础上斗争正在进入一个新的阶段——这一切统统被归结为一点：对人民进行政治教育！这真是我们的女训导员的天才发现。这真是解决一切具体政治问题的一把优良的“万能钥匙”，并且这把钥匙是任何一个立宪民主党人,甚至民主改革党,甚至葛伊甸都可以完全接受,奉为至宝的。对,对,我们需要的正是这种"宽大的"标准,正是这种使各阶级集合起来并团结一致,而不是散播仇恨和纠纷的东西。这些善良的人都会说:正是这样!普列汉诺夫,好!要知道,这种"解决办法"必然会模糊或者推开资产阶级内心十分畏惧的关于新的"丧失理智的时代"、新的"旋风"的问题。没有什么旋风,没有什么灾难,普列汉诺夫同志,为了前后一致,应该说:也没有什么深渊。对人民进行政治教育——这就是我们的旗帜,这就是全部哲学的意义。

普列汉诺夫同志就这样完完全全把自己和法兰克福议会里普通的德国立宪民主党人置于同等的地位。唉,这些空谈家关于人民的政治觉悟真不知讲了多少娓娓动听的话!他们为了这个目的真不知制定了多少冠冕堂皇的"根本性的"法律!当他们**在**彻底被人民厌弃、丧尽革命作用**以后**而被解散的时候,他们又多么高贵地提出抗议。

人们对我们说:俄国革命更加深入了,它正在高涨,立宪民主党杜马,立宪民主党人的空话,立宪民主党人的怯懦,立宪民主党人的苦役法案这种堤坝是阻挡不住它的。是的,先生们,正是这样:俄国革命更广泛、更强大和更深入了。它正在高涨。它越过立宪民主党人在前进。我们革命的社会民主党人正是这个更加深入的运动的代表,我们正在竭力向工人和农民说明这个崇高的任务,我们正尽力帮助他们超越立宪民主党的这种堤坝。

载于1906年5月26日《前进报》第1号

译自《列宁全集》俄文第5版第13卷第148—169页

俄国社会民主工党彼得堡委员会关于对国家杜马的态度的决议[107]

（1906年5月27日〔6月9日〕）

专制政府极其粗暴地嘲笑和侮辱俄国人民选进国家杜马的代表。政府把杜马所有的稍许反映了一点人民的需要和要求的声明都批驳回去，坚持继续执行屠杀和暴力政策。

杜马软弱无力。它之所以软弱无力，不仅因为它手里没有政府拥有的刺刀和机关枪，而且因为它就整体来说是不革命的，不能够进行坚决的斗争。杜马内的自由派政党只是很不充分地、很怯懦地支持人民的意愿，它们对缓和和削弱正在进行的革命斗争比对消灭人民的敌人更要关心。除工人代表外，只有劳动团表现出愿意公开而大胆地陈述人民的要求，但是，即使是劳动团，目前在这方面也还受着这些自由派政党的影响，在对待自由派政党方面缺乏独立性。

我们呼吁劳动团实行更坚决更彻底的政策。我们建议劳动团要求杜马直接地公开地面向人民，如果杜马的多数拒绝独立地面向人民，劳动团就应当向人民说明**真实情况**：杜马软弱无力，不能指望从杜马那里得到土地和自由，显然人民必须自己去取得这一切，发展的趋势是要在杜马外面进行决定性的斗争。

劳动团应当声明，只有工人和农民**共同**采取战斗行动才能推翻旧政权，而在革命行动的决定性时刻到来以前，应该作好这种行动的准备，做好组织工作。在这个时刻到来之前必须积蓄和珍惜人民的力量，不要分散人民的力量去进行徒劳的零散的斗争，不要去理睬政府的挑衅。

如果劳动团能做到这一切，它就对人民尽了自己的义务，只有那时，它才能够同无产阶级的革命组织一道领导伟大的人民运动，打碎那些束缚社会发展的旧锁链。

1906 年 5 月由俄国社会民主工党彼得堡委员会印成单页

译自《列宁全集》俄文第 5 版第 13 卷第 170—171 页

关于杜马组阁的口号[108]

(1906年5月27日〔6月9日〕)

上面刊登的文件表明了党的圣彼得堡委员会中发生的一个非常重要的争论。这个争论的重要性可以从两方面来看。

第一,从形式上来说,凡是自治的党组织都有权独立自主地通过决议而不单单是签署中央委员会的决议,这点是毫无疑问的。

彼得堡委员会的决议同统一代表大会的任何一项决定都不抵触,这是很清楚的。而且地方组织也有责任在代表大会决议的范围内独立地作出自己的决定。

第二,从实质上来说,中央委员会的决议显然不能令人满意,并且**同代表大会的决议相抵触**。这个决议根本没有揭穿"杜马的不中用",也没有使杜马中的冲突扩大和尖锐化。这个决议提出的口号("以杜马任命的内阁代替现有内阁")**是无论如何也不可能从代表大会的决议中引申出来的**。这个口号含混不清,它模糊了无产阶级的意识,因为立宪民主党人是以要求杜马组阁作为烟幕,来掩盖他们同专制政府搞交易、削弱革命、阻挠召集立宪会议的意图。

对决议的更详细的分析,我们将留到另一篇文章中去作①,现

---

① 见本卷第189—193页。——编者注

在我们吁请所有的党员都来密切注视俄国社会民主工党圣彼得堡委员会中的这场极其重要的争论。

载于1906年5月27日《前进报》
第2号

译自《列宁全集》俄文第5版
第13卷第172—173页

关于目前的政治局势

(1906年5月27日〔6月9日〕)

政治局势如此迅速地明朗起来,我们感到十分兴奋。生活在人民群众开始投入政治生活的时代里是愉快的。当今俄国的一切主要社会集团,都已经通过这种或那种方式走上进行公开的和群众性的政治活动的道路。公开的活动把各种利益的根本差别无情地暴露了出来。各党派正在显露自己的真面目。事变把不同阶级的拥护者截然分开,迫使人们决定联合谁和反对谁。

在国家杜马里,这种产生政治分野的阶级利益的根本差别,表现得远不如下层人民生活中那样清楚和明朗,因为杜马内有一个特别的党——立宪民主党,它在千方百计地抹去明显的界限,缓和尖锐的矛盾,扑灭在这里那里爆发的斗争。然而,在"下层",人心动荡不已。无产者、农民、士兵、铁路员工又开始大规模地活跃起来。罢工运动日益增长,新的罢工形式不断创造出来(一个产业接一个产业的"轮番罢工"——我们以后还要来谈这种轮番罢工),农民直接争取土地的斗争日益加剧,蒙昧无知的士兵和水兵觉醒起来的事例时有所闻,铁路员工开始"恢复元气"。一种充满生气的新的东西到处在翻滚,在喧嚣,在撞击,在激荡。新的幼芽正从废墟下不可遏止地破土而出。

尽管立宪民主党人竭力关紧塔夫利达宫[109]的百叶窗,但是实际生活不可阻挡，清新的风还是向那里吹去。阶级划分和政治立场明朗化的过程那里也在进行。立宪民主党人还支配着劳动派。他们今天还在欢庆昨天的胜利，欢庆他们否决了劳动派提出的立即通过有关死刑的法律的提案，欢庆他们迫使劳动派撤回了关于立即成立土地委员会即地方上自由选出的解决土地问题的委员会的提案。

但是，立宪民主党人不得不日益频繁地为保持在杜马中的统治地位而斗争这个事实本身，已经清楚地表明了他们同劳动派之间的深刻的区别。这种冲突愈频繁，愈激烈，自由派地主、工厂主、律师、教授们同农夫之间的区别在人民群众面前也就暴露得愈清楚。农夫一心寻求人民自由，正因为如此，农夫同“人民自由”党不能和平相处。农夫力求获得土地和自由，单是这一点，就足以使著名的“人民自由”党所标榜的著名的爱民主张破绽百出了。

立宪民主党人仍然能战胜劳动派，但是他们的胜利不是正好使他们的党丢丑，就是把他们的整个“原形”暴露无遗，从而使无产阶级拍手称快。

第一件事情发生在立宪民主党人关于出版自由的苦役法案上。他们为自己辩解，极力推卸责任。但是这些可怜的遁词只能使他们更加陷入窘境。他们虽然承认这是“差错”，是刊印了“草稿”，但是直到现在他们也没有能够公开地纠正差错，也拿不出他们的定稿本来。

第二件事情发生在地方土地委员会问题上。[110]公开的政治斗争使一切“左派”即劳动派和社会民主主义的无产阶级急速地团结起来反对立宪民主党人。孟什维克也同意布尔什维克的看法，即立宪民主党人的真正意图是出卖革命，是用“官僚主义的”空洞计划,**用官吏同自由派联合起来反对农夫**的办法来扼杀革命。问题已经很清楚:是官吏和自由派地主应当服从几千万农民呢,还是几千万农民应当服从一小撮官吏和自由派?整个工人阶级,无产阶级的所有的社会民主党代表,像一个人一样地起来支持农民,反对官吏和自由派。立宪民主党人则把脸丢尽了。我们迫使他们公开地承认,**他们不愿意给农民充分的自由和全部土地,他们在求助于官吏来反对农民**。一些人说:农民应当在地方土地委员会里占压倒多数,因为农民有几千万人,官吏和地主只不过几十万人。另外一些人回答说:地主和农民应当有同等数量的代表,而官吏也要参加进来实行"监督"。

无产阶级和觉悟的农民为一方,官吏和立宪民主党人为另一方。这就是实际生活在当前的即将来临的斗争中所划分的阵线。

赞美你们,立宪民主党的大政治家们!赞美你们,《言语报》和《杜马报》的著作家们,你们再好不过地帮助了我们革命社会民主党人向人民说明未加粉饰的政治现实!你们用自己的理论和自己的行动帮助了我们。

你们还**应当**在自己的理论方面继续前进。今天,你们把问题说得太精辟了:事情就在于"观点上的原则分歧"(《言语报》第84号)。"一种观点认为,杜马只不过是'革命的阶段'①之一,而另一种观点认为,杜马是在广泛民主的基础上巩固立宪制度的途径。"

好极了,妙极了,《言语报》的著作家先生们!一点不错:在我们面前有**两种**带根本性的原则的观点。或者杜马是革命的一个阶段,或者杜马是官吏和立宪民主党人协商反对无产阶级和革命农

① 俄国社会民主工党统一代表大会决议称之为"革命的工具"。

民的工具。你们不满意这种复述吗？你们要抗议吗？你们是在开玩笑！难道你们在地方土地委员会问题上还没有彻底暴露自己吗？现在还有哪个傻瓜不了解，在“广泛的民主的基础”下掩盖的就是要在哥列梅金之流的老爷或其他官吏的**参加和有权进行监督**的情况下，让农夫和自由派**尽可能**有**同等数量**的代表。

如果现在还有谁不能清楚地了解立宪民主党人的一切言论、演说、声明和理论的话，那么明天立宪民主党人的**行动**一定会叫他明白过来。这个时刻已经为期不远了。我们要对“人民自由”党说的只有一句：你所做的快做吧！[111]

而“人民自由”党究竟要干什么，这还需要谈几点。

各报正在热烈讨论我国政府在政策上的转变。法国银行家们不给钱，拒绝付给下一批贷款。法国资本家的最有影响的报纸《时报》[112]用强硬的口气劝告俄国政府向立宪民主党人让步。维特和杜尔诺沃曾到国外去游说法国银行家。没有成功。人家不信任。于是特列波夫就加紧地讨论组织新内阁的问题。科科夫佐夫或一位别的官员预定担任首席大臣。几个右翼立宪民主党人预定担任内阁的大臣。

也许有人会对我们说，这都是报纸上的传闻。可能是传闻。但是，其中也可能有点滴的事实。无火不生烟。《新时报》早就以随风倒出名了。几十年来的历史证明了该报善于看风使舵和逢迎上司。该报最近又明显地改变了态度。我们看到，它不再是对立宪民主党人一味地责骂，而是非常迫切地呼吁政府向立宪民主党人让步，**成立立宪民主党内阁**。可是，立宪民主党人也许对《新时报》的谎言很气愤吧？一点也不。《言语报》已经**两次**（第 82 号和第 84 号）**引用了**《新时报》有关这个问题的言论，不但没有说一句反对的话，反而明显地表示同意，只是对《新时报》上反映出来的过去的余波有时还表示一下遗憾。

由此看来，现在可能处于成立以科科夫佐夫之类的人物为首的立宪民主党内阁的前夕。各种晚报今天甚至报道说，哥列梅金内阁已于昨天提出辞呈[113]。因此我们要对"人民自由"党再说一遍：你所做的快做吧！再没有什么会像最高当局任命立宪民主党内阁那样充分地、最充分地使目前的政治局势明朗化了。正是到那个时候，对立宪民主党人寄予的目光短浅的希望才会最后被打消；正是到那个时候，一切"左派"才会在实际的政治行动中最终地团结起来；正是到那个时候，一切关于支持杜马和杜马任命的内阁的争论才会平息；正是到那个时候，目前初具轮廓的政治分野才会成为实在的事实和新"阶段"的基础。

不过，这个"阶段"也会在没有立宪民主党内阁的情形下来到。我们已经"考虑得非常周密"了，立宪民主党人先生们！

载于 1906 年 5 月 28 日《前进报》
第 3 号

译自《列宁全集》俄文第 5 版
第 13 卷第 174—178 页

无产阶级的策略和目前的任务

(1906年5月30日〔6月12日〕)

官方否认我们前天报道的关于哥列梅金内阁辞职的消息。但是,一些能够从"可靠人士"那里打听到情况的报纸是不相信这种否认的。《新时报》为组织立宪民主党内阁而进行的宣传活动现在更谨慎了,但是并没有停止。《新时报》透露了一位日本外交官员的看法,说"立宪民主党是想担负治国的重任";该报甚至通过罗扎诺夫先生之口向读者担保,说"立宪民主党人即使为了革命也不会放弃文化事业",说"这是目前可能做到的一切"。《言语报》则认为:"哥列梅金内阁的辞职可以说已成定局,现在的问题是谁会做它的继承人。"总而言之,立宪民主党组阁的问题仍然是日程上的问题。

立宪民主党人已经感觉到了这一点,甚至可能还不止这一点。他们屏息不动地"窥伺着"。他们拼命地抓住来自左面的可能有助于实现他们的计划的哪怕是一点点的支持。难怪立宪民主党的主要机关报《言语报》在最近一篇社论里大谈起社会民主党人对立宪民主党组阁的态度问题。我们把这篇社论全文转载在下面,因为它是大有教益的时代标志。[114]

这篇社论的主要思想由作者们表达在下面这句话里:为"解放运动"奠定"一个完全一致的、**撇开不同色彩**的共同基础"。实际上这就是立宪民主党全部政策的主要目标。不仅如此。广而言之，这也是整个自由派资产阶级在俄国革命中的政策的主要目标。消除解放运动中的“不同色彩”，就等于消除资产阶级、农民和无产阶级的民主要求的差别。这就是要“完全一致”地承认自由派资产阶级是整个解放运动的意向的代表和向导。这就是把无产阶级变为自由派资产阶级的盲目的工具。而既然大家知道，自由派资产阶级的最高政治理想（和它的最根本的阶级利益）是同旧政权搞交易，所以我们可以换一种说法来表达我们在上面说的最后那个论点。我们可以说，资产阶级的《言语报》想把无产阶级变成自由派同旧政权搞交易的盲目的帮凶。而这种交易的目的主要就是反对无产阶级，其次当然也反对革命农民。

立宪民主党内阁的真正作用就是如此。不久以前国家杜马中在地方土地委员会问题上发生的冲突，非常清楚地暴露了立宪民主党的政策。土地委员会应当是地方政权，内阁应当是中央政权，但是立宪民主党的政策的实质不论何时何地都是一样的。立宪民主党人反对地方委员会实行普选，主张“在旧政权的参加和监督下，让地主和农民有同等数量的代表”。立宪民主党人**不得不**承认自己的主张，这是违反他们的心愿的，因为他们长期施放烟幕**掩盖真相**，硬说他们“**根本**”就是全力拥护地方土地委员会和普选权的。同样，立宪民主党人也反对召集立宪会议，主张由最高当局任命立宪民主党内阁。作为中央政权机关，这样的内阁将和那些按照著名的同等数量代表等等的原则组成的地方委员会属于同样的货色。

在立宪民主党实行这种政策的情况下，无产阶级应该采取什么样的对策是很清楚的。无产阶级应该无情地揭露这种政策的实质，决不能有半点含糊，决不能模糊工人和农民的政治意识。无产阶级应该精心地利用“掌握政权者”和“平分政权者”在实行政策中的一切动摇，来发展和加强**自己的**阶级组织，加强自己同革命农民这个唯一能够**冲决**立宪民主党的“堤坝”、打破立宪民主党同旧政权的妥协、把解放运动进行下去的阶级之间的联系。

但是，无产阶级是否应当**支持**自由派资产阶级提出的由最高当局组织立宪民主党内阁的要求呢？无产阶级是否因为立宪民主党内阁能使无产阶级更容易争取自由和社会主义就应当这样做呢？

不，这样做会犯最严重的错误，会**出卖**无产阶级的利益。这样做就等于追求一时的成效而牺牲无产阶级在革命中的根本利益。这样做就等于醉心于幻想，等于在无产阶级最缺乏**实际**条件以保证自己**确实**能够更容易地进行斗争的时候，劝它“解除武装”。这会是一种最坏的机会主义。

由最高当局来任命立宪民主党内阁，这丝毫不能动摇旧政权的基础。在这种情况下，实际的力量对比未必会发生有利于真正的革命阶级的变化。人民同旧政权的斗争决不会因实施这一类的“改革”而自行取消。革命历史上有许多例子都说明，由旧政权任命的自由派内阁(如在1848年的德国)，纯粹是掩盖专制制度的幌子，比其他的官僚主义的内阁更便于扑灭革命。

俄国的无产阶级没有理由害怕立宪民主党内阁，因为这个内阁无论如何会帮助人民认清立宪民主党人的本质，但是无产阶级绝不应当支持这种办法，因为这种办法实质上是最靠不住的，最不可信赖的，最背信弃义的。

既然没有能够扫除杜马，立宪民主党人在选举中占多数就会对无产阶级有利。立宪民主党人占多数时会比占少数时更快地"蚀光"自己的资本。但是,无产阶级在选举中曾拒绝给立宪民主党人以任何支持,俄国社会民主工党统一代表大会也批准了这个决定,禁止同其他党派建立联盟(协议、同盟)。所谓立宪民主党内阁对无产阶级有利,**是说**立宪民主党人在这种情况下会更快地"蚀光"自己的资本,"耗尽自己的家当",会更快地"耗尽元气",现出原形。但是无产阶级永远也不会支持资产阶级同特列波夫**搞**瓜分人民自由的**交易**。

对解放运动的真正的"支持"以及解放运动本身的真正的发展,必然能使无产阶级的政治组织和经济组织发展起来,使无产阶级同革命农民之间的联系得到巩固。只有这样,才能真正地削弱旧政权,才能为它的垮台作好准备。立宪民主党人搞的交易则是一种含糊暧昧的把戏,如果支持它,从争取真正巩固的革命成果的角度看来是没有益处的,从提高革命阶级的觉悟、团结精神和组织性的角度看来则是有害的。

载于1906年5月30日《前进报》第4号

译自《列宁全集》俄文第5版第13卷第179—182页

德国社会民主党
对立宪民主党人的评论

(1906年5月31日〔6月13日〕)

整个俄国的自由派资产阶级的报刊都在极力说服自己的读者,要他们相信俄国社会民主党的"布尔什维克"同国际社会民主党毫无共同之处。说什么这都是些无政府主义者、骚乱派、密谋分子;说什么他们应当向德国社会民主党人学习;应当像德国社会民主党人那样把"议会斗争的"方法当做主要的方法。这种言论以及诸如此类的言论不断地从立宪民主党人的几十种报纸上发表出来。

对俄国公众来说,公开的政治斗争还是一种新鲜事情。俄国公众还不了解,这是**各国资产阶级**惯施的伎俩,他们总是要人们相信,本国的社会党人是歹徒、骚乱分子等等,而邻国的社会党人则是"通情达理的"人。法国资产阶级责骂饶勒斯,赞扬倍倍尔。德国资产阶级责骂倍倍尔,赞扬饶勒斯。俄国资产阶级则责骂俄国社会民主党人,赞扬德国社会民主党人。这是一套老而又老的伎俩!

大家来看看事实吧。德国社会民主党中央机关报《前进报》(由于俄国的警察式检查机关"恪尽职守",我们很少弄到这份报纸)不久以前登载了以《杜马和立宪民主党人》为题的两篇文章。

编辑部不仅把这两篇《俄国来信》当做社论发表，而且加上了按语，认为它们是“对立宪民主党人在俄国革命运动中的地位的中肯的评价”。

我们来看看德国社会民主党中央机关报究竟把什么样的评价看做是对立宪民主党人的**中肯的**评价。请读者不要埋怨我们摘录得太长，因为应当彻底教训一下俄国自由派的办报人，让他们以后不敢再捏造俄国和德国社会民主党之间的分歧。

《杜马和立宪民主党人》一文说：“不久以前，人们还一点没有听到关于立宪民主党人的情况。枪炮轰鸣、血流成河的地方没有他们。投身英勇的革命斗争、决心高举无产阶级自由的旗帜作殊死战的人民群众牺牲生命的地方没有他们。这些讲实际的政治家都是一些善于运筹帷幄、深谋远虑的大才，所以决不能让自己卷入由‘恶徒’和空想家、革命‘狂热者’领导的群众运动。他们这些冷静的哲人，说空话的英雄，华而不实的假自由主义的骑士，都安安静静地坐在家里的炉火旁边。他们痛苦地摇着头，忧心忡忡，唯恐革命跑得太远，唯恐革命动摇了资产阶级的生活、财产、政治品德和秩序的自古以来神圣不可侵犯的基石。

立宪民主党人早就表现了善于‘效劳’的多方面的才能。早在布里根杜马时期，他们已经幻想在当时还很‘纯洁的’维特和公开同外国交易所调情的自由主义之间架起一座小桥。交易所，一般地说来，是我国的‘人民自由’党的弱点。刚刚几天以前，立宪民主党人愤怒地反驳别人的责难，辩解说他们没有进行‘叛卖性的’鼓动来反对取得数以十亿计的新借款。他们这样做完全是可以理解的。在警察肆无忌惮地逞凶期间，他们试图把这说成是民主派的行为引起的后果。在奸党对群众制造烧杀的暴行期间，他们竭诚保护王座和祭坛①免受那些否认一切、否定一切、破坏一切的社会党人的攻击。

著名的抵制时期到来了，伟大的十月罢工、民众起义、国内战争、陆海军暴动的流血时期到来了。立宪民主党人被惊涛骇浪冲得无影无踪。

那时再也听不到关于立宪民主党人的消息了。恪守中庸之道的骑士们躲藏起来了。他们充其量大声地抗议一下，大声地抱怨几句，但是在革命风

① “王座和祭坛”一语，在《前进报》上按书报检查机关的意见被删去。——俄文版编者注

暴的呼啸声中,他们的声音就听不到了。

反动势力给立宪民主党人帮了大忙。当牢狱又发生人满之患,埋葬俄国战士的流放地又热闹起来的时候,立宪民主党人的时机来到了。从左面来反对他们的人不得不沉默下去。立宪民主党人终于掌握了报纸,反革命的迫害很少触及他们。派遣讨伐队不是对付他们,被烧毁的不是他们的房屋,哥萨克蹂躏的不是他们的子女,维特—杜尔诺沃老爷们的'绥靖'措施不是以他们为对象,大炮、机关枪、炮兵、步兵、舰队和哥萨克攻击的不是他们。因此,立宪民主党人又出现在前台。舌战开始了。论战代替了革命,在这个战场上,立宪民主党是无与伦比的行家和能手。首先,他们猛烈攻击革命和革命者,咒骂社会党人,毁谤工人政党。他们同堵住了嘴的对手辩论。他们责骂那些既不能反驳也不能替自己辩护的人。但是,俄国的自由派还不满足于这一点。他们通过自己的一个最著名的领袖宣布,说整个英勇的俄国解放运动是他们的事业,说专制制度的败落是他们的功劳。在无产者为之流血奋斗的事业上,立宪民主党人厚颜无耻地贪人之功,他们披着一小片被撕碎了的红旗,宣布自由派是解放斗争的灵魂,是从暴君手中拯救祖国的救星。虽然牢狱仍然有人满之患,绞刑架继续不断地竖起,立宪民主党人还是在吹嘘自己,而责骂那些不安分的、胆大妄为的、不知悔改的革命者。”

作者接着描述了我国杜马在法律上的地位,描述了国务会议法和立宪民主党人在选举中的作用。

“可爱的立宪民主党人渴望以进化代替革命,以法制代替混乱的革命状态和内战。”但是,人民在选举中却交给他们革命的任务,这是完全不合立宪民主党人的心愿的。

“他们这些天生的外交家和坐收渔利的调停人,自我陶醉地幻想能平息革命,活跃交易所,冲淡专制制度,调解一切矛盾,消除所有冲突。他们鼓吹和平,但现实带来的却是另一回事。他们在选民面前本来是以'立宪民主主义者'的姿态出现的,人们选举他们也是把他们当做了**真正的**反对党,当做了唯一的或主要的反对党。他们追求的是妥协,而人们交给他们的却是革命的任务。他们夸夸其谈,而人们却要他们去斗争,他们被迫发誓,同时人们也答应给他们各种支援,直到武装斗争。

在选举运动期间陶醉于胜利、高谈革命词句、经常处在革命的选民中间的立宪民主党人,超出了自己的心愿,走得过了头。他们没有觉察到,新的力量已经在他们背后崛起,已经在推动他们去斗争。

立宪民主党人很晚才明白,是谁把他们送进了议会,是谁交给了他们这样一项带有绝对强制性的使命,是谁强迫他们担负这样一种他们最害怕的和力求摆脱的角色。是俄国革命把他们送进了议会,希望他们为革命的进一步发展铺平道路。是俄国人民把他们送进了议会,把他们当做破城槌,要利用他们在专制制度城墙上打开一个新缺口,然后再由广大人民群众(而不是由立宪民主党人)来夺取专制制度的主要堡垒。”

立宪民主党人看见杜马中有革命的农民代表感到不满,因为他们的把戏有被拆穿的危险。他们幻想有“**完全一致的立宪民主党杜马**”。“那时就能设法推脱革命任务,把一切真正的行动都淹没在滔滔不绝的漂亮的讲话中…… 就能以通过一些决议和草拟计划代替一切,达到组织立宪民主党内阁的最高目的,巩固立宪君主制,借助于一些小小的让步来扼杀革命,把各种改革无止境地拖延下去,最终达到实行资产阶级自由派的议会制的目的…… 的确,如果杜马中没有农民,这一切都是可以做到的!”接下去,文章的作者描写了——有时简直是用惊喜的语句来描写——杜马中农民代表的革命性。“革命不仅仅把立宪民主党人抬进了杜马,而且缔造了决不妥协的‘山岳派’,‘山岳党’。在杜马中也有代表革命的力量。”

“可怜的立宪民主党人,可怜的俄国吉伦特派!他们已经处在铁锤和铁砧之间,处在政府的刺刀和无产阶级与农民的革命之间。

难怪立宪民主党人现在开始这样无耻地把自己的红色外衣收藏起来。难怪他们抛弃了自己那些响亮的口号。难怪他们现在开始谈论起自己如何地尊重旧政权的各种特权。情况严重了。政府不是闹着玩的,赤手空拳休想从它那里争得什么东西。但是,把立宪民主党人送进了杜马的革命也不是闹着玩的,它不会原谅立宪民主党人的背叛行为。它不会宽恕那些担负了革命的角色然而丧失了勇气的胆小鬼。

一边是专制制度,一边是革命。立宪民主党人何去何从?”

这就是这篇文章的结束语，对于这篇文章，德国社会民主党中央机关报表示同意。这些“通情达理的”德国社会民主党人简直使“布尔什维克”无地自容，对吗？在对立宪民主党人的看法上，德国社会民主党人同我们有极大的分歧，对吗？在无产阶级的和农民的革命这个口号上，他们同我们有极大的距离，对吗？

请读者也考虑一下，在对立宪民主党内阁的评价上，我们同这些人有没有分歧呢？

没有，国际革命社会民主党对专制制度的看法，对自由派资产者的看法，现在也像往常一样，是完全一致的！

载于1906年5月31日《前进报》第5号

译自《列宁全集》俄文第5版第13卷第183—187页

报刊评论

（1906年5月31日〔6月13日〕）

帕·米留可夫先生在《言语报》第86号上对“杜马头一个月的工作”作了总结。

这位可敬的作者写道：总的说来，

“我们为了证明杜马在其存在的仅有的一个月中取得的巨大的工作成就而在这里列举的一切材料，其价值是无法估量的”。

但是，在“杜马头一个月的工作”之后得到的成绩毕竟还是完全“可以估量”的……至少是有希望做到这一点。

“当国外的《时报》和彼得堡的《新时报》要求成立‘立宪民主党’内阁时，任何人都懂得，这是什么意思。”

说“任何人都懂得”，也许有点言过其实，米留可夫先生。但是，有许许多多的人现在确实已经懂得“这是什么意思”，这是毫无疑问的。人们不得不一再对立宪民主党人先生们提出同一个请求：你所做的快做吧！然后，米留可夫先生，大家就确实会很快地懂得“这是什么意思”。

载于1906年5月31日《前进报》
第5号

译自《列宁全集》俄文第5版
第13卷第188页

让工人来决定

（1906年5月31日〔6月13日〕）

俄国的，特别是彼得堡的社会民主主义无产阶级，面临着一个极重要的问题，即在国家杜马的问题上如何进行当前的政治运动。不言而喻，对统一的社会民主党来说，这个关于**当前的**运动的问题，只是**在**统一代表大会决议的**范围内**提出的。

彼得堡的社会民主主义无产阶级面前有**两个**进行运动的计划：一个是在中央委员会的决议中，另一个是在彼得堡委员会的决议①中。我们在《前进报》[115]第2号上已经刊登了这两个决议，现在打算谈谈这两个决议内容上的重要差别。中央委员会的决议的要点是："我们要支持杜马的旨在推翻现内阁而代之以杜马任命的内阁的一切措施，认为用杜马任命的内阁代替现内阁是促成召集立宪会议的条件。"彼得堡委员会的决议丝毫没有谈到要支持这样的要求，它主要注意的是政府的愚弄手段，杜马的软弱无力，劳动团必须面向人民，工人和农民必然会又一次共同进行斗争。

可见，主要的争论点在于：应不应当支持杜马的旨在组织立宪民主党内阁的措施。中央委员会的决议所谓"杜马任命的内阁"的说法是不明确的。可是大家都知道，并且一切自由派资产阶级报刊都强调指出，实际上这里说的就是由最高当局任命一个符合杜

① 见本卷第170—171页。——编者注

马心愿的内阁，即立宪民主党内阁。工人阶级的广大群众只能从这个意义上理解中央委员会的决议。

社会民主主义的无产阶级是否可以支持由最高当局任命立宪民主党内阁的要求呢？不，不可以。由立宪民主党组阁，只可能是专制制度同自由派资产阶级为反对社会主义的工人和革命的农民而**搞交易**。当然，社会民主党人会加倍努力地利用这种交易所造成的新的形势；只要这种交易能够哪怕是暂时有利于争取自由和社会主义的斗争，社会民主党人都将慎重地斟酌自己的策略。我们要竭力把这种旨在反对革命的交易也变得有利于革命。但我们不能**支持资产者同官吏背着人民**进行的交易。号召人民或无产阶级支持这种交易，就是败坏他们的意识，就是对人民隐瞒这种交易的**实质**，隐瞒这种交易的**危险性**，隐瞒资产阶级和官吏以此**阻挠**召集立宪会议的意图。

我们应当号召工人农民不是支持交易，而是进行斗争。只有认真准备斗争，才能**真正**削弱专制制度，只有斗争，才能保证使专制制度以及资产阶级的**一切**行动真正有利于革命。中央委员会的决议是**不正确的**。觉悟的工人社会民主党人**不能**接受向他们推荐的这个决议。

现在来谈第二个问题。为了纪律，为了服从代表大会，是否必须接受这个决议呢？看一看统一代表大会关于国家杜马的决议，就可以看到，从决议中不可能得出结论说必须支持组织立宪民主党内阁的要求，在决议中**一个字**也没有提到“支持”杜马。这里请大家看一看代表大会决议中**规定**对杜马本身的态度的那一部分的**全文**：“社会民主党必须：(1)有计划地**利用**政府和杜马之间以及杜马内部发生的一切冲突，以便扩大并加深革命运动，为此就要：

(a)努力**使这些冲突扩大和尖锐化**,直到我们有可能把这些冲突变成以**推翻**现存政治制度为目的的**广大群众运动的起点**;(b)努力在每个具体场合把运动的政治任务和工农群众的社会经济要求联系起来;(c)广泛鼓动人民群众向国家杜马提出**革命的要求**,以便**从外面**造成**对杜马的压力**,使国家杜马**革命化**。(2)在进行自己的这种**干预**的时候,要做到使这些不断尖锐化的冲突:(a)向群众揭露在杜马中以表达人民意志为己任的一切资产阶级政党的不彻底性,(b)启发广大群众(无产阶级、农民和小市民群众)的觉悟,使他们认识到**杜马是毫不中用的**代表机关,必须召集全民立宪会议",等等。

从上面我们用黑体字的地方可以明显地看出,中央委员会关于支持组织立宪民主党内阁的要求的决议不仅不符合代表大会的决议,而且直接同代表大会的决议**抵触**。组织立宪民主党内阁,这是一种**不革命的**要求。它**削弱**和**模糊**同杜马的冲突以及杜马内部的冲突,对杜马的不中用以及其他等等根本不予注意。我们还要补充一句,代表大会的决议里**从来也**没有谈到要"支持"杜马,只谈到要造成"压力",谈到"利用"和"干预"。

由此得出的结论是一目了然的。中央委员会**根本没有权利**要求各个党组织接受它关于支持组织立宪民主党内阁的要求的决议。全体党员**必须**完全独立地和批判地对待这个问题,并且公开表示赞成他们认为在统一代表大会的决定范围内**更正确地**解决任务的那个决议。彼得堡的工人社会民主党人知道,现在整个党组织是**按民主原则**建立的。这就是说,**全体**党员选举负责人即委员会的委员等等,**全体**党员讨论和**决定**无产阶级政治运动的问题,**全体**党员**确定**党组织的策略方针。

我们深信,彼得堡的社会民主主义无产阶级也会这样对待所争论的问题,全面地、切实地、认真地讨论所争论的问题,作出独立的决定:**是否要支持组织立宪民主党内阁的要求**?

任何诡辩,即任何显然谬误的理由,都不可能使彼得堡工人放弃自己的这种**权利**,放弃自己这种社会民主主义的和党的**义务**。我们来简略地谈谈这些诡辩。尔·马尔托夫在《信使报》(第13号)上说:为了纪律,请不要破坏中央委员会的政治运动。这是诡辩。任何纪律也不能要求党员盲目地在中央委员会起草的一切决议草案上签字。世界上不论在什么地方,在什么时候,都不曾有过哪一种规定,要求党组织放弃自己发表意见的权利而变成中央委员会决议的单纯的**签字人**。尔·马尔托夫说:孟什维克服从了关于抵制的决定,现在该你们服从了。这是诡辩。**我们全都**服从代表大会的决定。**我们当中没有哪一个人**曾号召反对杜马选举,反对成立社会民主党议会党团。我们服从了决定,我们根据代表大会的意志放弃了抵制。但是我们有权利和有义务**在代表大会的决定的范围内**反对支持立宪民主党内阁,因为**代表大会根本没有规定**要支持这样的内阁。尔·马尔托夫一味用吓人的字眼和诬蔑别人是破坏分子的办法回避问题的实质。他只字不提彼得堡委员会的决议是否同代表大会的决定抵触。他只字不提**反对派**的权利,即**一切**党组织可以在符合代表大会意志的范围内对中央委员会的策略提出异议和纠正中央委员会的偏向和错误的权利。因此,我们要心平气和地回答马尔托夫说:谁侵犯党组织的合法权利,谁才是进行破坏活动。

我们要心平气和地指出,甚至孟什维克(见该报同一号上弗拉索夫同志给编辑部的信)也不同意支持立宪民主党内阁。甚至里扬舍夫同志在《信使报》第13号上也号召**“工人团和劳动团”**“全力反对”立宪民主党人关于集会自由的法案，也就是说，提出了**反对**支持由这些立宪民主党人组成的内阁的**纯粹布尔什维主义的**策略。

维堡区委员会提议召集全市代表会议，而选举代表时“不问派别，即**不经过任何讨论**”——不讨论所争论的问题！！——对此，彼得堡的工人社会民主党人当然只能付之一笑。觉悟的工人永远不会**不经过讨论**就决定重要问题的。不论怎样抱怨讨论过程中有这种或那种“尖刻的措辞”，不论尔·马尔托夫怎样哭叫说这种或那种尖刻的措辞使他受了委屈，不论这同一位尔·马尔托夫或任何别的人怎样以分裂相威胁，都不能迫使工人不**独立自主地**决定问题。以分裂相威胁，挑动分裂——这是一种只会使资产阶级高兴的不光彩的手法(见《杜马报》第29号)。工人们将**根据多数**的意见来决定是否支持立宪民主党内阁的问题，并且竭力使任何人甚至中央委员会，都**不敢破坏他们根据**统一代表大会的决定完全自由地、完全独立地、完全合理地作出的**决定**。

载于1906年6月1日《前进报》
第6号

译自《列宁全集》俄文第5版
第13卷第189—193页

“不要向上看，而要向下看”

（1906年6月1日〔14日〕）

这是伊·日尔金先生今天在左派立宪民主党人的报纸《我们的生活报》上说的话。他忧伤地谈到立宪民主党人脸上“洋溢着的自满情绪”。米留可夫先生扬扬得意地说的话——“立宪民主党人同极左派分家了”，激起了他的抗议。他嘲笑立宪民主党人的“非凡的政治上的智慧”，说他们既承认目前情况“没有出路”，又夸耀国家之舟正沿着航线勇敢地破浪前进……

我们就来谈谈这些看法，因为它们涉及当前政治局势中最根本的问题。在我们看来，特别重要的是要着重指出，事变的发展正**强迫**那些甚至完全不赞同左翼社会民主党人的观点并且不遗余力地反对我们的人对这种局势作出正确的估计。

俄国反动派的巴黎俱乐部在传说，“彼得戈夫的一切动荡已经终止。哥列梅金获得了充分的行动自由”[116]，也就是说，获得了制裁杜马的自由。同喜欢把一切涂上灰暗色彩的布尔什维克格格不入的《我们的生活报》也说：“我们有充分根据对这种传说深信不疑……” 这家报纸的社论最后说道：“斗争正日益尖锐…… 凡动刀的，必死在刀下。”而伊·日尔金先生写道：“在俄国是否有很多人相信议会工作会有和平的胜利的结果呢？只有幻想家、空想家、理想主义者，才会沉醉于这种玫瑰色的幻想。”在同一张报纸上，瓦·希日尼亚科夫先生也说：“我们无法逃避革命的风暴，——这是必须承认的。杜马无力使运动转上和平道路，因为它没有改善人民生活的权力，而没有这种权力，除了革命道路以外，不可能有别的道路可走。现在可以明显地感觉到，不满情绪在不断增长，对杜马无所不能的信念日益消失，悲观失望的情绪也愈来愈厉害。〈不信杜马也如同不信上帝一样，算不上是“悲观失望”〉大气中的含电量正在逐渐增加，有时已可以听到隆隆的沉闷的雷声，狂风暴雨的到来大概已为时不远了。”

以上这些话，对我们来说特别宝贵，因为这些人对革命的社会民主党是一向怀有成见和敌意的。事变**使**这些人**不得不**重复我们所一贯坚持的论点，而过去自由派资产阶级因为我们坚持这些论点总是攻击、谩骂、诽谤我们，制造一大堆流言蜚语，诬蔑“布尔什维克”。

“不要向上看，而要向下看。”这就是说，由于不以我们的意志为转移的客观历史条件，议会斗争**不**可能成为目前俄国解放运动的**主要**形式。这并不是说要“否定”议会斗争，拒绝利用议会斗争，——这是不用多说的，——而是说，由于整个事变的进程，**主要的**决定性的斗争已转移到另一个舞台。自由派资产阶级无数次地诬蔑我们布尔什维克，说我们“轻率地怂恿人们采取极端手段”（《言语报》第88号）。先生们，请看，难道日尔金、希日尼亚科夫和《我们的生活报》的社论撰稿人都是受了我们的“怂恿”吗？难道库尔斯克和波尔塔瓦的士兵以及基辅和萨拉托夫等地的农民都是受了我们的“怂恿”吗？

我们“怂恿”和唤醒了那些总是满脸“洋溢着自满情绪”的人。我们说，选择这种或那种解放斗争形式是不以我们的意志为转移的,必须清醒地严酷地正视现实,看到甚至《我们的生活报》现在也承认行不通的那条“道路”在现实中没有存在的基础。我们说,社会党人不能也不应该为了一时的成就而牺牲民主和社会主义的根本利益,他们有责任在群众面前揭示这样一个令人痛苦的真理:立宪民主党人不可靠,杜马软弱无力,革命风暴必不可避免。如果说今天群众还听信立宪民主党人在竞选会上的花言巧语而不了解我们,如果说明天群众还会迷恋于俄国第一个议会的最初的活动而不了解我们,那么后天,他们一定会相信我们是正确的。事变迫使他们认识到,革命的社会民主党是不迷恋于表面胜利的政党,它坚定不移地号召人们聚精会神地去“看”必将爆发的斗争,这场斗争将决定真正的(而不是立宪民主党人的)人民自由的命运。

我国革命之所以是伟大的俄国革命,正是因为它发动了极广大的人民群众投身于历史的创造。人民群众内部的阶级矛盾还远没有发展到十分激烈的地步。各政党还只是在形成。因此,我们没有力量比较有效地引导群众或抑制群众。但是我们在研究了各阶级的实际情况和它们的相互关系之后,能够预见它们的历史活动的必然趋势如何,它们的运动必然具有什么样的主要形式。我们应当在群众中尽可能广泛地传播我们的这些社会主义知识,不因真理往往令人很痛苦,而且在各种时髦的政治招牌或虚有其表的政治设施的迷惑下不能一下子看清楚而却步不前,不沉醉于美妙的幻想。如果我们用一切办法启发群众,使群众作好采用各种运动形式的准备——这些形式是从表面现象观察问题的人看不见的,然而它们必然要从我国的整个经济政治状况中产生出来——我们也就尽到了自己的职责。如果我们的全部目光都“向上”,而忽视下面正在进行的、发展的、日益迫近的、正在到来的一切，我们就没有尽到自己的职责。

载于1906年6月2日《前进报》第7号

译自《列宁全集》俄文第5版第13卷第194—197页

反动派开始了武装斗争

（1906年6月3日〔16日〕）

社会民主党的报刊早就提出了赫赫有名的俄国“立宪主义”是脆弱的，没有根基的。只要旧政权还维持着统治，掌握着整个庞大的国家管理机器，就根本谈不上什么人民代表机关的作用，谈不上满足千百万人民的迫切需要的可能性。国家杜马会议开幕了。自由派资产阶级滔滔不绝地大谈其和平的立宪道路。政府的爪牙们则开始对和平的游行者大打出手，放火焚毁人民集会的房屋，最后甚至组织蹂躏群众的大暴行，而且愈演愈烈。

而同时，农民运动日益发展。工人的罢工愈来愈激烈，次数愈来愈多，范围愈来愈广。在最落后的部队——地方的步兵中间，以及哥萨克中间，也都在酝酿着骚乱。

在俄国的生活中积蓄的易燃物是太多了。史无前例的迫害、虐待、折磨、掠夺和剥削在许多世纪的过程中所酿成的斗争，是太伟大、太尖锐了。决不能够把人民对旧政权的这种斗争局限在杜马争取这种或那种内阁的斗争范围内。决不能够阻止最闭塞和最愚昧的“庶民”提出做觉悟的人和觉醒的公民的要求。决不能够靠呼吁遵守法制来抑制旧政权，因为它自己随时都能够制定法律，它在采取最后的手段，采取最残暴、最野蛮、最疯狂的手段来维护自己的存在。

比亚韦斯托克的大暴行，是政府开始采取武装行动反对人民的最触目惊心的实例。俄国的大暴行是一个老的但又万古常新的故事[117]，在人民胜利以前，在旧政权被彻底扫除以前，它是**万古常新的**！下面请看比亚韦斯托克公民复选人齐林的电报摘录："**事先筹划好的**反犹大暴行开始了。""尽管有种种传说，但是一整天都**没有**从内阁**得到任何命令**。""这次大暴行的宣传准备已经积极地进行了两个星期；街头上，特别是傍晚，有人在散发传单，不仅号召残害犹太人，而且号召残害知识分子；**警察当局对这种情形竟装着没有看见**。"

这是大家都熟悉的老一套的情景了！警察当局事先就筹划好了大暴行。警察当局进行了煽动；政府的印刷所印制了鼓动残害犹太人的传单。警察在大暴行开始时坐视不动。军队默然看着黑帮逞凶。随后，随后同样是这些警察又演出了对暴徒进行审判和侦查的闹剧。由旧政权的官吏进行的这种审判和侦查，结果全是一样：案件拖而不决，大暴行制造者逍遥法外，有时甚至把挨打和受伤的犹太人和知识分子拖到法院，过几个月，这个老的但又万古常新的故事就渐渐被人们遗忘，一直到下一次的大暴行开始。卑鄙地进行煽动，收买和用酒灌醉我们那该死的资本主义"文明"的败类，武装的歹徒毒打赤手空拳的人，肇事者本身装腔作势地进行审判和侦查。而有一些人在看到俄国生活中的这些现象时，竟还认为或者还说，似乎这是有什么人"轻率"地号召人民采取"极端手段"！面对着沃洛格达民众文化馆被焚毁（在国家杜马开幕的时候）或比亚韦斯托克的大暴行（在杜马会议开了一个月的时候）这类事件而说出这样的话，那倒真是不仅需要轻率，而且需要卑劣的灵魂，需要政治上的堕落。一次上述那样的事件对人民产生的影响，远远超过千百万次号召。责备所谓“轻率”的号召，那就像谴责从沃洛格达和比亚韦斯托克战场上传来的复仇狂喊一样，是无可救药的迂腐，是丧尽了公民的良心。

国家杜马这次做得很好，它立即把谴责比亚韦斯托克大暴行的质问书提到杜马会议上讨论，并且派出了几名国家杜马代表去比亚韦斯托克就地调查。但是，当你们读这个质问书的时候，当你们把国家杜马代表的发言和众所周知的大暴行的真相拿来同这个质问书对比的时候，你们就会对质问书中那些怯声怯气的用语感到极大的不满和愤慨。

请大家自己判断一下吧。质问书的起草人只说：“居民**担心**地方当局和恶意的煽动者会试图把受害者反而说成是应当对他们自己所遭到的灾难负有罪责”…… “在这方面流传着捏造的消息。”一点也不错，饱受蹂躏和折磨的犹太居民确实担心这一点，而且有充分的根据担心这一点。这是实话。但是，这**并不是全部实话**，诸位杜马代表先生和质问书的起草人！你们这些还没有受到蹂躏和折磨的人民代表很清楚，这不是全部实话。你们知道饱受蹂躏的居民是**不敢**指出大暴行的**真正**肇事者的姓名的。**你们应当指出他们的姓名**，因为你们是人民的代表，因为你们在国家杜马里享有（甚至根据俄国的法律）**充分的**言论自由。当武装的反动派折磨、蹂躏和残害赤手空拳的人民的时候，你们决不能站在反动派和人民**之间**。你们要**公开地完全地**站在人民方面。你们不能只限于转达居民的担心，——担心大暴行的卑鄙的肇事者会把被杀害的人说成是肇事者。**你们要对这些肇事者公开提出控诉**，这是你们对人民的无可推卸的**责任**。你们不必问政府是否要采取措施保护犹太人，防止大暴行再度发生，你们要问政府，它是否还要把那些在政府中任职的真正祸首长期窝藏下去。你们要问，政府是否认为人民还会长期认不清这些真正的祸首。你们要公开地、大声疾呼地控诉政府，号召人民组织民兵和自卫队，以此作为抵御大暴行的**唯一**手段。

你们会说，这是不符合“议会惯例”的。**直到**现在你们还提出这样的理由，不觉得可耻吗？如果你们直到这样的时刻还不抛弃议会的把戏，不敢直接地、公开地、大声地说出**你们实际上所知道的和心里所想的**事情，人民是会谴责你们的，这种道理难道你们不明白吗？

你们是知道大暴行的真相的，从杜马代表的发言中就可以看出来。立宪民主党人纳波柯夫说：“我们知道，行政当局在好多方面绝对推脱不了嫌疑，即各处的大暴行所以会同时发生，或者是因为黑帮组织在采取行动之前**同地方当局打了招呼**，或者在最好的情况下是因为地方当局一贯地袖手旁观。”

立宪民主党人先生们，既然你们**知道**事情的真相，你们就应当在质问书中把真相说出来。你们本来应该这样写：我们**知道**某某某某事情，我们要就此提出询问。既然你们知道“最好的”情况，那么对**最坏的**情况，即对警察当局按照彼得堡的命令直接组织大暴行这一点默不作声，那就太**不体面了**。

列文说得很对：“比亚韦斯托克事件并不是绝无仅有的。”“这是你们要反对的制度所产生的后果之一。”说得对，列文公民！但是，如果我们在报纸上只能够说“制度”，那么你们在杜马里就应当说得更直率些，更尖锐些。

“大暴行，这是一套完整的办法。在10月的那些日子里……政府……没有找到另外的方法来对付解放运动……　你们知道这一章历史是怎样结束的。现在同样的事情又在重演…… 这一套办法经过了**阴险**的筹划，当前同样**阴险地**在执行。许多次我们都很清楚，是谁筹划了这种大暴行，我们也很清楚，传单是**宪兵局散发的**。”

再说一遍：说得对，列文公民！所以质问书中应当这样说：内阁是否以为杜马不知道宪警散发传单这一众所周知的事实呢？

雷日科夫代表直截了当地说，用种族仇视来解释大暴行是**扯谎**，用当局的无能来解释大暴行是恶毒的捏造。雷日科夫代表列举了许多事实，说明警察、暴徒和哥萨克在怎样“合作”。他说：“我住在大工业区，我知道，卢甘斯克的大暴行没有达到骇人听闻的地步，**完全是因为**〈先生们，请你们注意听：**完全是**因为〉**没有武器的工人**冒着被警察击毙的危险，赤手空拳地赶跑了暴徒。”

《言语报》给杜马辩论这一栏加上了《控诉政府》的标题。加得很好。但是这个标题不应当加到报纸上，而应当加在杜马的**质问书**上。或者把这些质问写成在人民面前对政府的强烈的控诉，或者在用冷冰冰的官腔写成的质问中对骇人听闻的事实采取极不相称的官僚主义的回避态度，从而引起尖刻的责难和嘲笑。杜马只有采取第一种办法，才能使反动派不敢再嘲笑它。而事实上反动派在肆无忌惮地公开地取笑它。请看看今天的《新时报》吧。这些大暴行制造者的爪牙们在哈哈大笑，他们得意地说：“看见杜马向大臣质问比亚韦斯托克的反犹大暴行时的那种慌张样子，不能不感到特别开心〈!!〉。”你们都看见，大暴行制造者感到特别高兴——爪牙们道破了真情。反动派对比亚韦斯托克的大暴行和现在能够辱骂杜马是“犹太”杜马，感到很满意。反动派挖苦说：“如果像有些人今天在国家杜马里所说的，对俄国各省农民破坏财产的大暴行都应当宽恕，那么对西部边疆区破坏犹太人财产的大暴行也同样应当宽恕。”

杜马代表先生们，你们都看见，反动派比你们说得更干脆。反动派的语言比你们在杜马里的语言更有力量。反动派是不怕战争的。反动派不怕把杜马同农民争取自由的斗争联在一起。**所以你们也不要怕把反动政权同大暴行制造者联在一起！**

载于1906年6月4日《前进报》第9号

译自《列宁全集》俄文第5版第13卷第198—203页

俄国社会民主工党彼得堡委员会关于杜马组阁问题的决议[118]

（1906年6月6日〔19日〕）

鉴于：

（1）在目前要求指定国家杜马中的多数派组成责任内阁是不正确的和含混不清的，因为

（a）指定这样的内阁并不能使政权真正从专制政府手中转到人民代表机关手中，

（b）实质上这将是自由派资产阶级牺牲人民利益，背着人民同专制政府进行的交易，

（c）无产阶级没有任何保障，使这种交易在当前实际政治力量对比的情况下会给无产阶级提供进行自己的阶级斗争的重要条件（无论如何不会重要到能够补偿在革命高涨时期由于积极支持资产阶级的交易而对无产阶级阶级觉悟的发展所造成的重大损害）；

（2）由于上述原因，指定杜马组成责任内阁的要求只会加强立宪幻想，腐蚀人民的革命意识，使人产生政权会和平地转到人民手中的希望，模糊争取自由的斗争的根本任务，——有鉴于此，会议决定：

（1）无产阶级在目前不能支持指定杜马组阁的要求；

（2）无产阶级支持由杜马中的革命分子组成一个执行委员

会的主张，以便通过该委员会把各地人民自由组织的行动统一起来。

载于1906年6月6日《前进报》第10号

译自《列宁全集》俄文第5版第13卷第204—205页

前　　夜[119]

（1906 年 6 月 8 日〔21 日〕）

政局以惊人的速度明朗起来了。

几个月以前还没有把握说，国家杜马是否会召集得起来，它会是个什么样子。几个星期以前还看不出，至少广大的人民群众还看不出，下一阶段的争取自由的斗争将在什么范围内和以怎样的形式展开。纯朴的农民相信过杜马，他们想象不到所有的人民请愿代表的强烈请求和申请会毫无结果；资产阶级自由派相信过杜马，他们试图促使政府**“自愿地”**作出让步。可以毫不夸大地说，我们亲眼看到，这种信任，人民群众的信任，他们以自己的全部利益培植和巩固过的这种信任几天之内就被摧毁了。他们过去所以相信，是因为他们愿意相信；他们过去所以相信，是因为最近将来的政局当时还模糊不清；他们过去所以相信，是因为当时政治上的朦胧状态给各种模棱两可的看法、各种动摇心理和各种消极情绪留下了活动的余地。

现在一切又明朗起来了。那些在杜马选举时期或在杜马开会初期看来有些古怪的悲观主义者的预见被证实了。在杜马开了五六个星期的会之后，那些一心想要在杜马内和杜马周围策划和开展活动的人，已经坦白地老老实实地承认了这个重大的事实：“人民已经等得厌倦了。”

人民等了几十年都没有厌倦，但是现在等了几个星期就厌倦了；他们过去没有等得厌倦，是因为当时他们还沉睡未醒或者还糊里糊涂地过日子，他们的外部生活环境中还没有那种能迅速地彻底改变他们的生活、情绪、意识、意志的条件；他们等了几个星期就厌倦了，是因为他们内心以难以置信的速度产生了行动的渴望，连那些最雄辩、最讨人喜欢的言词，哪怕是从杜马那样崇高的讲坛上发出来的，在他们听来也觉得毫无内容、枯燥乏味了；工人等得厌倦了，——罢工浪潮日益高涨；农民等得厌倦了，任何比中世纪宗教裁判所中的刑讯更残酷的迫害和折磨也阻挡不住他们去为土地和自由而斗争；喀琅施塔得和塞瓦斯托波尔的水兵，库尔斯克、波尔塔瓦、图拉、莫斯科的步兵，红谢洛的近卫军，都等得厌倦了，甚至哥萨克也等得厌倦了。现在大家都看到，一场新的伟大的斗争正在什么地方和以什么方式激烈展开，现在大家都认识到这场斗争不可避免，都感到无产阶级和农民在行动上必须沉着、坚定、有准备，必须步调一致和互相配合。大家都感到为此必须等待…… 我们正处在一场伟大的历史事变的前夜，我们正处在俄国革命第二个大阶段的前夜。社会民主党，无产阶级阶级斗争的自觉的代表，将像一个人似地站在自己的岗位上，彻底履行自己的职责。

载于1906年6月8日《工作者报》第1号

译自《列宁全集》俄文第5版第13卷第206—207页

上面的动摇和下面的坚定

(1906年6月8日〔21日〕)

十分明显,我们正处在一个最重要的革命关头。反对旧制度的广泛的群众运动的新高潮早已形成了。现在这个高潮差不多已经发展到了顶峰。杜马选举以及反对派的杜马的第一周会议和工作起了“最便宜的小蜡烛”[120]的作用,这支小蜡烛在全国燃起了熊熊大火。易燃物是这样多,空气是这样“炽热”,以致任何预防措施都无济于事了。

现在大家都已看得清清楚楚,大火确实已经蔓延全国。无产阶级中——甚至包括在半年以前还产生出黑帮分子的那一部分无产阶级——特别是农民中,又有一些完全新的阶层起来了。甚至同农民中最落后的阶层有联系、被人为地挑选出来去清除、摧毁和扼杀一切新生事物的军队,也几乎全部炽烈地燃烧起来了。军队发生“暴动”和爆发的消息,像大火中的火花一样从四面八方飞来。

与官僚有某种联系的报纸记者报道,陆军大臣警告说不要解散杜马,认为在这种情况下想依靠军队是不可能的了。[121]

难怪政府在这种情况下要动摇了。确实,政府虽然在动摇,但它还是在准备毫不含糊地对革命进行血腥的镇压。挑衅行为更加猖獗了。对自由的报刊宣布了你死我活的决战。“不顾一切法律地查封了”左派报纸。喀琅施塔得驻满了特派部队。比亚韦斯托克的大暴行是反革命行动而且是武装的反革命行动的直接开端。政府在动摇,从政府的人员中传出了警告的声音,传出了同立宪民主党人妥协的呼声。但是,政府一分钟也没有因为这种动摇,因为这种“考虑”而忘记它原来惯用的、行之有效的直接使用暴力的政策。

拉萨尔说过,反动派是讲究实际的人。[122]我国的反动派证实了这句话。他们在考虑、斟酌、犹豫不决,不知是否应当立即按新路线转入总进攻(即是否应当解散杜马)。但是他们**正在准备**进攻,一分钟也没有脱离这个“实际”。从那些脖子上已经套上了不断收紧的绞索的强盗们的观点来看,他们的考虑是正确的。是向答应建立一个“强有力的政权”[123]的立宪民主党人让步呢,还是采用火与剑的暴力手段?今天他们决定:我们暂且不走第一条路,暂且不走,是因为**这条路**明天走还来得及,而第二条路是无论如何要准备走的。他们当中有许多人无疑还这样考虑:我们可以选择一个比较适当的时机,先试一试第二条路;等到最后完全肯定大规模的流血已经不能挽回**一切**的时候,再向立宪民主党人让步也还不迟!

对强盗来说,这种考虑是完全正确的。不经过残酷无情的斗争,他们自然是不会投降的。当然,在最坏的情况下,他们也在准备退却,在司徒卢威先生如此及时地向他们提示的那个“强有力的政权”的纲领的基础上同立宪民主党人妥协,同他们结成联盟。反动派在准备进行一场真正的决战,而把同立宪民主党人妥协作为战斗失利时的副产品。

无产阶级必须冷静地正视革命的任务。在“以讲究实际的精神”对待重大问题方面,他们不会逊于反动派。他们要把自己的全部注意力、全部心血和全部精力都放在明天或后天必然爆发的决战上，而把政府同立宪民主党人的妥协作为可能到来的革命阶段之一的副产品。无产阶级用不着害怕这种妥协，无论是特列波夫们还是温和的自由派，在这方面都会遭到失败。无产阶级无论如何都不应当直接或间接支持这种妥协，支持由杜马中的多数组成责任内阁的要求。我们现在不必**破坏**这种妥协，将来也不要支持这种妥协。我们走**自己的**路，我们始终是先进阶级的政党，这个阶级决不会向群众提出**任何一个**暧昧不明的口号，它决不会直接或间接地卷入资产阶级的任何一件肮脏勾当，它在任何情况下，不管斗争的结局如何，都能捍卫革命的利益。

政府和杜马妥协作为革命的一个**个别的**插曲不是不可能的。社会民主党目前不应当宣传这种妥协，支持这种妥协，也不应当“破坏”这种妥协。它要使自己的全部注意力和群众的注意力集中在主要的和重大的问题上，而不是集中在从属的和次要的问题上。它要尽量利用资产阶级同旧政权的各种各样的妥协，利用一切上面的动摇。但是它要不断警告工人阶级和农民提防立宪民主党人的“友善”。它应当用下面的绝对坚定对抗上面的动摇，不要上挑衅的当，要坚定不移地集聚自己的力量来迎接决定性的时刻。

载于1906年6月9日《前进报》
第13号

译自《列宁全集》俄文第5版
第13卷第208—210页

团 结 起 来!

(1906 年 6 月 9 日〔22 日〕)

我们正处在国家杜马中的社会民主党议会党团采取行动的前夜。不容置疑,这个党团现在能够通过自己坚决的彻底的行动,通过坚定不移地提出**彻底**民主主义的和**无产阶级**争取社会主义的阶级斗争的要求和口号,给工人运动和革命事业带来很大的好处。现在,社会民主党在杜马中的行动的问题已在俄国社会民主工党统一代表大会上解决以后,这一点在社会民主党人中间已经没有不同的意见了。因此我们认为,我们高加索的同志们在著名的所谓国家杜马代表《庄严的誓词》[124]上签字,同时在报上就此作了众所周知的声明——我们签字是"为了获得机会来完成人民委托我们的事业,我们强调我们只对人民负一切政治责任",这样做是完全正确的。

我们党的国家杜马代表的行动对党愈是重要,就愈有必要尽量仔细地斟酌当前社会民主党的策略原则。应当承认,过去几星期内发展异常迅速的政治事变进程,使昨天还模糊不清的问题大大明朗化,使我们能够更明确地确定立场,使我们党的右翼和左翼之间的许多分歧意见得以消失。

在这方面,我们要特别满意地着重指出过去的孟什维克同志们在今天的《信使报》上发表的议论。诚然,《杜马的"法律"》这篇社论开头,多少有些暧昧地反对把制定杜马法律称为无聊的空谈。而问题原来在于,这些同志把“法律”一词放在引号内是有用意的。他们主张(在这一点上他们是万分正确的)制定这样一种法律,这种法律不应当是通常的法律,而应当是“宣言”,是“人民自由权的宣言”,是“消除旧障碍的宣言”。

这样的“法律”也许最好不叫做法律,而叫做告人民书。但是,如果实质上意见一致的话,坚持字句上的分歧是不明智的。而在实质上意见确实是完全一致的。《信使报》写道:“把制定得详尽周密的包括几十个几百个章节和注解等等的法律草案提交杜马,是十分荒谬的和**有害的**。”(黑体都是我们用的)的确如此。按规定的用词法称为“根本性的”工作的这类工作,确实是**有害的**。其所以有害,是“因为这类法律草案不是作任何人都可以理解的鲜明的对比,而是用深奥的条文和章节**使**人民的思想**乱得一塌糊涂**”。

完全正确。深奥的、“根本性的”、制定法律草案的空洞计划确实**使**人民的思想**乱得一塌糊涂**。这种制定空洞计划的工作模糊、麻痹和腐蚀人们的思想,因为“这些法律是永远不会实现的。要实现这些法律,先得从现在的执政者手中**争取政权**。而争取政权**只有**这样一种人民运动才能做到,它将提供一个根本不必理会杜马所制定的‘法律’的、**更有权力更民主得多的机构**来代替杜马”。把人们的注意力引导到绝对必须争取政权,引导到建立一个不用理会立宪民主党杜马的法律的“更有权力得多的”机构,这是极其正确地估计到了革命无产阶级的基本任务和当前的需要。

《信使报》的同志们在同一篇文章中十分有力地痛斥了立宪民主党人不懂得这些任务。立宪民主党人“像一个真正的立法者似的”在拟定自己的法律草案,“却忘记了立法权实际上**他们一点也**

没有”。“立宪民主党人那样认真地拟定他们的‘法律草案’,仿佛明天法庭就得按立宪民主党的新法律审理公民的案件似的。”

《信使报》教导立宪民主党人说,这样看问题是可耻的。从这个十分正确的教导中只能得出一个结论,一个自然而然的结论。革命的社会民主党不能够而且不应该支持任命杜马中的多数组成责任内阁的要求!要知道这样的内阁只会是立宪民主党内阁,它实际上**明天**就会对滥用自由进行惩罚。现在,当政权还没有从明星院[125]那里争取过来的时候,这样的内阁只能成为一个掩蔽旧政权的自由派幌子。这样的内阁现在只能成为暂时遮盖那些大暴行制造者的新装!当然,我们会揭开这种掩盖物,而且会很快。当这种新形势形成的时候,当不仅仅旧政权而且还有立宪民主党人同它一起裹着新装并被浪潮卷起来的时候,我们会想尽办法来利用这种新形势。但是我们不应当直接地或间接地、公开地或默不作声地使自己,使无产阶级政党对旧政权的这种乔装改扮负丝毫责任。我们不应当向群众发出口号说我们支持由杜马中的多数组成责任内阁的要求。不管我们的本意如何,由于当前政治形势的客观条件,这种口号必然是等于表明无产阶级政党对这种乔装改扮,对资产阶级同旧政权的这种交易负一部分责任。这种口号也就是间接赞同那个受到《信使报》严正批评的立宪民主党的“法律草案”,因为事实上决不能否认这两者之间的联系:一方面,立宪民主党人在策划对滥用自由进行惩罚,另一方面,他们在策划通过组成内阁取得一小部分政权来实行这种惩罚——**通过**同旧政权**搞交易**从旧政权那里取得一小部分政权,**以**巩固旧政权,并以这部分政权作为抵挡人民**对**旧政权的攻击的挡箭牌。

对于工人政党来说,这种口号是根本不需要的。工人政党如果不要这种口号,而用我们社会民主党的"指令"、"宣言"、通过社会民主党杜马党团(在一定条件下还有同它一起行动的劳动派)发表的告人民书,以及用"要求居民建立唯一能保卫他们的生活和荣誉的民兵的号召",即我们在《前进报》第9号上建议过①、崩得机关报《人民报》[126]介绍过并且《信使报》也十分正确地赞成的那些号召,来对抗大暴行制造者的无耻行为和立宪民主党的"法律草案",它就能更好地、更完善地、更有步骤地、更勇敢地在群众中进行自己的一切宣传鼓动和建立广泛的组织的工作。

同志们,团结起来!在整个革命气氛的压力下,无产阶级政治行动上的团结一致正在形成,势不可当。我们不要给我们的策略加上一些不必要的和引起争论的口号来阻碍这种团结。在这个看来是伟大的俄国革命的最紧要关头,我们要利用现有的机会,使所有的社会民主党人达到完全的一致!

载于1906年6月10日《前进报》
第14号

译自《列宁全集》俄文第5版
第13卷第211—214页

① 见本卷第200—201页。——编者注

杜马和人民

(1906年6月10日〔23日〕)

社会民主党的国家杜马代表拉米什维里同志的演说中有一些非常正确的意见，这些意见正确地确定了社会民主党的策略。演讲人不仅以无产阶级的真正代表的魄力痛斥了大暴行制造者的政府，不仅把政府的代表称为"人民的敌人"（立宪民主党杜马的主席限制言论自由的新尝试引起了极左派正当的抗议[127]），而且在演说结束时还提出了杜马与人民的关系这个总的问题。

请看社会民主党的代表对这个问题是怎样说的：

"最后我要指出，人民是拥护我们的。实际生活中发生的，是某种和我们在这个大厅里所做的不同的事情。那里完全是另一种气氛，而这里气氛要缓和得多，这里情绪比较**温和**。也许再过一个月**我们就将自己决定自己的事情**…… 对于周围发生的事情，实际生活说得比我们在这里说得**响亮得多**。我是说，我们处在政府和人民之间。杜马是一个**危险的地方**。向左转或向右转，就意味着**同某人和解**或同某人决裂…… 但是不应当忘记，**人民自己会做到**杜马因**动摇和不坚定**而不能做到的事情。我是说，人民的情绪与我们这里的情绪不同……"

我们用黑体把这篇演说中特别重要的地方标出来了。演说中正确地指出，实际生活比杜马说得**响亮得多**，实际生活中没有这样"**温和**"，"**人民的情绪不同**"。这些都是完全正确的。而从这里可以得出一个结论：那些说人民支持杜马的人是不正确的。人民现在已经走在杜马前面，说得更响亮，表现得不那么温和，**斗争得更**

有力。这就是说，社会民主党只有这样确定自己的任务才是正确的，即要向最广大的人民群众说明，杜马只是**怯懦地**、**半吞半吐地**表达人民的要求。**只有**这样提出社会民主党的策略问题，才能使无产阶级政党不对立宪民主党的动摇负责。只有这样提问题，同时充分估计农民群众的觉悟和决心的发展程度以及准备程度，才能胜任当前的伟大任务，关于当前这个时刻，经选举产生的社会民主主义无产阶级的代表直截了当地说："也许再过一个月我们就将自己决定自己的事情。"而为了能够**决定**自己的事情，现在就必须完全摒弃求得"温和的"结局的各种骗人的或轻率的尝试。

拉米什维里同志从高高的杜马讲坛上指出："杜马是一个危险的地方"，这是完全正确的。为什么呢？因为杜马表现出"动摇和不坚定"。而在这样的时刻，即也许再过一个月人民就将自己决定自己的事情的时刻，表现出动摇和不坚定，那简直是犯罪。**在这样的时刻**，谁表现出这些品质，不管他的心意如何真诚，都**必然**会陷入最虚伪的境地。在这样的时刻，由于我们所处的一切经济条件和政治条件，人民同旧政权的决斗必然会发展起来，这是不以我们的意志为转移的。凡是在这个日益迫近的斗争面前动摇不定的人，的确都不得不"**同某人和解或同某人决裂**"。立宪民主党人正处在这样的地位。自由派资产阶级正在收割它多年来播种的东西，即由它表里不一和动摇不定的政策以及从革命投向反革命的行为导致的结果。同旧政权和解就是同进行斗争的人民决裂。同旧政权决裂则是同进行斗争的人民和解所必需的。

杜马中的多数过去和现在都尽了一切力量来确定自己在这次不可避免的抉择中的立场。这个立宪民主党（就某一部分来说甚至比立宪民主党更坏）的多数的政策中的每一步骤，都是在准备同进行斗争的人民决裂,同旧政权和解。有人会反驳我们说,这些步骤是微不足道的。我们要回答说,但这是实际政策中的一些实际步骤。这些步骤符合自由派资产阶级的一切根本的阶级利益。**立宪民主党提出的**由旧政权任命杜马内阁的要求,无疑**也**正是具有这种“温和的”性质。

我们要不厌其烦地反复说明:工人政党支持这种要求是荒谬的和有害的。其所以荒谬,是因为只有走在怯懦的杜马前面的人民的斗争,才能真正削弱旧政权。其所以有害,是因为它会欺骗和搞乱人心。昨天我们曾经指出,《信使报》的同志们说立宪民主党的法律草案是荒谬的和有害的,这是完全正确的[①]。但是今天我们要对这些同志表示惋惜,因为他们竟主张支持杜马内阁,即支持实施这些荒谬而有害的法律草案的内阁!

下一次我们也许还可以更详细地谈谈《信使报》的这些动摇。现在只指出这些动摇就够了,因为在这样重要的时刻表现动摇这个事实本身,就说明了动摇者的立场太不坚定了。

载于1906年6月11日《前进报》
第15号

译自《列宁全集》俄文第5版
第13卷第215—217页

① 见本卷第211—214页。——编者注

为政权而斗争和为小恩小惠而“斗争”

（1906 年 6 月 14 日〔27 日〕）

大家都知道，社会民主党早在自己的纲领中就已表示坚决地相信，为了真正满足人民群众的迫切需要，必须建立**完备的民权制度**。如果人民群众不能掌握**全部**国家政权，如果在国家中保留某种不是由人民选出的、人民不能更换的、人民完全不能做主的政权，那就**不可能**真正满足大家都感到的迫切需要。

社会民主党一向全力在无产阶级和全体人民中传播这个颠扑不破的真理。真正的即群众性的争取自由的斗争，经历了并且今后还会不断经历各种不同的、往往是出乎意料的阶段，其所以必然如此，是由于斗争的艰巨、斗争任务的复杂和参加斗争的成员的变动。作为工人阶级意向的自觉的表达者的社会民主党，在这个斗争的任何发展阶段上和任何环境下领导无产阶级的斗争时，都必须经常注意这整个斗争的整体的和基本的利益。社会民主党教导大家不要因工人阶级的局部利益而忘记整体利益，不要因个别斗争阶段的特殊性而忘记整个斗争的根本任务。

革命的社会民主党一向正是这样理解自己在当前俄国革命中的任务的。只有这样理解，才符合无产阶级这个先进阶级的地位和任务。相反，自由派资产阶级在争取政治自由的斗争中，总是根据自己的特殊的阶级利益给自己提出完全不同的任务。资产阶级需要政治自由，但是它害怕完备的民权制度，因为成熟的并在斗争中团结起来的无产阶级，会运用这种民权制度来反对资产阶级。因此，资产阶级在争取政治自由的同时，总想保留不少旧政权的残余（常备军、非选举产生的官吏等等）。

无产阶级争取政治自由的斗争是**革命的**，因为这种斗争力求争得完备的民权制度。资产阶级争取自由的斗争是**机会主义的**，因为这种斗争追求小恩小惠，追求专制政府同有产阶级瓜分政权。

无产阶级的革命斗争和资产阶级的机会主义斗争之间的这一主要区别，像一根红线贯穿着我国革命的全部历史。无产阶级在进行斗争，资产阶级则在偷偷地扑向政权。无产阶级用斗争来摧毁专制制度，资产阶级则捞取日益衰落的专制制度赏赐给他们的一点小恩小惠。无产阶级在全体人民面前高举斗争的旗帜，资产阶级的旗帜则是小小的让步、搞交易和讨价还价。

无产阶级利用政权的一切缺口和对政权的任何削弱，利用一切让步和小恩小惠来进行更广泛、更有群众性、更坚决和更尖锐的斗争，资产阶级则利用这一切来逐步缓和、平息和削弱斗争，削减斗争的任务，和缓斗争的形式。

请回忆一下我们为自由而斗争的几个阶段。资产阶级为争取政府对地方自治机关的信任（“权利与拥有权力的地方自治机关”）和对人民的信任而“斗争”（当前这个十年的开头几年）。无产阶级则举起为消灭专制制度而斗争的旗帜。政府宣布进入“信任”时期[128]（斯维亚托波尔克-米尔斯基）。资产阶级在宴会上高谈阔论，无产阶级则于1月9日[129]在街头流血牺牲，展开声势浩大的罢工运动，在压迫者的堡垒上打开新的缺口。

1905年夏天，资产阶级派代表团去恳求自由。秋天，钦赐布里根杜马[130]。资产阶级大受感动，一致高叫：参加杜马去。社会民主党内的机会主义者动摇了。无产阶级继续进行斗争。他们举行了世界上从未见过的全国性大罢工去扫除杜马。无产阶级夺取自由，并用鲜血保卫自由，使之不受反动派的侵犯。

在第一个战役中无产阶级被击败了。资产阶级一面往战败者身上泼脏水，一面奴颜婢膝地抓住杜马不放。无产阶级则聚集力量准备新的攻击。他们依旧自豪地举着为完备的民权制度而斗争的旗帜。在杜马召开前，攻击没有能够顺利进行。资产阶级又曲意逢迎起来，抛弃了召开立宪会议的口号，恶毒地反对“行动”，鼓吹和解、妥协，要求最高当局任命立宪民主党内阁。

无产阶级像在1904年和1905年10月17日利用“信任”那样利用了新的形势。它尽了自己的革命职责，尽一切可能像扫除布里根杜马那样来直接扫除维特杜马。但是由于资产阶级叛变，由于没有充分地组织和发动工人阶级和农民，这一次没有成功。无产阶级继续进行斗争，**利用**“杜马内的”和杜马周围的一切冲突，使之成为更广泛、更坚决的群众运动的起点。

新的斗争发展起来了。谁也不能否认这一点。无产者、农民、城市贫民、士兵等等广大群众比以前更积极地行动起来。谁也不能否认这将是杜马外的斗争。由于当前的客观条件，这将是直接破坏旧政权的斗争。谁也不能预言这个斗争会把旧政权破坏到什么程度。但是，作为先进阶级的无产阶级，将更加坚决地争取这个斗争的完全胜利，争取旧政权的彻底消灭。

同时无产阶级仍将始终不渝地反对资产阶级的那些把一部分社会民主党人弄糊涂了的机会主义口号。说任命立宪民主党内阁就是从宫廷奸党那里“争取政权”，那是错误的。这是资产阶级的谎言。实际上在当前任命这样的内阁只能是用新的自由派的幌子来掩饰宫廷奸党。说任命立宪民主党内阁就能把假想的宪法变成真实的宪法，那是错误的。这是资产阶级的谎言。实际上这样的内阁不过是专制政府用来乔装打扮的一件假立宪的新装。说让立宪民主党组阁的要求正在成为全民的要求，那是错误的。这是资产阶级的谎言。实际上这只是立宪民主党杜马的要求。实际上一些非立宪民主党人重复这个要求只是出于误解，他们对它的意义理解得要大得多。实际上**全民的**要求比立宪民主党杜马的要求要进步得多。最后，说用决议或委托书等等来“支持”让立宪民主党组阁的要求（或者说支持立宪民主党内阁）实际上就是同旧政权作斗争，那也是错误的。这是资产阶级的谎言。在无产阶级看来，这种“支持”就是放弃斗争，就是把争取自由的事业交给动摇的自由派。

无产阶级不论现在或将来都将为摧毁旧政权而斗争。为了达到这个目的，它将积极开展宣传、鼓动、组织和动员群众的工作。无产阶级如果不能做到彻底摧毁，也要利用局部的破坏。但是无产阶级决不鼓吹局部的破坏，渲染局部的破坏，号召人民支持局部的破坏。对于真正的斗争的真正支持要给予那些力求做大事情的人（在失利时做小事情），而不是那些**在斗争前**就机会主义地削减斗争任务的人。

谁不被花言巧语所迷惑，谁就不难看到，人民**实际上**决不会为立宪民主党内阁而斗争，而会为消灭旧政权而斗争。官僚的利益要求**缩小**这个斗争的规模。无产阶级的利益则要求**扩展**这个斗争的规模并使斗争尖锐化。

载于1906年6月14日《前进报》
第17号

译自《列宁全集》俄文第5版
第13卷第218—222页

关于我们杜马党团的宣言[131]

（1906年6月22日〔7月5日〕）

任何一个社会民主党人现在都不会怀疑，我们党的成员在杜马中的活动在目前情况下会给无产阶级事业和全体人民的事业带来不少的好处。

我们祝贺高加索同志们在选举中获得的胜利①。我们认为我们有责任指出他们在杜马中的成就，实事求是地批评他们的错误。

我们认为拉米什维里同志指出杜马的“危险性”和它的“温和”情绪的演说是成功的，他的关于比亚韦斯托克大暴行的决议案[132]是成功的，他对立宪民主党关于集会的法律草案的极出色的批评和对立宪民主党总是爱作空洞计划的问题的正确提法是成功的。关于这些成就我们希望以后还能同读者们更详细地谈谈。

我们认为，当阿拉季因忍气吞声地“咽下”纳波柯夫对粮食问题的决议案的歪曲时，我们社会民主党人在杜马中默不作声是错误的[133]。社会民主党人应当表示异议并提出自己的决议案。哥马尔捷利同志在答复伪君子费多罗夫斯基时所说的那番话是错误的，因为这意味着社会民主党人承认让军队卷入政治是不好的。这是一个很大的错误，但这还是一个可以纠正的错误。最后，我们还认为我们党团所通过的宣言是错误的。这是无法纠正的错误。

① 见本卷第109—111页。——编者注

我们现在应当来谈谈这个错误，这不是为了吹毛求疵（同志们在杜马中的工作是困难的，错误在开始时也是不可避免的），而是为了在政治上教育全党和整个无产阶级。

前布尔什维克的营垒曾向我们社会民主党杜马党团代表提出过另外一个宣言草案[134]。现在请看这个作了某些……删节的草案（在我们这里，在报纸上讲话是没有代表在杜马中讲话那样自由的）：

“我国各民族的觉悟的无产阶级的政党俄国社会民主工党通过我们党团在国家杜马讲坛上向全体人民发表如下宣言。

我们党是社会民主主义无产阶级国际大军中的一支部队。全世界有组织的、认识到自己的阶级利益的无产阶级已经起来进行斗争了。它反抗资本的压迫。它争取全体劳动者从无权、贫困、压迫和失业的桎梏下完全解放出来。它力求建立消灭一切剥削者和被剥削者之分的社会主义社会制度。社会民主党号召一切被剥削劳动者参加它的队伍，不仅号召雇佣工人参加，而且也号召小业主参加这个队伍，只要他们认识到自己同无产阶级的共同利益，只要他们不是在巩固个体小经济方面去找出路，而是在和工人阶级一起为彻底推翻资产阶级统治而进行的共同斗争中去找出路。国际社会主义无产阶级一定会通过它同心协力的、坚持不懈的斗争达到自己的目的。

但是在我们俄国，现在进行的还不是争取实现社会主义的斗争，而是争取政治自由的斗争。伟大的俄国革命正在轰轰烈烈地进行。专制制度的压迫使国家不能得到任何发展。不对任何人负责的官吏的横行霸道，地主对农民群众的野蛮剥削，激起了全体人民的愤慨。无产阶级领导人民进行了斗争。它以英勇的十月罢工迫使敌人承认自由。它以英勇的十二月起义消除了任何进一步拖延召集人民代表机关的可能性。而且,尽管专制政府伪造选举法,尽管它折磨、残杀为自由而斗争的优秀战士,尽管它在监狱中折磨他们,国家杜马毕竟是反对了专制政府。

现在人民正处在新的伟大的斗争的前夜。专制政府正在愚弄人民的代表机关,嘲笑它的要求。工人、农民和士兵的愤慨日益增长。伟大的俄国革命的结局将取决于社会各个不同阶级的行动。

在国家杜马中以特别有势力的立宪民主党为代表的自由派资产阶级,必然要在俄国目前进行的民主变革中尽量削减穷人特别是无产阶级的权利,从而限制他们为争取全面的而不仅仅是政治上的解放所进行的斗争。自由派资产阶级的这种意图也必然使它在争取自由的斗争中不彻底和不坚定,使它动摇不定,又想依靠人民,又害怕人民的革命的主动精神。为了自由,为了社会主义,我们要对这些动摇进行最无情的斗争。想掩盖人民利益和旧制度之间、无产阶级利益和资产阶级利益之间不可调和的敌对性的企图(不管谁企图这样做),必将遭到我们最坚决的反击。用纸上让步的骗局,用反动的强盗们同革命的也就是唯一真正彻底的民主派和解的谎言来阻止人民运动的意图,也必将遭到我们全力的反对。检验这种彻底性的试金石,特别是对我们来说,就是有志向有决心组织自由的、真正全民的群众性的、警察的任何阻挠都限制不住的运动,以便在杜马外开展广泛的争取政治上和经济上解放的斗争。

我们认为,在无产阶级完成争取自由的事业的可能的同盟者中间,农民是主要的同盟者。我们全心全意、始终不渝地支持农民反对地主的半农奴制的土地占有制和俄国亚洲式的政治制度的斗争。我们不同意那种认为在资本主义下有可能平均使用土地的空想，不允许对无产者利益和小业主利益之间的差别作任何微小的掩盖，同时我们将坚持没收所有皇族、教会、寺院和**所有地主的**土地。我们要反对**赎买**，因为这是自由派资产阶级套在贫苦农民脖子上的一条绞索。只要还没有取得革命的胜利，只要还没有完全赢得一个真正民主的国家，我们就要提醒农民不要把土地交给警察资产阶级政权机关，无论是地方政权机关或中央政权机关。在民主的国家完全实现的时候，我们要坚持把所有的土地转交给地方的自治机构。我们要坚决提醒农民不要把土地问题交给非民主的地方委员会如立宪民主党所提出的官吏和地主的委员会去解决。

我们要在整个革命进程中坚定不移地支持工人争取八小时工作制、争取增加工资、争取取消罚款的斗争，总之，我们要支持为实现我们党的最低纲领的一切要求而进行的斗争。我们认为，无产阶级同广大的城乡贫民群众结成联盟，是革命取得新的胜利的保证。国家杜马在实现和巩固这一胜利方面是一个不中用的机关。只有用革命的方法召开的，由全体公民不分性别、宗教信仰和民族通过普遍、平等、直接和无记名投票选出的，拥有全部国家权力的全民立宪会议，才能实现完全的自由。只有这个会议才能在俄国建立……才能用普遍的人民武装来代替常备军，才能消灭非选举的不向人民负责的官吏机构，才能实现完全的不受限制的政治自由。

我们要坚定不移地争取在这次革命中达到这个目的。国家杜马也必须为这个目的服务。它必须帮助人民组织起来，帮助他们完全彻底地了解推翻……政权的必要性。它必须向人民说明'人民代表机关'多么无能，说明这个机关扮演着一种多么可怜的旧专制政府的新挡箭牌的角色。它不应当去制定空洞的政治计划，不应当去拟定毫无用处的'法律草案'，而应当求助于人民，向人民无情地揭露全部真相，在人民面前无情地揭发称为俄国政府的……那一帮人的全部罪行，号召人民进行斗争，进行坚韧不拔的、顽强的、协调一致的斗争。如果整个国家杜马不能或者不敢去完成这个任务，那么我们就要联合杜马中真正革命的集团或代表去完成。

人民的胜利已经为期不远。自由的事业掌握在可靠的人的手中。无产阶级正站在自己的岗位上，积聚力量，自豪地抛开那些竭力使它孤军作战的可鄙的煽动者，把千百万**终生劳苦不得温饱的**被压迫被剥削者联合和团结在自己的周围。

不管在国家杜马中我们党团的力量多么薄弱，人数多么少，但是我们知道，拥有千百万人的无产阶级——一切被剥削劳动群众的先进部队在支持它，在和它一起进行斗争。无产阶级一定会在自己的斗争中获得胜利。无产阶级一定会把蹂躏俄国的专制制度的魔窟彻底摧毁。"

我们在杜马中的代表同志们拒绝这个草案是否正确呢？

从形式上来看是正确的。按照党章他们应该尊重的是中央委员会，而不是"局外人"。

从派别观点来看是正确的。这另一个草案是从"外人"（按过去的派别来说）营垒中提出来的。

可是，从党的角度来看呢？拒绝接受必须更明白地表述党的社会主义目的及其国际性质的指示是否正确？拒绝接受在杜马外开展运动的指示是否正确？拒绝接受必须在人民面前明确地划分杜马内各个政党的界限的指示是否正确？拒绝接受必须准确地区别无产阶级学说和小资产阶级学说的指示是否正确？拒绝接受由工人政党保护农民**以防**立宪民主党人侵害的重要性的指示是否正确？拒绝接受更明确更全面地阐述我们的最近要求的指示是否正确？

我们的一些同志，或者说我们的中央委员会，在宣言中不提代表大会已确定的公式——使杜马成为**革命的工具**，却说“使杜马成为全民运动的机关”，这样做是否正确？

他们在上述各点上都脱离我党统一代表大会的决议和决定，明显地**向右跨了一步**，这样做是否正确？

让我们党的所有组织和所有党员都好好地考虑一下这个问题吧。

载于1906年6月22日《回声报》第1号

译自《列宁全集》俄文第5版第13卷第223—228页

“你所做的快做吧！”

（1906年6月22日〔7月5日〕）

今天有两家报纸（不是爱登载荒诞无稽的消息的那类街头小报），《我们的生活报》和《思想报》[135]，报道了哥列梅金内阁最后决定辞职的重要消息。新内阁的人选拟定如下：叶尔莫洛夫——首席大臣；乌鲁索夫——内务大臣；赫尔岑施坦——财政大臣；季米里亚捷夫——商业大臣；斯塔霍维奇——农业大臣；库兹明-卡拉瓦耶夫——司法大臣；纳波柯夫——外交大臣；国民教育预定由葛伊甸“接管”，而交通部则由现任大臣或尼古拉铁路局局长舒赫坦担任。

这样，旧官僚就同十月党人和右翼立宪民主党人，主要是同他们当中的官吏，即昨天的官僚（乌鲁索夫是前副内务大臣，库兹明-卡拉瓦耶夫和纳波柯夫是将军和宫廷侍从）联合起来了。

上述两家报纸还报道说，国务会议内的“中间派”（即作为黑帮分子和法制党人[136]两者之间的中性混合物的一帮官吏）和立宪民主党人之间最近进行了热烈的谈判。

让我们假定这一切都是真的。只要没有什么能够证明情况相反，我们就**应当**假定这是真的，因为消息的来源比较可靠，而这件事情也是过去种种事件的必然结果。

那么，这样的内阁人选，或者说立宪民主党人同大暴行制造者的这种谈判，究竟证实了谁的看法正确呢？请回忆一下，在帕宁娜夫人民众文化馆举行的群众大会(5月9日)上人民社会党人米雅柯金先生是怎样反驳社会民主党人的，他说指责立宪民主党人同大暴行制造者**搞交易**是不公正的。请回忆一下，以普列汉诺夫为首的我们的右翼社会民主党人是怎样叫喊的，他们说关于叛变和搞交易的指责是没有根据的，是为时过早的。

当时社会民主党人反驳米雅柯金先生说，谈判就是交易的开始，交易则是谈判的结果①。现在，谈判的事已经被证实了。交易则在顺利进行之中。

可是，实行全面大赦，保障自由，取消国务会议，这些都丢到哪里去了呢？立宪民主党人同大暴行制造者进行谈判时谈到过**这些**没有？报纸对这一点保持缄默。但是我们都知道，“人民自由”的骑士们**从来没有断然**坚持必须**首先**保证实现这些措施，然后再组织立宪民主党内阁。他们恰恰是把不重要的事、背着人民干的事、获取官职和肥缺的事提到了首位，而把对人民来说重要的事丢到一边去了。参加内阁的立宪民主党人将为大赦和自由而“斗争”——现在他们会用这样的回答来堵住那些在人民中宣扬支持“责任”内阁这一口号的天真的头脑简单的人的嘴巴。这个内阁仍将要对制造大暴行的旧法律负责，并且对任命他们的明星院或宫廷奸党负责。而为大赦和自由而“斗争”在立宪民主党人看来就是进行谈判，就是罗季切夫们同纳波柯夫们，纳波柯夫们同乌鲁索夫们，乌鲁索夫们同哥列梅金们，哥列梅金们同特列波夫们进行谈判；昨天他们是这样理解的，明天他们还会这样理解。

① 见本卷第88页。——编者注

但是，也会因祸得福。大暴行制造者、十月党人和立宪民主党人的内阁将迅速地推动事物前进，这就是说，使立宪民主党人在政治上破产，使人民又摆脱一种有害的幻想，使政治事变的进程走向革命的结局。

载于1906年6月22日《回声报》第1号

译自《列宁全集》俄文第5版第13卷第229—230页

有益的辩论

（1906年6月22日〔7月5日〕）

哥列梅金政府发表了一份关于《改善农民生活的措施》的冗长通报，这份通报用一半以上的篇幅同农民的观点和民间的言论（按照哥列梅金们的轻蔑说法是“谣言”）辩论。这种辩论是非常有益的。哥列梅金政府同“俄国农民”争论，说农民的观点是“不正确的”，并向农民证明，农民的要求和计划“首先是同农民本身的利益相违背的”。

哥列梅金先生们，你们试图采用说服的方法，这太值得赞扬了！早就该这样做了。的确，你们用道理来说服农民，要比用树条、皮鞭、子弹和枪托来对付农民强得多。几乎所有的报纸都将转载政府的通报，神父、地方官、乡长和巡官也都将向农民宣读这个通报。农民将仔细考虑这个通报。农民将向政府请教应当怎样理解自己的真正利益。经过一番考虑和向政府请教以后，农民就会按自己多数人的意见来断定真理是在哪一方。如果能够这样，那就好了。但是，哥列梅金们和他们的仆从一只手痛打农民，摧残和屠杀农民，另一只手又用有关正确理解农民利益的“通报”来堵住农民的嘴巴，这就很不好了。农民的报纸被查封，农民的请愿代表和农民协会的会员被关在监狱里或被流放到西伯利亚，农村中驻满了军队，好像是在敌国的领土上，而哥列梅金政府却塞给被打得遍体鳞伤的农民一份通报，说鞭打他们是为了他们本身的利益！

多么有益的通报啊！它将对农民起非常奇妙的作用。政府担负了杜马中的劳动团或农民团的一小部分工作。劳动团本来应当向人民说明杜马中的农民代表为农民争取土地的要求，说明政府对这些要求的答复。可是，劳动团还没有准备好做这个工作，政府却来帮它做了。我们的政府是很聪明的。它自己向全体人民印发了通报，并且说明了农民的要求。

现在，甚至在最偏僻的农村中，甚至在没有听说过农民协会和杜马农民代表的地方(如果有这样的农村的话，——其实，一定会有的，因为我们的国家非常不开化)，都将有神父或乡长来宣读政府的通报。农民将集合起来洗耳恭听，然后散开。之后，他们会避开长官单独集合起来，开始谈论。他们将讨论政府的保证：官吏和政府不维护地主的利益。他们将嘲笑一阵，然后说：谁干了什么谁清楚！他们还要讨论讨论，地主自愿转让土地(而且还通过官吏的帮助)要比强制转让土地(可能还不付赎金)对农民更有利的说法。他们将嘲笑一阵，然后说：我们怎么这样傻，直到今天还不知道，听从地主和官吏的话要比我们自己决定一切问题有利？

可是，也许农民不只是嘲笑一阵呢？也许农民还会考虑到什么别的问题，而且不只是取笑，并且还愤怒呢？也许他们不仅仅会得出什么是真理，什么不是真理的结论，而且还会得出怎样求得真理的结论呢？……

我们的政府是很聪明的！

不过，立宪民主党的国家杜马主席穆罗姆采夫先生不许用“政府”这个字眼。你们看，用这个字眼是不对的。杜马也是政府的一部分。应当说：内阁。于是就完全可以“像高尚的先生们那样”得出结论：杜马立法，内阁执行；杜马是政府的一部分。[137]

可爱的穆罗姆采夫先生！可爱的立宪民主党人！他们把德国的国家法教科书背诵得真是滚瓜烂熟。他们比哥列梅金懂行得多，哥列梅金在通报中**一个字也没有提到杜马**，而老是说**政府**。谁正确？是哥列梅金呢，还是穆罗姆采夫？应当怎样说？是内阁呢，还是政府？

哥列梅金是正确的。他由于自己固有的素质……嗯！嗯！由于自己固有的聪明睿智……无意中说出了真话。穆罗姆采夫们则由于自己固有的教授般的渊博知识，说出了彬彬有礼的谎言。

农民们将向哥列梅金请教，而不向穆罗姆采夫请教。他们不愿同内阁算账，而愿同政府算账。他们这样做是正确的。

载于1906年6月22日《回声报》第1号

译自《列宁全集》俄文第5版第13卷第231—233页

救济饥民和杜马的策略

（1906 年 6 月 22 日〔7 月 5 日〕）

今天各报报道，6 月 21 日（星期三）国家杜马的预算和粮食委员会召开了联席会议。会议讨论了内务大臣和财政大臣关于拨款 5 000 万救济饥民的提案。“委员会决定建议国家杜马从本年度开支中拨 1 500 万卢布供当前的需要，并建议内阁就从本年度预算开支中压缩出这笔款项的问题提出意见。内阁的关于发行 5 000 万卢布公债的提案被否决。”（6 月 22 日《言语报》）

拨款救济饥民的问题是极端重要的。每一个觉悟的公民都应当毫不松懈地注视这个问题的各个发展阶段。

首先，我们提醒一下，最初在国家杜马中发生的问题是：是应当把钱交给大暴行制造者的政府，还是应当由杜马自己掌握救济饥民的一切事务呢？代表阿拉季因最初赞成正确的意见，即第二种解决问题的办法。他提议选出一些杜马委员会，派杜马代表到发生饥荒的地区去，求助于“自由机关”，让这些机关集中掌管钱款和救济饥民的一切事务。阿拉季因说：一个戈比也不要给古尔柯先生和杜尔诺沃先生！这时，杜马中的左派鼓掌并喊道：对呀。大家知道，阿拉季因并没有能坚持正确的立场。他飞得很高，但是落到立宪民主党的鸡窝里去了。社会民主党的代表犯了错误，他们并没有为这个问题大声疾呼。杜马通过了立宪民主党提出的转入讨论下面各项动议案。

这个基本的、原则性的问题就这样按照立宪民主党、地主和自由派的意旨解决了。在这件事上，杜马拒绝充当革命的工具。杜马害怕人民，害怕求助于人民。杜马在原则上同意把救济饥民的事情交给古尔柯先生和制造大暴行的大臣先生们。这就表明立宪民主党杜马想要干的，不是同人民一起反对大暴行制造者，而只是在人民的帮助下对大暴行制造者施加一些压力，只是稍微约束一下大暴行制造者，而不是根本排除他们。

问题的第二阶段已经开始。现在立宪民主党要怎样对大暴行制造者施加压力呢？杜马委员会和大臣们之间的交易开始了。内务大臣和财政大臣出席了 6 月 21 日的委员会会议。杜马不愿意同人民和“自由机关”打交道，不愿意同他们商谈，却同这些大臣们进行谈判了。“一个戈比也不要给大臣先生们”——这始终不过是一句漂亮的空话。同大臣先生们谈判已经成为事实。大臣们要求允许发行公债，杜马委员会拒绝了。杜马委员会要求从本年度的预算中拿出钱来，即缩减一些**有害的**开支，这样来筹集一笔救济饥民的款子。杜马要用这种策略手段，用这种迂回运动来夺取一小部分监督国家预算的权力。预算的批准一向是不通过人民代表的，而现在杜马力图用间接的办法来审查预算，以便缩减有害的开支，把取得的钱用到有益的开支上去。

这就是问题的第二个阶段。立宪民主党，即自由派地主和自由派资产者的政党想监督旧政权的机关，想使它们处于自己的影响之下，想把它们梳洗、打扮起来，想用纳波柯夫们去代替斯托雷平们，但是不想用人民的**自由机关**，用全民自由选出的公职人员去代替旧的、警察的、农奴制的政权的**所有**这些机关和机构。怎样弄到钱去救济饥民呢？委托谁去使用这几千万卢布的钱呢？当前的三种主要政治势力对这些问题作出了三种主要的答案。警察大暴行制造者的政府回答说：为了不触动我们警察大暴行制造者的预算，应当发行新公债来取得钱；应当由我们警察和大暴行制造者来使用钱。工人阶级和所有觉悟的农民回答说：应当由人民自己来筹集钱，应当由人民自己通过真正全民选出的、确实与肮脏的警察没有联系的"自由机关"来使用钱；要利用这种自由机关来进行广泛的群众运动，使全部国家政权和整个"国库"转到人民手中。自由派地主和自由派资产者("立宪民主党人")回答说：我们不要"自由机关"，我们害怕它们；那样人民会走得"太"远；最好还是同原来的大暴行制造者在一起，只要给他们稍微整一整仪容就行了；缩减有害的开支，从他们的预算中拿出钱来；委托这个大暴行制造者的政府来使用这些钱，但是要尽力把它置于我们自由派地主的监督之下。

答案都是明确的。政府、资产阶级和无产阶级的立场都是明确的。只是农民会跟谁走呢？

自由派资产阶级，立宪民主党，在政府和人民之间动摇不定。动摇者的态度暧昧不明。缩减有害的开支，从本年度预算中拿出钱来，这句话说说是很容易的！但是，钱立刻就需要，而要那样做还必须得到国务会议和国家元首的**同意**。这就是说，立宪民主党指望得到高级官吏和宫廷奸党的自愿的同意。立宪民主党的指望建筑在什么基础上呢？**建筑在就未来内阁的人选问题可能进行的交易上**。

必须正视现实。用不着弄虚作假。用不着玩捉迷藏的游戏。拨款救济饥民一事，成了立宪民主党同大暴行制造者的政府、立宪民主党同宫廷奸党进行交易的由头。大暴行制造者先生们，向我们让步吧，任命穆罗姆采夫为首席大臣来代替叶尔莫洛夫吧；我们也会向你们让步，我们会把救济饥民的 1 500 万，甚至全部 5 000 万都交给你们，而不必"冒险地"(无论对你们大暴行制造者来说或对我们地主来说都是冒险)求助于人民的"自由机关"。

这就是目前在杜马内发生的事件的意义。这就是立宪民主党的《言语报》今天登载的叶辛先生的文章的意义。《言语报》社论特别赞扬了这篇文章，仅提了一些小小的保留意见。这篇文章论证杜马应当把钱交给大暴行制造者的政府，但"要用杜马所能提出的一切条件来限制这笔拨款"。

政治形势是很清楚的。我们社会民主党的杜马代表面临着极重要的任务。第一，在杜马中讨论预算和粮食委员会的报告时，他们应当同立宪民主党人进行决战。他们应当要求向人民的"自由机关"求助，应当向农民揭露为什么立宪民主党人(他们当中有那么多的地主)害怕要求得到**全部**土地而不付**任何**赎金以及要求得到全部自由的人民。他们应当要求表决他们关于这个问题的决议案，以便保证无产阶级政党得到全体劳动群众的支持，以便公开而明确地向所有的人揭露自由派地主的极端的动摇性和怯懦心理。

第二，当立宪民主党人否决关于向自由机关求助的提案时，社会民主党人应当在我们的下一条防线上同立宪民主党人进行第二次战斗。应当要求解释委员会(预算和粮食委员会)究竟为什么不公布它同最可敬的内务大臣先生和财政大臣先生进行谈判的**一切**细节。应当充分作好准备，比委员会中的立宪民主党人更详细、更坚决地批评整个预算。那样，从杜马讲坛上就会听到人们无情地揭露立宪民主党的两面手法，揭露俄国警察大暴行制造者的预算的全部“秘密”，——在这种预算中有几千万甚至几万万用来帮助地主和资本家，用在军事冒险上，用来“救济”间谍和宪兵，用来奖赏造成满洲惨剧的所有那些身居高位的英雄们，用来供养无数掠夺和压迫人民的官吏。从杜马讲坛上就会听到有人算出**有害的**开支不止 1 500 万，甚至也不止 5 000 万。

立宪民主党人只想稍微责备一下政府。而在社会民主党面前，首先是大暴行制造者将会受到清算，再就是立宪民主党人先生们自己，他们由于竭力掩盖宫廷奸党和人民之间深刻的敌对关系也将受到清算。

载于 1906 年 6 月 23 日《回声报》第 2 号

译自《列宁全集》俄文第 5 版第 13 卷第 234—238 页

关于内阁的谈判

（1906年6月22日〔7月5日〕）

昨天我们报道了报上发表的关于预定由叶尔莫洛夫、乌鲁索夫、纳波柯夫、葛伊甸等人组阁的消息[①]。今天的《言语报》针对这个名单写道："拟定这个名单的人把立宪民主党党员包括到名单中去，显然只是一种设想；实际上立宪民主党是不会参加这样的性质的内阁的。"

好得很，立宪民主党人先生们！但是，《言语报》从哪里知道立宪民主党不会参加这样的内阁呢？

读者要问，怎么说"从哪里"知道呢？《言语报》不是立宪民主党的主要机关报吗？说得对。但是，我们提出这个问题是要人们注意：像立宪民主党这样一个合法地召开代表大会、在国家杜马中占统治地位的政党，这样一个有钱的、"有教养的"、自由派的政党，玩捉迷藏的游戏是**不体面的**，极端不体面的。现在还不到说明《言语报》是立宪民主党的正式的主要的机关报的时候吗？现在还不到发表立宪民主党中央委员会的决议的时候吗？先生们，两者必居其一：**要么**你们的党没有正式讨论过它"将参加"什么样的内阁的问题。那就应当直截了当地说出来。那《言语报》就不应当代表立宪民主党说话，而应当以它自己的名义说话，应当说：**"我们深**

---

① 见本卷第228—230页。——编者注

信，立宪民主党是不会参加的”等等。

要么你们的党正式讨论过这个问题。那就应当公布这次讨论的记录，因为你们的沉默将证明你们背着人民进行秘密的谈判。

《言语报》还写道，“今天已经在谈论更加清一色的名单”。《言语报》只列举了叶尔莫洛夫、季米里亚捷夫、葛伊甸、斯塔霍维奇的名字，也就是说，只是一些官吏和十月党人的名字，而没有立宪民主党人的名字。可见，**谈判已经进行过了**。人们曾问立宪民主党人（可能是通过国务会议中的“中间派”）：你们参加这样的内阁吗？立宪民主党回答说：不，我们不参加这样的内阁。

立宪民主党人先生们，是这样吗？究竟进行过谈判没有？你们谈过**你们的**条件是什么没有？这些条件只包括任命一定的人去当大臣呢，或者还包括实行全面的大赦、保障自由、取消国务会议、同意实行普选制？

在立宪民主党对这些问题没有正式作出全面而十分确切的答复以前，我们将不厌其烦地向人民重复说：公民们，要当心啊！“人民自由”党的党员正背着人民进行廉价出卖人民自由的“非正式的”谈判。

载于 1906 年 6 月 23 日《回声报》第 2 号

译自《列宁全集》俄文第 5 版第 13 卷第 239—240 页

报刊评论

（1906年6月22日〔7月5日〕）

恩·拉赫美托夫同志在《劳动呼声报》[138]上谈了"俄国社会民主党的政治任务"。这篇文章用了四栏的篇幅来证明：

"无产阶级作为一个在俄国进行活动的阶级，对杜马不加过问是绝对没有好处的，因为这等于把自己从生气勃勃的政治力量的名单中勾销，这只会使无产阶级远不能尽其可能地充分利用俄国资产阶级革命。"

恩·拉赫美托夫声称："只要这样提出问题，就会看到对这个问题不可能有两种回答。"完全正确，拉赫美托夫同志，但是全部不幸在于这不是"提出问题"，而只是陈腐的老生常谈。

确实，从来也没有**这样**提出过"问题"。其实，拉赫美托夫同志很清楚过去和现在究竟是**怎样**提出问题的，因为他从上述冗长的话中非常突然地作出如下的结论：

"无产阶级无论对自身来说，还是对整个国家来说，都有责任在杜马同专制制度的斗争中不仅不保持消极的中立，而且还要**在这个斗争中**勇敢而坚决地站到**杜马方面去反对政府**。"

"问题"就产生在这里。拉赫美托夫同志自己也明白这一点，因为他预见到：

"《火炬报》①大概会很怀疑这种策略。这家报纸写道：'"通过杜马进行

① 现在已被政府查封的莫斯科社会民主党机关报[139]。

革命”这个无可指摘的辩证的方案，其缺陷只是忘记了一个寻常的平淡无奇的事实：现在的杜马大部分是由害怕革命因而敌视革命的资产阶级分子组成的机关。’这类议论可以充分说明，社会民主党人在任何时候和在任何情况下都不应当议论。社会民主党人应当知道，无产阶级的政策不是由其他社会集团的**情绪**决定的，而是由**迫使**这些集团去进行一定的**活动**的客观历史进程决定的。社会民主党人应当知道和估计到，他不得不与之发生关系的那些阶级**一定**要做些什么。如果这样提出问题，他就会认识到：无产阶级表示愿意以革命精神支持杜马去反对沙皇制度，**从而**就能迫使杜马发挥更高的革命积极性。只有政治上极不成熟的人，才不懂得这个简单的‘真理’。”

多么奇怪的议论！在拉赫美托夫同志看来，即使我国资产阶级思想上反对革命，也可以迫使它变为革命的。

为了做到这一点，据说需要“造成一层革命压力的火力圈来包围杜马”。那时杜马就会面临这样一个“问题”：“要么被烧尽，要么同总的火焰汇合在一起”，即面临“生死存亡的问题”。

我们非常替拉赫美托夫同志担心；对于他形而上学地“提问题”，不能辩证地提出极重要的政治问题，恐怕普列汉诺夫同志要大大挖苦他一番。要知道，过去的孟什维克和普列汉诺夫同志是常常反对在政治问题上用“要么……要么”这类词句的。为什么一定是“要么被烧尽，要么同总的火焰汇合在一起”呢？难道拉赫美托夫同志认为赫尔岑施坦之流和纳波柯夫之流的先生们的集团没有第三条出路了吗？例如，为什么他们不能同更“体面的”官僚结成联盟，来试图突破这个“革命压力的火力圈”呢？

例如，我们认为，如果胜利地增长着的革命浪潮将迫使立宪民主党的领导者选择什么道路的话，那么要选择的将正是这个第三条出路，也就是直接同官僚搞交易。

至于说目前的“人民自由党”会在这种事业中“被烧尽”，那是完全可能的，但是不知道什么时候像拉赫美托夫这样的同志们才会最后明白:关于人民自由的全部喧嚷,在立宪民主党来说不过是通向大臣职位的阶梯,而绝对不是通向拉赫美托夫这些同志们徒劳无益地硬要他们进行的“同沙皇制度斗争”的阶梯。总之,杜马的主人现在还是立宪民主党这个中间派;你们想“造成一层革命压力的火力圈来包围”**这个**杜马。这很好,这当然很重要,很必要。但是,在这里,难道不应当不厌其烦地向“施加压力者”提醒一下:他们的压力必然……会把现在的杜马主人压到官僚的怀抱里去吗?拉赫美托夫同志,难道不应当提醒他们吗?

载于1906年6月23日《回声报》第2号

译自《列宁全集》俄文第5版第13卷第241—243页

谁赞成同立宪民主党结成联盟？

（1906年6月23日〔7月6日〕）

有时候有这样的情况：老练而谨慎的政治活动家很了解对实施任何一项比较重要的政治措施负有重大的责任，因而派一些年轻而冒失的武夫去出头，好像让他们去侦察一下。这样的活动家暗自说："那里不需要聪明人"[140]；他们故意让年轻人去说漏一些不该说的东西，借以进行试探。

恩·拉赫美托夫同志在《劳动呼声报》上给人的印象，就是执行交给他的这种使命的年轻人。正因为如此，从某一方面看来，像拉赫美托夫同志的这篇极不严肃的文章（昨天我们已经嘲笑过这篇文章①）无疑是具有政治意义的。像《劳动呼声报》这样有影响的、我们社会民主党右翼的机关报，竟登载了（没有编辑部的任何附带声明）号召社会民主党去同立宪民主党结成联盟的文章，这就表明在我们党内有严重的疾病。不管谨慎的、老练的、机警的人们怎样掩饰这种疾病的症状，它还是要显露出来。而隐讳这种疾病，是一种极大的罪过。

社会民主党内的机会主义者的基本错误就在于，他们不懂得什么叫资产阶级革命的彻底胜利。我们俄国的机会主义者像所有的机会主义者一样，也轻视革命的马克思主义学说和无产阶级作

① 见本卷第241—243页。——编者注

Годъ 1-й изданія С.-ПЕТЕРБУРГЪ Цѣна № 3 коп.

ЭХО

№ 3. Суббота, 24 іюня 1906 г. № 3.

ОТКРЫТА ПОДПИСКА на ежедневную газету „ЭХО“.

Кто за союзъ съ кадетами?

Вопросы дня.

Среди газетъ и журналовъ.

Государственная Дума.

1906年7月24日载有列宁
《谁赞成同立宪民主党结成联盟?》
一文(社论)的《回声报》第1版
(按原版缩小)

为先锋队的作用，他们总是错误地认为自由派资产阶级是资产阶级革命的当然的“主人”。他们根本不懂得比如像法国大革命时期体现无产阶级和小资产阶级这些社会下层专政的国民公会的历史作用。他们根本不懂得无产阶级和农民专政是俄国资产阶级革命彻底胜利的唯一可能的社会支柱这一思想。

机会主义的实质是牺牲无产阶级永久的长远的利益来获得无产阶级表面的一时的利益。在资产阶级革命时代，社会民主党内的机会主义者常常忘记资产阶级民主派中革命的一翼的作用，盲目地崇拜这个资产阶级民主派中不革命的一翼的成就。机会主义者忽视自由主义君主派资产阶级（立宪民主党，民主改革党[141]等等）同革命的资产阶级民主派，特别是同农民的资产阶级民主派之间的重大差别。我们已经成百上千次地向我们右翼的同志指出了这种差别。布尔什维克向代表大会提出的决议草案①明明白白地指出：自由派资产阶级力图同旧政权搞交易，在革命和反动之间动摇不定，害怕人民，害怕人民的活动自由而全面地展开，这不是偶然的，而是由它的根本利益决定的。我们说，必须利用这个资产阶级的民主的词句，利用它所采取的怯懦的步骤，同时一分钟也不要忘记它的“妥协的”和叛变的意向。相反，农民民主派虽然还没有很高的觉悟，但是由于农民群众所处的客观条件，他们不得不采取革命的行动。在目前，**这个**资产阶级民主派的根本利益不会推动它去同旧政权搞交易，而会迫使它去坚决反对旧政权。为了在资产阶级民主革命中不牺牲无产阶级的根本利益，必须把自由派的或“立宪民主党的”资产阶级民主派同农民的或革命的资产阶级民

① 见本版全集第12卷第208—210页。——编者注

主派严格地区别开来。

这正是社会民主党内的机会主义者所不愿意理解的。但是,种种事件已经非常有力地证明而且将继续证明,我们的划分是正确的。就是在杜马中也可以把不得不靠拢革命和竭力想从立宪民主党的束缚下挣脱出来的农民民主派划分出来。立宪民主党和十月党对劳动派和社会民主党——这就是在建立选举产生的地方土地委员会问题上和立宪民主党"压制"集会自由的问题上**已经形成**的派别划分。

右翼社会民主党人同志们对这些事实置若罔闻。他们被眼前的形势迷惑住了,竟想把这个在杜马中占统治地位的党即立宪民主党同整个资产阶级民主派混为一谈。恩·拉赫美托夫在特别幼稚地重犯孟什维克的这个老错误。但是,当"老麻雀"巧妙地回避从错误的前提中得出不愉快的结论时,小麻雀却出来叽叽喳喳地泄露了秘密。如果立宪民主党真正是整个资产阶级民主派的代表(而不仅仅是最坏的和狭隘的资产阶级上层的代表),那么,无产阶级所必需的同资产阶级民主派的战斗联盟,自然就应当是同立宪民主党的联盟。无产阶级能够成为而且应当成为争取资产阶级革命胜利的先进战士,同时又严格保持自己的阶级独立性。但是,**没有**资产阶级民主派参加,它就不能把这个革命进行到底。可是,究竟同谁"分进合击"呢?同自由主义民主派呢,还是同农民民主派?

拉赫美托夫叽叽喳喳地说,同自由派,同立宪民主党。这还用考虑吗?立宪民主党地位高,它引人注目,它声名显赫!同立宪民主党,当然同立宪民主党!拉赫美托夫声称:"当一味对他们采取敌视态度时,他们是容易动摇的,当希望同他们结成**政治联盟**时,他们就大不一样了…… 对立宪民主党施加舆论压力(向杜马递交决议、委托书、请愿书和书面要求,组织抗议大会,安排**工人团和立宪民主党进行谈判**),比欠考虑的因而也是无目的的吵闹可以得到更多的东西。”(黑体是我们用的)

这是一个非常完整的结论。为此拉赫美托夫完全应该获得一张题有“深表谢意的布尔什维克赠”的奖状。同立宪民主党结成政治联盟,社会民主党同立宪民主党进行谈判——这是一个多么明确、多么清楚的口号!我们剩下要做的只是在工人政党中间更广泛地传播孟什维克的这个口号,并且向工人提出一个问题:**谁赞成同立宪民主党结成联盟**?任何一个对无产阶级稍微有些了解的人,都不会怀疑答案将是什么。

在同一号《劳动呼声报》上登载了俄国社会民主工党中央委员会反对社会民主党同劳动派合并的警告,这个警告实质上是正确的。但是,《劳动呼声报》像熊那样为我们党的中央委员会帮忙[142],把中央委员会的警告变成了鼓吹社会民主党同立宪民主党结成联盟的掩盖物!把**反对**社会民主党同革命的资产阶级**合并**的声明(我们再说一遍:这实质上是正确的)与鼓吹社会民主党同机会主义的资产阶级**结成联盟**结合起来,——没有什么比这种行径更严重地糟蹋社会民主党的声誉了!

我们的孟什维克是选择在什么时刻鼓吹这种联盟的呢?是在革命的资产阶级同机会主义的资产阶级的联盟,劳动派同立宪民主党的联盟**破裂**的时刻。的确,我们善良的恩·拉赫美托夫是选择了一个很好的时机来发动进攻的。恰巧是在劳动派(由于社会民主党的帮助)开始离开立宪民主党、摆脱立宪民主党的束缚、投票反对立宪民主党、团结起来反对立宪民主党同十月党的“联盟”的时刻。拉赫美托夫这样的人还居然大言不惭地谈论什么杜马的革命化，他们实际上是在竭力按立宪民主党的要求把这个杜马庸俗化！

先生们，请记住：同立宪民主党结成联盟，同它进行谈判，是对它施加压力的最糟糕的方法。实际上这不是社会民主党对它施加压力，而是削弱社会民主党的独立斗争。使杜马革命化和对立宪民主党“施加压力”的，只能是那些无情地揭露它的每一错误步骤的人。拒绝支持这种错误步骤，对立宪民主党杜马的压力要比同立宪民主党进行谈判来支持它大得多。工人团拒绝投票赞成对沙皇演说的答词，因为立宪民主党已经把答词的锋芒削弱了。工人团拒绝支持立宪民主党。它以此贬低了立宪民主党在人民心目中的地位，在精神上把人民注意的中心从立宪民主党身上转移到杜马的“左派”核心上去了。我们无情地谴责**立宪民主党**杜马的不彻底性，以此使杜马革命化，也使——这是更重要的——信赖杜马的人民革命化。我们以此来号召大家挣脱立宪民主党的束缚，号召大家更勇敢、更坚决、更彻底地行动起来。我们以此来分化立宪民主党，使立宪民主党的队伍在社会民主党和劳动派的共同攻击下发生动摇。

我们执行的是作为革命中的先进战士的无产阶级的政策，而不是作为最怯懦、最可鄙的自由派资产阶级上层的仆从的政策。

载于1906年6月24日《回声报》第3号

译自《列宁全集》俄文第5版第13卷第244—250页

立宪民主党杜马把钱交给了大暴行制造者的政府

(1906年6月24日〔7月7日〕)

这样的事本来就是一定会发生,现在果然发生了。从昨天起,大暴行制造者的专制政府的预算中就有一小部分是经过所谓“人民的”代表**批准的了**。法国有一句谚语:最难走的是头一步。换成俄国的谚语是:头杯酒难以下咽,二杯酒有些苦口,再往后就一饮而尽。立宪民主党人已经同专制制度的代表人物一起喝干了头一杯酒。

让我们再仔细回忆一下这个历史事件的整个过程。内务大臣和财政大臣请求杜马拨款5 000万卢布救济饥民。“**按照法律**”,没有杜马的决定,大臣们就不能得到这笔钱,就不能把粮食工作掌握在自己手里。关于由谁主持这个工作的问题,大臣们并没有问杜马,因为“**按照法律**”,这当然应当由大暴行制造者的政府掌管。关于从哪里弄到钱的问题,大臣们在自己的提案中也没有谈到,只是提出“让财政大臣去筹措”。大臣们只是在委员会中才提出以发行公债作为筹钱的方法。而在昨天的杜马会议上,财政大臣直截了当地声明:“国家杜马的职权在于授权寻找财源,至于寻找的方法〈引自《言语报》,我们不负文字上的责任〉则由最高当局确定。”这样,大臣们要从杜马得到的就是一个同意拨款的总的决定,财源问题他们是不大关心的。

我们在前天已经指出，在杜马中立即提出了解决问题的两个主要办法[①]。立宪民主党主张拨出 1 500 万卢布，其条件是要对开支情况作出报告，并且必须从 1906 年预算的“预期节余”中拨出这笔款子。全部主张就是这样。财政大臣非常冷静地回答立宪民主党说：“如果国家杜马作出拨款 1 500 万卢布的决定，那么财政部将如数拨付，但**不是从节余中**拨出，而是从其他有保证的开支项目中划出来。”在拨出这项开支时，这位大臣“一定会到国家杜马中去说：你们强迫我们拨出这项开支，我们已经没有什么余款可作这项开支了”。

看来，事情是再明白不过的了。大臣简直是在当面侮辱立宪民主党杜马：你们允许拨款 1 500 万卢布的决定我们要利用，至于你们关于“节余”的决定，那不过是一句空话。大臣不客气地宣称，节余是不会有的。大臣不客气地声明，按照杜马的拨款单去取得钱他完全同意，但对杜马关于“节余”的主意他只能嗤之以鼻。

立宪民主党杜马**实际上**究竟扮演了一个什么角色呢？扮演了**证人**的角色，这个证人被警察局叫来对它在花费从人民身上掠夺来的钱财方面的行为表示赞同。“按照法律”，拨款要有证人签字。警察局提出了要求。立宪民主党杜马签了字。警察局需要的就是这个。至于证人还要多少吵闹一番，那它是毫不在意的。

扮演警察局的证人角色的正是**立宪民主党**杜马。社会民主党代表采取的完全是另一种态度，正确的态度。他们的主张和我们前天指出的一样。拉米什维里同志说得非常好：“我说，先生们，我

① 见本卷第 234—238 页。——编者注

们即使拨给政府一文钱，这一文钱也永远到不了人民手里。"社会民主党在自己的决议(昨天我们已经发表)中说得非常正确：不能容许把钱交给专制政府，国家杜马应当成立**自己的**粮食委员会，派自己的成员到发生饥荒的地区去，吸引一些"自由的社会组织"参加工作。社会民主党把自己的决议当做一篇革命的告人民书，痛斥政府是窃取人民的钱财并用来同人民作战的"制造饥荒的真正罪人"。社会民主党要求**取消**用在宪兵、政治警察、警备人员等等上的开支，要求**缩减**身居高位的寄生虫们的俸禄和年金，要求**检查**国库的现金和账目。它也十分正确地要求把皇室的、皇族的、教会的、寺院的地产收入用来救济饥民。社会民主党公开谴责了整个旧政权及其一切机关，还批评了整个国家预算。

表决的结果怎样呢？当然，立宪民主党取得了胜利。根据许多报纸一致的记载，劳动派投票赞成社会民主党(**遗憾的是**没有进行记名投票)。政治派别的划分愈来愈明确了。十月党和立宪民主党主张同旧政权搞交易。社会民主党和劳动派坚决反对。社会民主党的一致行动不仅吸引了农民，而且甚至使立宪民主党人发生了某种分裂：不仅左派加列茨基羞于扮演警察局的证人的角色，而且右派库兹明-卡拉瓦耶夫也为此感到羞耻。立宪民主党人，只是立宪民主党人以"人民代表"的名义，恬不知耻地签字同意拨款给大暴行制造者。

立宪民主党杜马的这种签字的原则意义是很大的。幼稚的人们和近视的政治家常常说：责备立宪民主党叛变，责备它同官僚搞交易是没有根据的，是为时过早的。但是，拨款给大暴行制造者的政府正是在进行这种交易(严格说来，这已经不是第一次了)。请看立宪民主党是用什么样的可鄙的遁词来为自己辩解的。《我们的生活报》喊道，这是妥协，但这种妥协是迫于暂时的情况。当然啰，先生们，资产阶级同警察专制政府的种种妥协总是拿暂时的情况来解释的。

但是，必须立即救济农民！是不是农民代表背叛了农民呢？立宪民主党先生们，是这样吗？要知道，农民代表投反对票，是因为他们比你们更清楚地了解通过警察局的手钱会到哪里去。而国家杜马本身为什么不能把这项工作担当起来呢？

葛伊甸们，科科夫佐夫们，米留可夫们，甚至《我们的生活报》的伯恩施坦派都异口同声地叫道：这是空想，这是不可能实现的，在现有的组织没有依法改组以前，必须同它打交道。是的，先生们，资产阶级总是认为取消旧政权的一切机关是空想，因为资产阶级需要这些机关来反对无产阶级和革命的农民。在警察统治的阶级国家里，总是会有无数“迫切的”开支：要供养一旦被雇佣的官吏，要按订货单付款，如此等等。也总是会有“现有的组织”（即警察官吏的组织），这种组织不经国务会议同意就“不能”一下子改组，**如此等等**。

这样的遁词总是会有的。世界各地的自由派资产者都是用这样的遁词来哄骗轻信的人民的。这样的遁词是资产阶级背叛人民自由事业的一种自然的掩盖物。

无产阶级始终会反对所有这些骗人的把戏。它将号召人民进行反对旧政权的所有机构和机关的斗争，号召人民通过工人阶级和革命农民的自由组织来进行这种斗争。

载于1906年6月25日《回声报》
第4号

译自《列宁全集》俄文第5版
第13卷第251—254页

报刊评论

（1906年6月24日〔7月7日〕）

《言语报》大为恼火，因为左派报刊就有关半立宪民主党、半官僚的内阁的传闻，谈起了立宪民主党人同宫廷奸党之间的讨价还价的交易，谈起了在这种交易中不可避免的叛卖行径。

《言语报》愤愤地说："这些论断的虚伪和无聊是否还需要加以证明呢？"

看来是需要的，立宪民主党人先生们，而且甚至是极其需要的，因为就在这篇文章（《饥饿与政策》）中我们可以读到：

"但是，这场（杜马同本届内阁的）缓慢而又艰苦的斗争已使得关于责任内阁的问题从抽象想法的范围转到了具体现实的基础上，已被当做一种现实的可能在进行讨论。"

很好。那么，取消国务会议的问题、大赦问题、普遍的……选举权问题，所有**这些**问题是否也**已经**是"现实的可能"呢？无疑都不是，对吧？关于这些，暂时确实连任何传闻也没有。

既然是这样，那就毫无办法："只好加以证明。"

载于1906年6月25日《回声报》第4号

译自《列宁全集》俄文第5版第13卷第255页

立宪民主党的应声虫

（1906年6月27日〔7月10日〕）

昨天我们登载了波兰社会民主党第五次代表大会[143]的主要决议。现在已经加入我们党的波兰同志（25 000—30 000个党员），坚决反对中央委员会关于国家杜马的策略。他们斥责这一整个策略，甚至认为不需要谈论由支持立宪民主党内阁这一类众所周知的错误的策略所产生的一些个别错误。自然，——出席波兰代表大会的人也都很清楚这一点——波兰社会民主党是绝对反对这种“支持”的。全体彼得堡社会民主党人的代表会议也坚决拒绝支持立宪民主党内阁。社会民主党莫斯科中部地区区域代表会议同样反对这种支持。[144]

出席彼得堡代表会议的代表约代表4 000个党员，出席莫斯科区域代表会议的代表约代表14 000个党员。因此，大约有2万个党员，即一半以上的党员（上一次代表大会的代表约代表了31 000—33 000个党员）**谴责了中央委员会在支持杜马内阁问题上的策略**。大多数党员反对支持。我们党内的内阁，即我党的中央委员会，不再体现党的意志，它目前的起码的政治责任是尽快召开紧急代表大会。否则，它就会沦为一个不顾**实质上**已经表达出来的党的意志、而用**形式上的**借口和拖延手段死抓住党的权力不放的小集团。无论如何，党现在已经有能力做到召开代表大会。

孟什维克仍然坚持受到大多数党员谴责的支持杜马内阁**即立宪民主党**内阁的策略(虽然如彼得堡的争论所表明的,一部分孟什维克在这个问题上已经采取独立的态度,抛弃机会主义)。对于社会民主党右翼常常提出的理由,我们再来进行一次分析。

他们向我们说,争取到任命一个杜马内阁,就意味着“从宫廷奸党手中争取政权”,“使行政机关向人民代表机关负责”;这就是“从假想的立宪制度向真正的立宪过渡”(《劳动呼声报》第5号)。

这是一个**天大的谎言**。杜马内阁即立宪民主党内阁恰恰将由**宫廷奸党**来任命(如果立宪民主党的要求得到满足的话)。但是能不能说由宫廷奸党任命自由派大臣就是争取政权呢?宫廷奸党按照自己的意志任命大臣,也可以随时撤换他们,因为它并没有交出政权,而只是**假装分出一部分政权**,以**试探**自由派奴仆是否能使它满意。宫廷奸党中的聪明人,例如波别多诺斯采夫和特列波夫,就坦率地在这样盘算(据某些报纸的报道[145]):对于我们来说,任命自由派大臣是最合算的事。这样我们不仅可以安慰立宪民主党人(即杜马中的多数),而且可以安慰立宪民主党人化的社会民主党人。对付不称心的大臣至少比对付杜马要容易得多。我们要赢得时间,把牌洗乱,使杜马中的右派即半数以上的人都为了大臣的职位而乱成一团,互不信任,吵闹不休。我们要把水搅浑,我们要牵着立宪民主党人的鼻子走,就像在救济饥民问题上那样。我们曾迫使他们在救济饥民问题上“自愿”扮演警察局证人的角色,我们也同样要迫使他们在大臣职位问题上扮演警察仆从的角色。

谁稍微了解一些俄国立宪民主党和其他国家的“立宪民主党”的历史,谁就知道,宫廷奸党总是能够牵着自由主义君主派资产者的鼻子走的。要防止这一点,只有一个办法:提高无产者和革命农民的**独立的**政治意识。而右翼社会民主党人恰恰使这种意识模糊和混乱。正是为了使革命阶级保持非常鲜明的政治意识和斗争的完全独立性，我们社会民主党必须只让立宪民主党一个党为了争夺大臣的职位而围着宫廷奸党的脚打转转。让无产阶级牵扯到这件事上去，那就是出卖无产阶级的利益和革命的利益。

如果宫廷奸党任命立宪民主党人为大臣，它就是使“行政机关向人民代表机关负责”(《劳动呼声报》)。

这是一个天大的谎言。当立宪民主党教授们这样说的时候，上帝是会宽恕他们的。而当社会民主党重复这种话的时候，那就不可饶恕了。可敬的应声虫们，行政机关不是向“人民代表机关”负责，而是向**立法机关**负责的。请记住这一点。现在我们再往下向你们说明。俄国的立法权现在属于谁呢？属于(1)最高当局；(2)国务会议；(3)国家杜马。

现在你们是否已经明白了自己的失策？立宪民主党大臣既要向杜马负责，也要向国务会议负责，又要向宫廷奸党负责。把事情说成他们仅仅向杜马负责，这是对人民**撒谎**。

再往下说。向各种不同的机构负责的大臣的处境将是怎样的呢？处境将是尴尬的。在上述所有三个立法机关没有变更现有法律以前，大臣们必须**遵守和维护**一切现有的法律。难怪像罗季切夫一类的立宪民主党雄辩家现在已经在杜马中卖力地说并叫喊：他们是王朝的挡箭牌。立宪民主党是洞悉内情的。而右翼社会民主党人则人云亦云，对真相却一无所知。

为什么组阁一事现在成了立宪民主党鼓动的重点呢？为什么他们不同样热心地、经常地、响亮地叫喊：取消国务会议，废除妨碍人民代表机关成为立法机关的**那些法律**呢？为什么他们为实行全面的大赦、实现完全的自由和实施普选制而进行的鼓动，要比为大臣职位而进行的鼓动**软弱得多**呢？你们考虑过这些没有？没有，你们没有考虑过。立宪民主党人首先敲的是后门，因为他们**不想**实现完全的自由（请回忆一下他们关于集会的法律草案），**不想**完全取消国务会议（请回忆一下**他们**纲领中关于参议院的条文），他们**也**将和向杜马负责**一样地**向国务会议负责，**等等**。立宪民主党不想要求**先**实行全面的大赦，**先**取消国务会议，**先**实现完全的自由，**先**实施普遍的……选举权，**然后**任命他们当大臣。为什么立宪民主党不想这样做呢？因为他们洞悉内情，而立宪民主党的应声虫们对此却一无所知。

立宪民主党人说：当我们当上了大臣的时候，**我们**就会**争取**所有的这些自由！但要知道，这可不是一下子就能做到的。而应声虫们就表示相信并且竭力……

立宪民主党懂得，大臣仍旧要向旧的、警察制的俄国法律负责，向杜马、向宫廷奸党、向国务会议负责。所以从大臣身上什么都得不到，大臣会说：我很高兴，我真诚地愿意，但是“那里”不同意，国务会议还有点固执。先生们，耐心一点吧，因为没有人能够比我（立宪民主党人）更好地使宫廷奸党和国务会议良心发现了。

应声虫，请记住：为了反对立宪民主党的这种叛变策略，不应当对他们随声附和，而应当保持完全的独立性，即**警告**无产阶级和农民不要信任立宪民主党，不要重复立宪民主党的口号。而你们却以自己的策略在**妨碍**工人阶级和革命农民的独立斗争。你们为了立宪民主党改良主义的一碗红豆汤而在出卖革命的长子权。[146]

对于**第三个谎言**，即所谓宫廷奸党任命立宪民主党人为大臣就是“彻底的转变”，就是向“真正的立宪”过渡，我们就不需要这样详细地来谈了。现在读者自己可以看到，在特列波夫任命罗季切夫为大臣后，连**成文的**宪法都没有改变。说由于这样的任命就可以转变为**真正的**立宪，那应当说是十足的胡说了。

下一次我们将分析另一个常常提出的理由："不管怎么说，立宪民主党内阁还是比较好一些。没有什么别的好选择的了。应当支持比较好一些的。"我们将看到，这个理由是不是社会民主主义的，它有什么价值。

载于1906年6月27日《回声报》第5号

译自《列宁全集》俄文第5版第13卷第256—260页

再论杜马内阁

(1906年6月28日〔7月11日〕)

“必须选择”——机会主义者不论过去或现在总是用这种议论来证明自己正确。大事情不是一下子就能做到的。必须争取做小的、可以做到的事情。但怎样确定某件事情可以做到呢？这要根据大多数政党或最“有威信的”政治家的同意。同意作某种微小的改善的政治活动家愈多，这种改善也就愈容易做到，它也就愈容易获得成功。不要成为一个光想做大事情的空想主义者。要做一个善于支持细小的要求的讲求实际的政治家，这种小事情**有助于争取**做大事情。我们认为做小事情是争取做大事情的**最可靠的阶段**。

所有的机会主义者，所有的改良主义者都是这样议论的，这正是他们不同于革命者的地方。右翼社会民主党人正是这样议论杜马内阁的。召开立宪会议，这是一个大要求。这不是立刻就能做到的。这个要求现在还远不是所有的人都自觉地赞成的[①]。而**整个**国家杜马，也就是说，绝大多数政治活动家，**也就是说**，“全体人民”，都赞成杜马内阁。**必须选择**，在现有的祸害和对这种祸害作**极微小的**纠正之间进行选择，因为不满意现有祸害的人绝大多数都赞成作“极微小的”纠正。做到了小事情，我们就易于争取做大

① 赞成这个要求的只是杜马中的一小部分人。

事情了。

我们再说一遍，这是全世界所有的机会主义者主要的、典型的议论。这种议论必然会引申出什么结论呢？必然会引申出这样的结论：不需要任何革命纲领、革命政党和革命策略。只需要**改良**就够了。不需要革命的社会民主党。只需要一个实行民主主义的和社会主义的改良的党。确实，世界上**总是**会有一些人对现有的东西不满，这不是很明显吗？当然，总是会这样的。表示不满的人极**大多数总是**会赞成对这种不能令人满意的状况作**极微小的**纠正，这不是也很明显吗？当然，总是会这样的。这就是说，我们的工作，先进的和"觉悟的"人们的工作，就是**始终**要支持关于纠正祸害的**极微小的**要求。这是最可靠、最实际的工作，而一切关于所谓"根本的"要求等等的议论，只是"空想主义者"的滥调，只是"革命的空话"。**必须选择**，而且始终要在现有的祸害和纠正这种祸害的常见方案中最微不足道的方案之间进行选择。

德国社会民主党内的机会主义者就是这样议论的。他们说，有一种社会自由派要求取消反社会党人非常法[147]，要求缩短工作日和举办疾病保险等等。资产阶级中也有不少人赞成这些要求。不要用不讲策略的行为把他们从自己身边推开，要向他们伸出手来，支持他们，那样，你们就会成为讲求实际的政治家，你们就会给工人阶级带来虽然微小但是很实际的好处，你们的策略只会给"革命"的空话带来害处。革命现在反正是搞不起来。**必须**在反动和改良之间，在俾斯麦的政策和"社会帝国"的政策之间进行**选择**。

法国内阁中的社会党人也是像伯恩施坦派这样议论的。他们说：**必须**在反动派和答应作一些实际上可以实现的改良的资产阶级激进派之间进行**选择**。必须支持这些激进派，支持他们的内阁，而关于社会革命的词句，只是“布朗基主义者”、“无政府主义者”、“空想主义者”的空话，等等。

所有这些机会主义的议论的基本错误在哪里呢？在于它们**实际上**是用资产阶级的“团结一致的”“社会的”进步的理论来代替以阶级斗争作为历史唯一的**实际**动力的社会主义理论。根据社会主义的学说，即马克思主义的学说（关于非马克思主义的社会主义，现在是不值得认真谈的），历史的真正动力是各阶级的革命斗争；改良是这种斗争的副产品，所以说它是副产品，是因为它反映了那种想削弱和缓和这种斗争等等的失败的尝试。根据资产阶级哲学家的学说，前进的动力是社会上所有认识到某些制度“不完善”的分子的团结精神。前一种学说是唯物主义的，后一种学说是唯心主义的。前一种学说是革命的，后一种学说是改良主义的。前一种学说奠定了现代资本主义国家中无产阶级的策略的基础，后一种学说则奠定了资产阶级的策略的基础。

从后一种学说中产生出资产阶级庸俗的进步派的策略：随时随地支持“比较好一些的”；在反动派和同这种反动派对立的势力中的极右派之间进行选择。从前一种学说中产生出先进阶级的独立的革命策略。我们无论如何不能把自己的任务降低为支持改良主义资产阶级的最流行的口号。我们要执行独立的政策，**只**提出**确实**对革命斗争有利，**确实**能提高无产阶级的独立性、自觉性和战斗力的改良口号。只有执行这种策略，我们才能够**使**来自上面的总是不彻底的、总是虚伪的、总是包含着资产阶级的或警察的圈套的改良**不能为害**。

不仅如此。只有执行这种策略，我们才能把真正的改良事业真正推向前进。这似乎是奇谈怪论，但是国际社会民主运动的全部历史证实了这一点，证实了改良主义者的策略**最不能**保证改良的实施和改良的真实性。革命的阶级斗争的策略才最能使两者都得到保证。**实际上**，改良正是迫于革命的阶级斗争，迫于这种斗争的独立性、群众力量和顽强精神。这种斗争愈是强大有力，改良也才能愈是真实，因为改良**从来**是骗人的、表里不一的、充满祖巴托夫精神的。如果我们把自己的口号同改良主义资产阶级的口号混淆起来，那就会**削弱**革命事业，**从而也就会削弱改良事业**，因为我们那样做会削弱革命阶级的独立性、坚定性和实力。

有的读者也许会问：为什么要重复阐明这种国际革命社会民主运动的起码知识呢？这是因为《劳动呼声报》和许多孟什维克同志都忘记了这一点。

组织杜马内阁或立宪民主党内阁，正是这种骗人的、表里不一的、祖巴托夫式的改良。忘记这种改良的实际意义是立宪民主党试图同专制政府进行交易，那就等于用自由派资产阶级关于进步的哲学代替马克思主义。如果我们支持**这种**改良，把它列为**自己的**口号，那就会**模糊**无产阶级的革命意识，**削弱**无产阶级的独立性和战斗能力。如果我们**完全**坚持自己原有的革命口号，那就能**加强**真正的斗争，从而也就能增加改良的可能性，增加**使改良**有利于革命而不利于反动势力的**可能性**。我们要把这种改良中所有骗人的虚伪的东西丢给立宪民主党，把其中所有可能有益的内容自己**利用起来**。只有实行这种策略，我们才能利用特列波夫先生们和纳波柯夫先生们之间的互相扭打，使这两位可敬的杂技演员跌到坑里去。只有实行这种策略，历史才会像俾斯麦评价德国社会民主党人那样地评价我们："没有社会民主党，就不会有社会改良。"没有**革命的**无产阶级，就不会有 10 月 17 日。没有十二月事件，一切拒绝召集杜马的打算就不会中止。今后还会有另一个决定革命命运的十二月事件……

后记：当我们读到《劳动呼声报》第 6 号的社论时，这篇文章已经写成。同志们正在改正自己的错误。他们希望杜马内阁**在**上台**以前**，就要求并力争做到在各地取消戒严和所有的警卫队，实行全面的大赦和恢复一切自由。同志们，好得很！请要求中央委员会把这些条件列入它的关于杜马组阁的决议中吧。请你们自己试着做做看，那时你们就会得出这样的结论：**在**支持杜马内阁或立宪民主党内阁**以前**，就必须要求并力争做到使杜马或立宪民主党走上革命的道路。**在**支持立宪民主党**以前**，就必须要求并力争做到使立宪民主党不再是立宪民主党。

载于 1906 年 6 月 28 日《回声报》
第 6 号

译自《列宁全集》俄文第 5 版
第 13 卷第 261—265 页

报刊评论

（1906年6月27日〔7月10日〕）

总之，《言语报》还是认为，将军为自己庇护立宪民主党内阁而要价太高，它声称，立宪民主党人决不为了任何内阁的职位而放弃把土地强制转让给农民的原则和全面的大赦。我们以为，将军作为一个实干的国务活动家，没有理由因为一些原则而中断这笔交易。要知道，按照立宪民主党人的计划，要强制转让的远非全部土地，而只是需要划给农民的以便使他们能勉强负担起国家赋役的那么一些土地；其次，被转让的土地的原所有者"按照公平的估价"可以因转让土地而得到一笔现钱，而在现时，现钱比土地要好使得多，因为土地已由于农民坚决不愿替别人耕种而不再带来收入。至于大赦，须知立宪民主党人已经对国家履行了自己的职责，将人民希望看到囚犯和被流放者恢复自由的一致愿望禀告了最高当局；而且，为了不损害君主在这件事情上的不可剥夺的特权，决定否决劳动团准备提交国家杜马的有关大赦的法案。特列波夫将军还要什么呢？将军，别再讨价还价了，"不要忧心忡忡，不要有那不祥的思虑，不要毫无根据和不着边际地怀疑"，把缰绳交给新的马车夫吧：一旦遭到挫折，还不是依然得由您来采取"极端手段"……

载于1906年6月28日《回声报》
第6号

译自《列宁全集》俄文第5版
第13卷第266—267页

报刊评论

(1906年6月28日〔7月11日〕)

在拼凑立宪民主党人—十月党人—官吏的内阁失败以后，政府曾试图用独裁来吓唬立宪民主党人。现在，立宪民主党人则用革命来吓唬政府。《言语报》写道：

"大火愈燃愈烈——这就是我们从来自俄国各地的电讯中得出的印象…… 正在燃烧的已经不是革命的知识分子，甚至也不是工人阶级，而是农民在燃烧，军队在燃烧。说得正确些，也就是整个俄国在燃烧…… 农民们动辄聚集起成千上万的人，自行对当局、对土地占有者、对领地和庄园进行惩治。"

格列杰斯库尔教授就这场"大火"赶忙出来表示自己对历史事变的深刻理解：

"毫无疑问，我们正处在决定性事件的前夜。**或者政府在最近几天就改变主意，把权力交给杜马内阁，或者它就会把我们引向一场灭顶之灾。**"

总之，要么是革命，要么是立宪民主党内阁。立宪民主党人利用一切，尤其是利用人民的革命主动性来证明必须有立宪民主党内阁，这是毫不足怪的。不过他们并没有什么可以自我陶醉的，因为立宪民主党的巫医们现在针对革命开出的立宪民主党内阁这副解毒剂，用来解革命主动性之毒，用来对付《言语报》自己所确认的群众要求实现其集会自由的权利(不是立宪民主党所说的集会自由，而是完全的自由）和拥有全部土地的权利的强烈愿望，是不会灵验的。

努力吧，先生们，革命既然对付得了维特—杜尔诺沃体制，它也一定能对付立宪民主党的各种解毒剂。

*　　*　　*

《言语报》说：要么是革命，要么是立宪民主党内阁；它还补充说：革命嘛，不妨奉告一声，我们倒并不害怕，而对你们却更为不妙。但是，一切在战斗时刻善于坚持战斗立场的人都知道这类言语的价值。大暴行制造者和帮凶的机关报《新时报》也十分清楚，格列杰斯库尔一类先生们之所以提到革命，只是由于他们害怕革命比害怕火还要厉害。正因为如此，我们认为，《新时报》在作如下声明时，更加充分地暴露出准备搞交易的心理状态和政治实质。它说："立宪民主党人先生们，我们和你们一样害怕革命，但是我们同革命进行斗争的各种办法几乎都已用尽，而你们却还有那么一些，因此，请你们试一试吧，可别拖延误事。"情况正是如此。立宪民主党人说：我们还可以等一等；而新时报派先生们却催促说：快点行动吧，不然革命就要取胜了。

最近一号的《新时报》是这样写的：

"……即将发生爆炸，对此不仅现任内阁要负责，而且立宪民主党也要负责。这个党的罪过在于：它因怯懦而不愿在极左派面前丧失自己的一部分声誉，把国家杜马引上了不可避免的旷日持久的冲突的道路，并且由于它坚持要立即强行实现政治纲领——这是需要有很长很长时间的——而犯下了违反和平演进律的罪行。"

事情正是这样进行的：讨价还价，彼此恫吓，然后成交：事业相同——目的也相同。

*　　*　　*

昨天我们指出[①]，既然立宪民主党因转让土地而从农民那里“按照公平的估价”取得一笔很可观的钱，那么特列波夫就没有理由只是为了原则上不容许把土地强制转让给农民而同立宪民主党分手。今天的《言论报》写道：

“关于由杜马中的多数组织新内阁的各种传说都认为土地改革是关键。我们听到的来自其他方面的传说认为，**在组织杜马内阁问题上能够作为达成协议的基础的，是发行新公债。**

发行公债的目的首先是为了解决迫切的土地问题。撇开强制转让土地这个不能接受的主意不谈，据估计，解决这个问题需要20亿卢布。公债的另一半应当拨给陆军部和海军部独立支配，以加强陆海军的战斗准备。”

这样，可以拍板成交了：只要用20亿卢布赔偿被剥夺的地主等等，再拨出20亿给陆军部和海军部独立支配，特列波夫就不再考虑什么原则，而同意让立宪民主党人执政。要价并不高，是不是，立宪民主党人先生们？

*　　*　　*

《我们的生活报》因我党打算召开新的代表大会这种想法而感到不安。它竭力把这将要召开的代表大会说成是一种灾难，是党得了不治之症的一种征候。“又是代表大会！”——它对此感到惊恐不安。是的，又是代表大会——当中央委员会和它的指示同全党的意见发生矛盾的时候，召开代表大会是摆脱党内既成局面的必然出路。党现在是按民主原则改组过的，因此我们要问一问《我们的生活报》中的民主主义者：不通过代表大会，民主政党的有组织的意见又怎样能表达出来。这些先生在自己的报纸上引用了《回声报》[148]关于反对中央委员会政策的组织的数目和票数的报

① 见本卷第266页。——编者注

道，可是他们又对召开代表大会感到惊恐不安。

不，召开新的代表大会的想法不是一种灾难。这是党的活力的标志，是党内舆论力量的标志，是党从各种情况造成的困境中简单容易地找到出路的标志。所以我们深信，对于党内任何人来说，尤其是对于我们的责任内阁——中央委员会来说，召开代表大会不会是一种灾难。召开代表大会，现在对于党来说是一种需要，对于中央委员会来说是一种责任，对于立宪民主党及其应声虫们来说则可能是一种不愉快的事情。但是，有什么办法呢！我们知道，在代表大会上不论谁取得胜利，对资产阶级来说都是一件非常不愉快的事情。

*　*　*

在《劳动呼声报》(第 7 号)上有这样一段话：

“**编辑部按**：我们收到了康·波—夫同志关于恩·拉赫美托夫同志的文章的信。我们认为必须声明，我们不完全同意拉赫美托夫的某些观点，特别是完全不同意他的关于同立宪民主党结成‘政治联盟’的意见。

我们给了拉赫美托夫同志自由发表意见的权利。但我们自己是站在阿姆斯特丹决议的立场上的，并且从立宪民主党登上政治生活舞台的第一天起，我们在论述目前政治形势的各种问题的一些指导性的文章中，就已经相当明确地表明了这一点。”

我们不知道康·波—夫同志究竟给《劳动呼声报》编辑部写了些什么，但是使我们不禁感到疑惑的是：难道编辑部只有收到这封信以后才“理解”恩·拉赫美托夫的文章？如果编辑部没有收到康·波—夫同志的信也理解它不同意恩·拉赫美托夫的意见，那么怎么能够发表有原则指导意义的文章而不附带说明编辑部不同意这些文章的见解呢？此外，这篇实质上只是因文笔尖刻及结论和口号很“极端”而令人注意的冗长文章，迷惑了不少读者，使他们以为文章的作者是接近党的领导层的。但是,在我们的疑惑的感觉中也还掺杂了一些满意的感觉:尽管《劳动呼声报》用了一星期的时间才否定了恩·拉赫美托夫的文章,但是,不管怎么说,迟做总比不做好。

载于 1906 年 6 月 29 日《回声报》
第 7 号

译自《列宁全集》俄文第 5 版
第 13 卷第 268—272 页

报 刊 评 论

（1906年6月29日〔7月12日〕）

《思想报》刊载了雅罗斯拉夫尔行政当局的一份耐人寻味的“政治犯名单”。名单上有数十人（雅罗斯拉夫尔市56人，雷宾斯克市17人）被注明为“思想危险分子”，并在秘密报告中呈请警察司作出“适当的处理”。《思想报》就此写道：

“大家都来想一想吧。有耳可听的人都可以听见，有理智的人都可以判断。现在警察司已经预谋好了一场大规模的行动，企图对那些被怀疑同社会革命党、社会民主党、农民协会和铁路工会有关系的人进行规模空前的大‘搜捕’，通过这种办法，坚决‘彻底’地一举‘消灭’整个俄国土地上的一大批组织。为了这一目的，警察司要求各地提出可疑分子的全部名单。这些集中起来的‘政治犯名单’中目前已有将近一万人的名字，这些人随时有被捕的危险。”

总之，政府正在酝酿一个新的阴谋。反人民的军事准备，解散杜马的“措施”，要逮捕的万人名单！如像在10—12月那样，政府正在对革命“虎视眈眈”，它正在利用某种程度的自由，以便再次诱骗和屠杀成千上万的自由战士。

让所有的人都坚守自己的岗位。政府已作好了准备，所以革命人民也应当作好准备。

载于1906年6月30日《回声报》
第8号

译自《列宁全集》俄文第5版
第13卷第273页

“非党”抵制派的错误议论

(1906年7月1日〔14日〕)

《思想报》最近在一篇社论中试图证明，国家杜马中的劳动团不应当因成立党团而陷于“分裂”[149]。它说，对杜马的抵制注定了极端的党派在杜马中将没有自己的党团。而劳动团正是作为非党的组织，将同它在各地的非党“协助小组”相结合而带来最大的好处。

这种议论是根本错误的。非党的革命性是资产阶级民主革命时代的一种必然的和不可避免的现象。社会民主党的布尔什维克已经不止一次地指出过这一点。党性是高度发展的阶级对立的结果和政治表现。而阶级对立不发展正是资产阶级革命的特点。在资产阶级革命时代，非党的革命民主派必然会发展和扩大。

作为觉悟的无产阶级的代表的社会民主党，不能够发誓不参加各种非党革命团体。例如，这样的团体有：工人代表苏维埃、农民协会、一部分教师联合会[150]、铁路工会[151]等等。我们应当把参加这种团体看做是社会民主党同革命的资产阶级民主派结成的临时战斗联盟。只有这样看，才能不损害无产阶级的切身的和根本的利益，才能不妨碍维护马克思主义者的绝对独立的社会主义观点和利用任何一点机会成立独立的社会民主党的组织。

把成立这种独立的社会民主党组织看做是“分裂”非党革命组织，这表明：第一，这是纯粹的资产阶级观点；第二，没有真心去维护或没有很好考虑如何去维护非党性。只有资产阶级的思想家才会把社会主义者单独组成政党指责为“分裂”。只有不真诚的，即为自己的**隐匿的**党性暗中担忧的或者不仔细考虑问题的人，才会认为成立**党的**组织就是“分裂”非党组织。先生们，这是不能自圆其说的。要知道，**非**党性就是对于各种不同的（在共同的革命民主主义目的的范围内）政党保持中立。用“分裂”这个字眼来指责党性，已经是放弃中立和非党性，已经是具有鲜明的党性了。先生们，你们或者是口是心非，或者是考虑不周。实质上，你们是用反对分裂和维护非党性的叫喊来掩饰你们对于**自己的**党性的担忧。一个真正非党的、拥护比如说立宪会议的人，是不会把自己的一部分志同道合者在完全接受召集立宪会议的要求的前提下组成一个独立的政党看做是分裂的。

总之，让非党的革命者尽量去发展非党的革命组织吧。祝他们成功！但是希望他们少喊一些反对党的革命者“分裂”非党革命组织的话。

现在来谈抵制。我们深信，抵制并不是错误。在1906年初的具体历史形势下，抵制是必要的和正确的。在布里根杜马被粉碎以后以及在12月以后，社会民主党人应该同样高地举起为召集立宪会议而斗争的旗帜，应该同样竭尽**全**力来粉碎维特杜马。我们履行了自己的革命职责。尽管有各种诽谤和过迟的忏悔，抵制还是为在工人中保持革命精神和社会民主主义意识起了很大的作用。对它的最好的评价是：（1）工人下层群众赞成抵制；（2）在特别受压迫的边区，抵制进行得很顺利；（3）政府颁布了一项对付抵制的特别法[152]。

那种认为抵制是一个错误、抵制没有好处的看法，是不正确的，近视的。抵制不仅带来了精神上和政治上的好处，而且还带来了最实际的直接的好处。它使政府的全部注意力和全部力量转移到同抵制派的斗争上。它把政府弄到了可笑的、愚蠢的和对我们有利的地步——**为**召集杜马而斗争，从而大大削弱了政府对杜马成分的注意。如果允许用军事上的情况作比喻的话，抵制就是正面攻击或正面佯攻；不进行这样的攻击，就**不能**从背后包抄敌人。情况正是这样：我们革命者作了正面的佯攻，政府对这种攻击害怕得要死，颁布了一项极端愚蠢的法律。自由资产者和非党革命者则利用了这种正面攻击和敌人力量在中心地区的集中，作了迂回的运动。他们从背后包抄了敌人，悄悄地钻进了杜马，化了装打入了敌人阵营。

各干各的。无产阶级进行斗争，资产阶级悄悄地钻进去。

现在，我们要**完全**使立宪民主党为宫廷奸党召开的、对宫廷奸党百依百顺的、同宫廷奸党进行交易的杜马担负政治上的责任。我们必须这样做，因为杜马的成分和杜马活动的全部性质都带有两重性，有些东西我们必须支持，有些东西我们必须坚决反对。只有资产阶级政治家才会忘记这种两重性或者不愿意看到这种两重性。只有资产阶级政治家才会顽固地忽视杜马作为专制政府同自由主义君主派资产阶级进行反革命交易以反对无产阶级和农民的机关的作用。这种交易是否会成功，哪怕是暂时成功，它的后果如何，这一切还不得而知。这归根到底取决于杜马外的人民运动的力量、组织程度和自觉程度。但是，在杜马中占优势的是**能够**进行这种交易的阶级的代表，现在正在进行这方面的谈判，正在作准备和试探，这是**事实**。立宪民主党的任何“反驳”，孟什维克的任何隐瞒手法，都掩盖不了这个事实。

既然是这样(毫无疑问是这样),那就很明显,当时无产阶级阶级斗争的利益绝对要求无产阶级保持政治上的完全独立。无产阶级当然不能像自由派资产阶级那样兴高采烈地随时准备捡起扔给他们的一根骨头。它不能不尽一切努力来警告人民不要落入宫廷奸党设下的圈套。它不能不尽一切力量阻止召集立宪民主党的伪“人民代表机关”。抵制也正是为了达到这一切。

所以,右翼社会民主党人的议论是极端轻率和非常不符合历史事实的,他们现在为博得资产阶级的欢心而否定抵制,咒骂**自己**昨天的行为。因为,要知道,孟什维克也**曾是抵制派**,他们只是愿意在另一个阶段抵制杜马。只要回忆一下**两个**历史事实就够了;多多少少珍视自己的过去的社会民主党人忘记这两个事实,那是不可饶恕的。**第一个**事实是:在由一半布尔什维克和一半孟什维克组成的我党统一的中央委员会的文告[153]中,曾经直截了当地声明双方同意抵制的主张,只是在哪一个阶段实行抵制比较合适的问题上有分歧。**第二个**事实是:没有任何一个孟什维克在他们的任何书刊上号召参加杜马,甚至“很坚决的”普列汉诺夫同志都不敢这样做。对于社会民主党来说,否定抵制就等于是歪曲党的昨天的历史。

但是,实行抵制是否就**一定**要放弃在杜马中成立自己的党团呢?完全不是。这样想的抵制派,像《思想报》那样,是错误的。我们当时应当尽一切力量而且确实尽了一切力量来阻止召集伪代表机关。事实就是这样。但是,如果说,尽管我们尽了一切努力,伪代表机关还是召集了,那么我们就不能放弃利用它这个任务。只有不珍视革命斗争、不珍视争取革命完全胜利的斗争的资产阶级政治家,才会认为这是不合逻辑的。应当提醒大家回忆一下李卜克内西的例子。李卜克内西在 1869 年痛斥、抨击和反对德意志帝国国会,而在1870年后却参加了国会。李卜克内西能够正确评价为争取成立革命的、而不是资产阶级叛卖性的人民代表机关的革命斗争的意义。李卜克内西并没有怯懦地否定自己的过去。他完全有根据地说:我尽了一切力量来反对这种国会,争取最好的结果。而结果是最坏的。然而我仍旧能够利用它,而不破坏自己的革命传统。

所以,决不能因为抵制而放弃利用杜马和放弃在杜马中成立党团。问题不在这里,问题在于:必须加倍留神(任何一个读过布尔什维克的决议草案①的人都知道,布尔什维克在统一代表大会上正是**这样**提出问题的)。应当考虑的是,**现在**是否能够通过在杜马内工作的方式来利用杜马,是否有适于做这项工作的社会民主党人和适当的外部条件?

我们认为是有的。我们曾经指出我们的杜马代表的部分的错误行为,但是整个说来,他们采取了正确的立场。在杜马内**出现了**真正与革命形势**相适应**的派别划分:十月党和立宪民主党站在右面,社会民主党和劳动派(或者确切些说,劳动派中的优秀分子)站在左面。我们能够而且应当利用这种派别划分来提醒人民警惕立宪民主党杜马具有危险的一面,来开展不受杜马、杜马的策略、杜马的目的等框框所限制的革命运动,在这种派别划分的情况下,我们(如果能正确进行工作)也将利用非党的革命民主派,同时将作为社会民主主义的无产阶级的政党而十分明确和坚决地行动。

载于1906年7月1日《回声报》
第9号

译自《列宁全集》俄文第5版
第13卷第274—279页

① 见本版全集第12卷第341—342页。——编者注

资产阶级的谴责和无产阶级的号召

(1906年7月1日〔14日〕)

国家杜马对比亚韦斯托克大暴行的报告的讨论已近尾声。政府的罪行已经被十分确切地,有时甚至可以说是在细节上也很确切地揭露出来了。在斥责地方**和中央**行政当局的极端卑鄙行为时,国家杜马中的意见似乎是完全一致的。爱说什么杜马会"使各阶级的斗争融为一体"[154]的人,可以为这种意见的完全一致而额手称庆。

但是,问题一涉及关于同那帮大暴行制造者极端卑鄙的罪行**作斗争**的必要措施的**实际**结论,这种虚有其表的、表面的完全一致就立即烟消云散了。事实立即表明,资产阶级和无产阶级(不管怎样"使各阶级的斗争融为一体")在各自的解放斗争中追求的是**根本**不同的目的。资产阶级要对政府"谴责"一下,以便自己动手来**平息**革命。无产阶级则要**号召**人民进行革命斗争。

这个区别在就比亚韦斯托克大暴行提出的两个决议案中可以明显地看出来。资产阶级(立宪民主党)的决议案:(1)抨击政府;(2)要求内阁辞职;(3)强调"政府意识到自己**没有力量**同革命进行斗争"。资产阶级希望有一个能**同革命进行斗争的强有力的**政府。

无产阶级(社会民主党)的决议案则不同:它(1)抨击政府——

政治上头脑简单的人通常只注意无产阶级同资产阶级在这一点上的“完全一致”；(2)声明“**能**保护公民的生命财产的**唯一**方法，**是人民自己武装起来**”；(3)“号召**民众自己**起来保护自己的生命财产”并“对民族迫害**予以反击**”。

资产阶级**利益**和无产阶级**利益**的不同，在这两个不同的决议案中明显地表现出来。资产阶级要扑灭革命，无产阶级要把革命力量武装起来。资产阶级留恋官吏法庭，无产阶级向人民法庭控诉(我们社会民主党杜马党团的决议案中写道：“人民法庭不会放过这些罪犯和**他们的庇护人**”)。资产阶级只是向**大臣们**呼吁，呼吁他们**让步**。无产阶级则向**民众**呼吁，呼吁他们武装起来并**进行反击**。

我们在杜马中的同志们在这个问题上采取了正确的态度。希望他们今后也能这样明确、鲜明、不可调和地用革命的无产阶级的声明来对抗毫无原则的资产阶级的空话。

载于1906年7月1日《回声报》
第9号

译自《列宁全集》俄文第5版
第13卷第280—281页

军队和人民

（1906年7月2日〔15日〕）

各报仍在继续发表关于军队中的运动的各种各样的消息。现在已经很难计算，在杜马"进行工作"的两个月内，有多少团队或部队发生过骚动，爆发过起义。天真的（但也不总是天真的）资产阶级政治家臆想出来的所谓和平议会活动，在军事方面也引出了完全不是和平的、完全不是议会式的斗争方法和运动形式。

我国自由派资产阶级报刊发表关于军队中的运动的事实和消息，通常只是为了利用这些材料来吓唬一下政府。立宪民主党的报纸通常这样议论：看啊，火烧起来了，大臣先生们，请留神，现在让位给我们还不迟。而大臣们也以恐吓来回答立宪民主党人（通过《新时报》和其他仆从报纸）：看啊，先生们，火烧起来了，现在同我们达成协议还不迟。无论是立宪民主党还是政府，都认为军队中的运动证明了必须采取紧急措施来扑灭革命。他们的这种同自身的私利密切联系的近视观点，使他们看不到这个运动正是我国革命的**真正**性质、它的**真正**意向的最明显的标志之一。无论是立宪民主党还是政府，在军队问题上都是追求私利的。大暴行制造者需要军队作为屠杀的工具。自由派资产者需要军队来保护资产阶级君主制，防止农民特别是工人的"过分的"侵犯和要求。"军队应当站在政治之外"，——这种庸俗的、虚伪的、骗人的说教特别便于掩饰资产阶级在这方面的真正意图。

但是，请看一看军队骚动的性质和士兵的要求吧。请看一看那些冒着因"不服从"而被枪决的危险的士兵吧。他们是有自己的利益的活生生的人，是人民的一部分，是我们社会中某些阶级的迫切要求的表达者。你们可以看到，士兵最接近于政治上最不开展的农民，他们被长官野蛮的打骂、管教和训练弄得呆头呆脑，你们可以看到，士兵这些"无辜畜生"提出的要求，比立宪民主党的纲领**不知要进步多少！**

立宪民主党和立宪民主党杜马喜欢把自己装做全民要求的表达者。许多头脑简单的人也相信这一点。但是只要看一看事实，看一看广大人民群众的实际要求和实际斗争，你们就会明白，立宪民主党和立宪民主党杜马是在**阉割**公众的要求，歪曲这些要求。

请看一看事实。普列奥布拉任斯基团的士兵曾经提出要求：支持劳动团为争取土地和自由而进行的斗争。请注意，不是支持杜马，而是支持劳动团，即支持因提出消灭土地私有制的 33 人土地法案而被立宪民主党斥责为"粗暴地侮辱"国家杜马的那个劳动团！事情很明显，士兵比立宪民主党进步，"灰色畜生"比有教养的资产阶级提出了**更多的**要求……

彼得堡的一个步兵团的要求是："……应当把维护我们士兵需要的士兵代表选到国家杜马中去。"士兵不愿意站在政治之外。士兵不赞同立宪民主党人。士兵提出的要求，其目标显然是要取消等级制的、脱离人民的军队，而代之以享有充分权利的公民的军队。而这也就是要取消常备军，武装人民。

华沙军区的士兵要求召开立宪会议。他们要求**士兵**有集会和结社的自由，"不必得到军官的许可，也不要军官参加"。他们要求允许士兵“在家乡服兵役”，要求有权在不执行勤务时穿着便服，要求有权**选举士兵代表**来管理士兵的给养，来组织法庭审理士兵的过失。

这是什么要求？是像立宪民主党所理解的那种军事改革吗？或者这已经是完全接近于要求建立全民的和完全民主的民兵制？

士兵们比有教养的资产者老爷们更好地表达了真正人民的、为绝大多数人民所赞同的要求。军队中的运动的性质和基本特性，比立宪民主党的策略更准确地表达了在目前条件下解放斗争主要的和基本的形式的实质。工人和农民的运动更有力地证实了这一点。我们的任务不是用立宪民主党的贫乏的政策的狭隘框框去压缩这个运动，不是为了要适应立宪民主党的贫乏的口号而降低这个运动，而是要以真正彻底的、坚决的、战斗的民主主义精神去支持、扩大和发展这个运动。

载于 1906 年 7 月 2 日《回声报》第 10 号

译自《列宁全集》俄文第 5 版第 13 卷第 282—284 页

报刊评论

(1906年7月2日〔15日〕)

立宪民主党人先生们仍然很天真地表示“弄不明白”。其中最顽固地仍然表示“弄不明白”的，恐怕要算是伊兹哥耶夫先生了。他用无辜被辱者的腔调对“布尔什维克先生们”攻击立宪民主党表示愤怒。

“‘人民自由’党不会欺骗任何人。任何人都无权向它要求比在各届党代表大会赞同的纲领和策略中所规定的更多的东西。无论武装起义，无论推翻君主制，在这个纲领和策略中都没有谈到。布尔什维克应当尊重实际上存在的党。布尔什维克对那些向他们谈了真相而不愿意按照他们的指示行事的人生气，未免有些奇怪。”

正是这样，伊兹哥耶夫先生；我们恰恰是“尊重实际上存在的党”。你仍然“弄不明白”吗？其实问题很简单：对于一个资产阶级政党来说，“人民自由党”的**纲领**是很不坏的。请注意，我们是很严肃地说这个话的。

在那里(**在纲领中**，伊兹哥耶夫先生！)，比如说，有言论自由，集会自由，有许多好东西。但是，这并不妨碍立宪民主党人去制定既**反对**言论自由，也**反对**集会自由和反对其他好东西的苦役法案。

至于谈到策略……

确实，各届党代表大会非常赞同“要么成功，要么成仁”、“要么光荣牺牲，要么含羞而死”这样的策略。但是，和代表大会上的策略不同，立宪民主党实际执行的策略却散发着一种别的气味。你们反对武装起义吗？先生们，你们有充分的权利这样做，但是，你们不是赞成采取**坚定的不调和的反对派立场**吗？你们不是主张在君主坐皇位而不掌权的条件下把政权转交给人民吗？既然这样，你们为什么要在大臣职位问题上**讨价还价**呢？所以，伊兹哥耶夫先生，我们恰恰是“尊重实际上存在的党”，而不是纸上的党。如果你们**真正**像“各届党代表大会赞同的”你们的纲领和策略给你们规定的那样进行斗争，那么我们同你们就会谈别的了。

在伊兹哥耶夫先生的文章中还有许多别的有趣的东西。但是一般说来，那些已经属于阿·卢—基同志的写作范围。[155]我们不想侵犯它。

载于1906年7月2日《回声报》
第10号

译自《列宁全集》俄文第5版
第13卷第285—286页

论组织群众和选择斗争时机[156]

（1906年7月4日〔17日〕）

我们今天登载了赫鲁斯塔廖夫同志论述当前应成立工人代表苏维埃问题的文章。不用说，文章作者的名字就足以证明他非常熟悉这个问题。彼得堡的所有工人都知道这一点。他们也知道，正是在目前，对于成立工人代表苏维埃的问题，首都无产阶级极为关注。

在这样的情况下，赫鲁斯塔廖夫同志对我党彼得堡委员会的决议的批驳就具有突出的意义。

我们不能同意赫鲁斯塔廖夫同志的意见。他似乎是针对彼得堡委员会而出来维护整个建立工人代表苏维埃的思想以及工人代表苏维埃在1905年年底的历史作用，这是徒劳的。他拒绝把十二月起义算在苏维埃的账上，这也是徒劳的。我们会毫不犹豫地这样做，但是我们当然不会把十二月起义记在“借”方，而会把它记在“贷”方。我们认为，工人代表苏维埃最伟大的、还远没有得到充分估计的功绩正是它的战斗作用。

但是，工人代表苏维埃是一种**独特的**战斗组织，所以泛泛议论组织的好处，丝毫无助于说明这个**独特的**组织在**目前**时期的好处问题。赫鲁斯塔廖夫同志写道：“苏维埃是革命无产阶级的革命议会。”这说得对。苏维埃的特点正是具有这种作用，而不是什么技术性的战斗作用。苏维埃作为工会的组织者、作为调查工作的倡议者和作为调解机构等等的作用，只是非常次要的、附带的。完全可以设想，即使没有工人代表苏维埃，这些任务也是可以完成的。但是，没有非党的群众性的罢工委员会，要举行总罢工是难以想象的。苏维埃是从**直接的**群众斗争的需要中产生的，是这种斗争的机关。这是事实。只有这个事实才能向我们说明苏维埃的**独特**作用和真正意义。彼得堡委员会的决议中用的“战斗的”这个词，指的正是这个事实。

谁也不会为了进行调查，为了发展工会等等而想起建立工人代表苏维埃。**建立苏维埃，就是建立无产阶级的直接的群众斗争机关**。这样的机关不是在任何时候都应该建立的，而工会和政党却是**永远和绝对**需要的，是可以而且应当在任何条件下建立的。因此，用一般组织的作用作为理由来反驳彼得堡委员会，是完全错误的。因此，以全体社会民主党人都支持建立农民土地规划委员会的主张作为理由，也是错误的，因为建立这些委员会的想法恰恰是**由于**普遍讨论土地改革、**由于**土地运动已经发展起来而产生的。

赫鲁斯塔廖夫同志讽刺说：但是，这些委员会也可能导致“过早的”行动！问题恰恰在于，农民的行动和工人的行动在目前具有重大的差别。广泛的农民行动在目前**不可能**是“过早的”，而广泛的工人行动却很可能过早。原因很清楚：工人阶级在政治发展上**超过了**农民，而农民在准备全俄革命行动方面**还没有赶上**工人阶级。在十二月起义以后，而且在很大程度上是由于十二月起义，农民一直在追赶工人阶级（不管那些常爱低估十二月起义的意义甚至完全否定十二月起义的胆怯的学究怎样说）。农民在地方土地委员会的帮助下将**更快地**追赶工人阶级。催促在上一次战斗中没有来得及帮助先锋的后卫往前赶一赶，无疑是有好处的，而且这样做无论在哪一方面都不致冒险。催促在上一次战斗中没有能得到后卫的及时帮助的先锋再往前赶，就无疑是冒险，因此必须慎之又慎，三思而行。

在我们看来，赫鲁斯塔廖夫同志正是没有估计到这种独特的政治形势。他对一般苏维埃的功绩和意义的估计是绝对正确的。但是，他对目前局势以及对工人和农民的行动之间的关系的估计是错误的。看来，他忘记了彼得堡委员会在另一个决议中提出的另一个建议：支持由杜马中的左派组成一个执行委员会的主张，以便把各人民自发组织的行动统一起来[①]。这个委员会可以把全体农民的准备程度和坚决程度更准确地调查清楚，这样也就可以使成立工人代表苏维埃的工作建立在切实的基础上。换句话说，彼得堡委员会现在要做的更多，它不单单要争取建立无产阶级的战斗组织，而且还要争取使无产阶级的战斗组织同农民的战斗组织等等配合和**协调**起来。彼得堡委员会目前**推迟**成立工人代表苏维埃，并不是因为它没有估计到工人代表苏维埃的巨大意义，而是因为它还要考虑另一个新的、现在表现得特别明显的**成功条件**，即革命农民和工人的一致行动。因此，彼得堡委员会丝毫没有束缚自己的手脚，一点也没有预先决定明天的策略。彼得堡委员会**此刻**劝告先锋说：不要投入战斗，先派些代表到后卫那里去；明天后卫会更靠近一些，攻击会更齐心一些，明天我们能够提出更适合时宜的行动口号。

最后来总结一下。一般说来，赫鲁斯塔廖夫同志提出了赞成

---

① 见本卷第204—205页。——编者注

成立苏维埃的一些很有说服力的理由。他很正确地估计了苏维埃的一般意义。他主要是反对贬低苏维埃的作用,反对贬低一般革命行动的意义,赫鲁斯塔廖夫同志这样做是完全正确的。在我们这里,这样的"贬低者"是不少的,而且不单是在立宪民主党人中间有。但是,由于刽子手和大暴行制造者的罪过而同无产阶级断绝了经常的密切的交往的赫鲁斯塔廖夫同志,没有能够充分估计**目前局势**和**目前**革命力量的"战斗部署"。**今天**,先锋不应当把主要注意力放在直接的行动上,而要放在巩固和扩大同后卫以及所有其他队伍的密切的联系上。

载于1906年7月4日《回声报》第11号

译自《列宁全集》俄文第5版第13卷第287—290页

报刊评论

(1906年7月4日〔17日〕)

我们在《回声报》第9号上发表的关于评价抵制的历史作用和非党革命组织的意义的意见①,引起了资产阶级民主派极右翼和极左翼的很有代表性的反应。

果然不出所料,《思想报》抱怨我们用“资产阶级民主派”这个字眼,并且气愤地回避问题的实质。它写道:

“《回声报》甚至认为在‘工人代表苏维埃’这种纯粹无产阶级的阶级组织中也有‘资产阶级民主派’…… 这可以说是登峰造极了。”

激进派先生们请记住,工人代表苏维埃大部分不是“纯粹无产阶级的”。工人代表苏维埃常常吸收一些士兵、水兵、职员和农民的代表作为自己的成员。**直截了当地**说出你们为什么不喜欢“资产阶级民主派”这个概念,岂不是比用吹毛求疵来回避意见分歧更好吗?

《言语报》完全失去了常态。立宪民主党人在一篇反对我们的短评的开头还戴着白手套,他表示“不愿意讲任何伤害人的话”。多么高尚的绅士!但是在短评的末尾,立宪民主党人就像……就像警察头子那样破口大骂起来。他们把我们对抵制的评价称之为“小丑行为或冥顽不灵”。哦,这就是立宪民主党的绅士风度!

---

① 见本卷第273—277页。——编者注

《言语报》写道：

“无论如何，我们要记录下来：布尔什维克的策略**是以**争取召集杜马**为目标**。至于捶胸顿足地喊叫必须进行抵制，**其目的是要**把政府引入歧途。”

够了，绅士先生们！你们非常清楚，我们的想法是完全不同的。抵制的目的是要像破坏布里根杜马那样破坏维特杜马。抵制虽然没有达到**自己的**直接的目的，但是带来了**间接的**好处，其中一点就是转移了政府的注意力。革命策略在这里也像平常一样，最能提高无产阶级的觉悟和战斗力，并且在不能取得完全胜利的情况下，间接地保证了不彻底的改革。

载于1906年7月4日《回声报》第11号

译自《列宁全集》俄文第5版第13卷第291—292页

大胆的攻击和胆怯的防御

（1906 年 7 月 5 日〔18 日〕）

大家早就知道，反动派是好汉，而自由派是懦夫。

立宪民主党就土地问题而写的国家杜马告人民书草案，又给这个老的真理提供了一个新的证据。很遗憾，劳动派的草案也不比立宪民主党的好，这一次劳动派完全束手无策地做了自由派资产阶级的尾巴。但是在杜马中有社会民主党人，他们不会出来搭救吗？

请回忆一下，关于这篇国家杜马告人民书的整个问题是怎样发生的。国家杜马在对沙皇演说的答词中表示赞成有利于农民的强制转让私有土地。哥列梅金内阁简短、明确、斩钉截铁地回答说：**“不准”**。

但是，内阁并不满足于作这种粗暴的警察式的拒绝。不，革命已教会了大臣们一些东西。大臣们不想把自己的职责局限于对杜马的形式上的询问作出形式上的答复。反动派不是形式主义者，而是讲究实际的人。他们知道，真正的力量不在杜马中，而在人民中。他们要**在人民中**进行鼓动。他们抓紧宝贵时间，毫不迟缓地拟就了**告人民书**。这份政府通报（6 月 20 日）引起了拟定杜马告人民书的想法。政府指了路。杜马跟在政府的后面，而不能先走上真正的人民代表机关应走的道路。

政府通报究竟写得怎样呢？这是一篇反动的君主主义政党的真正战斗宣言。啊，反动派一点不客气！他们懂得怎样用战斗的语言来写。他们在自己的“通报”中直截了当地以**政府**的名义说话。确实，这里有什么好客气的呢？这些自由派教授们硬要人们相信，我们在立宪制度下生活，杜马也是政府的一部分。让这些教授们去胡言乱语吧！让他们用立宪游戏去麻醉人民吧！我们反动派是讲究实际的人。我们知道，政府**实际上**就是我们。我们就是这样说的，而对这些自由派学究的吹毛求疵和形式主义我们只能嗤之以鼻。我们直截了当地公开说：农民们，你们不明白什么对自己有好处。强制转让对你们没有好处，而且我们政府也**不准**这样做。农民中所有关于土地的谈论都是谣言和欺骗。最关心农民的是政府。政府就是现在也还愿意作些施舍。而农民们应当知道，他们不应当“靠骚动和暴力”来求得改善，而应当靠“和平的劳动”（应当补充说：为地主劳动），靠我们专制政府对农民的不断关怀。

这就是政府通报的要点。这是对革命的真正宣战。这是反动的专制制度对人民的真正宣言：不容许！要毁坏！

现在立宪民主党和这次完全被立宪民主党俘虏的劳动派准备回答政府的挑战。今天发表了立宪民主党的草案和劳动派的草案。这两个草案给人造成一种多么可怜而又可鄙的印象啊！

反动的宫廷奸党肆无忌惮地撕毁法律，把形式上只是政府的**一小部分**宣布为真正的和**整个的**政府。立宪民主党和劳动派就像谢德林笔下的绝顶聪明的鮈鱼[157]那样躲在法律的牛蒡下面。这些“人民”代表——请原谅我这样说——哭诉说，有人以违法来攻击我们，而我们则用法律维护自己！杜马是按照法律行动的，它表示赞成强制转让土地。按照法律，没有得到杜马的同意，“政府的任何计划都不能生效”。按照法律,我们有一个很大的委员会,由99人组成……[158] 这个委员会要制定出“经过周密考虑、正确编写的法律”…… 愿人民“安安静静地等待最后颁布这种法律”(劳动派删掉了末尾这种满脸无耻的奴才相的语句!良心受到了谴责。但是,他们加进了一段成立“地方土地机关”的话,同时却又**狡猾地避而不谈**以下事实:杜马,即杜马中占多数的立宪民主党人,显然要使这些机关成为**地主官吏的**组织)。

人民代表先生们,这真是太不光彩,太可耻了!现在连最偏僻的地方的俄国农夫也懂得:在俄国,纸上的法律同实际的生活大相径庭,用所谓立宪的、严格奉公守法的活动这种和平方法事实上**不可能**使全部土地转归农民所有并为全体人民争得完全的自由。对于这些,你们都假装不懂,这是不光彩的。如果你们过去和现在都没有决心这样果断地写出并这样公开地说出自己的革命真理以回答宫廷奸党的反动**真理**,那就用不着去答复内阁。有关杜马的法律并没有规定一定要求助于人民,因此绝顶聪明的恪守法律者们,你们还是老实地守住自己的那些“质问”,不要插足你们既没有勇气,没有直爽精神,也没有本领同反动派这些讲究实际、会斗争的人作较量的那个领域吧!

如果要写告人民书,那就应当把真相,把全部真相都写出来,把最痛苦的、毫不掩饰的真相都写出来。必须对人民说:

农民们!内阁向你们发布了文告。大臣们既不打算给你们土地,也不打算给你们自由。大臣们毫不客气地代表整个政府说话,反对杜马,虽然在纸面上杜马被认为是政府的一部分。

农民们!大臣们实际上就是俄国的专制政府。他们不拿你们在杜马中的人民代表当一回事,他们嘲弄这些代表,用警察式法律的刁难来拖延一切。他们戏弄人民的要求，若无其事地继续推行残杀、暴力、掠夺和制造大暴行的旧政策。

农民们！要知道，杜马是没有能力给你们土地和自由的。杜马的手脚被警察政府的法律牢牢捆住。必须使人民代表掌握全部权力，掌握全部国家政权。你们要土地和自由吗？那你们就要争取召开全民立宪会议，争取在全国各地完全扫除旧政权，争取选举的完全自由！

农民们！要知道，如果你们不自己解放自己，那么谁也不能解放你们。工人们懂得这一点，所以他们用自己的斗争取得了10月17日的让步。你们也应当懂得这一点。只有这样，你们才会成为革命的人民，即懂得要为什么目标而斗争的人民，善于斗争的人民，善于战胜压迫者的人民。要利用你们在杜马中的代表，利用你们派到杜马中去的代理人，要在全俄各地更紧密更齐心地团结起来，准备迎接伟大的斗争。不进行斗争就不会有土地和自由。不进行斗争，别人就会用暴力强迫你们接受招致破产的赎买，就会强迫你们接受地主和官吏的土地委员会，这些地主和官吏就会像1861年那样再哄骗和掠夺你们。

农民们！我们在杜马中为你们做了一切可能做的事。可是，如果你们确实希望在俄国不再有像目前在杜马建立以后还存在的制度，那你们就得自己去完成自己的事业。

* * *

但是，在杜马中提出这样的告人民书是可笑的。

确实是这样吗？然而，用立宪民主党和劳动派（让他们感到羞愧吧）所用的那种固守陋习的俄国辩护士的刻板语言来写“告人民书”难道不可笑吗？人民为杜马呢，还是杜马为人民？自由为杜马呢，还是杜马为自由？

*　　*　　*

让人们在任何一次农民大会上宣读立宪民主党的告人民书、劳动派的告人民书和我们的告人民书吧！看看农民对真理在哪一边这个问题会怎样说吧！

载于 1906 年 7 月 5 日《回声报》
第 12 号

译自《列宁全集》俄文第 5 版
第 13 卷第 293—296 页

杜马内的政党和人民

（1906 年 7 月 5 日〔18 日〕）

昨天杜马内关于告人民书问题的讨论，为广大群众的政治教育提供了极有价值的材料。

告人民书问题与实际生活这样密切，以致各个政党的实质都再清楚不过地暴露出来。在这个问题上，杜马受到了反动的专制政府（《政府通报》）和革命的人民的夹攻。革命人民在杜马外的斗争可以说已经透过了塔夫利达宫的每一个孔隙和裂缝。讨论一开始，问题就不可遏止地从形式和细节方面转到了实质方面。

为什么需要告人民书呢？这个问题有力地在杜马面前提出来了。它反映在全部讨论中。它把整个讨论引向我们在昨天的社论[①]中提出这个问题时的那个方面：是否要用杜马的战斗声明来回答内阁的战斗声明？或者根本不作回答？或者设法消除意见分歧，缓和由现实生活本身所产生的问题的尖锐性？

这场争执是由杜马中的右派挑起的。右翼立宪民主党人彼得拉日茨基试图推迟问题的讨论。自然，右翼立宪民主党人得到了十月党人的支持。很明显，反革命害怕杜马的告人民书。

反动派以自己明确的行动促使杜马内的整个左派团结起来。推迟讨论问题的提案被否决了。从讨论中极其明显地表明了杜马

---

① 见本卷第 291—295 页。——编者注

内存在三个主要派别。“右派”(十月党人和一部分立宪民主党人)主张“安抚”农民运动,因此**反对**任何一种告人民书。“中间派”(立宪民主党人和可能是多数无党派人士的代表)也主张“安抚”农民运动,因此**主张**发表**安抚性的**告人民书。“左”派(劳动派,显然只是他们当中的一部分,以及社会民主党人)主张向人民说明:**不能**“安安稳稳地等待”,因此主张**革命的**而不是“安抚性的”告人民书。

劳动派日尔金、波兰代表列德尼茨基和社会民主党人拉米什维里最突出地表达了左派的观点。日尔金说:“民众抓住最后的几乎可以说是幼稚的希望。”“我不是谈和平、平静和安宁,我是谈同旧政权进行有组织的斗争…… 难道国家杜马是由于和平和安宁才有的吗?”而在谈到十月斗争时,发言人在左派的一片鼓掌声中高声喊道:“我们能够在这里,正应当归功于这种‘混乱状态’。”发言人很正确地说:“在这种一般的意义上说来,委员会向我们提出的告人民书是很不能令人满意的”(只不过应当加上一句:没有包含日尔金发言中的那些思想和论点的劳动派草案也是不能令人满意的)。“必须强调并且在最后必须说明:不是和平和安宁,而是在好的和伟大的意义上的混乱状态才能组织群众……”

列德尼茨基甚至用了我们昨天用过的一个最尖锐的字眼,他说提出来的告人民书是**“可悲的”**。拉米什维里也“反对要求大家安安静静地等待问题的解决”,他宣称:**“只有革命的道路才是真正的道路。”**(引自《我们的生活报》的报道)他还宣称,必须说明要**无偿地**转交土地。

大多数立宪民主党人和“无党派人士”赞成“安抚性的”告人民书,谴责革命措施(见科特利亚列夫斯基反驳列德尼茨基的发言),证明告人民书“从土地占有者的观点来看”是有好处的(立宪民主党人雅库什金)。

黑帮分子沃尔康斯基同斯基尔蒙特和右翼立宪民主党人彼得拉日茨基一起,论证了告人民书的"危险性",说它有可能燃起革命火焰,他还指出,按照**法律**,土地法案还必须在杜马中通过,然后提交国务会议等等,等等,等等。

派别已经分得十分清楚。情况又一次表明,立宪民主党在反动派和革命派之间、在旧政权和人民之间动摇不定。事件又一次表明,"支持立宪民主党"的策略,是多么近视和荒谬,这种策略只会削弱社会民主党和革命民主派在杜马中的革命立场。事件又一次表明,社会民主党独立行动既能争取一部分劳动派分子,甚至也能在一定程度上使立宪民主党分裂。

政治形势本身势必要决定社会民主党的策略。不管社会民主党右翼怎样拼命努力,直到现在还**没有出现**对立宪民主党的任何支持,却幸运地出现了受到一部分农民代表支持的无产阶级的独立政策。结果没有出现机会主义者所虚构和臆造的划分:右派与立宪民主党、劳动派和社会民主党三者相对立。结果出现的是**革命的**划分:社会民主党和劳动派与右派相对立,立宪民主党处于完全动摇的状态。

很遗憾,我们的社会民主党代表并没有充分利用极为有利的形势。他们本来必须在共同讨论时提出**自己的**社会民主党的告人民书草案。只有那样,他们的政策才是革命的**先锋队**——无产阶级的**阶级**政党的代表的完全彻底**独立的**政策。只有那样,拉米什维里、日尔金和列德尼茨基的正确见解才不致消失在争论中,而会在革命的社会民主党的坚决而明确的纲领中集中起来,固定下来。

现在只希望我们的社会民主党杜马党团吸取日益频繁地发生

的杜马中的派别划分的教训，希望它更坚决地采取完全独立的无产阶级政策，能在逐条讨论告人民书草案时，使情况有哪怕是局部的改善，即加入一些独立的彻底革命的提法。

社会民主党的告人民书草案，即使只是一个在杜马中宣读过的草案，也会对革命斗争的团结和发展起极为有益的作用，并且会把革命农民中的优秀分子争取到社会民主党方面来。

载于1906年7月6日《回声报》第13号

译自《列宁全集》俄文第5版第13卷第297—300页

反动派的阴谋和大暴行制造者的威胁

（1906 年 7 月 6 日〔19 日〕）

《俄国报》[159]因维护大暴行制造者的政府的观点而得到这个政府的津贴。

这家政府报纸在谈杜马告人民书草案问题时的口气，带有很大的威胁性。它吓唬杜马，指明杜马所设想的措施既不合法，也“不合理”，而且“带有革命性”，等等。立宪民主党的《言语报》今天已经完全调转了方向，表示反对告人民书，显然它已经被这家对政府奴颜婢膝的报纸的威胁吓坏了。

于是威胁接踵而来。《俄国报》今天就立宪民主党内阁问题写道：“如果有人建议明亮的太阳弗拉基米尔委托夜莺大盗来治理罗斯作为建立秩序的办法，弗拉基米尔大概会提出更简单的办法——借伊里亚·姆罗梅茨的帮助来干掉夜莺大盗[160]。**大家知道，这样做收到了成效。**”

准备“干掉”俄国革命的这个“伊里亚·姆罗梅茨”，原来就是**国际反革命大军**。这家政府的报纸在《外国列强和俄国的局势》（《俄国报》第 170 号）一文中，不厌其详地**说明**让外国列强积极干涉俄国内政的问题，这不是由于幼稚，其目的还是为了进行威胁。

这家政府报纸所作的说明是大有教益和极有好处的。国际反革命密切注视着俄国，正在聚集和准备反对俄国的力量，“以防万一”。《俄国报》写道：“德意志帝国政府对于这种局势〈即：“俄国目前的局势首先是受国外的革命分子的影响的结果”〉看得非常清楚，所以它采取了一系列相应的措施，这些措施将不失时机地达到合乎愿望的结果。”

这些措施就是：如果自由事业取得胜利或将要取得胜利，德国军队就准备同奥地利一起侵入俄国。柏林政府已经就这个问题同奥地利政府进行协商。德奥两国政府认为，“为了镇压或限制这个运动〈即革命运动〉，在一定条件下积极干涉俄国内政可能是合乎愿望的和有益的”。同时还认定，为了进行干涉，需要俄国政府直接而明确地表示这样的愿望。

在奥地利，在加里西亚，在与俄国接壤的边境地带，为防止俄国式的土地运动也可能扩展开来，在那里集结了三个军的兵力。加里西亚总督，同时也是俄国的地主，6 月 26 日甚至对民众发布了一项文告，文告中警告说，一切骚动都将遭到最严厉的镇压。

总之，国际反革命正在策划阴谋，这已经是毫无疑问的了。俄国政府为了对付俄国人民而请求外国派兵援助。这方面的谈判一直都在进行，而且已经签订了相当明确的条约。

所以要让工人和农民知道，政府为了保证一伙大暴行制造者的统治而在出卖祖国。过去一直是这样，将来也总是这样。历史教导我们，统治阶级为了镇压被压迫阶级的革命运动，总是不惜牺牲一切，所有的一切——不管是宗教信仰，自由，还是祖国。毫无疑问，俄国执政的大暴行制造者也会干出同样的事情来，他们已经准备好这样做了。

但是，工人和农民用不着害怕这种做法。俄国政府有国际后备军：德国、奥地利和其他国家的反动政府。然而，我们也有强大的国际革命后备军：欧洲的社会主义无产阶级，他们在德国组成了拥有300万党员的政党，在欧洲各国也都组成了强大的政党。我们欢迎我国政府向反动的国际后备军发出的呼吁，因为这种呼吁，第一，能够使俄国最愚昧的人睁开眼睛，可以很好地帮助我们摧毁人们对君主制的信仰；第二，能够最有助于扩大俄国革命活动的基地和地盘，使我国革命变为世界革命。

特列波夫之流先生们，祝你们成功！请开火吧！请把奥地利和德国的部队召来对付俄国的农民和工人吧！我们赞成扩大斗争，我们赞成国际革命！

*　　*　　*

但是，在估计国际阴谋的**一般**意义的时候，也不能忽略俄国大暴行制造者的细小的**局部**目的。我们已经指出，《俄国报》的文章不是由于幼稚造成的。《思想报》这样想就错了。这不是“幼稚”，不是“无礼”，也不是“信口开河”。这是故意**威胁立宪民主党人**。大暴行制造者的政府害怕杜马的告人民书，因而**威胁立宪民主党人**说：“决不允许！否则我就驱散杜马，把奥地利和德国军队叫来！我已经准备好了。”

正如今天的《言语报》所证明的，立宪民主党人这些笨蛋已经胆怯了，可耻地向后转了。立宪民主党人是可以吓唬住的，他们决心向后转了……

无产阶级是不会被大暴行制造者政府的可鄙的威胁吓倒的。无产阶级会保持自己**独立的**战斗立场，不让被吓得失魂落魄的立宪民主党人的幽灵来惊扰自己。

再说一遍:特列波夫之流先生们,请开火吧！请扩大革命的斗争地盘吧！国际无产阶级是不会拦阻的!

载于1906年7月7日《回声报》第14号

译自《列宁全集》俄文第5版第13卷第301—304页

杜马的解散和无产阶级的任务[161]

（1906年7月中）

杜马的解散[162]向工人政党提出了一系列极其重要的问题。我们来指出其中最主要的几个：(1)对我国革命进程中的这一政治事件的总的评价；(2)确定今后斗争的内容和斗争时必须遵循的口号；(3)确定今后这个斗争的形式；(4)选择斗争的时机，或者确切些说，估计可能有助于正确选择时机的各种情况。

下面我们简单地谈一谈这些问题。

一

杜马的解散最清楚最鲜明地证实了一些人的看法，这些人曾经警告说，不要为杜马的"立宪"外貌所迷惑，不要为1906年第二季度俄国政治中的立宪外表（如果可以这样说的话）所迷惑。现在，实际生活已经说明，我们的立宪民主党人（和亲立宪民主党的人）在杜马面前说的那一大堆关于杜马和涉及杜马的"大话"，全然是十足的空谈。

请注意一个有趣的事实：杜马是**在严格遵守宪法的基础上**被解散的。根本不是"驱散"，根本没有违背法律。相反，也像在任何

"立宪君主国"里一样,是严格遵守法律的。最高当局根据"宪法"解散了议院。根据某某条款,这个"议院"被解散了,**并且在同一道命令中**(恪守法律者,你们欢呼吧!)指定了新的选举或召集新的杜马的日期。

但是,这一切立刻就暴露出了左翼社会民主党人在1906年整个上半年不断指出的俄国宪法的徒有其名,本国议会制的子虚乌有。现在,已经不是什么"狭隘的狂热的""布尔什维克",而是最温和的合法的自由派也承认了并且是用**自己的行为**承认了俄国宪法的这种独特的性质。立宪民主党人以下述的方式承认了这一点:他们以大批"逃亡国外",逃往维堡,以违法的宣言[163]来回答杜马的解散,以最温和的《言语报》上的文章来回答并且继续回答杜马的解散。《言语报》不得不承认这**实际上**是恢复了专制制度,不得不承认苏沃林在写他未必能活到新杜马出现这句话时无意中泄露了真情。于是立宪民主党人的一切期望就一下子从"立宪"转到了革命方面,——这仅仅是最高当局严格遵守立宪制的行为的结果。而立宪民主党人昨天还在杜马中吹嘘说,他们是"王朝的挡箭牌",是严格的立宪制的拥护者。

实际生活的逻辑比宪法教科书的逻辑更有力量。革命正在教导着人们。

社会民主党的"布尔什维克"关于立宪民主党的胜利所写的一切(参看尼·列宁的小册子《立宪民主党人的胜利和工人政党的任务》)[①],已经被十分清楚地证实了。立宪民主党人的极端片面性和目光短浅已经一目了然。过去布尔什维克经常不断地就立宪幻

① 见本版全集第12卷第242—319页。——编者注

想提出警告，这已成为人们辨认不屈不挠的布尔什维克的标志。现在，所有的人都已经认识到这确实是一种幻想，一种幻影，一种幻梦。

杜马没有了！——《莫斯科新闻》[164]和《公民》[165]欣喜若狂地大叫道。宪法没有了！——立宪民主党人，那些曾经非常巧妙地引证我们的宪法、津津有味地咀嚼宪法条文的精明的宪法行家，没精打采地随声附和道。社会民主党人既不会欢呼雀跃（我们从杜马那里也取得了自己所需要的东西），也不会垂头丧气。他们会说，人民是有所收获的，因为他们失去了一个幻想。

是的，全体俄国人民在通过立宪民主党这个实例学习，不是从书本上学习，而是从自己的、他们自己正在创造的革命中学习。有一次我们说过，人民正在通过立宪民主党清除自己最初的资产阶级解放的幻想，他们将通过劳动派清除最后的资产阶级解放的幻想①。立宪民主党人曾经幻想**不**推翻旧政权而从农奴制、专横暴虐、亚洲式的野蛮状态和专制制度下解放出来。立宪民主党人的这些狭隘的幻想已经破灭了。劳动派幻想**不**消灭商品经济而把群众从贫困和人剥削人的现象中解放出来。他们的幻想也会破灭，而且在不久的将来就会破灭，——如果我国革命发展到我国的革命农民取得完全胜利的话。

立宪民主党很快地兴盛起来，他们在选举中获得冲昏头脑的胜利，他们在立宪民主党杜马中高唱凯歌，他们在“敬爱的君主”的御笔一挥之下突然破产（他可以说是在向他表示爱戴的罗季切夫的脸上啐了一口），——所有这一切都是具有重大政治意义的事

① 见本卷第147页。——编者注

件,它们标志着**人民**的革命发展的各个阶段。人民,广大民众,直到 1906 年大多数还没有成长到具有自觉的革命性。大家已普遍感到专制制度令人不能容忍,感到官吏政府不中用,感到人民代表机关必须建立。但是,人民还没有能够意识到和感觉到旧政权同**有权力的**人民代表机关之间是不能调和的。事实说明,人民在这方面还需要有特别的经验,立宪民主党杜马的经验。

立宪民主党杜马在自己短短的存在期间**很清楚地**向人民表明了**没有权力的和有权力的**人民代表机关之间的全部差别。我们的口号——召集立宪会议(即建立**有充分权力的**人民代表机关),是万分正确的,但是,实际生活即革命走向这个口号所经过的路程比我们所能预见的要长一些,曲折一些。

只要对伟大的俄国革命的主要阶段作一总的观察,你们就会看到人民是怎样**根据经验**一级一级地接近召集立宪会议的口号的。请看 1904 年年底的所谓"信任"时期。当时自由派兴高采烈。他们占据了整个前台。不很坚定的社会民主党人甚至说当时的**两个**主要力量是自由派和政府。然而,人民满怀着"信任",人民在 1 月 9 日"抱着信任的态度"走向冬宫。"信任"时期使**第三种**势力即无产阶级显露头角,并为人民极端**不信任**专制政府打下了基础。"信任"时期是以人民拒绝相信政府的那些关于"信任"的**言论**而结束的。

下一个阶段。许诺召集布里根杜马。信任被事实证实了。人民代表受到召唤。自由派兴高采烈,号召参加选举。自由派教授们不愧为资产阶级的"思想"奴仆,他们号召大学生专心读书,不要从事革命。不很坚定的社会民主党人也屈服于自由派的论点。人民登上了舞台。无产阶级用十月罢工[166]扫除了布里根杜马,夺取了自由，争得了宣言，在形式和内容上都是完全立宪的宣言。人民根据经验认识到，获得自由的诺言是不够的，还必须**有夺取**自由的**力量**。

接着，政府在 12 月剥夺了自由。无产阶级举行起义。第一次起义被击溃了。但是，莫斯科大街上进行的顽强而激烈的武装斗争，使得召集杜马成为必不可免的了。无产阶级的抵制没有成功。事实说明当时无产阶级还没有足够的力量去推倒维特杜马。杜马中坐满了立宪民主党人。人民代表机关已成为既成事实。立宪民主党人兴高采烈。他们欣喜若狂，欢呼不已。无产阶级抱着怀疑的态度等着瞧。

杜马开始工作了。这一点点扩大了的自由人民利用得要比立宪民主党人充分得多。立宪民主党杜马的情绪和坚决性一眨眼就落**在**人民的**后面**了。立宪民主党杜马时期（1906 年 5 月和 6 月）是一些**比**立宪民主党**左**的政党取得极大成就的时期：劳动派在杜马中超过了立宪民主党，在人民大会上斥责了立宪民主党人的怯懦，社会革命党和社会民主党的报刊迅速发展起来，农民革命运动和军队中的风潮加剧了，在十二月起义后精疲力竭的无产阶级又活跃起来了。结果，立宪民主党的立宪主义时期，既没有成为立宪民主党运动的时期，也没有成为立宪运动的时期，反而成了革命运动的时期。

这个运动**迫使**政府解散杜马。经验证明，立宪民主党只不过是些"泡沫"。他们的力量是从革命力量中派生出来的。政府用解散杜马这种实质上是革命的（虽然形式上是立宪的）手段来回答革命。

人民**根据经验**认识到，如果人民代表机关没有充分的权力，如果它是由旧政权召集的，如果同它并存的旧政权还是完整无损的，那么人民代表机关就等于**零**。事变的客观进程提到日程上来的，已经不是这样或那样地来修订法律或宪法的问题，而是**政权**问题，实际的权力问题。如果没有政权，无论什么法律，无论什么选出的代表都等于**零**。这就是立宪民主党杜马**教给**人民的东西。让我们唱一曲永远悼念死者的挽歌，并好好地记取它的教训吧！

二

这样，下面紧接着的第二个问题，就是即将到来的斗争的客观的、由历史决定的内容以及我们应当提出的斗争口号。

不很坚定的社会民主党人即孟什维克在这里也表现出了动摇。他们的第一个口号是：**争取恢复杜马例会**，以便召集立宪会议。彼得堡委员会声明反对。这个口号显然太荒谬了。这甚至算不上机会主义，简直是胡言乱语。中央委员会前进了一步。它的口号是：**反对政府，维护杜马，以争取召集立宪会议**。这当然好一些。这已经离下面的口号不远了：**推翻**专制政府，以争取通过革命的道路召集立宪会议。杜马的解散无疑成为争取建立**有权力的**人民代表机关的全民斗争的导火线；在这个意义上，“维护杜马”的口号不是完全不能接受的。但是问题在于，在**这个意义**上，这个口号已经包括在我们认为杜马的解散是斗争的**导火线**这个意思中了。而如果不在**这种**（即刚才所说的）意义上专门加以解释，“维护杜马”这个提法就会含混不清，就会造成误解，就会回到在一定程度上已经过时的陈旧的东西上去，回到**立宪民主党**杜马上去，一句话，这种提法会使人产生许多不正确的和有害的“倒退”思想。至于这种提法中的正确的东西则已经毫无遗留地包括在我们关于斗争的决定的**理由**中，包括在对于为什么杜马的解散是一个相当重要的导火线这一问题的**解释**中。

马克思主义者无论如何不应当忘记，一个**马上**就要到来的斗争的口号，是不能简单地直接地从某一个纲领的**一般**口号中得出来的。只根据我们的纲领（见纲领的最后一段：推翻专制制度和召集立宪会议等等）来决定**眼前**即1906年夏天或秋天马上就要到来的斗争的口号，是不够的。为此必须估计**具体的**历史形势，研究革命的全部发展和整个过程，不是从纲领原则中，而是从运动**已往的**步骤和阶段中得出我们的任务。只有这样的分析才是辩证唯物主义者所应当作的真正的历史分析。

而正是这种分析向我们表明，客观政治形势现在**提出**的不是**有没有**人民代表机关的问题，而是这个人民代表机关有没有**权力**的问题。

立宪民主党杜马灭亡的客观原因，不是它不能表达人民的需要，而是它不能完成为**政权**而进行斗争的**革命**任务。立宪民主党杜马曾经自认为是立宪机关，但它实际上**是**革命的机关（立宪民主党人责骂我们把杜马看做革命的一个阶段或工具，但是实际生活完全证实了**我们的看法**）。立宪民主党杜马曾经自认为是为反对**内阁**而斗争的机关，但它实际上是为**推翻**整个旧政权而斗争的机关。实际上就是这样，因为当时的经济状况要求这样。然而，要进行**这种**斗争，像立宪民主党杜马这样的机关**是**"不中用的"。

现在，最愚昧的农夫也深深地体会到：**如果人民没有政权**，杜马是没有用的，任何杜马都是没有用的。但是怎样才能取得政权呢？**推翻**旧政权，建立新的、人民的、自由的、选举出来的政权。**要**

么推翻旧政权，**要么**承认革命任务在农民和无产阶级提出的那种范围内是不能实现的。

实际生活本身就是这样提出问题的。1906 年就是这样提出问题的。立宪民主党杜马的解散就是这样提出问题的。

当然，我们不能担保，革命能够一下子解决这个问题，斗争会轻而易举，胜利绝对有保证。在斗争开始以前，任何人在任何时候都不能作这类担保。口号不是轻而易举取得胜利的保证。口号只是指出为实现**一定的**任务所必须达到的**目标**。过去，这种直接面临的任务是建立（或召集）一般人民代表机关。现在，这种任务则是保证**政权**归人民代表机关。而这就是说，要消灭、破坏和**推翻**旧政权，推翻专制政府。

如果这个任务不能**全部**完成，**那么**人民代表机关也就**不能**成为有充分权力的机关，从而也就不能充分保证这个新的人民代表机关不会遭到同立宪民主党杜马一样的命运。

现在客观形势提出的当务之急，不是争取建立人民代表机关，而是争取创造不能驱散或解散人民代表机关、也不能把它变成一出闹剧（特列波夫之流就把立宪民主党杜马变成了一出闹剧）的条件。

三

今后斗争的可能出现的形式部分地决定于斗争的内容，部分地决定于过去的人民革命斗争和专制政府的反革命斗争的形式。

关于斗争的内容，我们已经说明，经过两年的革命，目前斗争内容已集中在推翻旧政权上。要完全实现这一目的，只有举行全民武装起义才有可能。

关于过去的斗争形式，在这方面俄国的群众性的和全民的运动的“最高表现”是总罢工和起义。1905年最后三个月，在无产阶级、农民、军队的觉悟分子和各种知识分子职业团体的民主分子的意识和情绪中，不能不留下不可磨灭的痕迹。因此，在杜马被解散以后，能够进行斗争的广大群众最先想到的就是总罢工，这是非常自然的。似乎谁也没有怀疑过，对解散杜马的回答**必然**是全俄罢工。

这种意见的普遍被接受，带来了一定的好处。革命组织几乎到处都能有意识、有计划地**阻止**工人搞自发的局部的爆发。从俄国各地都传来这方面的消息。10—12月的经验无疑有助于使所有人的注意力都比过去更多得多地集中在**总的和同时的**行动上。此外，还应当指出一个十分值得注意的情况：根据工人运动的一些大的中心城市的材料，例如彼得堡的材料来判断，工人不仅很容易和很快地领会了必须采取总的和同时的行动的思想，而且还坚定地主张采取**战斗的**坚决的行动。因杜马的解散而举行（一天或三天）**示威性**罢工这一不恰当的主意——这是某些彼得堡的孟什维克想出来的主意——遭到了工人们最坚决的反对。作过多次严重斗争的人们的可靠的阶级本能和经验立刻提示他们，现在的问题已经完全不是示威了。工人们说，我们不打算去示威。我们准备在总的行动的时刻到来时去作殊死的坚决的斗争。根据所有消息来看，这是彼得堡工人的共同意见。他们已经懂得，在俄国经历了1901年（广泛示威运动开始的一年）以来的一切事变以后，采取局部行动，特别是举行示威，是可笑的；政治危机的尖锐化排除了再

"从头做起"的可能;对于在12月里愉快地"尝过鲜血滋味"的政府来说,和平示威只会有极大的好处。和平示威会无谓地消耗无产阶级的精力,会为警察和士兵演习追捕和枪杀手无寸铁的人们提供机会。和平示威只会在某种程度上证实斯托雷平的吹嘘:他战胜了革命,因为他解散了杜马,同时并没有使反政府的运动因此而尖锐起来。现在大家都把这种吹嘘看做毫无根据的吹嘘,大家都知道和感觉到斗争还在前面。相反,"示威"却会被说成就是斗争,被弄成(毫无希望的)斗争,而示威的停止就会被当做新的失败向全世界宣扬开去。

只有立宪民主党中的我国的赖德律-洛兰们,才想得出示威性罢工这种主意,他们正像1849年赖德律-洛兰一样目光短浅,过高估计了议会制度的作用。无产阶级毫不迟疑地抛弃了这个主意,他们抛弃这个主意是做得非常好的。时时面临革命斗争的工人,比某些知识分子更正确地估计了敌人的战斗准备和采取坚决的战斗行动的必要性。

遗憾的是,在我们党内,由于社会民主党右翼目前在国内占优势,关于采取战斗行动的问题还无人重视。俄国社会民主党统一代表大会被立宪民主党的胜利所迷惑,未能估计当前局势的革命意义,回避了从10—12月的经验中作出一切结论的任务。然而对于党来说,利用这一经验的必要性比许多议会制的崇拜者所设想的要迫切得多,紧急得多。我党中央机关在关键时刻表现出来的张皇失措的样子,就是这种情况的必然结果。

整个形势重新要求把群众性的政治罢工同武装起义结合起来。在这种情况下,把罢工作为独立的斗争手段,其缺点就表现得特别明显了。大家都知道,政治罢工成功的一个极重要条件就是它的突然性，是能使政府措手不及。而这在目前是不可能的。政府在12月里已经学会怎样对付罢工，并且目前已经在这方面作好了充分的准备。大家都谈到铁路在总罢工中是极端重要的。铁路一中断，罢工就很有可能成为总罢工。做不到使铁路完全中断，罢工就很难成为总罢工。然而铁路员工罢工特别困难：讨伐列车随时可以出动；军队遍布全线各个车站，有时甚至就在列车上。在这样的条件下，罢工就可能是——并且在大多数情况下必然是——同武装力量发生面对面的直接冲突。司机、报务员、扳道工往往要立即作出抉择：要么当场被枪杀（戈卢特维诺、柳别尔齐和俄国铁路网中的其他一些车站已经在全国获得革命的声望不是没有原因的），要么去工作而破坏罢工。

当然，我们有权期待曾以**行动**证明自己忠于自由事业的无数铁路员工会表现出伟大的英雄气概。当然，我们决不否定铁路罢工的可能性和取得成功的机会。但是，我们也无权讳言这一任务的**实际上的**困难，讳言这种困难是最坏的策略。如果能正视现实，如果不把脑袋藏在翅膀底下，那就会很清楚地看出，罢工**必然**会而且立即会发展成武装起义。铁路罢工**就是**起义，这在12月以后已经是不容争辩的了。没有铁路罢工，铁路线上的电报局就不会停止工作，铁路线上的邮递工作就不会中断，大规模的邮电业罢工也就不可能举行。

由此可见，罢工对起义的从属意义是从1905年12月以后所造成的形势中必然产生出来的。不管我们的意志如何，不管有什么“指示”，尖锐化了的革命形势都将变示威为罢工，变抗议为斗争，变罢工为起义。当然，只有在某一部分军队积极参加之下，起义这种群众性的武装斗争才会轰轰烈烈地展开。所以，军队的罢工，他们拒绝向人民开枪，在某些情况下无疑会使纯粹和平的罢工也取得胜利。但是，恐怕谁都清楚：这种情况只是特别顺利的起义中的个别事件；要使这种情况更多地发生，要使这种情况尽快地发生，只有一个办法，就是有效地准备起义，最初的起义行动要果断有力，通过非常勇敢的进攻或使很大一部分军队哗变来瓦解军队的士气，等等。

总之，在目前杜马解散造成的形势下，毫无疑问，积极的斗争会直接导致起义。形势也许会发生变化，那时必须重新研究这一结论，但是现在这个结论是绝对不容争辩的。所以，号召全俄罢工而不号召起义，不说明罢工和起义之间的不可分割的联系，那是近乎犯罪的极端轻率行为。所以必须竭尽全力在鼓动工作中说明这两种斗争形式之间的联系，必须竭尽全力准备条件使工人的爆发、农民的起义和军队的"哗变"这三条斗争支流汇合成一条巨流。还在很早以前，从去年夏天有名的"波将金"号装甲舰的起义[167]时起，真正人民的，即**群众性的**、积极的、绝非密谋的运动，推翻专制制度的**起义**的这**三种形式**，都已经十分明确地表现出来了。全俄起义的胜利，也许主要就要靠这三股起义的汇合。毫无疑问，像杜马被解散这样的斗争导火线，大大有助于这种汇合，因为农民（从而还有主要是由农民组成的我国军队）中最落后的部分曾对杜马寄予很大的希望。

由此可以得出结论：要加紧利用杜马的解散作为理由来大张旗鼓地进行鼓动，号召举行全民的起义。要说明政治罢工和起义的联系。要竭尽全力使工人、农民、水兵和士兵联合起来，共同进行积极的武装斗争。

最后，在谈到运动的形式时，还必须特别提到农民的斗争。在这里罢耕和起义的联系是特别明显的。同样明显的是，这里起义的目的应当不只是彻底破坏或消灭所有一切地方政权，代之以新的人民的政权（这是任何起义的共同目的，无论在城市、农村和军队等等都一样），而且还要**驱逐地主和夺取**地主的土地。农民无疑应当在全民立宪会议作出决定之前就竭力**在事实上**消灭地主的土地占有制。关于这一点用不着多讲，因为任何人大概都不会设想一种不惩罚地主、不夺取土地的农民起义。显然，这种起义愈有自觉性，愈有组织性，毁坏建筑物、财物、牲畜等等的事情就会愈少。从军事观点来看，为了达到某种军事目标而进行破坏，例如烧毁房屋，有时也烧毁财物，这种措施是完全正当的，并且在某些情况下是必要的。只有书呆子（或人民的叛徒）才会因农民经常采取这种手段而感到特别伤心。但是不容讳言，摧毁财物往往只是因为没有组织性，因为不善于把敌人的财物**夺取过来**自己占有，只好去毁坏它，或者是因为战斗的一方**力量薄弱**，无力**消灭**敌人或粉碎敌人而对敌人进行的**报复**。当然，我们一方面应当在进行鼓动时尽量向农民说明，同敌人作**无情的**斗争直到摧毁其财物是完全正当和必要的，另一方面还应当指出，组织程度可以决定能不能取得更合理得多更有益得多的结局，即歼灭敌人（地主和官吏，特别是警察），而把所有一切财物毫无损坏（或尽少损坏）地转交给人民或农民所有。

四

同斗争的形式问题有密切联系的是斗争的**组织**问题。

在这方面，1905 年 10—12 月的伟大历史经验也对当前的革命运动留下了不可磨灭的影响。工人代表苏维埃以及同它类似的机关（农民委员会、铁路委员会和士兵代表苏维埃等等）享有很高的完全应有的威信。现在几乎任何一个社会民主党人或其他党派的革命者都会赞成建立这类组织，特别是在目前主张建立这类组织。

在这一点上，看来是没有意见分歧的，至少没有严重的意见分歧。因此这个问题本身没有什么可谈的。

但是，有一个方面需要特别仔细地谈一谈，因为这方面经常被人忽视。这就是，工人代表苏维埃（为了说起来简便起见，我们就以工人代表苏维埃作为所有这类组织的**典型**）在伟大的十月和十二月事件里所起的作用，使这些机关具有极大的感召力，以致人们有时几乎把它们当做偶像来崇拜。人们以为，对于群众性的革命运动来说，这些机关在任何时候和任何条件下都是"必要的和足够的"。因此，他们对于选择建立这种机关的时机问题，以及要有怎样的实际条件才能使它们的活动成功的问题，就抱着一种不加批判的态度。

10—12 月的经验在这方面提供了最有教益的启示。工人代表苏维埃是**群众直接斗争的机关**。它们最初是作为**罢工**斗争的机关出现的。后来客观的需要迫使它们很快就成了同政府进行**总的革命**斗争的机关。由于事件的发展和罢工转变成起义，它们**不可遏止地**变成了**起义机关**。许多"苏维埃"和"委员会"在 12 月正是起了这样的作用，这是完全不容争辩的事实。而且事件极其明显极其令人信服地证明了，这些机关在战斗时的力量和作用**完全**取决于起义的力量和成就。

当时，不是什么理论，不是任何一个人的号召，不是某个人臆想出来的策略，不是党的学说，而是客观事物的力量使这些非党的群众机关认识到必须进行起义，并使这些机关成为起义机关。

同样，在目前，建立这样的机关也等于成立起义机关，号召建立这样的机关就等于号召起义。忘记这一点，或对广大人民群众隐瞒这一点，那就是最不可饶恕的近视和最坏的政策。

既然如此，——无疑是如此——也就可以从这里得出一个明显的结论：要组织起义，单靠“苏维埃”和类似的群众机关还是**不够的**。为了团结群众，为了达到战斗的统一，为了传达党的（或经过各党协议提出的）政治领导口号，为了引起群众的关心，为了唤醒和吸引群众，这些机关是必需的。但是要组织**直接的战斗力量**，要**组织**最狭义的**起义**，光有这些机关是不够的。

可以举一个小小的例子来说明。工人代表苏维埃常常被称为工人阶级的议会。但是没有一个工人会同意召集**自己的**议会是为了把它交给警察。大家都认为，必须立即**组织力量**，组织武装工人队这样的**军事**组织来保卫自己的“议会”。

现在，政府根据经验已经充分认识到“苏维埃”将导致什么结果，苏维埃是什么样的机关，政府已经从头到脚武装起来，等待这些机关成立，以便袭击敌人、不让敌人有考虑问题和开展自己活动的时间，——现在我们特别应当在进行鼓动时说明，必须冷静地观察事物，必须在组织苏维埃的同时建立**军事组织**，以便保卫苏维埃和举行起义，否则任何苏维埃和任何由群众选出的代表都将是软弱无力的。

我们所说的这种“军事组织”（如果可以这样说的话）应当力求不是通过选出的代表来吸收群众，而是直接吸收亲身参加巷战和国内战争的群众。这些组织应当以一些很小的、由十人或五人甚至也可以是三人组成的自由结合的小组作为自己的基层组织。必须大力宣传战斗就要到来，**每一个**诚实的公民都应当在这场战斗中不惜牺牲自己为反对人民的压迫者而战。在组织中要少讲究形式，少因循拖延，多简化手续，这些组织应当具有高度的能动性和灵活性。所有愿意站在自由方面的人，都应当立即联合成战斗的"五人小组"，——这是由同一行业、同一工厂的人们组成的自由结合的小组，或者是有同志关系或党的关系甚至纯粹邻里关系（住在同一村庄、城市中的同一座房屋或同一栋住宅）的人们组成的自由结合的小组。这些小组应当既有党的，也有非党的，它们是由同一项直接的革命任务——举行反政府的起义联系起来的。这些小组应当最广泛地建立起来，而且在取得武器以前就要建立，**不必管**能不能得到武器。

任何一个党组织都不可能把群众"武装起来"。相反，把群众组织在小巧灵活的战斗小组内，会大大有助于在行动时获得武器。

自由结合的战斗小组，"战斗队员"小组（如果可以用这个在莫斯科伟大的十二月事件里获得莫大荣誉的称号来称呼它的话）会在爆发的时刻带来极大的好处。会射击的战斗队就能解除警察的武装，突然袭击巡逻队，把武器夺到自己手中。不会射击的或没有获得武器的战斗队，则可以协助修筑街垒，进行侦察，组织联络，伏击敌人，焚烧敌人盘踞的房屋，占据可以作为起义者据点的住宅。总之，这些由决心进行殊死战斗、熟悉地形并且同民众关系最密切的人组成的自由结合的小组，可以执行多种各式各样的职能。

要在每一个工厂、每一个工会和每一个农村中号召组织这样的自由结合的战斗队。彼此熟悉的人们可以预先组织起来。如果成立这种小组的思想得到广泛的传播并且真正为群众所接受，那么彼此不熟悉的人也会在战斗的日子里或战斗的前夜，在战斗的地方建立起五人小组和十人小组。

现在，当杜马的解散惊动了愈来愈多的阶层的时候，你们常常可以从组织程度最差、表面上似乎最“黑帮化的”普通市民中听到最革命的反应和声明。我们要力求使他们所有的人都知道先进的工人和农民决定很快就要掀起争取土地和自由的斗争，使他们所有的人都知道必须成立战斗队，使他们所有的人都深信起义是不可避免的，起义是具有人民性的。那时我们就能做到——这完全不是空想——在每一个大城市中有成千上万个战斗队员，而不像在莫斯科十二月起义时那样只有几百个战斗队员。那时就**任何机关枪都阻挡不住**，——莫斯科公众在指出当地战斗队的性质和成分不够群众化和不够接近人民的时候曾经这样说过。

总之：要在一切地方组织工人代表苏维埃、农民委员会和类似的机关，同时进行最广泛的宣传和鼓动：必须同时举行起义，立即准备起义的力量和组织群众性的自由结合的“战斗队”。

* * *

附言：在这一节已经写成时，我们听说我们的中央委员会的口号有了新的“转变”，即改变为：拥护杜马作为立宪会议的**召集机关**。

因此，在组织问题方面就需要再提出一个组织临时革命政府的问题，因为真正能够召集立宪会议的实际上就是临时革命政府这样的机关。只是不要像我们的亲立宪民主党的人喜欢做的那样，忘记了临时政府首先就是**起义机关**。已死去的杜马愿意成为起义机关吗？立宪民主党愿意成为起义机关吗？先生们，欢迎之至！我们在**斗争**中看到从资产阶级民主派方面来的任何同盟者都是很高兴的。即使和你们结成的同盟对于我们就像和法国结成的同盟对于俄国一样(即意味着财源)——请原谅我这样说——我们也会很高兴,先生们,我们是现实的政治家。但是如果你们的立宪民主党参加起义不过是空洞的孟什维克的梦想,那我们只能说:孟什维克同志们,你们的梦想是多么卑微而渺茫啊。但愿你们不要毁于对立宪民主党人的"没有指望的爱情",立宪民主党人是不能对你们的热情给以报偿的……

关于临时政府的问题,已经不止一次地从理论方面阐明过了。社会民主党可以参加这个政府是已经说明了的。但是现在更值得注意的是,由 10—12 月**提出的**这一问题的另一个方面,即**实践**方面。要知道,工人代表苏维埃等等**事实上**曾经是临时政府的萌芽;在起义胜利时政权**必然**会转到它们手中。现在恰恰应当把重心转到研究这些历史地形成的新政权的萌芽机关上来,转到研究它们的工作条件和**它们成功的**条件上来。这在目前比关于临时革命政府的"一般"猜想更迫切,更有意义。

五

最后我们来考察行动的时间问题。对立宪民主党杜马的脉脉温情使右翼社会民主党人产生了立即行动的要求。这种想法已经彻底破产。工人阶级和所有城市居民群众的态度表明,人们已经意识到或感觉到局势的严重。当然,将要到来的斗争实际上绝不是为了捍卫杜马,而是为了**推翻**旧政权。推迟行动是由于普遍希望作好进行真正坚决的殊死斗争的准备并求得行动的一致。

可能,也许很可能,由于革命情绪的增长和一次不可避免的爆发,新的斗争会像以前的一些斗争一样自发地出乎意外地炽烈起来。如果发生这种情况,如果这种发展进程不可避免,那么我们也就不必再去解决行动的时间问题,我们的任务就是按照上述一切方针大力加强鼓动和组织工作。

但是,也可能形势要求我们这些领导者确定行动的时间。如果是这样,那么我们建议把全俄行动,把罢工和起义的时间定在夏末或秋初,定在 8 月中旬或 8 月底。重要的是要利用城市中建筑施工季节和夏天农忙结束的时期。如果在行动的时间方面能够得到**一切**有影响的革命组织和团体的同意,那就很可能在规定时间内付诸实现。全俄在同一时间开始斗争是会有很大好处的。即使政府探听到罢工的日期,这恐怕也不会造成多大危害;因为罢工不是什么密谋,也不是军事攻击,并不要求突然行动。如果全俄各地的军队一个星期又一个星期地因担心斗争不可避免而惊恐不安,如果他们老是这样处于高度戒备状态,而所有的组织又能和大批的"非党"革命者一起日益协调地进行鼓动工作,这些军队的士气就会极度沮丧。社会民主党和劳动派中有威信的杜马代表也会帮助这种同时行动获得成功。

如果整个革命的俄国都相信这场伟大的总决斗不可避免,某些孤立的、完全无益的爆发,如士兵的"暴动"和没有希望的农民起义,也许就能得到控制。

但是要重说一遍:这只有在**一切**有影响的组织完全一致的情况下才能做到。否则就仍旧会走让革命情绪自发增长的老路。

六

我们来作一个简短的总结。

杜马的解散就是完全转向专制制度。全俄同时行动的可能性正在增长。一切局部起义汇合起来的可能性正在增加。广大居民阶层从来没有像现在这样感到为政权而进行的斗争——政治罢工和起义是不可避免的。

我们的工作就是为全俄起义进行最广泛的鼓动，说明起义的政治任务和组织任务，竭尽全力使大家都认识到起义不可避免，使大家都看到举行总攻击的可能性，从而不再去进行“暴动”，举行“示威”，不再去发动简单的罢工和进行破坏，而去进行夺取政权的斗争，进行以推翻政府为目的的斗争。

整个形势有利于这一任务的完成。无产阶级准备去领导斗争。革命的社会民主党面临着严重的、艰巨的、然而是伟大的、容易收效的任务：帮助工人阶级这支全俄起义的先进部队。

这个起义将推翻专制制度而建立起真正有权力的人民代表机关——立宪会议。

附言：本文是**在**斯维亚堡起义[168]开始**以前**写成的。

1906 年 8 月在莫斯科由新浪潮出版社印成单行本

译自《列宁全集》俄文第 5 版第 13 卷第 305—327 页

关于派代表团到斯维亚堡去

俄国社会民主工党
彼得堡委员会执行委员会的决议

(1906 年 7 月 16 日〔29 日〕)

根据从斯维亚堡城①得到的关于该城形势极端紧张并且可能立即爆发起义的紧急情报，俄国社会民主工党圣彼得堡委员会执行委员会决议如下：

(1)立即派由某某某某同志组成的代表团到斯维亚堡去；

(2)责成该代表团采取一切措施就地对情况进行详细的调查；

(3)责成代表团说服当地的党员、革命者和民众推迟行动，但是只有在民众不致因政府逮捕已经内定的人而遭受巨大牺牲的情况下才能这样做；

(4)责成该代表团在完全不能制止爆发起义的情况下最积极地领导运动，即帮助奋起斗争的群众独立地组织起来，解除反动派的武装，歼灭反动派，在经过适当的准备之后采取坚决的进攻行

① 为了保密起见，列宁手稿中的城名(斯维亚堡)是用代号写的。——俄文版编者注

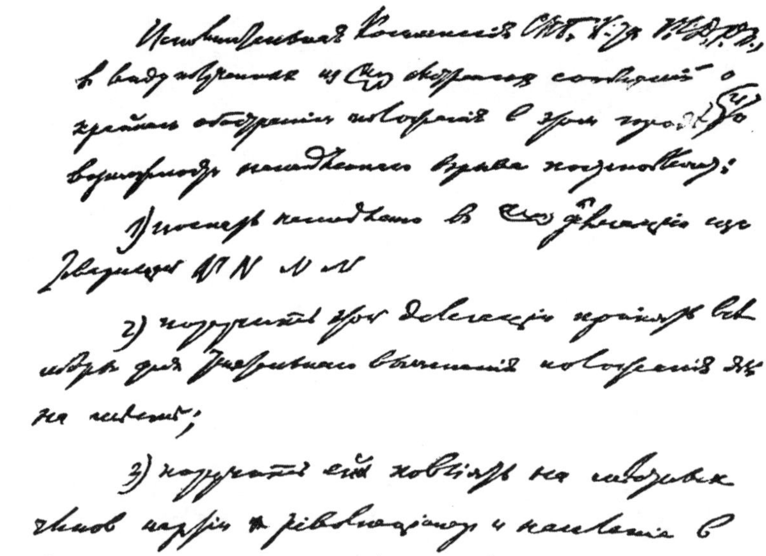

Исполнительная Комиссия С.П.Б. К-та Р.С.Д.Р.П.,
в виду получения из Свеаборга сообщений о
крайнем обострении положения в этом городе и о
возможности немедленного взрыва постановила:

1) послать немедленно в Свеаборг делегацию из
товарищей N N N N

2) поручить этой делегации принять все
меры для выяснения истинного положения дел
на месте;

3) поручить ей повлиять на товарищей
членов партии и революционеров вообще в
том смысле, чтобы добиться отсрочки восстания,
если только это возможно без крайних
жертв со стороны населения в смысле
арестов правительством уже намеченных лиц

4) поручить этой же делегации в
случае полной невозможности предотвратить
взрыв принять самое деятельное участие
в руководительстве движением, т.е. помочь восставшим
не быть толпой, а организоваться само-

1906 年列宁《关于派代表团到斯维亚堡去(俄国社会民主工党
彼得堡委员会执行委员会的决议)》手稿第 1 页
(按原稿缩小)

动，提出正确的、真正革命的、能够团结全体人民的口号。

载于1930年联共（布）中央列宁研究院《向党的第十六次代表大会作的报告》

译自《列宁全集》俄文第5版第13卷第328页

暴风雨之前[169]

(1906 年 8 月 21 日〔9 月 3 日〕)

自国家杜马解散以来已经有一个月了。军事起义和试图声援起义者的罢工的第一个阶段已经过去了。在某些地方,长官为保卫政府而采取“强化警卫”和“非常警卫”[170]以压制人民的劲头已经开始减弱。过去的这个革命阶段的意义变得日益明显。新的浪潮正在日益迫近。

俄国革命走着一条艰苦而困难的道路。在每一次高潮之后,在每一次局部胜利之后,接着便是失败、流血和专制政府对自由战士的残暴迫害。但是,在每一次“失败”之后,运动愈来愈壮阔,斗争愈来愈深入,各个阶级和集团的群众愈来愈多地卷入和参加到斗争中来。在每一次革命进攻之后,在组织战斗的民主派的事业每前进一步之后,接着便是反动派展开极端疯狂的进攻,在组织人民中的黑帮分子方面也前进一步,为生存而拼命挣扎的反革命势力更加横行无忌。但是,尽管反动派作了最大的努力,他们的力量还是在不断衰落。昨天还抱冷淡态度甚至有黑帮情绪的工人、农民和士兵,现在愈来愈多地站到革命方面来。那些曾使俄国人民轻信、忍耐、老实、顺从、容忍一切和宽恕一切的幻想和偏见,都一个接着一个地破灭和消失了。

专制制度已经千疮百孔,但是它还没有死亡。专制制度全身缠满了绷带，但是它还在勉强支撑着，还在苟延残喘，甚至血流得愈多愈残暴。以无产阶级为首的革命阶级，则在利用每一次沉寂时机来积聚新的力量，以便不断给敌人新的打击，以便最后根除毒害俄国的亚洲式野蛮状态和农奴制这个万恶的脓疮。

要想克服一切怯懦，驳倒对我国革命前途所持的一切狭隘的、片面的和浅薄胆怯的观点，最好的办法就是对我国革命的过去作一总的回顾。俄国革命的历史还很短，但是它已经充分向我们证明和表明，革命阶级的力量和它们的历史创造力比沉寂时期表现出来的要大得多。革命的每一次高潮都表明，人民一直在比较隐蔽地和不声不响地积聚力量，以完成新的更高的任务，而对政治口号所作的近视的和胆怯的估计，每一次都被这些积聚起来的力量的爆发所否定。

我国革命的三个主要阶段已经很清楚地显示出来了。第一个阶段是"信任"时期，是纷纷呈交各种请求书、请愿书和申请书，诉说立宪的必要性的时期。第二个阶段是公布立宪宣言、法令和法律的时期。第三个阶段是开始实现立宪主义的时期，即国家杜马时期。起初人们恳求沙皇颁布宪法。后来人们用强力迫使沙皇郑重地承认了宪法。而现在……现在在杜马解散以后，人们根据经验确信，沙皇所赐予的、沙皇法律所承认的、沙皇官吏所实行的这个宪法，是一钱不值的。

在上述的每一个时期中，我们都看到，最初在前台出现的总是好吵闹、爱吹牛、带着小市民的狭隘性和小市民的自满、过早相信自己的"继承权"的自由派资产阶级，它傲慢地教诲"小兄弟"要进行和平的斗争，要采取忠顺的反对派立场，要使人民的自由同沙皇的政权协调。而这个自由派资产阶级每次都能迷惑一些社会民主党人（右翼），使他们服从它的政治口号和政治领导。但事实上，在自由派玩弄政客手腕的喧嚣声中，革命力量却在下层壮大和成熟起来。事实上**完成**历史提到日程上的政治任务的，每一次都是无产者，他们引导先进的农民，走上街头，抛掉一切旧的法律和旧的限制，向世界提供直接革命斗争的新形式、新方法以及各种手段的互相配合。

请回忆一下1月9日吧。工人们是怎样出乎大家意料之外地用自己的英勇行动结束了沙皇对人民和人民对沙皇的“信任”时期！他们又怎样一下子把整个运动提到了新的更高的阶段！但是从表面看来，1月9日是完全失败的。几千个无产者被屠杀，开始进行猖狂镇压，特列波夫暴政的乌云笼罩了俄国。

自由派又占据了前台。他们举行了盛大的代表大会，组织了相当壮观的代表团去觐见沙皇。他们双手抓住沙皇扔给他们的施舍物——布里根杜马。他们已经像见到一块肥肉的狗那样开始向革命狂吠起来，并且号召大学生们专心读书，不要过问政治。革命拥护者中的懦夫也开始说：我们到杜马中去吧，在“波将金”号装甲舰事件以后武装起义已经没有希望了，在和议达成以后群众性的战斗行动已经不可能了。

能真正完成以后的历史任务的，又只能是无产阶级的革命斗争了。许诺立宪的宣言是被全俄十月罢工逼出来的。农民和士兵重新活跃起来，他们跟在工人后面追求自由和光明。短短几周的自由来到了，接着便是几周的大暴行、黑帮肆虐、极端尖锐的斗争，以及对一切拿起武器保卫从沙皇那里夺得的自由的人的空前的血腥镇压。

运动又被提到了更高的阶段，但是从表面看来又是无产阶级的完全失败。又是疯狂的镇压，监狱有人满之患，无止境的屠杀，背叛起义和革命的自由派的无耻叫嚣。

忠顺的自由派小市民们又占据了前台。他们从信任沙皇的农民的最后偏见中为自己积蓄资本。他们硬要人相信，要是民主派在选举中取得胜利，耶利哥城的城墙就要倒塌[171]。他们在杜马中居于统治地位，又开始像一群吃饱了的看家狗对待"乞丐"那样来对待无产阶级和革命农民。

杜马的解散是阻碍和压制革命的自由派领导权的垮台。农民从杜马学到的东西比其他一切人都多。现在农民的收获就是丢掉了那些最有害的幻想。全体人民在有了杜马的经验以后，已经与以往不同了。人们对即将面临的任务理解得更具体了，这是从大家寄予厚望的代表机关的失败中饱受痛苦的结果。杜马帮助人们更准确地估计各种力量，它至少把人民运动中的某些人集中起来了，它用事实说明了不同政党的表现，它在愈来愈多的群众面前把自由派资产者和农民的党派面貌极其鲜明地描绘出来了。

立宪民主党人被揭穿，劳动派分子团结起来——这就是杜马时期的一些最重要的收获。立宪民主党的假民主主义在杜马内部就曾经数十次地遭到痛斥，而且是遭到那些本来准备信任立宪民主党的人的痛斥。愚昧的俄国农夫已经不再是政治上的斯芬克斯了。尽管选举自由遭到种种歪曲，他们还是表现了自己，并且塑造了劳动派这个新的政治类型。从此，在革命的宣言[172]上签名的除了已经成立了数十年之久的组织和党派以外，还增加了一个只成立几周的劳动团。革命民主派因增加了这个新的组织而充实起来，这个组织当然还抱有小生产者所固有的不少幻想，但是它在目前革命中无疑表现出要同亚洲式的专制制度和农奴制的地主土地占有制进行无情的和群众性的斗争的倾向。

革命阶级取得了杜马的经验以后更加团结了，彼此更加接近了，更加有能力去进行总攻击了。专制制度又一次受了伤。它更加孤立了。它在它根本无力完成的任务面前更是一筹莫展了。而饥饿和失业现象却愈来愈严重。农民起义愈来愈频繁。

斯维亚堡事件和喀琅施塔得事件[173]表明了军队的情绪。一些起义虽然被镇压下去了，但是起义还存在着，还在不断扩大和发展着。许多黑帮分子也参加了声援起义者的罢工。先进工人们停止了这次罢工，他们是正确的，因为罢工变成了示威，而事实上摆在面前的任务是进行伟大的决斗。

先进工人们正确地估计了时局。他们迅速地改变了错误的战略行动，为未来的战斗保存了力量。他们很敏锐地理解到：与起义相联系的罢工是不可避免的，而示威性的罢工是有害的。

根据种种迹象来看，革命情绪在增长。爆发必不可免，而且有一触即发之势。斯维亚堡和喀琅施塔得的处决，对农民的惩治和对劳动派的杜马代表的迫害，这一切只能使人们燃起仇恨之火，进一步下定决心进行战斗和聚精会神地准备战斗。同志们，鼓起更大的勇气吧，更加信任用新的经验把自己充实起来的革命阶级首先是无产阶级的力量吧，更多地发挥独创精神吧！根据种种迹象来看，我们正处在伟大的斗争的前夜。应当竭尽一切力量使这一斗争能够同时地、集中地进行，使这一斗争充满在伟大的俄国革命的一切伟大的阶段上所表现出来的那种群众的英勇精神。让自由派只是为了威胁政府而胆怯地向它暗示这个未来的斗争吧，让这些目光短浅的小市民把全部“理智和感情”的力量都放在对新选举的期待上吧，——无产阶级在准备斗争，他们在同心协力、精神焕

ПРОЛЕТАРІЙ

Цѣна 5 коп. Москва. № 1.

РОССІЙСКАЯ СОЦІАЛЬДЕМОКРАТИЧЕСКАЯ РАБОЧАЯ ПАРТІЯ.

Пролетаріи всѣхъ странъ, соединяйтесь!

Понедѣльникъ, 21-го августа 1906 г.

ОРГАНЪ МОСКОВСКАГО И С.-ПЕТЕРБУРГСКАГО КОМИТЕТОВЪ Р. С.-Д. Р. П.

Передъ бурей.

«Пусть сильнѣе грянетъ буря!»

МЕЖДУНАРОДНОЕ СОЦІАЛИСТИЧЕСКОЕ БЮРО ОПУБЛИКОВАЛО СЛѢДУЮЩЕЕ ВОЗЗВАНІЕ КЪ РАБОЧИМЪ ВСѢХЪ СТРАНЪ

1906 年 8 月 21 日载有列宁《暴风雨之前》、

《论抵制》等文的《无产者报》第 1 号第 1 版

（按原版缩小）

发地迎接暴风雨的到来,准备投入最激烈的战斗。胆小的立宪民主党人,这些“胆怯地把肥胖的身体藏到了悬岩下面”的“蠢笨的企鹅”的领导,已经使我们忍无可忍了。

“让暴风雨来得更猛烈吧!”[174]

载于 1906 年 8 月 21 日《无产者报》第 1 号

译自《列宁全集》俄文第 5 版第 13 卷第 331—338 页

论 抵 制

(1906 年 8 月 21 日〔9 月 3 日〕)

左翼社会民主党人应当把抵制国家杜马的问题重新研究一下。应该记着,我们一向是依据一定的政治形势具体提出这个问题的。例如,我们在《无产者报》(在日内瓦出版的)上就曾经写道,如果布里根杜马真能诞生,那么“甚至对布里根杜马发誓拒绝利用也是可笑的”①。至于维特杜马,在《社会民主党和国家杜马》一书(尼·列宁和费·唐恩的论文集)中尼·列宁的文章里面是这样说的:“我们必须重新实事求是地讨论策略问题。……现在的形势同那时不一样”,与布里根杜马时期不同了(见该书第 2 页)②。

社会民主党的革命派和社会民主党的机会主义派在抵制问题上的主要区别如下。机会主义者对于一切情况,都局限于运用从德国社会主义运动的一个特殊时期搬来的一般的死板公式。我们应当利用代表机关;杜马是代表机关;所以抵制就是无政府主义,我们必须参加杜马。我们的孟什维克,特别是普列汉诺夫,在这个问题上的一切见解,都总是限于这样一个幼稚简单的三段论法。孟什维克关于代表机关在革命时代的意义的决议(见《党内消息报》第 2 号),非常突出地表明他们的见解的这种刻板的、反历史的

① 见本版全集第 11 卷第 162 页。——编者注

② 见本版全集第 12 卷第 150—151 页。——编者注

性质。

相反，革命的社会民主党人认为问题的核心是要仔细地估计具体的政治形势。不能片面地抄袭德国最近一个时期的死板公式来概括俄国革命时代的任务，而忘记1847—1848年的教训。光是把"无政府主义"的抵制同社会民主党参加选举二者对立起来，丝毫不能了解我国革命的进程。先生们，请学习一下俄国革命的历史吧！

这个历史**证明了**，抵制布里根杜马在当时是唯一正确的策略，这已为后来的事变完全证实了。谁忘记这一点，谁谈论抵制而回避布里根杜马的教训（孟什维克就总是这样），谁就完全证明自己思想贫乏，没有能力说明和估计俄国革命中最重要、事变最多的一个时期。抵制布里根杜马的策略既正确地估计到了革命无产阶级的情绪，又正确地估计到了那些使总爆发必然迅速到来的客观时局的特点。

现在我们来谈谈**第二个**历史教训，谈谈立宪民主党的维特杜马。现在常常可以听到社会民主主义知识分子对于抵制这届杜马表示后悔。他们认为，单是维特杜马召集成功并且无疑间接帮助了革命这一事实，就足以使我们后悔莫及地承认抵制维特杜马是错误的。

但是这种看法是极端片面和近视的。这种看法没有考虑到维特杜马以前的时期以及在杜马存在期间和解散之后的一系列重大的事实。请回忆一下，这届杜马选举法是在12月11日，即在争取召集立宪会议的起义者进行武装斗争的时候颁布的。请回忆一下，当时**甚至孟什维克的**《**开端报**》也写道："无产阶级**也会**像扫除布里根杜马那样扫除维特杜马。"在这样的条件下，无产阶级是不可能而且不应当不经过斗争就让沙皇去召集俄国第一届代表机关的。无产阶级当时应当进行斗争，反对拿维特杜马作担保取得借款来巩固专制制度。无产阶级当时应当进行斗争，反对立宪幻想，1906年春天立宪民主党的选举运动和农民中间的选举就是**完全**建筑在这种立宪幻想基础上的。当人们过分夸大杜马的意义的时候，进行上述的斗争只能采用抵制的手段。立宪幻想的**流行**同1906年春天人们参加选举运动和参加选举的联系紧密到什么样的程度，这从我们的孟什维克的例子中看得最清楚了。只要回想一下俄国社会民主工党第四次（统一）代表大会的决议怎样不顾布尔什维克的警告，竟把杜马叫做“**政权**”这一点就够了！另外一个例子：普列汉诺夫毫不犹豫地写道：“一旦解散杜马，政府就要**跌入**深渊。”当时我们反驳了普列汉诺夫，我们说，要准备把敌人**推入**深渊，而不要像立宪民主党人那样希望敌人自行“跌入”深渊[①]。这些话很快就得到了证实。

当时无产阶级应当竭尽全力来坚持自己在我国革命中的独立策略，即同觉悟的农民一起反对动摇的和叛变的自由主义君主派资产阶级。而这个策略，在参加维特杜马选举的条件下是**不可能**实行的，因为当时许多主客观条件，使参加选举的行动对于俄国绝大多数地方来说等于工人政党心照不宣地支持立宪民主党人。无产阶级当时不可能而且不应当采取不彻底的、勉强臆造出来的、出于“计谋”和慌乱而制定的策略，即不知为着什么目的而参加选举的策略，不是为杜马而选举杜马的策略。当时孟什维克中间的**任何一个人**，甚至普列汉诺夫，也**不能**在报刊上号召参加杜马，这是

① 见本卷第148—169页。——编者注

一个历史事实，不管孟什维克怎样隐讳，怎样回避，怎样诡辩，都推翻不了这个事实。当时在报刊上没有发出过**任何一个**参加杜马的号召，这是事实。当时孟什维克自己也在俄国社会民主工党统一的中央委员会的一个通报上对抵制正式加以认可，而认为所争论的**只是**应该在那一个阶段上实行抵制，这是事实。孟什维克认为重点并不是选举**杜马**，而是选举**本身**，甚至只是选举过程，即作为**为了**起义、**为了**扫除杜马而组织力量的手段的选举过程，这是事实。然而，事变却证明在选举时进行群众性鼓动是不可能的，而只有从杜马内部才有某种可能向群众进行鼓动。

谁只要真正考虑和估计到所有这些客观和主观方面的复杂事实，谁就会知道高加索的情形只是一种证实了常规的例外，谁就会知道，那些表示后悔的话以及用"年少气盛"来解释抵制，是对事变所作的一种最狭隘、最肤浅和最近视的估计。

现在，杜马被解散的事实已经清楚地表明，在 1906 年春天的条件下，抵制整个说来无疑是正确的策略，而且带来了益处。在**当时**情况下，社会民主党**只有**采用抵制手段才能履行自己的职责，即就沙皇立宪问题向人民提出必要的警告，对立宪民主党人在选举中的招摇撞骗行为提出必要的批评，而这种警告和批评已经由杜马被解散的事实清楚地证实了。

现在举一个小的例子来说明上述的话。半立宪民主党人兼半孟什维克沃多沃佐夫先生，在 1906 年春天竭力主张参加选举和支持立宪民主党人。昨天(8 月 11 日)他在《同志报》[175]上写道，立宪民主党人"想在没有议会的国家中做一个议会党，想在没有宪法的国家中做一个立宪党"，"激进的纲领和完全不激进的策略之间的根本矛盾，决定了立宪民主党的全部性质"。

一位左派立宪民主党人或右派普列汉诺夫分子能承认这点，可以说是布尔什维克的一个莫大的胜利。

但是，我们虽然无条件地斥责那种胆怯而近视的表示后悔的话，斥责那种用“年少气盛”来解释抵制的愚蠢说法，我们却丝毫不想否认立宪民主党杜马所提供的一些**新的**教训。只有抱残守缺的学究，才会害怕公开承认和考虑这些新的教训。历史已经表明：当杜马召集起来的时候，就有可能在它内部和在它周围进行有益的鼓动；就有可能在杜马内部实行同革命农民接近而反对立宪民主党的策略。这看起来好像是奇谈怪论，但是历史的讽刺恰恰就在这里：正是立宪民主党杜马特别清楚地向群众证明，这个“反立宪民主党的”（为着简明起见，我们这样说）策略是正确的。历史毫不留情地否定了一切立宪幻想和全部“对杜马的信任”，但是历史无疑也证明了，这个机关作为进行鼓动和揭露各政党的真正“内脏”等等的讲坛，对革命是有某些益处的（尽管不是太大）。

由此就应得出如下的结论：闭眼不看现实是可笑的。现在恰恰到了革命的社会民主党人应该不再成为抵制派的时候了。第二届杜马一旦（或者说：“如果”）召集起来，我们就不拒绝参加第二届杜马。我们不会拒绝利用这个斗争舞台，但决不夸大它那有限的意义，恰恰相反，我们将根据历史的经验，使它完全服从于另一种斗争，即采取罢工、起义等形式的斗争。我们将召开党的第五次代表大会，我们将在这次代表大会上决定：**一旦举行选举**，就必须同劳动派达成几个星期的选举协议（不召开党的第五次代表大会，就不能同心协力地进行选举运动，而“同其他政党结成”任何“联盟”也是为第四次代表大会的决议所绝对禁止的）。那时我们就能彻底击溃立宪民主党人。

但是这个结论还远远没有概括我们面临的任务的极端复杂性。我们故意强调“**一旦**举行选举”等等。我们还不知道，第二届杜马是否会召集，选举将在什么时候举行，选举法将是怎样的，那时的形势将会怎样。因此，我们结论的不足就在于它过于一般化。为了总结过去，为了估计过去的教训，为了正确提出未来的策略问题，这个结论是需要的，但是用来完成最近将来策略方面的具体任务，这个结论还非常不够。

现在只有立宪民主党人和所有“类似立宪民主党人的人”才会满足于这种结论，才会把对新杜马的渴望变成“口号”，才会向政府证明火速召开杜马是合乎愿望的等等。**现在**，只有自觉的或不自觉的背叛革命的人，才会竭尽全力把不可避免的革命情绪和激奋心情的新高涨引到选举上来，而不引到通过总罢工和起义进行的斗争上来。

这样，我们就谈到了社会民主党现时策略问题的关键。现在问题的实质并不在于一般地讲是否参加选举。这里无论说“是”或“不”都一点没有涉及当前的根本任务。1906 年 8 月的政治局势，从表面上看来很像 1905 年 8 月的局势，但是在这一时期内已经前进了一大步：无论是战斗双方的力量，无论是斗争的形式，无论是为实现某种战略运动（如果可以这样说的话）所必需的某种期限，都已经明确得多了。

政府的计划是很明显的。它确定杜马召开日期，但又**违法地**不确定选举日期，它的盘算是完全正确的。政府不愿束缚自己的手脚，不愿摊牌。第一，它想赢得时间来考虑修改选举法。第二，——这是主要的——它暂不指定选举日期以等待时机，直到将来能够完全判明新高涨的性质及其力量的时候。政府想把新的选举正好指定在这样一个日期(也许还指定这样一种方式,即举行这样或那样一种选举),以便能够**分裂和削弱正在开始的起义**。政府的打算是正确的:如果今后平静无事,也许我们可以根本不召集杜马,或者也可以恢复布里根法律。但如果发生强大的运动,那就得设法分裂这个运动,那时可以临时指定选举日期,可以借这种选举诱骗某些懦夫或头脑简单的人离开直接的革命斗争。

自由派笨蛋们(见《同志报》和《言语报》)对形势全然无知,竟自行往政府所布下的罗网中钻。他们拼命"证明"必须召集杜马,**最好**把高涨引到选举的轨道上来。但是甚至他们也不能否认,关于最近的斗争要采取什么形式的问题还悬而未决。今天的《言语报》(8月12日)承认,"农民在秋天将说些什么……现在还不知道"。"在9—10月以前,即在农民情绪还没有完全明确地显露出来以前,很难作出什么一般的预断。"

自由派资产者的本性始终没有改变。他们不愿意也不能够积极帮助选择斗争形式,按一定的方向影响农民的情绪。资产阶级的利益并不要求推翻旧政权,而只要求削弱旧政权,任命自由派内阁。

无产阶级的利益则要求完全推翻沙皇旧政权,召集有充分权力的立宪会议。它的利益要求最积极地参与影响农民的情绪,选择最坚决的斗争形式和最适当的斗争时机。我们无论如何不应当取消或模糊用革命手段即通过临时革命政府来召集立宪会议的口号。我们应当竭尽全力来阐明起义的条件,即把起义和罢工斗争结合起来,并为此目的而团结和准备一切革命力量等等。我们应当十分坚决地走上一切革命组织(包括劳动团在内)的"联盟"所签署的有名的号召书即《告陆海军书》和《告全体农民书》上所指示的道路。最后，我们特别应当注意使政府在任何情况下不能用指定选举日期的办法来分裂、阻止或削弱正在开始的起义。在这一方面，我们必须接受立宪民主党杜马所提供的教训，即杜马选举运动是从属的次要的斗争形式，而主要的斗争形式，由于时局的客观条件，仍旧是广大人民群众的直接革命运动。

自然，这样使杜马选举运动服从于主要的斗争，把它放在第二位以应付战斗失利，或者把战斗拖延到第二届杜马召集起来，——这个策略也许可以叫做旧的抵制策略。这样的名称在形式上是可以赞成的，因为所谓"准备选举"，除了始终必需的鼓动和宣传工作以外，无非是一些最琐碎的技术准备工作，这些工作很少能在选举以前老早就完成的。我们不愿意去争论字句，但实质上这是旧策略的合乎逻辑的**发展**，而不是旧策略的**重复**；这是从过去的抵制中得出的结论，而不是过去的抵制。

现在我们来总结一下。应当考虑到立宪民主党杜马的经验，并使它的教训在群众中间传播。应当证明：杜马"不中用"，必须召集立宪会议，立宪民主党人动摇不定；应当要求劳动派摆脱立宪民主党人的束缚，应当支持前者反对后者。应当立即承认社会民主党必须和劳动派达成选举协议以参加将来可能举行的新的选举。要全力阻止政府实现它用指定选举日期的手段来分裂起义的计划。社会民主党必须更加坚决地维护自己那些经过考验的革命口号，应当竭尽全力使一切革命的分子和阶级更紧密地团结起来，使最近将来可能出现的高潮变成反对沙皇政府的全民武装起义。

载于 1906 年 8 月 21 日《无产者报》
第 1 号

译自《列宁全集》俄文第 5 版
第 13 卷第 339—347 页

政治危机和机会主义策略的破产

（1906年8月21日〔9月3日〕）

一

杜马的解散无疑标志了俄国革命进程中严重的政治危机。这次危机也像任何一次危机一样，一下子大大地激化了所有的政治矛盾，揭开了许多现象的内在原因，明确地向人民提出了现在刚出现的、广大群众还没有深刻认识到的任务。杜马的解散也像对过去的一整个发展时期作出总结的任何一次危机一样，不可避免地起了考验和检验这种或那种策略观点的试金石的作用。一方面，危机结束了一定的发展周期，从而使得有可能明确地断定对这种发展所作的一般评价是否正确。另一方面，危机迫使人们对一系列迫切问题作出答复，而且由于事态的迅速发展，这些答复常常可以说是当场就受到检验。

杜马的解散正是这种检验早已在俄国社会民主党中出现的**“两种策略”**的“试金石”。在“杜马时期”，我们能够比较心平气和地在这两种策略上争论，因为当时的政治形势并不要求立即采取重大的政治步骤。杜马的解散立即提出了这种要求。“两种策略”都被提到政治危机面前接受**考验**。对于这种考验的结果，我们必须仔细认真地加以研究。

二

我党中央委员会掌握在右翼社会民主党人手中。现在他们必须对新的策略问题作出迅速、准确和明确的答复。他们的答复究竟是怎样的呢?

中央委员会在答复即将到来的斗争的一般性质这个基本问题时,提出这样的口号:首先"争取恢复杜马例会"。立宪民主党人响应这个口号(见《言语报》以及在《眼睛报》[176]上发表的克德林先生对记者的谈话)。社会民主党反对这个口号。中央委员会中的布尔什维克委员表示反对,党的圣彼得堡委员会也表示反对。于是中央委员会放弃了第一个口号,提出了第二个口号:"为了召集立宪会议,保卫杜马反对宫廷奸党。"后来,第二个口号又演变为最后一个即第三个口号:"支持杜马作为召集立宪会议的权力机关。"中央委员会不顾左翼社会民主党人的反对,坚持了这个口号。中央委员会在口号问题上表现出完全不知所措。

另一个问题是:建议采取哪一种斗争形式?中央委员会首先倾向于罢工示威。它希望号召立即罢工,但是在所有的革命政党和组织中只有它一个想这样做。于是中央委员会签署了**起义**号召书(《告陆海军书》和《告全国农民书》)。但是,中央委员会从罢工示威向罢工起义前进了一步以后,又急忙倒退一步,号召进行"局部的群众性的抗议"。

第三个根本问题是:同谁一起进行斗争?指望资产阶级民主

派的哪些阶层或主要重视哪些阶层？同哪些政党或组织接近？我们看到，中央委员会是要使自己的口号和自己建议的斗争形式适合于“整个杜马”的水平，适合于立宪民主党的水平。但是，“你把本性赶出门外，它会从窗口飞进来！”[177]中央委员会**被迫只有**同革命组织一起，**只有同劳动派**（在杜马废墟上留下的）一起签署告军队书、告农民书和《告全体人民书》。中央委员会也像所有的孟什维克一样，在自己关于策略的**论述**中在立宪民主党人和十月党人之间划了一条分界线：“他们”是右派，“我们”（“我们”和立宪民主党人）是左派。中央委员会在要人们**行动起来的**策略性**号召**中，在自己的战斗号召书中，又在立宪民主党人和劳动派之间划了一条分界线：立宪民主党人在斗争中要么退到右派，要么退到中间派的地位。“我们”——这里**原来**是指“我们”和劳动派，不包括立宪民主党人。“我们”——这里原来是指**所有**革命组织的情报协作组织，包括“劳动团委员会”，但不包括立宪民主党人。结果是：“事与愿违”。右翼社会民主党人本来满腔热情地想同立宪民主党人精诚团结，和衷共济，但是事与愿违，因为立宪民主党人背弃了由事件发展进程所决定的战斗协议。

基本说来，杜马解散以后孟什维克策略的实际历史就是这样。这段历史已载入一些文件中。请读一读中央委员会给各党组织的“信”（第4封和第5封）以及《告陆海军书》（社会民主党党团和劳动团委员会）、《告全国农民书》（劳动团委员会、社会民主党党团、全俄农民协会、社会革命党中央委员会、社会民主党中央委员会、全俄铁路工会、全俄教师联合会）和《告全体人民书》（上述组织减去全俄农民协会、全俄铁路工会和全俄教师联合会，加上波兰社会党[178]和崩得），最后，请读一读三个中央委员的抗议书[179]（“仅供党员阅读”)，这样，你们就了解了有关杜马解散后社会民主党的机会主义策略的全部材料。

对孟什维克策略方针的这段实际的、人人可以看得见的历史能作出什么样的总结呢？这个总结是很清楚的，就是在自由主义君主派资产阶级和革命的资产阶级民主派之间动摇不定。中央委员会在口号问题上动摇不定实际上可以归结为什么呢？可以归结为：在确认合法立宪道路是唯一可走的道路(口号是“恢复杜马例会”)和承认或容许革命道路(口号是“召集立宪会议”；但这个口号被一定要同杜马结合的提法**削弱了**)之间动摇不定。这是在立宪民主党人(他们现在完全同意而且**已经同意**“恢复杜马例会”)和革命的农民(同俄国社会民主工党中央委员会一起签字号召大家为召集立宪会议而起义的劳动派、社会革命党、农民协会、铁路工会和教师联合会)之间动摇不定。我们的中央委员会或者说我们的社会民主党机会主义者比立宪民主党人稍微左一些，但比革命的资产阶级民主派却要右得多。这就是根据中央委员会在口号问题上、在斗争形式问题上以及在政党派别划分问题上的动摇所作出的总结。

在整个杜马时期，社会民主党右翼和左翼之间的策略分歧日益明显，并且日益归结为资产阶级民主派内部的分界线这个基本问题，或者说同谁一起走的问题。右翼社会民主党人竭力要同立宪民主党人一起走(支持整个杜马，支持杜马组阁的要求)。相反，革命的社会民主党人的策略是：使革命的资产阶级民主派脱离立宪民主党，使革命的资产阶级民主派分子从立宪民主党的束缚下挣脱出来，使他们为战斗的目的而同无产阶级团结起来。杜马的解散对杜马时期作了总结。结果是怎样的呢？结果是，右翼社会民主党人**不得不**离开立宪民主党而向革命的民主派靠拢。只有他们的口号的某些装饰品还是立宪民主党式的。实际生活迫使他们正是在左翼社会民主党人一向指出的地方划出一条分界线来。中央委员会的口号的不彻底性和“毫无用处”已经暴露得非常明显了。

三

现在我们来分析一下中央委员会的论述。这些论述在第4封《给各党组织的信》中表达得最完全(这封信没有注明日期和编号，但接着在后面发出的一封信注明是第5封信)。这封信是机会主义思想的真正出色的范例：它值得一印再印，值得编入社会主义读本和教科书，可以作为一个实例，用来说明社会民主党人**不**该怎样论述策略问题。

这封信的中心点是分析一个问题，这个问题用写信人自己的话来表述就是：“现在政权可能转到谁的手中？”

信中接着写道：“目前**在**14 000万人民的**心目中**，谁是或者可能是从沙皇政府手中争取过来的国家政权的当然继承者？…… 因为夺取国家政权的全民运动展开以后，全体人民的**思想**中也必然会有这样的**观念**：谁来取代被推翻了的政府…… 在运动的每一个具体时期，都必然会有某一个团体或组织在全体人民的**思想**中扮演这样的角色。”

我们着重指出了上面论述中立即可以看出完全站不住脚的地方。在**夺取**政权的问题上，中央委员会立即采取了小市民的唯心主义观点，而没有采取无产阶级的唯物主义观点。它从最广泛流行的"思想"中（在人民的"心目"中），而不是从实际的斗争条件中得出政权的"当然继承者"。它不理解："当然继承者"不是在随便哪些人的"**思想**"中"扮演这样的角色"的人，而是确实能够**推翻**政府、确实能够**夺取**政权、确实能够在斗争中**取得胜利**的人。斗争的结局不取决于"全体人民的思想"，而取决于社会上的某些**阶级**和某些人的**力量**。

所以说，中央委员会一下子就完全离开了问题。中央委员会不去考察实际斗争的条件，不去考察斗争在过去和现在是怎样进行的，却开始以最坏的、唯心主义的方式来投机取巧，提出关于谁"来取代被推翻了的政府"，而不是谁来**推翻而且必将推翻**政府的"思想"和"观念"。为了得出机会主义的结论，只好抛弃整个马克思主义的方法，而马克思主义的方法要求研究下列问题：哪些阶级的哪些利益要求**推翻**政府，哪些阶级的哪些利益要求限制政府权力；哪些物质条件**产生**革命的斗争（"推翻"政府），哪些物质条件**形成**被推翻的政府同进行推翻的人在宪法基础上共存的局面。如果中央委员会没有忘记马克思主义的起码常识，那么它至少会根据俄国革命的经验来考察一下：运动的进程本身**迫使**我国哪些阶级（往往不以它们的"思想"为转移，而且甚至违背它们的君主主义思想）**推翻**挡住它们前进道路的政权机关。20世纪俄国**工农**运动的历史给我们的中央委员会提供的局部和地方**推翻**政权机关的例子已经够多了，它应该能够根据马克思主义而不是根据赖德律-洛兰主义来判断完全彻底推翻中央政权的问题。

走上了错误道路的中央委员会，后来在论述这个题目时愈来愈混乱了。它开始在各种可能的"临时革命政府"组成方案中逐一进行挑拣。

中央委员会宣布，工人代表苏维埃以及由劳动团和社会民主党党团组成的执行委员会都是不中用的。前者不会得到“亿万农民”的支持，后者也不会得到“很大一部分小市民、中等资产阶级、士兵、哥萨克、军官等等的支持。但是，如果认为新的国家政权可以违反所有这些人的意旨而建立起来，那将是一种最危险的错误”。

我们建议读者把这种论述的第一部分同布尔什维克关于临时政府的决议草案(见1906年3月20日《党内消息报》第2号，转载于列宁的《关于代表大会的报告》第92页)[180]对照一下。这个草案明确列举了在十二月起义中**确实**起过革命政权机关的作用的组织。这个草案除了提到工人代表苏维埃以外，自然还提到士兵委员会、铁路委员会、**农民**委员会以及高加索和波罗的海沿岸边疆区选举产生的农村机关。所以说，历史已经回答了中央委员会现在正这样无能为力地试图加以解决的问题。历史已经表明，哪些阶级和哪些居民阶层能够**参加**起义和**建立**起义机关。但是，社会民主党的机会主义者不仅忘记了(或者是不能理解)革命的过去，而且根本不懂得什么是临时革命政府。只要稍微想一想，就会看到这种政府就是起义机关(而不仅仅是起义的结果，像孟什维克关于临时政府的决议草案中所错误地设想的那样；见同一个《报告》第91页或《党内消息报》第2号)。

其次，上面论述的第二部分更加错误。这一部分是运用机会主义者惯用的方法编造的：证明最温和的口号所以更为合理，是因为这个口号可以团结更多的社会成员。伯恩施坦说过：赞成社会革命的只有无产阶级的一部分，而赞成社会改革的却有很多社会自由派分子；不要错误地以为违反这些人的意旨也可以建立起社会主义！成为一个主张民主社会改革的党会更好一些！孟什维克则说：主张争取我国革命真正胜利的只有无产阶级和小资产阶级的革命部分（首先是农民），而主张对旧的君主制实行自由主义的限制的却有“中等资产阶级和军官等等”。因此，让我们把自由派同沙皇的交易叫做革命的胜利，让我们用杜马来取代作为起义机关的真正革命的政府吧！

不，同志们。政治算术的计算方法要比把**所有**“反对派”分子简单地加在一起稍微复杂一点。把动摇的随时可能叛变的反对派加到真正进行斗争的革命分子上去，并不总能得出正数，倒是常常得出负数。本身利益**迫使**自己去限制君主制同时又害怕君主制垮台的那些人，永远不可能建立起强有力的和果敢的起义机关。企图用这些立宪民主党人的尺码来预先裁剪出未来的起义机关，那就像用某位瑙曼或克列孟梭的尺码来裁剪欧洲的社会革命一样。

我们的机会主义者使自己陷入多么滑稽可笑的矛盾境地！他们想同中等资产阶级和军官结成联盟，一句话，想同立宪民主党人结成联盟。但是，那样就必须完全抛弃召集立宪会议的口号，因为立宪民主党人抛弃了这个口号！提出中等资产阶级和军官不能接受的召集立宪会议的口号，同时又企图把最革命的作用（推翻政府和成立临时革命政府！）强加在温和而忠顺的杜马身上，以此来争取中等资产阶级和军官，——你们看，我们的中央委员会弄到了多么荒谬的地步。

而说到荒谬，在中央委员会的信中荒谬的怪论还不止这些。请看：“如果除了工人代表苏维埃以外，现在确实不能提出其他机构作为政权的体现者，那就可以预言：在**争取政权的斗争**中对政府的胜利(而这种胜利必然是以军队参加这一斗争为前提的),只会导致转到'人民方面'来的军队的**军事专政**。"(黑体是原有的)

请玩味一下这段荒唐的宏论吧:如果工人代表苏维埃在一部分军队帮助之下**战胜了**政府,那么军队这样转到"人民方面"①就会导致军队的军事专政!! 我不知道,甚至在立宪民主党的书刊中是否能找到这种用胜利的斗争结局来进行恫吓的例子?我不知道,甚至司徒卢威先生 1905 年夏天在《解放》杂志和 1906 年春天在《北极星》杂志[181]上猛烈攻击武装起义的思想,说这种思想似乎接近于军事专政思想时,是否说出过这样一些东西?中央委员会哪怕只是调查一下最近一年来士兵和水兵在无数次"暴动"中提出的一般要求,那它也会看到,这种要求**实际上**是要把等级制的军队变为人民的军队,即变为民兵。士兵和水兵不总是能够甚至常常不能够归纳自己的要求,但是难道有谁会不明白:在集会自由等等条件下,在家乡服兵役不正是等于建立民兵制吗?难道中央委员会竟这样地丧失了最起码的革命本能,以致不明白十二月党人的贵族革命性(民意党军官[182]的平民知识分子的革命性)和 20 世纪俄国士兵和水兵的极为民主的、无产阶级的和农民的革命性之间的区别?难道中央委员会从来没有清楚地看到军官在民意党时代,在士兵群众几乎对一切麻木不仁的情况下所表现出的革命性和他们在目前,在这些普普通通的士兵群众发动了声势浩大的运动时所表现出的反动性这两者之间根本的区别吗?认为目前的俄国士兵或水兵在同政府进行的斗争中转到工人代表苏维埃方面来就可能是转向军事专政,认为防止军事专政的办法就是用"拥护杜

① 引号想必是表示我们中央委员会的讽刺!

马”这个温和的口号去争取军官——这样考虑不是丧失了辨别现实的任何能力，就是比司徒卢威先生之流向右走得更远！社会民主党中央委员会想通过争取军官的办法来防止俄国士兵追求军事专政，——请看机会主义者把我们引到了什么地步。

中央委员会试图用以下的理由来继续为自己的不可救药的立场辩护：不必硬找一个新政府来，因为杜马还在，或者说杜马遗留下来的人还在，他们“可以宣布自己是国家杜马”，而“搞不清楚成文宪法的各种微妙含义的民众的头脑，过去和现在都认为国家杜马就是权力机关…… 如果说拒绝服从沙皇政府的军队能够为一个新政府服务的话，那么这个新政府就是国家杜马”。

妙极了！如果明天“民众的头脑”认为另一个合法机关是“政权”，那么我们也就有义务传播这种偏见，——这可真是对革命政党的任务的一种非常好的理解。亲爱的同志们，你们毕竟应当懂得：政权必须用强力，用斗争，用起义来夺取。立宪民主党人准备这样做吗？如果准备这样做，我们欢迎之至，在斗争中我们不拒绝任何同盟者。但是，如果不准备这样做，如果立宪民主党人甚至害怕**直接号召**起义（只要号召者有诚意，这种号召毕竟是行动的第一步，在整个杜马中只有社会民主党和劳动派做到了这一步），那么所有关于杜马是“能够召集立宪会议的权力机关”的议论只能是一种有害的马尼洛夫精神[183]，只能是对人民的一种欺骗。

中央委员会为那些甚至害怕维堡宣言的立宪民主党人辩护说，如果是在另一种气氛下，杜马遗留下来的人的活动也会不同。是的，的确如此，他们的活动也会不同。从这里可以得出什么结论呢？那就是我们应当竭力创造**另一种**气氛。怎样竭力创造呢？那就要使能够进行斗争的人具有革命意识，使他们的意识高于立宪民主党的水平，高于立宪民主党的口号。而你们以没有革命气氛为理由来**为**立宪民主党的怯懦**辩护**，同时又用立宪民主党的口号代替革命的口号，以此来**损害**这种气氛！

四

中央委员会在它的著名的第4封信中得出的实际结论是："必须立刻在各地组织局部的群众性抗议。"其目的，我们一字不差地引述如下："创造准备即将到来的决定性战斗的气氛……" 不是准备即将到来的决定性战斗，而是创造准备即将到来的决定性战斗的气氛！……

我们党已经以不常有的一致意见斥责和否决了中央委员会的这个口号。中央委员会为"局部的群众性抗议"而开展的运动**已经**失败了。在内战空前紧张的情势下进行示威和组织抗议，其荒谬是显而易见的。我们在本报这一号上发表的许多党委会和党代表会议的决议[184]非常清楚地表明，中央委员会的这个口号及其在杜马解散后的全部政策引起了多么大的愤慨。因此，我们不想多费口舌来驳斥已被实际生活所驳倒并被党所否决的中央委员会的口号。只需要指出两点：第一，中央委员会的错误的原则意义；第二，中央委员会在第5封信中企图摆脱它所陷入的那种非常难堪的境地的笨拙做法。

从原则上来说，中央委员会的错误在于它完全不理解罢工示威和罢工起义之间的区别。在十二月起义以后还这样不理解是完全不能原谅的。只有注意到中央委员会在任何一封信中从来没有直接提到过武装起义这一点，才能说明它为什么不理解。回避直接提出起义问题——这就是我们的机会主义者从他们的整个立场中必然产生的、长期以来一贯的意图。这种意图向我们说明了为什么中央委员会只是顽固地谈论罢工示威，而绝口不谈罢工起义。

中央委员会采取这样的立场，就不能不落在所有其他革命政党和组织的后面。可以说，除了社会民主党的机会主义者以外，**所有的人**都认识到提出起义问题的必然性。正如人们所预料的，全俄铁路工会就对这个问题特别注意（见我们今天在本报上发表的全俄铁路工会的决议及其常务局的报告）[185]。从某些革命组织签署的一系列号召书（上面已经提到过的号召书：《告陆海军书》、《告全国农民书》等等）中也可以非常清楚地看出这一点。我们的中央委员会看来是违背自己的意愿，违背自己的信念签署这些号召书的！

其实，在这些号召书上签字而没有看出罢工示威和罢工起义之间的区别，简直是不可能的。中央委员会的矛盾的行为及其随风转舵的表现是一目了然的：它在自己写的东西（第 4 封信和第 5 封信）中没有一句话提到起义。但它同其他革命组织在一起时，又签字号召起义！当没有别人在场的时候，我们的中央委员会就不可避免地歪到立宪民主党的立场上去，花费全部力量去构想立宪民主党人能够接受或看来能够接受的口号。当同其他革命组织并肩行进的时候，它就“振作起来”，羞于提出它那些立宪民主党式的口号，表现得很体面。

俄国社会民主工党第一次落到这种不光彩的境地。所有的人都看到俄国社会民主工党第一次这样被人牵着鼻子走，它第一次落在后面。我们的责任，俄国社会民主工党全体党员的责任，就是无论如何要尽快地使这种情况是第一次也是**最后**一次。

不能理解七月(最近的)罢工失败的原因,也完全应当归咎于上述那个原则错误。任何人都可能在确定斗争**时机**时犯错误。我们完全不想**为此**责备中央委员会。但是,在行动的**性质**上犯错误,不顾同中央委员会一起签署起义号召的许多组织的警告而犯错误,这是不能原谅的。

中央委员会在第5封信中对社会革命党人进行了一些微不足道的、无谓的批驳(仅仅证明劳动派的代表比社会革命党人说得更彻底,——可是,这一切有什么意思,谁又会对这些发生兴趣呢?),并且对于偏偏是觉悟的先进工人不响应七月罢工的号召感到大惑不解。落后工人响应了号召,而先进工人却不响应!因此中央委员会感到愤慨,气愤,几乎要破口大骂了。

然而,如果中央委员会不是采取了根本错误的立场,不是同无产阶级先锋队**在原则上**发生分歧,那么它就很容易理解问题的所在。落后工人可能还不了解罢工示威和罢工起义之间的区别,但是先进工人却非常了解这种区别。当有希望能够支持斯维亚堡和喀琅施塔得的**起义**时(曾经有过这样的时刻),宣布全民罢工是合乎道理的。但是,这当然会是(**而且确实是**)不以抗议解散杜马为目的(像中央委员会所设想的那样),而以声援起义者,以**扩大**起义为目的的罢工。

可是,一两天以后就完全清楚了:斯维亚堡和喀琅施塔得的起义**这一次**已被镇压下去了。为声援起义者而举行罢工已经不适当了,而先进工人始终**不愿意**举行罢工抗议,罢工示威。先进工人始终非常明确而坚决地说(只有我们的中央委员会居然能够不知道这一点或不理解这一点),他们将投入一场总决战,但绝对不举行示威性的罢工。

所以,七月罢工的失败,可以说已经使得社会民主党的机会主义者的策略不再为害。罢工示威的思想完完全全破产了。“局部的群众性抗议”的口号也完完全全破产了。

但是,凡是稍微了解一些俄国大的中心城市的工人情绪的人,仔细考察现在农民中发生了什么事情的人,都非常清楚:罢工起义的思想,准备起义的口号,不仅没有失去意义,不仅没有逊色,反而在各地成熟起来,加强起来。

五

现在我们来总结一下我们对孟什维克在杜马解散后的关键时刻的策略所作的简略分析。

在杜马时期,孟什维克始终宣传支持整个杜马,支持立宪民主党(以支持杜马组阁的要求为借口)。布尔什维克竭力使劳动派离开立宪民主党,支持成立“杜马左派集团的执行委员会”的主张。

现在,在杜马解散以后,究竟谁的策略被证实是正确的呢?同立宪民主党人在一起只做到了发表一篇怯懦的维堡宣言。立宪民主党**作为党**并不支持这个宣言,它既不参与在党内宣传这个宣言,也不参与继续进行**这类**工作。连我们的孟什维克也立即承认了这个宣言有不足之处。在怯懦的维堡宣言发表以后,紧接着发表了其他比较明确、比较大胆的号召书。在一些前杜马代表个人进行联合以后,**两个**杜马集团的一些“委员会”紧接着也联合起来了,这两个集团签署过许多号召书,参加过许多次革命会议和**加入过**革命军事委员会。

这两个集团，作为集团，作为集体，在杜马垮台以后还完整无恙，在失去脚下的“立宪”基础以后并没有丧失自持力；这究竟是哪两个集团呢？

这就是社会民主党和**劳动派**。布尔什维克支持成立“左派集团的执行委员会”的**主张**，并为此进行宣传，结果这个委员会**成立了**。劳动团**组成了**一个同农民有**新的**联系的新的**革命**组织，而立宪民主党却在政治上已经死亡——恰恰像布尔什维克预言的那样，他们曾经强调指出：“蛆虫总是寄生在尸体上而不会寄生在活人身上。”①

社会民主党同劳动派、社会革命党等等达成战斗协议已经成为**事实**，上面列举的文告已经证明了这个事实。当然，我们失去了许多东西，那只是因为我们从事这项工作已经**晚了**，没有较早考虑这一点，没有像布尔什维克早在向统一代表大会提出的决议草案中就建议过的那样去逐步准备基础。

Volentem ducunt fata，nolentem trahunt，——用俄国话来说，这句话的意思大致是：觉悟的政治家走在事变的前面，不觉悟的被事变拖着走。布尔什维克几个月以来（甚至一年以来）一直坚决认为，同革命的民主派达成战斗协议是**不可避免的**，无产阶级同先进农民在战斗中紧密联系极为重要。杜马的解散**迫使**我们走上这条道路。而孟什维克，正如我们在分析中央委员会策略的所有细节时所指出的那样，是没有准备的，他们是在违反他们的意愿和意识的情况下被事变的“突然”转变“牵着走的”。

① 见本版全集第12卷第307页。——编者注

就拿起义问题来说吧。孟什维克尽力“托词拒绝”起义。他们甚至在统一代表大会上通过一项**反对**武装起义的决议。他们现在在第 4 封和第 5 封“信”中又**绝口不谈**起义。这两封信是中央委员会自己写的，其他革命组织并没有指点。但是，当中央委员会同这些组织**一起**，按照他们的指点写一些东西的时候，我们就读到了直接而坚决的起义号召。这时口号也是革命的。这时不仅只字不提恢复杜马例会，甚至连通过杜马召开立宪会议也不提了。相反，这时我们读到了这样的话(《告全体人民书》)：“**不要没有权力的**杜马，而要以……选举制为基础的有充分权力的立宪会议，这就是人民必须提出的目标。**不应**当让**沙皇的大臣们，而**应当让**依靠革命人民的政权**来召开这个会议。”(黑体是我们用的)当我们的中央委员会同小资产阶级革命者，如劳动团委员会和波兰社会党一起时，它说的话多么有力！

最后，谈一谈临时革命政府的问题。一年半以来以普列汉诺夫为首的我们的孟什维克一直在说明，社会民主党同资产阶级革命者一起参加临时革命政府是不能容许的，提出建立临时革命政府的口号是布朗基主义，雅各宾主义，是罪大恶极。

结果怎样呢？杜马被解散，中央委员会**恰恰**不得不提出这个临时革命政府的问题，由谁组成这个政府的问题。它对这个问题的毫无准备一下子就显露出来了，因为它甚至不懂得临时革命政府就是**起义机关**。中央委员会建议宣布杜马遗留下来的人——社会民主党人、劳动派和一部分立宪民主党人为临时革命政府。但是，同志们请看一看，这会得到什么样的结果：**事实上是你们在建议社会党人同资产阶级革命者一起参加临时革命政府！**而你们这样做却没有考虑社会民主党人在劳动派和左派立宪民主党人中间只占**微不足道的少数**！唉，真遗憾！关于**不容许**社会民主党人同资产阶级革命者一起参加临时政府的学究式的空谈，一接触到实际就被完全粉碎了。中央委员会企图用牵强附会的方法歪曲引用马克思的话来为这个错误的决定辩护，但是所有这些牵强附会的说法像烟一样消失了。不仅如此，除了资产阶级**革命者**（劳动派、社会革命党人、波兰社会党人以及农民协会、铁路工会和教师联合会中的一部分人）以外，我们的"严格的"冒牌马克思主义者还千方百计地把资产阶级**妥协分子**（立宪民主党人）拉进未来的临时政府！

的确，很难设想机会主义策略的破产有比我们的中央委员会在杜马解散后所遭到的更彻底的了。趁现在还不迟，我们必须把我们的党从这个泥潭中拉出来。

载于1906年8月21日《无产者报》第1号

译自《列宁全集》俄文第5版第13卷第348—364页

谈最近的事件

(1906年8月21日〔9月3日〕)

华沙和波兰其他城市的"流血日"[186],谋刺斯托雷平事件,刺杀米恩事件[187],——这一切引起了对"游击行动"(我们用了这个在党内已经通用并被统一代表大会的决议所确认了的用语)问题的普遍关注。

编辑部打算在最近发表一篇或几篇文章,来详细地尽量全面地分析一下这个极其重要的问题①。为了使我们的读者不致对我们的看法毫无所知,我们暂时只作以下一些简短的说明,这些看法,我们将在以后的文章中详细地加以发挥,并更准确地加以论述。

第一个意见。极端手段一点没有好处,任何一个社会党人丝毫不应当怀疑在组织游击行动时必须考虑广大群众的情绪。因此,我们认为非常需要考虑熟悉华沙工作条件和那里群众情绪的崩得(似乎同波兰社会民主党人也是一致的)的看法,这个看法就是,波兰社会党"做得太过分了"。波兰社会党是否做得太过分,这是一个事实问题,我们没有资格来解答这个问题。做得太过分,在任何时候都是不应该的,但是,根据个别一些"做得太过分的"事件就下结论说某种斗争形式不好,那也是不对的。

① 见本版全集第14卷第1—12页。——编者注

总的说来，我们认为杜马解散以后，俄国的游击斗争加强起来是好事。我们觉得，同政府的暴虐者进行歼灭性的和无情的游击斗争是及时的、适当的。

第二个意见。我们党的中央委员会在第4封“信”(给各党组织的信)的附注中声明：“不言而喻，所谓的‘游击’战斗行动仍旧是党所反对的。”这样说是完全错误的，是非常错误的。

这是不正确的。我们服从代表大会的决议，但是**无论如何**不服从**违反**代表大会决议的中央委员会的决定。谁愿意认真地读一读以《关于游击活动》为标题的统一代表大会的决议，他就很容易看到，我们党**反对**某一种游击活动，但**承认**另一种游击活动，并且**建议**采取第三种游击活动。

党完全反对剥夺私有财产。党**不反对**剥夺官家财产，但是对此规定了**特别严格的**条件(“在当地已成立革命政权机关的情况下”**等等**)。

其次，代表大会的决议**承认不**剥夺财产的游击活动，即**承认“恐怖手段”**，承认以杀死敌人为目的的**游击**活动。这一点在决议结论部分一开头已经说得很清楚，很明确：

“代表大会决定：(1)**除了**〈黑体都是我们用的〉为未来的起义准备革命力量(主要是组织工人群众)**以外**，代表大会认为针对**政府的恐怖手段和黑帮分子的暴行进行积极斗争，是不可避免的**，必须……”(下面是禁止盗窃，禁止夺取私有财产等等)

我们摘录的**代表大会的决议**是非常明确的。“除了”在群众中进行工作以外，还承认要同暴虐者进行“积极斗争”，也就是说，无疑要通过“游击活动”来杀死他们。

决议对**这**第二种游击活动(杀死暴虐者)只作了如下的限制：

“**避免**侵犯**和平**公民的私有财产，但下列情况**例外**〈请注意！〉，即这种侵犯是在同政府作斗争时**无意中**造成的，**或者是**出于紧急斗争的需要（例如修筑街垒）。”

因此，当**紧急斗争**要求这样做时，也容许侵犯私有财产，例如夺取马车等等来修筑街垒。代表大会指出，当**不存在**紧急斗争时，那就要**避免**侵犯“和平”公民的人身安全，但是代表大会又立即指出一种**例外**，即如果侵犯人身安全是在同政府作斗争时“无意中”造成的，代表大会**不归罪于**游击活动的参加者。

最后，代表大会明确**建议**党采取另一种游击活动，它不附加任何条件和限制地作出如下决定：“利用**一切**可能出现的机会**夺取**属于政府的武器和弹药。”

例如：巡警握有属于政府的武器。这就“可能出现机会……”

第三个意见。我们建议我们党所有的大量的战斗小组不再无所作为，要采取一系列的游击活动，要严格遵照代表大会的决定，即不对财产进行任何剥夺，尽量少“侵犯”和平公民的“人身安全”，而**尽量多**侵犯密探、**积极活动的**黑帮分子以及警察、军队、海军的长官**等等**的人身安全，“利用**一切**可能出现的机会夺取属于政府的武器和弹药”。

载于1906年8月21日《无产者报》
第1号

译自《列宁全集》俄文第5版
第13卷第365—367页

关于“工人代表大会”

（1906 年 8 月 21 日〔9 月 3 日〕）

《同志报》登载了一篇短评，说阿克雪里罗得同志在鼓动召开“工人代表大会”[188]。我们也得到消息说，孟什维克确实在进行这样的鼓动。我们认为，党有责任要求公开讨论这类问题。难道一些最出名的孟什维克应当**瞒着**党来鼓动召开**公开的**工人代表大会吗？如果阿克雪里罗得没有机会发表和阐述自己的观点，我们可以让他在我们的报纸上发表。

载于 1906 年 8 月 21 日《无产者报》第 1 号

译自《列宁全集》俄文第 5 版第 13 卷第 368 页

莫斯科起义的教训

(1906年8月29日〔9月11日〕)

《1905年12月的莫斯科》(1906年莫斯科版)一书[189]的问世,是再及时不过了。吸取十二月起义的经验,是工人政党的迫切任务。可惜的是,就像一桶蜜里掺了一勺焦油,这本书材料十分令人感兴趣(尽管不完备),但是结论却作得非常草率,非常庸俗。关于这些结论,我们以后专门来讲①,现在只谈一谈目前最迫切的政治问题,谈谈莫斯科起义的教训。

莫斯科十二月运动的主要斗争形式是和平的罢工和示威。绝大多数工人群众积极参加的只是这两种形式的斗争。然而,正是莫斯科十二月行动清楚地表明,总罢工作为独立的和主要的斗争形式已经过时,运动正以不可遏止的自发力量冲破这种狭隘的框子,产生起义这种最高的斗争形式。

一切革命政党,莫斯科的一切工会,在宣布罢工时就已经意识到,甚至感觉到,罢工必然会变成起义。12月6日,工人代表苏维埃曾作出决定,"要努力使罢工变成武装起义"。但是,事实上一切组织对这件事都没有准备好,甚至战斗队联合委员会[190]谈到(**12月9日!**)起义时也好像是在谈什么遥远的事情,因此巷战发生时它当然毫无所知,没有参加。各个组织都**没有能够跟上**运动的发

① 见本卷第383—387页。——编者注

展和规模。

罢工发展为起义，首先是由10月以后形成的客观条件促成的。举行总罢工已经不能使政府措手不及了，政府已经把准备采取军事行动的反革命势力组织起来了。无论10月以后的俄国革命的总的进程或莫斯科12月期间一系列事件的发展，都惊人地证实了马克思的一个深刻原理：革命向前进展是由于它产生了一个联合起来的、强大的反革命，也就是说，革命迫使敌人采取愈来愈极端的防御手段，因而它自己也在掌握愈来愈强有力的进攻手段①。

12月7日和8日这两天，群众举行了和平罢工、和平示威。8日晚上，阿克瓦留姆花园被包围[191]。9日白天，龙骑兵在斯特拉斯特纳亚广场屠杀群众，晚上菲德列尔学校被捣毁[192]。民情鼎沸。街上无组织的人群完全是自发地但又犹犹豫豫地在构筑第一批街垒。

10日，开始向街垒和街上的人群进行炮击。构筑街垒已经不再犹豫不决了，已经不是个别的情况，而是大批地在构筑。全城的民众都涌上街头；全城的主要中心地区都布满了街垒。战斗队员同军队进行了好几天顽强的游击战，这种游击战使军队疲惫不堪，杜巴索夫不得不乞求援兵。直到12月15日，政府军队才完全占优势，17日谢苗诺夫团才把普列斯尼亚区这个最后的起义据点攻破。

由罢工和示威进而构筑个别街垒。由构筑个别街垒进而构筑大批街垒并同军队进行巷战。无产阶级的群众性的斗争走到了各种组织的前面，由罢工发展成了起义。这是俄国革命在1905年12月取得的最伟大的历史成果，这个成果也同从前的一切成果一样，是用极大的牺牲作代价换来的。运动从政治总罢工发展到了

① 参看《马克思恩格斯文集》第2卷第79页。——编者注

最高的阶段。它迫使反动派采取**极端的**抵抗手段，因而使革命也采取极端的进攻手段的时机大大提前到来。反动派炮击街垒、房屋和街上的人群以后，已经**再也无路**可走了。革命则除了组织莫斯科的战斗队以外，还有别的道路可走，无论在广度或深度方面都有很多很多的道路可走。革命从十二月事件以后又大大前进了。革命危机的基础已经更加广阔得多，这时刀锋必须磨得更加锐利了。

无产阶级比他们的领导者更快地感觉到了要求由罢工转为起义的客观斗争条件的变化。这时也同以往任何时候一样，实践走到了理论的前面。和平的罢工和示威很快就不再能满足工人的要求了，工人们问道：下一步怎么办？他们要求采取更积极的行动。构筑街垒的指示下达到各区很迟，当时中心地区已经在构筑街垒了。工人成群结队地在干这件事，但是**他们对此还不满足**，他们又问道：下一步又怎么办？他们要求积极行动。我们这些社会民主主义无产阶级的领导者在十二月事件中，很像一个这样的将领，他把自己的兵力部署得非常荒谬，以致他指挥的大部分队伍都没有能积极参加战斗。工人群众曾经想方设法要得到关于采取积极的群众性行动的指示，可是没有得到。

由此可见，普列汉诺夫的那个得到一切机会主义者支持的观点是再近视不过的了。他认为，本来就用不着举行那次不合时宜的罢工，“本来就用不着拿起武器”。正好相反，本来应该更坚决、更果敢和更富于进攻精神地拿起武器，本来应该向群众说明不能单靠和平罢工，必须进行英勇无畏和毫不留情的武装斗争。因此现在我们也就应当公开地大声承认举行政治罢工是不够的了，应当在最广大的群众中鼓动武装起义，而不要用任何“预备阶段”来掩盖这个问题，一点也不要模糊这个问题。向群众隐瞒必须进行你死我活的流血的歼灭性的战争这个未来行动的直接任务，就是既欺骗自己，又欺骗人民。

十二月事件的第一个教训就是如此。另一个教训是关于起义的性质、起义的方式、军队转变到人民方面来的条件。在我们党的右翼中，对这种转变有一种很流行的极其片面的看法。说什么同现代军队进行斗争是不行的，需要使军队成为革命的军队。当然，假使革命不成为群众性的，假使革命没有波及军队，那也就根本谈不上什么严重的斗争。当然，对军队进行工作是必要的。但是，决不能把军队的这种转变设想成一种什么简单的、一蹴而就的事，它是说服和自觉的结果。莫斯科起义清楚地向我们指出了这种看法的呆板和僵化。其实，在一切真正的人民运动中，军队的动摇是不可避免的，一到革命斗争尖锐化的时候，就会引起真正的**争夺军队的斗争**。莫斯科起义向我们表明的正是反动派和革命力量之间为争取军队而进行的最激烈最残酷的斗争。杜巴索夫自己说过，在莫斯科 15 000 人的军队中，只有 5 000 人是可靠的。政府为了控制动摇分子而无所不用其极：说服他们，诱惑他们，用发给表和钱等等收买他们，用伏特加灌醉他们，欺骗他们，威吓他们，把他们禁闭在营房里，解除他们的武装，通过告密和暴力把那些被认为最不可靠的士兵从他们里面抓出来。所以，我们应该有勇气直截了当地公开承认，我们在这方面落在政府的后面了。我们未能利用我们所拥有的力量，来积极、大胆、机智、主动地争取动摇的军队，而政府却这样做了，并且取得了成效。我们已经着手在思想上“影响”军队，而且今后还要更加坚持不懈地这样做。但是，如果我们忘记在起义的时刻还需要进行实际具体的斗争来争取军队，那我们就会成为可怜的书呆子。

莫斯科的无产阶级在十二月的日子里给了我们从思想上“影响”军队的卓越教训。例如，12 月 8 日在斯特拉斯特纳亚广场上，有一大群人把哥萨克军队团团围住，同军队混合在一起，同他们联欢，结果使他们撤回去了。还有一个例子，10 日那天在普列斯尼亚区，在上万人的人群中，有两个青年女工打着红旗向哥萨克军队迎面走去，她们大声喊道：“打死我们吧！我们宁死也不交出旗帜！”这时哥萨克军队不知所措，只好在人群高呼“哥萨克万岁！”声中疾驰而去。这些英勇无畏的范例，应该永远铭记在无产阶级的心里。

但是，请看看我们落后于杜巴索夫的例子吧。12 月 9 日，有些士兵唱着马赛曲沿着谢尔普霍夫街行进，去同起义者会合。工人们派代表去会见他们。这时马拉霍夫也亲自骑马拼命向他们那里疾驰。工人们来迟了，而马拉霍夫却及时赶到了。他发表了激昂慷慨的演说，把那些士兵说得动摇了，随后又用龙骑兵包围了他们，把他们送回营房禁闭起来。马拉霍夫及时赶到了，而我们却没有及时赶到，虽然在两天之内已经有 15 万人响应了我们的号召，他们本来能够并且应当在街道上组织巡逻的。马拉霍夫用龙骑兵包围了士兵，而我们却没有用掷弹队包围马拉霍夫们。我们当时能够而且应当做到这一点，何况社会民主党的报刊早已（旧《火星报》[193]）指出，在起义时我们的责任就是毫不留情地消灭民政长官和军事长官。显然，在涅斯维日兵营前，在克鲁季茨基兵营前，在无产阶级试图让叶卡捷琳诺斯拉夫团“撤走”时，在派代表到亚历山德罗夫工兵队去时，在派往莫斯科的罗斯托夫炮兵中途撤回去时，在解除科洛姆纳工兵的武装时，等等，都曾大致重复过谢尔普霍夫街发生的情况。我们在起义的时刻，没有能够很好地完成争取动摇的军队的任务。

十二月事件还明显地证实了马克思的另一个深刻的、被机会主义者遗忘了的原理。马克思写道，起义是一种艺术，这种艺术的主要准则就是要万分勇敢，一往直前地坚决**进攻**。[194]我们没有充分领会这一真理。我们自己没有充分学习这种艺术，学习这个无论如何都要实行进攻的准则，也没有把它教给群众。现在，我们应当竭力弥补我们的缺陷。仅仅根据人们对政治口号的态度来划分派别是不够的，还必须根据人们对武装起义的态度来划分派别。谁反对武装起义，谁不为武装起义作准备，就应该毫不留情地把他从革命队伍中驱逐出去，驱逐到革命敌人那里去，驱逐到叛徒或懦夫那里去，因为事态发展的力量和斗争局势将迫使我们按照这一标志来分清敌友的日子已经不远了。我们应该鼓吹的不是消极情绪，不是单纯的“等待”军队“倒戈”；不，我们应当大声疾呼：必须拿起武器，大胆地进攻和出击，同时必须消灭敌方的长官，为争取动摇的军队进行最果敢的斗争。

莫斯科起义给我们的第三个伟大教训，是关于起义的战术和起义力量的组织。战术是由军事技术水平决定的，——这个真理，恩格斯曾反复向马克思主义者作过通俗而详尽的解释[195]。现在，军事技术已经不是19世纪中叶那样的了。用人群抵挡大炮，用左轮手枪防守街垒，是愚蠢的。考茨基说得对，他说，在莫斯科起义以后，应该重新审查一下恩格斯的结论了，因为莫斯科起义推出了**“新的街垒战术”**[196]。这个战术就是游击战争的战术。这种战术所要求的组织，是一些机动的、人数很少的队伍，可以由十人、三人甚至两人组成。现在我们常常会遇到这样一些社会民主党人，他们一听到什么五人小组或三人小组，就嘻嘻一笑。但是，这种嘻嘻一笑，不过是回避现代军事技术条件下巷战所提出的战术和组织的**新**问题的一种最廉价的办法。先生们，你们仔细读一读关于莫斯科起义的记述，就会明白“五人小组”和“新的街垒战术”问题有什么联系了。

莫斯科起义推出了这个新战术，但是远没有加以发展，远没有在多少广泛一些的、真正群众性的范围内加以运用。当时战斗队员太少，工人群众没有接到大胆出击的口号，也没有实行这个口号，游击队的性质还过于千篇一律，它们的武器和它们的活动方法还不够多，它们领导群众的本领几乎没有发挥出来。我们应当弥补这一切缺陷，而且只要我们学习莫斯科的经验，把这一经验推广到群众中去，鼓励群众自己发挥创造精神，去进一步发展这个经验，我们就一定能够弥补这一切缺陷。而俄国各地在十二月事件以后几乎不断发生的游击战争和群众性的恐怖行动，一定会有助于教会群众在起义时采取正确的战术。社会民主党应当承认并且在自己的战术中采取这种群众性的恐怖行动，当然要加以组织，加以监督，使它服从工人运动和总的革命斗争的利益和条件，要毫不留情地消灭和铲除败坏这种游击战争的“游民”行为。莫斯科人在起义的日子里，拉脱维亚人在著名的拉脱维亚共和国的日子里就曾非常高明地、无情地惩罚过这种行为[197]。

最近时期军事技术又有了新的进步。在对日战争中出现了手榴弹。兵工厂已制造自动步枪出售了。这两种武器都已开始成功地在俄国革命中采用，但还远远没有被广泛采用。我们能够而且应当利用日益完善的技术，教会工人队大批制造炸弹，帮助工人队和我们的战斗队储存炸药、导火管和自动步枪。如果工人群众参加城市起义，如果向敌人大规模出击，如果进行坚决巧妙的斗争来争取那些自从杜马解散以后，自从斯维亚堡和喀琅施塔得事件以后愈发动摇的军队，如果保证农村参加总的斗争，在下次全俄武装起义中胜利就一定会属于我们！

让我们吸取俄国革命伟大事件中的教训，更广泛地开展我们的工作，更勇敢地提出我们的任务吧！我们的工作是以正确估计当前各阶级的利益和全民发展的需要为基础的。围绕推翻沙皇政权、由革命政府召集立宪会议这一口号，我们正在团结并将继续团结愈来愈多的无产阶级群众、农民和军队。提高群众的觉悟，现在也同过去任何时候一样，仍然是我们全部工作的基础和主要内容。然而不要忘记，除了这个一般的、经常的、基本的任务以外，俄国当前所处的局势还加上了一些特殊的专门的任务。我们不要做书呆子和庸人，我们不要用一些关于我们在任何条件下和任何时候都有永远不变的责任的空洞借口，来推脱当前的这些特殊任务，推脱当前这种斗争形式的专门任务。

我们要记住，伟大的群众性的斗争就要到来了。这将是武装起义。它应当尽可能同时发动。群众应当知道，他们是在投入一场武装的、流血的、你死我活的斗争。应当在群众中发扬视死如归的精神，以确保斗争的胜利。向敌人进攻应当是最果敢的；应当成为群众口号的是出击，而不是防守，他们的任务就是毫不留情地消灭敌人；进行斗争的组织应当是机动的灵活的；要把军队中的动摇分子卷到积极的斗争中来。觉悟的无产阶级的政党应当履行它在这一伟大斗争中的职责。

载于 1906 年 8 月 29 日《无产者报》第 2 号

译自《列宁全集》俄文第 5 版第 13 卷第 369—377 页

無產青年

Young Proletarian

列寧李卜克內西紀念特刊

第五期

目次

紀念列寧——李卜克內西

列寧和列寧主義　　得劍

列寧在十月革命中主張和言論的一致　　王鶴

列寧論莫斯科暴動的教訓

國際青年運動的消息　　王鶴

列甯論莫斯科暴動的教訓

1928 年上海《无产青年》第 5 期封面和该刊所载的

列宁《莫斯科起义的教训》一文的中译文

策略上的动摇

(1906年8月29日〔9月11日〕)

普列汉诺夫的《日志》第6期，我们已经收到了。它一共有12页，是在日内瓦出版的。使我们感到惊喜的是，俄国自由派资产阶级报刊这回竟例外地没有赞扬普列汉诺夫。当我们在自由派的报纸上读到关于《日志》第6期出版的消息，而没有看到通常那些赞许的引文时，我们想也许是杜马的被驱散把普列汉诺夫同志的乐观主义也驱散了吧。

果然，普列汉诺夫同志在《日志》第6期上，抛弃了他(和拉赫美托夫同志一起)在杜马时期所采取的孟什维克极右翼的立场。他仍然根本反对孟什维克用加上“通过杜马”、“拥护杜马”等等字样来**削弱**“争取召集立宪会议”这个革命口号的意图。普列汉诺夫正确地指出，口号只能是召集立宪会议，并且正确地批评了维堡宣言没有提出这个口号。普列汉诺夫也仍然根本反对孟什维克一定要把“行动”同杜马联系起来的意图，即使是局部的而不是总的行动，即使是刻不容缓和没有准备的而不是比较迟缓的和比较成熟的行动。最后，普列汉诺夫这回不但没有拿社会民主党的口号来迁就立宪民主党的口号，不但没有把立宪民主党同一般资产阶级民主派等同看待，反而直接地公开地批评了立宪民主党人的不彻底性(怪不得立宪民主党的报纸闭口不谈普列汉诺夫了!)，并且极其坚决地拿“劳动”农民同**他们**对立起来。

这一切都使我们非常高兴。但令人失望的是，普列汉诺夫在策略上有许多地方还讲得不透彻，在策略上还有一些动摇。

普列汉诺夫正确地谴责了维堡宣言的起草人“只限于”号召人民拒绝纳税和服兵役，谴责他们竭力保持合法性的做法。他说：应该说，“准备吧，时候就要到了”。应该提出召集立宪会议的口号。

但是，拒绝纳税等等是一种斗争**手段**。召集立宪会议是斗争的最近**目的**。在谴责立宪民主党人力图只限于一种手段时，应该**指出**其他手段，分析使用这些手段的条件、它们的意义等等。像普列汉诺夫那样，借口“每天的麻烦事已经够操心的了”来回避这个问题，是不正确的。社会民主党不仅应该领导无产阶级提出正确的口号，而且应该领导无产阶级选择最果断最适当的斗争**手段**。俄国革命的经验已经给我们提供了不少材料，向我们说明随着斗争任务的扩展，随着参加斗争的人数的增加，斗争的手段、方式和方法也在改变，变得更果断，更富有进攻性了。特别是在现在这样的时候，我们对于像政治罢工、武装起义等等各种斗争手段的问题，不应该避而不谈，而应当特别仔细地加以研究。这是当务之急，先进工人要求我们回答这些问题是完全正当的。

普列汉诺夫在剖析各个阶级对于要求召集立宪会议的利害关系问题时，对**三个**阶级之间的区别作了分析。(1)关于无产阶级，他确认它的阶级利益是同全民的利益完全一致的。(2)关于“劳动农民”，他指出他们的利益在一定条件下可能同全民利益不一致，但是他强调指出“他们的阶级利益”要求召集立宪会议。(3)关于“立宪民主党所代表的那些阶层”，普列汉诺夫承认：它们的“阶级利益”将迫使它们对召集立宪会议采取不信任的态度，它们对于斯托雷平先生们的行动的“容忍”、对于失掉地主土地而得不到任何补偿的担心等等将会证明这一点。所以普列汉诺夫声明,“他不想预言”是立宪民主党人的阶级利益会胜过全民利益,还是相反。

预言说的是将来的事情,而立宪民主党人拒绝召集立宪会议的口号,拒绝用革命斗争来争取召集立宪会议,这却是当前的现实。回避这一点,不但无益,而且有害。如果不想回避这一点,那显然必须承认:“无产阶级应当同觉悟的劳动农民**一起反对**不可靠的、动摇的立宪民主党人。”普列汉诺夫已经紧紧靠近了这个从他现在对问题的提法必然得出的策略方针。

他写道:“参加这次运动〈争取召集立宪会议〉的一切党派,应当立即达成协议,以便在这件事情上互相协助。”说得对!但这都是些什么政党呢?是一些**比**立宪民主党**左的**、应当叫做**革命的**资产阶级民主派和小资产阶级民主派的政党(因为召集立宪会议这个口号是**革命**口号,它不同于立宪民主党的“尽速成立新杜马”这个“**忠顺的**”反对党口号)。所以,**是无产阶级的政党同革命民主派的政党达成战斗协议**。

这正是我们一贯主张的。现在只是希望普列汉诺夫今后能够彻底贯彻这个观点。要想**彻底**贯彻这个观点,就必须承认达成这种战斗协议的**条件**,就是不仅要承认**革命**民主主义的口号(召集立宪会议),而且要承认我们的运动已经发展到可以采用而且在争取召集立宪会议的斗争中必将采用的革命斗争手段,也就是说,要承认**全民起义**。其次,为了真正说明争取召集立宪会议的口号,而不只是重复这个口号,必须提出成立**临时革命政府**的问题。普列汉诺夫没有提出这个问题,因而就没有能正确地分清“劳动”农民的利益同“立宪民主党所代表的那些阶层”的阶级利益。普列汉诺夫没有提出这个问题，因而就给我们宣传鼓动工作留下一个大漏洞，因为每个鼓动者都会被问到这样的问题：按照工人政党的意见，究竟是由谁来召集立宪会议呢？

关于起义的问题，我们已经指出，普列汉诺夫也像对一般斗争方式的问题一样，完全毫无道理地回避了。他写道："在目前，起义可能只是人民愤怒的一种爆发，只是一种可以被当局不费气力就镇压下去的骚动；但是我们并不需要骚动，爆发；我们需要的是胜利的革命。"

这就好像是乃木在 1905 年 8 月说："我们需要的**不是**攻击旅顺口，**而是**占领旅顺口"一样。可以把不适时的攻击同适时的攻击对比，把没有准备的攻击同有准备的攻击对比，但是绝不可以把攻击要塞同"占领"要塞对比。这样做是错误的。这样做就是回避关于占领要塞的方式的问题。而普列汉诺夫同志所犯的正是这样的错误。

他不是没有讲透彻，就是他自己还没有把这个问题弄清楚。

罢工示威同罢工起义之间的区别是很清楚的。"局部的群众性抗议"同全国总行动之间的区别是很清楚的。局部的和地方的起义同得到**一切**革命党派和革命分子支持的全国总起义之间的区别也是很清楚的。如果你把示威、局部抗议、局部起义叫做"爆发"，那么你的思想也是很清楚的，因而你反对"爆发主义"也是合乎道理的。

但是说什么"我们需要的**不是**爆发，**而是**胜利的革命"，这就等于什么也没有说。甚至更糟，因为这种说法尽管空洞无物，听起来却似乎意味深长。这是用漂亮的空话来**蒙蔽**读者。要找到两个精神没有失常的革命者，对所谓我们需要的"不是爆发而是胜利的革命”这一点**见解不一致**，这是很困难的。可是，要想找到两个头脑健全的革命者，他们对什么**时候**采取什么斗争手段才不是“爆发”而是走向胜利的革命的有效**步骤**这一点**见解相一致**，这也不大容易。普列汉诺夫一本正经地一再重复任何人都不怀疑的东西，却回避了问题的真正困难的所在，他并没有前进多少。

最后不能不指出，普列汉诺夫自然是竭力想顺便“刺激一下”布尔什维克，说什么他们是布朗基主义者，因为他们抵制杜马；说什么他们“轻举妄动”，因为他们仿佛不知道(在得到普列汉诺夫同志在《日志》第6期里的教诲以前)必须加强对军队的工作。这些刺激的话只要指出来就够了，不值一驳。如果普列汉诺夫同志认为，他是在用他**现在**所采取的策略立场来加强我们党内的孟什维克，削弱布尔什维克，那我们并不反对让他留在这种惬意的迷误之中。

载于1906年8月29日《无产者报》第2号

译自《列宁全集》俄文第5版第13卷第378—382页

政府的政策和未来的斗争

（1906年9月8日〔21日〕）

德国社会民主党人出版的一家幽默报纸，一年半以前曾登过一幅讽刺尼古拉二世的漫画。[198]沙皇穿着军服，面带笑容。他正在用一块面包逗弄一个头发蓬乱的农夫，一会儿把这块面包塞到他的嘴边，一会儿又把面包拿回去。那个头发蓬乱的农夫的脸上一会儿露出满意的微笑，一会儿又显出怨恨的愁容，因为就要到口的一块面包又被拿回去了。这块面包上写着“宪法”两个字。最后一个“场面”画的是那个农夫用尽一切力气要把那块面包咬下一块来，结果连尼古拉·罗曼诺夫的脑袋也咬下来了。

这幅漫画画得很妙。的确，专制政府用宪法“逗弄”俄国人民已经有好几年了。眼看就要把这个宪法“差不多全部”给人民了，可是马上又变本加厉地把从前的一切专横、警察的暴虐和不法行为拿了出来。我们曾经有了简直是世界上最民主的“议会”，这已经是很久以前的事了吗？所有报刊曾经把立宪民主党内阁这个问题作为最近的和现实的一种可能进行了讨论，这已经是很久以前的事了吗？很难令人相信，这只是两三个月以前的事情。颁发了两三道命令、宣言、指示，旧的专制制度就重又支配一切，一小撮被大家斥责和被公众唾弃的可耻的盗窃国家财产者、刽子手、大暴行制造者又重新肆意欺压人民，重新摧残、掠夺和殴打人民，不让人民讲话，用不堪忍受的农奴制的臭味毒化空气。

从全民革命斗争发展的角度来看，短短的“几天自由”所以会这样迅速地为长达数月的疯狂的反动统治所代替，是由于斗争的双方从去年秋天起已经势均力敌。专制政府**已经没有**力量再支配人民了，而人民**也还没有**力量真正推翻大暴行制造者的政府。现在斗争双方互相对峙，像两支敌对的军队一样，时而休战，积蓄力量，时而对可恨的敌人展开新的战斗。

立宪民主党报刊和新时报派报刊的政论家从**道义**上评价这种摆动时，他们的意见本质上是一致的。他们都责备政府动摇、犹豫不决和摇摆不定，并为此哀叹不已，要政府“坚决”一些，——一些人要政府坚决镇压，另一些人要政府坚决实行它已经答应过的宪法。但是这两种人都不理解阶级斗争正在改变社会力量的实际对比。

然而，在这个斗争的进程中，革命队伍中和反动队伍中的自觉性和团结都必然日益增强，斗争的形式也必然会愈来愈尖锐，愈来愈残酷。“几天自由”迅速地转变为“几个月枪杀”，这最能使消极者和抱冷淡态度者减少，使愈来愈广泛的阶层和个人投入斗争，使广大群众通过全国的各种实例特别清楚地看到专制政府的这个方面或那个方面，从而提高他们的认识。这个转变过程愈快愈猛，那种必然由争取自由的社会力量的优势来决定的最后结局也就来得愈快。

所以，觉悟的工人可以完全沉着地看待专制政府在采取镇压措施方面迅速得惊人的“进步”。罗曼诺夫、特列波夫、伊格纳季耶夫、斯托雷平之流先生们，请继续这样干下去吧！你们愈这样热心地干，你们也就会愈快地把自己最后一点预备力量消耗净尽。你们不是以实行军事专政和全国戒严相威胁吗？但是，这种戒严对革命无疑是最有利的。要实行军事专政和戒严，就必须再动员大批的军队。可是现在这样一再动员最“可靠的”军队，哥萨克军队，已经使破产的哥萨克村镇的骚动大为增加，加深了这支军队的“不可靠”。实行戒严是要花钱的，而专制政府的财政现在已经陷入绝境。戒严会使士兵中的鼓动工作加强，使民众不再畏惧最“可怕的”镇压形式；波兰和波罗的海沿岸地区的情况，就最有说服力地证明了这一点。

我们说，反动派以军事专政“相威胁”。严格地讲，这种说法是不对的，因为今天在各省份以及“边疆区”，也就是说，在帝国的87个省份中已经有82个省份设立了战地法庭[199]之后，再谈什么将来要实行军事专政，那是可笑的。这已经成为现实了，至于换一个名称，使用一个更加“可怕的”字眼（用“专政”代替“非常警卫”），任命一个独裁者，这对于大批的逮捕、不经审讯的流放、围剿讨伐、街头搜查以及根据军官判决实行枪杀等等，并**不能**增加任何东西。俄国现在已经被军警专政所统治。现在镇压已经到了这种地步，即从普列韦时代起就习惯于这种“待遇”的革命者所遭受的镇压已经大为减少，而全部苦难却压到了“和平”居民身上，斯托雷平之流先生们在对他们进行“鼓动”方面确实做出了值得赞许的成绩。

继真正的革命起义之后，曾是冬季的镇压。这次起义虽然没有得到自由主义君主派资产阶级的支持，但是这次镇压却造就了一个整个反对派的杜马，而由此得益最大的是革命分子。继合法的“立宪运动”时期之后，便是秋季的镇压。这次镇压也不会**仅仅**造就一个成分更左的杜马。

这帮大暴行制造者现在已经感到镇压无效了，于是便到处奔走，寻求援助。一方面，同十月党人谈判的尝试没有成功；另一方面，波别多诺斯采夫及其同伙正在准备完全废除一切“宪法”。一方面，大学在复课，被收买的报刊大喊什么必须实行坚定的自由主义；另一方面，甚至连立宪民主党的代表大会也不让召开[200]（斯托雷平之流是多么帮助这些立宪民主党人啊！），报刊受到了比杜尔诺沃时期更厉害的迫害。一方面，设立战地法庭；另一方面，广泛谋划同农村资产阶级勾结[201]。

政府觉得，它唯一的出路就是在村社内部加强由农夫构成的农村资产阶级，依靠他们来对付农民群众。但是，这个目标，古契柯夫之流本来会小心机智地去达到，立宪民主党人正在巧妙灵活地悄悄地去接近，而警察局的杰尔席莫尔达[202]们在走向这个目标时却十分粗暴、愚蠢、笨拙，因此他们的整个“运动”多半要遭到失败。农民资产阶级分子虽然为数不多，但是他们在农村中在经济上很有力量。要是按照立宪民主党的土地改革方案来赎买地主土地和其他土地，就能空口哄骗**全体**农民，就能很好地达到专制政府像狗熊那样笨拙地“扑过去”的目标，即大大加强农民资产阶级，使它成为现存“制度”的支柱。

但是，罗曼诺夫、特列波夫、伊格纳季耶夫及斯托雷平之流太愚蠢了，他们不懂得这一点。他们在杜马中粗暴地拒绝了农民对土地的要求，现在却通过官吏来**出卖**皇族和官家的土地。这样一来，农村资产阶级中有势力的阶层能不能真正转到**现在的**政府这边来，还是一个大问题，因为这伙官吏也会像罗曼诺夫家族及其狐群狗党经常做的那样，百般拖延，趁火打劫，索取贿赂。至于农民群众会因赎买皇族和官家的土地的消息更加“激动”起来，这是毫无疑问的。出卖这些土地，在大多数场合下都将意味着**增加**农民的费用,因为地租变成了赎金。而增加农民对土地的费用,这是政府能想出的有利于我们进行反对政府的鼓动的最好办法。这是使农民更加愤慨、使他们拥护**我们的**口号的一个最好手段。我们的口号就是:完全拒绝支付**任何**土地费用,革命胜利后土地**全部**归农民。

政府所以这样笨拙地讨好农民资产阶级,一方面是由于一切警察政府所固有的愚蠢,另一方面则是由于极需要钱花。现在的财政情况相当不妙,大有破产的危险。国外借不到钱,国内又不能发行公债。不得不强制地和**偷偷地**拿储蓄银行里的存款作为公债,所以要**偷偷地**,是因为储蓄银行的存户现在最不愿意购买国家的无期公债。专制制度的奴仆们已经开始感觉到金本位制必然要破产、非转而再次采取滥发纸币的手段不可了。

斯托雷平先生们,请继续这样干下去吧!你们替我们做了很好的工作!你们比我们更能把居民激发起来。你们进行了彻底的镇压,这样就使所有的人都清楚地认识到采取彻底的战斗的革命行动的必要性。

载于 1906 年 9 月 8 日《无产者报》
第 3 号

译自《列宁全集》俄文第 5 版
第 13 卷第 383—387 页

滚 开 吧!

(1906 年 9 月 8 日〔21 日〕)

《1905 年 12 月的莫斯科》一书所写的事件,在俄国革命史上具有重大的意义。根据莫斯科起义得出的正确结论,我们在前一天的报纸上已经扼要地叙述过了①。在这篇短评中,我们谈一谈这一重要的但写得不好的著作同莫斯科的社会民主党人有特别密切关系的几个方面。

该书"编者"在序言中声明,他们使用了社会民主党组织的资料,但是这些组织本身"跟这个著作没有任何关系"。不言而喻,社会民主党组织这样把资料供给对它们不负责任的人,是一种极不正常的现象。由于对它们的资料进行了粗制滥造的加工,由于用一些庸俗的东西加以"点缀",现在工人政党的组织无疑已经陷于窘境。我们认为,莫斯科社会民主党的**一切**组织,首先当然是它们的领导机构莫斯科委员会,必须研究一下这个问题,并采取措施使这种不正常的现象不再发生。

下面就是许多例证中的一个,它说明该书匿名编者对于社会民主党组织给他们提供的资料是怎样"加工"的。这里谈到革命组织在莫斯科事件中的作用,其中还谈到 12 月 11 日《工人代表苏维埃消息报》**203** 第 5 号登载的俄国社会民主工党莫斯科委员会所属

① 见本卷第 365—372 页。——编者注

的战斗组织的宣言。编者并没有对这家《消息报》的内容和性质作任何完整的叙述，只是通过以下的评论来表达自己的深刻见解。他们引用了第 5 号上的一段话：“战斗进行得极其激烈。在莫斯科的街头，起义的人民同沙皇军队进行了长达数小时的血战。”接着编者“评论”说：“我们知道，在莫斯科的街头只是发生了军队同为数不多的战斗队的小规模武装冲突。”于是他们装出一副激昂慷慨的样子，大喊反对这样“用极少数武装人员的斗争代替〈原文如此!〉群众斗争”，并且感叹地说：“群众究竟在哪里呢，他们的积极性能够表现在什么地方呢?”如此等等。

这是什么话?? 难道用这类“评论”方法拼命表现自己的深刻见解，能算做科学的分析吗?? 真令人难以设想：在一本严肃的历史著作中，在专门谈革命组织的作用的一章中，作者们极尽挑剔之能事，说什么在 12 月 **11 日**，即危机爆发**之前**的几天，在刚刚开始采用**新的**斗争方法时，工人代表苏维埃竟敢说什么“起义的人民”! 大概它应该谨慎谦逊地说是“为数不多的战斗队”，而不要号召人民和群众去支持已经展开的战斗吧? 既然这些“编者”自己在书中**许多**地方都谈到全体人民，谈到“全体民众”走上街头，那么他们这种拼命在理论上“卖弄聪明”的做法，这种文字上的挑剔，又怎能不叫人说是一钱不值呢? 你们这些可怜虫应该懂得，如果 12 月 11 日在莫斯科，身在革命组织中而**闭口不谈**起义的人民，那么这样的人只能是一个黑帮分子，或者是列昂尼德·安德列耶夫的《向星星》[204]中的波尔拉克那种完全没有灵魂的书呆子!

我们继续谈下去。编者对《消息报》第 5 号登载的那篇战斗组织的宣言嘲笑说：“在宣言的起草人看来，一些由三四个人组成的战斗队就可以赐给〈!〉人民一个摆脱世世代代暴力者统治的首都!”“战斗组织断定,群众无须行动起来。”

我们就来谈谈这篇宣言。编者登的宣言并**不是全文**,只是一些摘录。但是就在这些“研究家”所选的摘录中,也可以看到战斗组织的**公开**号召:“**要使这些战斗队尽可能多些**。”可见,“赐给”人民什么东西、“群众**无须**行动起来”等等看法,是硬加给那些在武装斗争的第一天就号召“尽可能多”的工人参加战斗队的人们身上的……

这是怎么回事呢,是著作的草率呢,还是轻率的著作?

编者根本不想剖析一下军事组织同军事技术的联系问题,直接的武装斗争和辅助斗争的相互关系的作用问题。他们不想回顾一下过去,忘记了俄国的总罢工和示威游行在开始时只有微不足道的、很少的人(从现在的标准来看)参加。这里连一点点进行严肃历史研究的影子也没有,只是一些简直令人厌恶的攻击而已。在第 145 页上,他们只摘引了战斗组织的宣言的一些片断,这是为了歪曲这个宣言的意思;只是在进一步叙述时,才顺便谈到宣言“提议爱惜步兵”(第 154 页),即**公开表示重视**群众的心理,公开把黑帮的军队和动摇的军队划分开。可是,同研究莫斯科起义根本没有任何关系的十月党人的宣言却**全文**加以转载了!

社会民主党组织把材料信任地交给了这样一些人,他们刊载了十月党人的宣言全文,却从工人代表苏维埃的战斗组织的宣言中抽出片言只语,这是庸俗地卖弄庸俗的小聪明……

我们再来看看诸位编者先生的结论。“无产阶级作为群众并没有行动起来。”(第 245 页)“莫斯科的无产阶级无论是在 12 月 9—10 日……还是在这以后几天,都没有行动起来。这使他们的自觉性和组织性获得了荣誉。”(第 244 页)

工人同志们,请听一听:现在有人认为群众斗争得**不够**是你们的“荣誉”!! 请看,工人群众没有充分参加积极的、进攻的斗争,竟被说成了优点。而工人群众走在领导者的前头,大量构筑街垒,一直要求领导者号召采取更坚决的行动,这想必就是缺点了……

编者写道:“莫斯科事件表明,在军国主义有了巨大发展的当前历史时期,起义人民取得胜利的必要条件就是要有相当一部分军队积极转到起义人民这方面来,或者广大士兵断然拒绝用武器来对付人民……”

我们的这些聪明人没有看到要为争取动摇的军队而进行斗争,也不理解这一斗争。大概,他们认为不同黑帮军队作斗争,革命的人民不积极进行斗争来使军队陷于混乱状态,起义也可以进行。他们采取了立宪民主党人立场,而立宪民主党人虽然准备欢迎军队的“转变”,但是却把武装起义和宣传武装起义说成是“愚蠢的和罪恶的”……

“……但是,军队的这种行动只有在革命而且是带有全民性质的革命的末期〈原文如此!〉才是可能的。仅仅得到资产阶级居民群众消极〈?〉同情的无产阶级十二月起义,无产阶级这次**为实现自己的口号而采取的行动**〈黑体是我们用的〉没有能〈!〉得到军队的支持,所以‘把总罢工变成武装起义的意图’也就没有能获得成功,它应该被认为是一个历史性的错误。”

莫斯科的工人们,这就是给你们的教训! 不要“为实现自己的口号”而行动呀! ……

很难设想,这些人怎么会迂腐到这般地步,他们怎么会跟立宪民主党人一样思想这么贫乏,竟从极其严肃的历史资料中得出这样庸俗的结论。莫斯科的社会民主党人应当对该书的作者表示愤慨,应当号召全体党员和一切拥护革命的人重新收集资料,对十二月起义作出应有的叙述和严肃的评论。要无情地揭露这次起义的一切错误和缺点,以教育战斗的无产阶级,但是对立宪民主党人和这帮轻浮的著作家,无产阶级政党要说:滚开吧!

载于 1906 年 9 月 8 日《无产者报》
第 3 号

译自《列宁全集》俄文第 5 版
第 13 卷第 388—392 页

关于波兰社会党的游击行动[205]

（1906 年 9 月 8 日〔21 日〕）

我们的统一代表大会已经毫无疑问地坚决否决了任何一种“剥夺”办法[206]，因此在这方面，波兰社会党拿俄国社会民主工党当借口，是绝对没有根据的。同样毫无疑问的是，波兰社会党在组织 8 月 2 日（15 日）的“行动”时，对这次行动的合理性、广大群众的情绪以及工人运动的条件，都没有加以考虑。考虑所有这些情况显然是必要的，而且在布尔什维克关于游击活动的决议草案中，还专门有一条着重指出了这种必要性。但是，在我们看来，应该受到谴责的是波兰社会党对游击行动策略的**歪曲**，而不是这个“策略”本身。像去年彼得堡工人捣毁黑帮的“特维尔”[207]这样的游击行动，我们波兰社会民主党的同志们大概是会赞同的。

载于 1906 年 9 月 8 日《无产者报》第 3 号

译自《列宁全集》俄文第 5 版第 13 卷第 393 页

崩得同俄国社会民主工党的联合

（1906 年 9 月上半月）

不久以前，崩得这个俄国犹太社会民主主义工人的组织召开了第七次代表大会。根据这次代表大会的报告，崩得已有 257 个组织，党员总数达 33 000 名。大会代表是按民主原则推举出来的，每 300 个党员中产生 1 名代表。参加选举的约有 23 000 个党员，他们派了 68 个有表决权的代表出席大会。

大会所要解决的主要问题，就是崩得同俄国社会民主工党统一的问题。大家知道，俄国社会民主工党统一代表大会已经表示赞成统一，并且确定了统一的条件。现在崩得第七次代表大会已经接受了这些条件。同俄国社会民主工党实行统一的问题，以 48 票对 20 票获得通过。这样一来，俄国社会民主工党终于成了真正全俄的、统一的政党。我们党的党员人数现在已**超过 100 000 人**：推选代表参加了统一代表大会的 31 000 人，以及波兰的社会民主党党员约 26 000 人，拉脱维亚的党员约 14 000 人，犹太的党员 33 000 人。

崩得中央委员会的代表参加了俄国社会民主工党中央委员会。现在摆在我们面前的困难工作，就是在各个地方怎样把崩得的组织同俄国社会民主工党的组织统一起来。

崩得代表大会讨论的第二个问题，是目前政治形势问题。在一项由绝大多数代表通过的详细决议中，崩得第七次代表大会承认**召集立宪会议**为策略口号，否决了一切削弱这个口号的附带条件，如“通过杜马”等等。对杜马的抵制被否决，但这是附有条件的，即在无产阶级政党能够独立进行选举运动的情况下，承认有必要参加选举。

第三个问题是关于“游击行动”(不分“剥夺”行动和恐怖行动)的问题。以压倒多数通过了**反对**游击行动的议案。

最后一个问题是崩得的组织问题。通过了组织章程。

对于崩得第七次代表大会，我们暂作如上的简单介绍，我们希望在不久的将来再比较详细地向读者介绍大会的各项决议。

载于1937年《列宁文集》俄文版
第30卷

译自《列宁全集》俄文第5版
第13卷第394—395页

社会革命党的孟什维克

（1906年9月19日〔10月2日〕）

社会民主党人早在1905年初就曾指出，社会革命党的纲领草案表明它显然正在经历“从民粹主义到马克思主义”的转变。① 实行这样的转变的党，内部必然发生分裂是显而易见的。

现在社会革命党这种思想上和政治上的分裂已经表现出来了。今年在巴黎用单行本发行的《社会革命党第一次代表大会记录》清楚地勾画出了这次分裂的整个轮廓。“最高纲领派”[208]和新近产生的“劳动人民社会党”[209]的代表最近写的一些政治著作，彻底地暴露了这次分裂的全部情况。

社会民主党内部曾经发生过两次大的分裂：一次是1900—1903年“经济派”和旧火星派之间的分裂，一次是1903—1906年“孟什维克”和“布尔什维克”之间的分裂。这两次分裂都是由整个国际社会主义运动中所固有的两个派别，即机会主义派和革命派之间的尖锐斗争引起的。这两个派别在俄国革命的不同时期相应地具有不同的形态。而社会革命党则是在第一次试图公开行动一下，证明一下自己是作为一个真正的党在行动的时候，便分裂成了**三派**：(1)左派——“最高纲领派”；(2)中派——旧式的社会革命党人；(3)右派——机会主义者（或者叫“合法主义者”、“劳动人民社

① 见本版全集第9卷第175—181页。——编者注

会党人”等等)。最后这个派别就是我们要在本文中加以分析的。从社会革命党第一次代表大会[210]的记录中,可以清楚地看出这三个派别的轮廓。从“中派”分离出来(或者正在分离出来?)的两个派别现在都有了明确的文字表现。最高纲领派出版了《直接向目标前进》和塔格—因先生的详细的纲领性小册子《劳动论原理》。社会革命党的机会主义者的观点,在彼舍霍诺夫先生这些人的著作中已经表达得可以说是非常彻底了。“中派”的代表切尔诺夫先生在《思想报》(也可能是《呼声报》[211]或《人民事业报》等)上十分有根据地称最高纲领派是“庸俗社会主义者”,但是,关于社会革命党的机会主义者,如果我们没有记错的话,他在报刊上到现在为止却一直闭口不谈。看来,社会革命党的“泥潭派”同社会革命党的“极右派”在上面提到的这些报纸上的姘居并不是没有效果的。

“劳动原则”的拥护者,拉甫罗夫和米海洛夫斯基的崇拜者分成三派,这在俄国小资产阶级激进主义的历史上是一个重大的政治现象。马克思主义者应该极其重视这个现象,因为它也间接地说明了觉醒的俄国农民的思想在朝什么政治方向发展。

在民粹主义和马克思主义之间摆来摆去,是社会革命党整个纲领立场的基本矛盾。马克思主义要求把最高纲领和最低纲领清楚地划分开。最高纲领就是对社会实行社会主义改造,这就**不可能**不消灭商品生产。最低纲领就是在商品生产范围内可以实行的改造。把这两种改造混淆起来,必然会对无产阶级的社会主义造成种种小资产阶级的、机会主义的或无政府主义的歪曲,必然会使无产阶级通过夺取政权来实现的社会革命的任务**模糊起来**。

按照俄国旧民粹主义的观点,按照拉甫罗夫、瓦·沃·和米海洛夫斯基及其一伙的原则,把最高纲领和最低纲领划分开是不必要的，也是不可理解的，因为民粹主义的理论否认商品生产的规律和范畴也适用于俄国农民经济。比较一贯拥护拉甫罗夫和米海洛夫斯基（还有瓦·沃·和尼古拉—逊，绝对不应该忘记他们，因为现代民粹派的**经济**思想**没有什么别的**来源）的人，必然要**反对**把纲领分成最高和最低的这种马克思主义的分法。社会革命党人从小组习气向政党过渡的第一次尝试就表现出了这种反对的力量和方向。拥护民粹主义革命倾向的人问道：为什么只要求把土地社会化呢？我们也同样要求把工厂社会化！打倒最低纲领！我们是最高纲领派！打倒商品生产的理论！

实际上这个最高纲领派正像人们所预料的那样，差不多已经同无政府主义融为一体了。

民粹派内拥护机会主义倾向的人，即80年代的民粹派分子大声喊道：为什么要这种满篇都是无产阶级专政的最高纲领呢？社会主义是遥远的前景！为什么要用**群众**害怕的"社会革命党人"这个称呼呢？为什么要求实行"共和制"呢？为什么要有不合法的政党呢？打倒这一切！打倒最高纲领！消灭最低纲领中的"危险"字眼！让我们用公开的、合法的、非共和主义的"劳动人民社会党"的"政纲"来代替一切纲领吧！①

社会革命党的中派，原先的社会革命党人，只有求助于商品生产规律，只有**实质上**采取马克思主义观点，**才能**使自己不受这两派的影响。因此，在社会革命党第一次代表大会上既有人从左面也有人从右面对中派进行指责，说他们遵循马克思主义，说他们想同

① 请着重参看彼舍霍诺夫先生在《俄国财富》杂志**212** 7月和8月两期上的文章，以及报刊上关于"劳动人民社会党"的成立和这个党的组织委员会或彼得堡委员会会议的报道，等等。

社会民主党比美，以社会民主党的原则作为依据，这些指责是理所当然的。关于这个中派向社会民主党方面转变的问题，现在只是时间问题。革命政党完全公开存在的时代来得愈快，这个时间也就会愈快到来。反对马克思主义“教条”的任何偏见都抗拒不了事态发展的铁的逻辑。

立宪民主党杜马的短暂的存在，这是农民群众的代表初次登上全国政治舞台的时代。社会革命党人不得不设法同这些代表接近，并尝试从政治上把他们组织在**自己的**纲领周围。这时社会民主党人比较迅速地成立了社会民主党**党**团。相反，社会革命党人始终只能背着劳动派进行活动。小生产者在政治上的团结能力，立刻显出比工人阶级差得远。不仅如此，即使背着劳动派，社会革命党人也没有能力进行**统一的**政治运动。在农民的根本问题即土地问题上，社会革命党的机会主义派和中派之间的分裂迅速地暴露出来了。前者在“议会”活动的舞台上在群众代表中间取得了胜利。他们收罗了劳动派 104 人赞成机会主义的土地法案[213]，而只有 33 人(在这 104 人之中)赞成接近于社会革命党纲领的土地法案。

在全体人民面前在公开进行政治活动时产生的这种分裂，必然会使引起这种分裂的各种意见分歧系统化。社会革命党机会主义者的领袖之一彼舍霍诺夫先生，在这种系统化方面比谁都走得更远。下面就是他的观点，就是他叙述的“政纲”，即……农民立宪民主党人的“政纲的轮廓和范围”：

“革命的要求应该同革命的力量相一致，相适应。”(《俄国财富》杂志第 8 期第 194 页)因此“土地和自由的路线”不能“伸得太远”。小资产者需要的不是“社会民主党和社会革命党这两个社会主义政党"的最高纲领和最低纲领，而是"只为近期，不为直到社会主义的长时期制定的运动计划"这样一个单一的"**政纲**"。达到最终目的的其余一段路程，都是"**遥远的前景**"(第196页)。因此，必须从"政纲"中**取消共和制**。"我们应该考虑心理因素…… 君主制的观念在人民的意识中已经根深蒂固"…… "千百年并不是白白过去的"…… "必须考虑广大群众的这种心理"…… "关于共和制的问题，必须极端慎重。"(第198页)民族问题也是如此。"我们也必须考虑人民在千百年历史中养成的心理"…… "因此我们认为必须向群众提出的，不是民族独立的口号"(也不是民族自决的口号——作者在另一个地方谈到)，"而是实际生活提出的要求，即民族自治的要求"。总之，彼舍霍诺夫先生直截了当地提出了"可不可以获得全部自由?"这个问题，并且直截了当地回答说：**不可以**。

他接着提出"可不可以获得全部土地?"这个问题，回答仍然是：**不可以**。先生们，慎重、慎重、再慎重！杜马里的农民代表对彼舍霍诺夫先生说："派我们来是要获得土地，而不是交出土地。"农民现在既不要土地社会化(均分)，也不要土地国有化。他们害怕这样做。他们只是要**增加**土地。"因此不彻底实行政纲中的'土地'路线是比较适宜的。"(第206页)"我认为在目前提出普遍均分问题甚至是危险的。"(第205页)根据104人法案，"应该把劳动份额限度内的份地和私有土地留给现在的所有者"，至于把全部土地转归全民所有，这应该搁一搁，这显然也是一种"遥远的前景"。

无论在斗争手段上，还是在组织方式上，都需要小心、温和谨慎。举行武装起义吗？"我〈彼舍霍诺夫〉一再反复地说：这个灾难可别落到我们头上！…… 要是谁不仅认为起义不幸有可能发生，而且注定必然要发生，那就太令人伤心了”……“轻率地利用起义……是危险的……整个运动都可能遭到挫折。”（第7期第177—178页）当前的主要任务就是组织“人民的力量”。“我不大相信我国现有的两个社会主义政党能够多少令人满意地解决这个任务。现在应该认识到，秘密组织不能把群众吸收进来。立宪民主党也曾经声明它在这方面无能为力。显然，这件事应该由别的人来做，而我认为要做这件事，就需要有一个公开的社会主义政党。”（第7期第179—180页）

读者看得很清楚，彼舍霍诺夫先生的观点不能不说是周密、严谨、十分完备的。在这位君主制的维护者，这位借口压迫有悠久历史而为之辩护的政客这里，社会革命党的正式纲领已经所剩无几了。而“真正的”社会革命党人先生们[①]居然能够在整个杜马期间巧妙地掩盖**这样的**分歧，他们为了掩盖这些分歧居然能够在同一些报纸上合作共事，这只能向我们说明他们**在政治上虚伪**到了什么地步。

社会革命党的机会主义的社会经济基础，即阶级基础何在呢？就在于彼舍霍诺夫先生们及其一伙力图**迎合善于经营的农夫的利益**，按照他们的利益伪造社会主义。

就拿土地这个主要问题来说吧。彼舍霍诺夫先生两次重复和玩味农民劳动派那句使他格外感兴趣的名言：“派我们来是要获得土地，而不是交出土地。”这的确是一句意味深长的话。但是，这句话完全驳倒了小资产阶级的民粹主义幻想，证实了马克思主义者的一切原理。这句话清楚地说明，中等农夫的私有者的本能**已经**

① 他们尽唱革命高调。

流露出来了。只有那些对政治经济学和西欧历史一无所知的人才会不懂得，政治自由和民权制度愈扩大，这种本能就会愈增强，愈发展。

那些认为社会主义并不是一句空话的人，应该从聪明的、“群众”选出来的善于经营的农夫讲的这句话里得出什么结论呢？显然，应该得出这样的结论：小业主这样的阶级**不可能**成为社会主义的体现者；社会主义者可以而且应该支持小业主阶级去同地主作斗争，**只是**因为这是资产阶级民主主义的斗争，是争取资产阶级民主主义成果的斗争；社会主义者不**应该**掩饰而要**暴露**全体工人群众和这些小业主在利益上的矛盾，这些小业主要求加强和巩固**自己的**业主地位，他们将敌视一切要把土地或其他什么东西“交给”广大无产业者、穷人和赤贫者的思想。“我们要获得土地，而不是交出土地！”还有什么比这种说法能更突出地说明小资产阶级私有者的本能和渴望呢？

社会民主党人由此得出的结论是，我们应该支持这些小业主去同地主和专制制度作斗争，因为这个斗争具有革命资产阶级民主主义的性质。全体人民的状况随着他们的胜利会有所好转，但是，这是在改善和发展**资本主义**制度方面的好转。因此，我们不应该迁就这个阶级的私有者的**或小业主的**本能，相反，应当**立即**向这种本能展开斗争，并且向无产阶级说明这种本能的作用，提醒无产阶级注意这一点，把无产阶级组织成独立的政党。我们的土地纲领是：帮助小业主用革命方法打倒农奴主，给他们指出实现土地国有化的条件，指出土地国有化是在资本主义制度下可能实行的最好的一种土地制度，并且说明无产者和小业主利益之间的根本差别。

小店主的社会主义得出的是另一种结论：应当“考虑”“群众”(小业主群众，而不是无产业者群众)的心理，应当俯首帖耳地顺从小业主从地主那里“获得”土地但不是把土地“交给”无产者的愿望，为了迎合小业主，应当把社会主义推迟到渺茫的“未来”，应当**承认**小业主**巩固**自己业主地位的愿望。总之，应当把顺从小业主的狭隘私利和屈从他们的偏见叫做“社会主义”。

对君主制的留恋是一种偏见。也许，你们以为社会党人的任务就是同偏见作斗争吧？你们错了，“劳动社会主义”应当迁就偏见。

也许，你们以为这种君主制的偏见由来已久而且“根深蒂固”(??)，因此必须同这种偏见作特别残酷的斗争吧？你们错了，“劳动社会主义”从由来已久的压迫中只得出一个结论，就是必须“极端慎重地”对待压迫。

是的，同立宪民主党人作战——或者说作出作战的样子——的彼舍霍诺夫先生，重复的完全是立宪民主党人维护君主制的言论。但是这有什么不得了呢？资产阶级激进派同资产阶级自由派作战，**仅仅**是为了占据后者的位置，而决不是为了用本质上不同的纲领来代替后者的纲领，这一点难道你们到现在还不知道吗？法国的劳动派社会主义者……不，应当称为激进社会党人，他们当年同法国的立宪民主党人“作战”，就是为了当上部长以后能够完全像法国的立宪民主党人一样行事，这段历史难道你们忘记了吗？彼舍霍诺夫先生同司徒卢威先生的差别，丝毫没有超过博勃钦斯基同多勃钦斯基[214]的差别，这一点难道你们没有看到吗？

彼舍霍诺夫先生也许明白“要获得土地，而**不是交出土地**”的愿望**和君主制**之间有某种**物质**联系。要想“不交出”，就须要**保护**。

而君主制就是一种雇佣的警卫，以保护那些想“不交出”的人，使他们不受那些**能够**夺取的人的侵犯。① 立宪民主党人需要君主制来保护大资产阶级。“劳动社会党人”需要君主制来保护善于经营的农夫。

不言而喻，从“劳动社会党人”的这种世界观必然会对起义产生迂腐和庸俗的态度（“不幸有可能发生”；不妨把司徒卢威先生1905年夏天在《解放》杂志上发表的那些关于“丧失理智的罪恶的起义说教”的文章拿来对照一下）。由此也就产生了对“秘密组织”的极端蔑视，**在1906年8月**表示渴望建立“**公开的社会主义**政党”。至于有些客观历史条件，正在使起义变得**不可避免**，正在打破无知群众的一切偏见而迫使他们为自己的切身利益去同君主制作斗争，正在把对于建立“公开的社会主义政党”的马尼洛夫式的渴望变成替乌沙科夫先生们帮忙，对于这一切客观历史条件彼舍霍诺夫先生们却不加以考虑。拉甫罗夫和米海洛夫斯基的崇拜者们所考虑的只是受压迫的群众的心理，而不是那些正在**改造着进行斗争的**群众的心理的客观条件。

让我们来总结一下。我们现在知道做一个劳动人民社会党人是什么意思了。劳动就是曲意迎合那些想要“获得而不交出”的小业主的利益。人民就是曲意迎合人民的君主制的偏见，迎合那种害怕某些民族脱离俄国的沙文主义恐惧心理。社会党人就是宣布

① 私有者的另一种警卫工具，叫做**常备军**。因此彼舍霍诺夫先生写道：“民主共和制的含意……**也许**就是用人民武装代替常备军。”（第8期第197页）拉甫罗夫和米海洛夫斯基的崇拜者先生们，你们能不能**坦率地**给我们讲一讲，这个出色的“也许”是什么意思呢？

社会主义是一种遥远的前景，用广泛的、自由的、灵活的、机动的、轻飘飘的、披着薄薄外衣的、甚至是赤裸裸的“政纲”，来代替狭隘的、空谈的、使政客们感到非常麻烦的纲领。“劳动人民社会党人”万岁！

彼舍霍诺夫先生们是在俄国农民中展开反动的社会活动的先驱。上帝把彼舍霍诺夫之流派到人间来，就是为了清楚地说明马克思主义关于一切小生产者都有两面性这个原理。农民有理性也有偏见，有被剥削者的革命能力也有想要“获得而不交出”的小业主的反动渴望。彼舍霍诺夫先生们就是农民小业主反动方面的思想的表现者。彼舍霍诺夫先生们是只看俄国农夫“**后背**”的观察家。彼舍霍诺夫先生们现在**在思想方面**所做的工作，正是古尔柯和斯季申斯基先生们**赤裸裸的在物质方面**所做的工作，即用出卖皇族和官家土地的办法来收买农民资产者。

但是，用诸如此类的打补丁的办法，能不能大大缓和群众同他们的剥削者在尖锐斗争中必然发生的冲突，还是一个大问题。农民那些传统的并且又经各种机会主义者粉饰一新的偏见，能不能战胜贫苦农民在革命烈火中日益觉醒的理性，还是一个大问题。社会民主党人无论如何也要履行他们提高和纯洁农民的**革命**觉悟的责任。

但愿右翼社会民主党人能以彼舍霍诺夫先生们为戒。在批评劳动人民社会党人时，我们有时也可以对社会民主党内某些孟什维克说：mutato nomine de te fabula narratur（这里指的就是你，只是改了一下名字）。我们这里也有人渴望成立公开的政党，准备用政纲代替纲领，准备降低到群众的水平。我们的那位普列汉诺夫

就曾对十二月起义作了一个有名的评价："本来就用不着拿起武器。"我们的那位《现代评论》杂志[215]的撰稿人马利舍夫斯基就偷偷地试图（诚然，**不是**在《现代评论》杂志上）把共和制从纲领中删掉。这些人如果好好地端详一下彼舍霍诺夫先生们的整个"天然之美"，那是会获益匪浅的。

载于1906年9月19日《无产者报》第4号

译自《列宁全集》俄文第5版第13卷第396—406页

注　释

1 《关于俄国社会民主工党统一代表大会的报告(给彼得堡工人的信)》这本小册子起初交由彼得堡事业印刷所刊印。1906年6月3日(16日),这家印刷所遭到沙皇警察的搜查,已印出的小册子被抄走。从这时起,沙皇政府的书报检查部门和司法部门对这本小册子出版一事进行了整整6年的追查,最终根据圣彼得堡高等法院1912年6月25日(7月8日)的决定于1913年1月30日(2月12日)将小册子销毁。但是,沙皇政府要查禁这本小册子的企图并未得逞:早在1906年6月,小册子就已顺利地转移到莫斯科出版了。

这本小册子的《附录》中收有布尔什维克和孟什维克向代表大会提出的决议草案、代表大会通过的决议和其他材料。《附录》部分有列宁写的简短序言(见本卷第64—65页)。——1。

2 即俄国社会民主工党第四次(统一)代表大会。

俄国社会民主工党第四次(统一)代表大会于1906年4月10—25日(4月23日—5月8日)在斯德哥尔摩举行。出席这次代表大会的有112名有表决权的代表和22名有发言权的代表。他们代表了俄国社会民主工党的62个组织。参加大会有发言权的还有波兰王国和立陶宛社会民主党、拉脱维亚社会民主工党和崩得的代表各3名,乌克兰社会民主工党、芬兰工人党的代表各1名。此外,还有保加利亚社会民主工党的代表1名。加上特邀代表和来宾,共有157人参加大会。

为了召开这次代表大会,1905年底布尔什维克和孟什维克两派领导机构组成了统一的中央委员会。在两个月的时间里,各地党组织讨论两派分别制定的纲领,并按300名党员产生1名代表的比例进行代表大会代表的选举。由于布尔什维克占优势的工业中心的许多党组织遭到摧残而严重削弱，因此代表大会的组成并未反映党内真正的力量对比。在112张表决票中，布尔什维克拥有46票，孟什维克则拥有62票，而且拥有少数几票的调和派在基本问题上也是附和孟什维克的。

代表大会的议程是：修改土地纲领；目前形势和无产阶级的阶级任务；关于对国家杜马选举结果和对杜马本身的策略问题；武装起义；游击行动；临时革命政府和革命自治；对工人代表苏维埃的态度；工会；对农民运动的态度；对各种非社会民主主义的党派和组织的态度；根据党纲中的民族问题对召开特别的波兰立宪会议的要求的态度；党的组织；与各民族的社会民主党组织（波兰王国和立陶宛社会民主党、拉脱维亚社会民主工党、崩得）的统一；工作报告；选举。大会只讨论了修改土地纲领、对目前形势的估计和无产阶级的阶级任务、对国家杜马的态度、武装起义、游击行动、与各民族的社会民主党的统一、党的章程等问题。列宁就土地问题、当前形势问题和对国家杜马的态度问题作了报告，就武装起义问题以及其他问题发了言，参加了党章起草委员会。

大会是在激烈斗争中进行的。在修改土地纲领问题上提出了三种纲领：列宁的土地国有化纲领，一部分布尔什维克的分配土地纲领和孟什维克的土地地方公有化纲领。代表大会以多数票批准了孟什维克的土地地方公有化纲领，但在布尔什维克的压力下对这一纲领作了一些修改。大会还批准了孟什维克的关于国家杜马的决议案和武装起义的决议案，大会未经讨论通过了关于工会的决议和关于对农民运动的态度的决议。代表大会通过了同波兰王国和立陶宛社会民主党以及同拉脱维亚社会民主工党统一的决定。这两个党作为地区性组织加入俄国社会民主工党，在该地区各民族无产阶级中进行工作。大会还确定了同崩得统一的条件。在代表大会批准的新党章中，关于党员资格的第1条采用了列宁的条文，但在党的中央委员会和中央机关报的相互关系问题上仍保留了两个中央机关并存的局面。

代表大会选出了由7名孟什维克（弗·尼·罗扎诺夫、列·伊·戈尔德曼、柳·尼·拉德琴柯、列·米·欣丘克、维·尼·克罗赫马尔、Б.А.巴赫梅季耶夫、帕·尼·科洛科尔尼科夫）和3名布尔什维克（瓦·阿·杰斯尼茨基、列·波·克拉辛、阿·伊·李可夫）组成的中央委员会和由5名孟什维克(尔·马尔托夫、亚·马尔丁诺夫、彼·巴·马斯洛夫、费·伊·唐恩、亚·尼·波特列索夫)组成的中央机关报编辑部。中央委员中的李可夫后来换成了亚·亚·波格丹诺夫。加入俄国社会民主工党的各民族社会民主党后来分别派代表参加了中央委员会。——1。

3 俄国社会民主工党第二次代表大会于1903年7月17日(30日)—8月10日(23日)召开。7月24日(8月6日)前,代表大会在布鲁塞尔开了13次会议。后因比利时警察将一些代表驱逐出境,代表大会移至伦敦,继续开了24次会议。

代表大会是《火星报》筹备的。列宁为代表大会起草了一系列文件,并详细拟定了代表大会的议程和议事规程。出席代表大会的有43名有表决权的代表,他们代表着26个组织(劳动解放社、《火星报》组织、崩得国外委员会和中央委员会、俄国革命社会民主党人国外同盟、国外俄国社会民主党人联合会以及俄国社会民主党的20个地方委员会和联合会),共有51票表决权(有些代表有两票表决权)。出席代表大会的有发言权的代表共14名。代表大会的成分不一,其中有《火星报》的拥护者,也有《火星报》的反对者以及不坚定的动摇分子。

列入代表大会议程的问题共有20个:1.确定代表大会的性质。选举常务委员会。确定代表大会的议事规程和议程。组织委员会的报告和选举审查代表资格和决定代表大会组成的委员会。2.崩得在俄国社会民主工党内的地位。3.党纲。4.党的中央机关报。5.代表们的报告。6.党的组织(党章问题是在这项议程下讨论的)。7.区组织和民族组织。8.党的各独立团体。9.民族问题。10.经济斗争和工会运动。11.五一节的庆祝活动。12.1904年阿姆斯特丹国际社会党代表大会。13.游行示威和起义。14.恐怖手段。15.党的工作的内部问题:(1)宣传工作,(2)鼓动工作,(3)党的书刊工作,(4)农民中的工作,(5)军队中的工作,(6)学生中的工作,(7)教派信徒中的工作。16.俄国社会民主工党对社会革命党人的态度。17.俄国社会民主工党对俄国各自由主义派别的态度。18.选举党的中央委员会和中央机关报编辑部。19.选举党总委员会。20.代表大会的决议和记录的宣读程序,以及选出的负责人和机构开始行使自己职权的程序。有些问题没有来得及讨论。

列宁被选入了常务委员会，主持了多次会议，几乎就所有问题发了言。他还是纲领委员会、章程委员会和代表资格审查委员会的委员。

代表大会要解决的最重要的问题是：批准党纲、党章以及选举党的中央领导机关。列宁及其拥护者在大会上同机会主义者展开了坚决的斗争。代表大会否决了机会主义分子要按照西欧各国社会民主党的纲领的精神来修改《火星报》编辑部制定的纲领草案的一切企图。大会先逐条讨论和通过党纲草案，然后由全体代表一致通过整个纲领（有1票弃权）。在讨论党章时，会上就建党的组织原则问题展开了尖锐的斗争。由于得到了反火星派和"泥潭派"（中派）的支持，尔·马尔托夫提出的为不坚定分子入党大开方便之门的党章第1条条文，以微弱的多数票为大会所通过。但是代表大会还是基本上批准了列宁制定的党章。

大会票数的划分起初是：火星派33票，"泥潭派"（中派）10票，反火星派8票（3名工人事业派分子和5名崩得分子）。在彻底的火星派（列宁派）和"温和的"火星派（马尔托夫派）之间发生分裂后，彻底的火星派暂时处于少数地位。但是，8月5日（18日），7名反火星派分子（2名工人事业派分子和5名崩得分子）因不同意代表大会的决议而退出了大会。在选举中央机关时，得到反火星派分子和"泥潭派"支持的马尔托夫派（共7人）成为少数派，共有20票（马尔托夫派9票，"泥潭派"10票，反火星派1票），而团结在列宁周围的20名彻底的火星派分子成为多数派，共有24票。列宁及其拥护者在选举中取得了胜利。代表大会选举列宁、马尔托夫和格·瓦·普列汉诺夫为中央机关报《火星报》编委，格·马·克尔日扎诺夫斯基、弗·威·林格尼克和弗·亚·诺斯科夫为中央委员会委员，普列汉诺夫为党总委员会委员。从此，列宁及其拥护者被称为布尔什维克（俄语多数派一词音译），而机会主义分子则被称为孟什维克（俄语少数派一词音译）。

俄国社会民主工党第二次代表大会具有重大的历史意义。列宁说："布尔什维主义作为一种政治思潮，作为一个政党而存在，是从1903年开始的。"（见本版全集第39卷第4页）

俄国社会民主工党第三次代表大会于1905年4月12—27日(4月25日—5月10日)在伦敦举行。这次代表大会是布尔什维克筹备的,是在列宁领导下进行的。孟什维克拒绝参加代表大会,而在日内瓦召开了他们的代表会议。

出席代表大会的有38名代表,其中有表决权的代表24名,有发言权的代表14名。出席大会的有表决权的代表分别代表21个俄国社会民主工党的地方委员会、中央委员会和党总委员会(参加党总委员会的中央委员会代表)。列宁作为敖德萨委员会的代表出席代表大会,当选为代表大会主席。

代表大会审议了正在俄国展开的革命的根本问题,确定了无产阶级及其政党的任务。代表大会讨论了下列问题:组织委员会的报告;武装起义;在革命前夕对政府政策的态度;关于临时革命政府;对农民运动的态度;党章;对俄国社会民主工党分裂出去的部分的态度;对各民族社会民主党组织的态度;对自由派的态度;同社会革命党人的实际协议;宣传和鼓动;中央委员会的和各地方委员会代表的工作报告等。列宁就大会讨论的所有主要问题拟了决议草案,在大会上作了关于社会民主党参加临时革命政府的报告和关于支持农民运动的决议的报告,并就武装起义、在革命前夕对政府政策的态度、社会民主党组织内工人和知识分子的关系、党章、关于中央委员会活动的报告等问题作了发言。

代表大会制定了党在资产阶级民主革命中的战略计划,这就是:要孤立资产阶级,使无产阶级同农民结成联盟,成为革命的领袖和领导者,为争取革命胜利——推翻专制制度、建立民主共和国、消灭农奴制的一切残余——而斗争。从这一战略计划出发,代表大会规定了党的策略路线。大会提出组织武装起义作为党的主要的和刻不容缓的任务。大会指出,在人民武装起义取得胜利后,必须建立临时革命政府来镇压反革命分子的反抗,实现俄国社会民主工党的最低纲领,为向社会主义革命过渡准备条件。

代表大会重新审查了党章,通过了列宁提出的关于党员资格的党章第1条条文,取消了党内两个中央机关(中央委员会和中央机关报)

的制度，建立了党的统一的领导中心——中央委员会，明确规定了中央委员会的权力和它同地方委员会的关系。

代表大会谴责了孟什维克的行为和他们在组织问题和策略问题上的机会主义。鉴于《火星报》已落入孟什维克之手并执行机会主义路线，俄国社会民主工党第三次代表大会委托中央委员会创办新的中央机关报——《无产者报》。代表大会选出了以列宁为首的中央委员会，参加中央委员会的还有亚·亚·波格丹诺夫、列·波·克拉辛、德·西·波斯托洛夫斯基和阿·伊·李可夫。

俄国社会民主工党第三次代表大会是第一次布尔什维克代表大会，它用争取民主革命胜利的战斗纲领武装了党和工人阶级。列宁在《第三次代表大会》一文(见本版全集第10卷)中论述了这次代表大会的工作及其意义。——1。

4　指俄国社会民主工党统一的中央委员会在第四次代表大会召开前夕为处理党内在土地问题上的尖锐分歧而成立的一个专门委员会。参加这个委员会的有列宁、彼·巴·马斯洛夫、彼·彼·鲁勉采夫、谢·亚·苏沃洛夫、伊·阿·泰奥多罗维奇、格·瓦·普列汉诺夫、诺·尼·饶尔丹尼亚和亚·尤·芬-叶诺塔耶夫斯基。委员会把党内在土地问题上的观点归纳成四种基本类型的草案，即：列宁的草案、尼·亚·罗日柯夫的草案、马斯洛夫的草案和芬-叶诺塔耶夫斯基的草案(委员会所列的第5种类型是斗争社的草案)，并把它们一并提交代表大会。委员会中多数人赞成列宁的草案，因此该草案作为俄国社会民主工党统一的中央委员会土地委员会的多数的草案提交代表大会。这个草案曾由列宁在《修改工人政党的土地纲领》一文(见本版全集第12卷)中加以论证，并同策略纲领一起在1906年3月布尔什维克会议上被批准。——2。

5　指波兰王国和立陶宛社会民主党。

波兰王国和立陶宛社会民主党成立于1893年7月，最初称波兰王国社会民主党，其宗旨是实现社会主义，建立无产阶级政权，最低纲领是推翻沙皇制度，争取政治和经济解放。1900年8月，该党和立陶宛工人运动中的国际主义派合并，改称波兰王国和立陶宛社会民主党。在1905—1907年俄国革命中，波兰王国和立陶宛社会民主党提出与布尔什维克相近的斗争口号，对自由派资产阶级持不调和的态度。但该党也犯了一些错误。列宁曾批评该党的一些错误观点，同时也指出它对波兰革命运动的功绩。

1906年4月，在俄国社会民主工党第四次(统一)代表大会上，该党作为地区性组织加入俄国社会民主工党，保持组织上的独立。由于党的领导成员扬·梯什卡等人在策略问题上发生动摇，1911年12月该党分裂成两派：一派拥护在国外的总执行委员会，称为总执委会派；另一派拥护边疆区执行委员会，称为分裂派(见本版全集第22卷《波兰社会民主党的分裂》一文)。分裂派主要包括华沙和洛兹的党组织，同布尔什维克密切合作，赞同1912年俄国社会民主工党布拉格代表会议的决议。第一次世界大战期间，波兰王国和立陶宛社会民主党持国际主义立场，反对支持外国帝国主义者的皮尔苏茨基分子和民族民主党人。1916年该党两派合并。该党拥护俄国十月社会主义革命，1918年在波兰领导建立了一些工人代表苏维埃。1918年12月，在该党与波兰社会党"左派"的统一代表大会上，成立了波兰共产党。——2。

6 拉脱维亚社会民主工党于1904年6月在该党第一次代表大会上成立。在1905年6月党的第二次代表大会上通过了党的纲领并作出了必须同俄国社会民主工党统一的决议。1905年该党领导了工人的革命行动并组织群众准备武装起义。1906年，在俄国社会民主工党第四次(统一)代表大会上，拉脱维亚社会民主工党作为一个地区性组织加入了俄国社会民主工党。代表大会后改名为拉脱维亚边疆区社会民主党。——2。

7 崩得是立陶宛、波兰和俄罗斯犹太工人总联盟的简称，1897年9月在维尔诺成立。参加这个组织的主要是俄国西部各省的犹太手工业者。崩得在成立初期曾进行社会主义宣传，后来在争取废除反犹太特别法律的斗争过程中滑到了民族主义立场上。在1898年俄国社会民主工党第一次代表大会上，崩得作为只在专门涉及犹太无产阶级问题上独立的"自治组织",加入了俄国社会民主工党。在1903年俄国社会民主工党第二次代表大会上,崩得分子要求承认崩得是犹太无产阶级的唯一代表。在代表大会否决了这个要求之后,崩得退出了党。根据1906年俄国社会民主工党第四次(统一)代表大会决议,崩得重新加入了党。从1901年起,崩得是俄国工人运动中民族主义和分离主义的代表。它在党内一贯支持机会主义派别(经济派、孟什维克和取消派),反对布尔什维克。第一次世界大战期间,崩得分子采取社会沙文主义立场。1917年二月革命后,崩得支持资产阶级临时政府。1918—1920年外国武装干涉和国内战争时期,崩得的领导人同反革命势力勾结在一起,而一般的崩得分子则开始转变,主张同苏维埃政权合作。1921年3月崩得自行解散,部分成员加入俄国共产党(布)。——2。

8 *乌克兰革命党*是小资产阶级民族主义组织,于1900年初成立。该党支持乌克兰自治这一乌克兰资产阶级的基本口号。1905年12月,乌克兰革命党改名为乌克兰社会民主工党,通过了一个按联邦制原则和在承认乌克兰社会民主工党是乌克兰无产阶级在党内的唯一代表的条件下同俄国社会民主工党统一的决议。俄国社会民主工党第四次(统一)代表大会拒绝了该党的代表提出的立即讨论统一的条件的建议,将这一问题转交俄国社会民主工党中央委员会去解决。由于该党的性质是小资产阶级的、民族主义的,因此,在统一问题上未能达成协议。在崩得的影响下,该党的民族纲领提出了民族文化自治的要求。该党后来站到了资产阶级民族主义反革命阵营一边。——2。

9 关于停止召开派别会议的问题是在代表大会第二次会议上提出的。会上宣读了常务委员会收到的两份要求停开派别会议的声明:一份由9名工人代表签名;另一份由托木斯克和鄂木斯克组织的代表H.M.多布罗霍多夫(亚历山德罗夫)签名。会议作出了停止召开派别会议的决定,但是这项决定并没有执行。在整个代表大会期间派别会议仍继续召开。——3。

10 *《开端报》*(«Начало»)是俄国孟什维克的合法报纸(日报),1905年11月13日(26日)—12月2日(15日)在彼得堡出版,共出了16号。该报由达·马·赫尔岑施坦和C.H.萨尔蒂科夫担任编辑兼出版者。参加该报工作的有尔·马尔托夫、亚·尼·波特列索夫、帕·波·阿克雪里罗得、费·伊·唐恩、列·格·捷依奇、尼·伊·约尔丹斯基等。——4。

11 指《社会民主党人日志》。

《社会民主党人日志》(«Дневник Социал-Демократа»)是格·瓦·普列汉诺夫创办的不定期刊物,1905年3月—1912年4月在日内瓦出版,共出了16期。1916年在彼得格勒复刊,仅出了一期。在第1—8期(1905—1906年)中,普列汉诺夫宣扬极右的孟什维克机会主义观点,拥护社会民主党和自由派资产阶级联盟,反对无产阶级和农民联盟,谴责十二月武装起义。在第9—16期(1909—1912年)中,普列汉诺夫反对主张取消秘密党组织的孟什维克取消派,但在基本的策略问题上仍站在孟什维克立场上。1916年该杂志出版的第1期里则明显地表达了普列汉诺夫的社会沙文主义观点。——4。

12 代表资格审查委员会是在代表大会的第1次会议上选出的,其成员有:两名布尔什维克——瓦·阿·杰斯尼茨基(索斯诺夫斯基)和斯·格·邵武勉(苏列宁),两名孟什维克——诺·尼·饶尔丹尼亚(科斯特罗夫)和列·伊·戈尔德曼(阿基姆斯基),一名"中立分子"——马·伊·美列涅夫斯基(萨莫伊洛维奇)(此人任委员会主席,实际上采取孟什维克的立场)。第1次会议还批准了代表资格审查委员会的工作规程,并通过了列宁提出的下述决议:"代表大会责成代表资格审查委员会提出工作报告,在报告中要能看出某一组织在选举出席代表大会的代表时所依据的理由,以及确定党员资格时所采用的标准。"代表资格审查委员会的工作以及代表大会全体会议对于代表资格审查委员会的报告的讨论,是在派别斗争十分激烈的情况下进行的。在第4次和第5次会议讨论代表资格审查委员会的第一个报告及其关于否认布尔什维克亚·亚·加佩耶夫(莫洛坚科夫,彼得堡大学生组织的代表)的代表资格的建议时,布尔什维克和孟什维克就发生了冲突。在第6次会议上,由于委员会建议宣布布尔什维克费·安·谢尔盖耶夫(阿尔乔姆,会议记录中是阿尔塔蒙诺夫;哈尔科夫组织的代表)的代表证书无效,两派的关系更加紧张。杰斯尼茨基声明退出委员会,其他委员除美列涅夫斯基外也相继退出。代表大会选出了一个由孟什维克和调和派组成的新的代表资格审查委员会,其成员为奥·阿·叶尔曼斯基(鲁登科)、莫列夫、M.И.布罗伊多(马尔柯夫)、Б.И.索洛韦奇克(普季岑)和美列涅夫斯基。以后的事实说明,新的代表资格审查委员会的工作仍然不能令人满意。——5。

13 由200人签名的梯弗利斯工人反对梯弗利斯孟什维克代表团的代表权的抗议书是在代表大会第20次会议上宣读的。抗议书说,梯弗利斯的孟什维克为了增加自己在代表大会上的票数,在编制党员名册时把一些不符合党员资格的人列入。结果,按孟什维克的"统计",梯弗利斯有3 000多名党员,而依照每300名党员选举1名代表的比例,梯弗利斯就应有11名代表。抗议书揭穿了这种欺骗手法,认为梯弗利斯不应当有这样多的代表出席代表大会。——5。

14 1907年出版的俄国社会民主工党第四次(统一)代表大会记录没有编入代表大会上的某些报告和发言,其中包括列宁关于土地问题的报告、关于当前形势和无产阶级的阶级任务的报告以及关于对国家杜马的态度问题的总结发言。——6。

15 《党内消息报》(«Партийные Известия»)是俄国社会民主工党统一的中央委员会的秘密机关报,党的第四次(统一)代表大会召开前夕在彼得堡出版。该报编辑部是由布尔什维克机关报(《无产者报》)和孟什维克机关报(新《火星报》)的同等数量的编辑人员组成的。代表布尔什维克参加编辑部的是弗·亚·巴扎罗夫、瓦·瓦·沃罗夫斯基和阿·瓦·卢那察尔斯基,代表孟什维克参加的是费·伊·唐恩、尔·马尔托夫和亚·马尔丁诺夫。该报共出了两号。第1号于1906年2月7日出版,刊登了列宁的《俄国的目前形势和工人政党的策略》;第2号于1906年3月20日出版,刊登了列宁的《俄国革命和无产阶级的任务》。在这一号上还刊登了布尔什维克和孟什维克各自提交统一代表大会的策略纲领。俄国社会民主工党第四次(统一)代表大会后,布尔什维克和孟什维克都出版了自己的报纸,《党内消息报》遂停刊。——8。

16 社会革命党是俄国最大的小资产阶级政党。该党是1901年底—1902年初由南方社会革命党、社会革命党人联合会、老民意党人小组、社会主义土地同盟等民粹派团体联合而成的。成立时的领导人有马·安·纳坦松、叶·康·布列什柯-布列什柯夫斯卡娅、尼·谢·鲁萨诺夫、维·米·切尔诺夫、米·拉·郭茨、格·安·格尔舒尼等,正式机关报是《革命俄国报》(1901—1904年)和《俄国革命通报》杂志(1901—1905年)。社会革命党人的理论观点是民粹主义和修正主义思想的折中混合物。他们否认无产阶级和农民之间的阶级差别,抹杀农民内部的矛盾,否认无产阶级在资产阶级民主革命中的领导作用。在土地问题上,社会革命党人主张消灭土地私有制,按照平均使用原则将土地交村社支配,发展各种合作社。在策略方面,社会革命党人采用了社会民主党人进行群众性鼓动的方法,但主要斗争方法还是搞个人恐怖。为了进行恐怖活动,该党建立了事实上脱离该党中央的秘密战斗组织。

在1905—1907年俄国第一次革命中,社会革命党曾在农村开展焚烧地主庄园、夺取地主财产的所谓"土地恐怖"运动,并同其他政党一起参加武装起义和游击战,但也曾同资产阶级的解放社签订协议。在国家杜马中,该党动摇于社会民主党和立宪民主党之间。该党内部的不统一造成了1906年的分裂,其右翼和极左翼分别组成了人民社会党和最高纲领派社会革命党人联合会。在斯托雷平反动时期,社会革命党经历了思想上、组织上的严重危机。在第一次世界大战期间,社会革命党的大多数领导人采取了社会沙文主义的立场。1917年二月革命后,社会革命党中央实行妥协主义和阶级调和的政策,党的领导人亚·费·克伦斯基、尼·德·阿夫克森齐耶夫、切尔诺夫等参加了资产阶级临时政府。七月事变时期该党公开转向资产阶级方面。社会革命党中央的妥协政策造成党的分裂,左翼于1917年12月组成了一个独立政党——左派社会革命党。十月革命后,社会革命党人(右派和中派)公开进行反苏维埃的活动,在国内战争时期进行反对苏维埃政权的武装斗争,对共产党和苏维埃政权的领导人实行个人恐怖。内战结束后,他们在"没有共产党人参加的苏维埃"的口号下组织了一系列叛乱。1922

年,社会革命党彻底瓦解。——9。

17　民意党是俄国土地和自由社分裂后产生的革命民粹派组织,于1879年8月建立。主要领导人是安·伊·热里雅鲍夫、亚·德·米哈伊洛夫、米·费·弗罗连柯、尼·亚·莫罗佐夫、维·尼·菲格涅尔、亚·亚·克维亚特科夫斯基、索·李·佩罗夫斯卡娅等。该党主张推翻专制制度,在其纲领中提出了广泛的民主改革的要求,如召开立宪会议,实现普选权,设置常设人民代表机关,实行言论、信仰、出版、集会等自由和广泛的村社自治,给人民以土地,给被压迫民族以自决权,用人民武装代替常备军等。但是民意党人把民主革命的任务和社会主义革命的任务混为一谈,认为在俄国可以超越资本主义,经过农民革命走向社会主义,并且认为俄国主要革命力量不是工人阶级而是农民。民意党人从积极的"英雄"和消极的"群氓"的错误理论出发,采取个人恐怖方式,把暗杀沙皇政府的个别代表人物作为推翻沙皇专制制度的主要手段。他们在1881年3月1日(13日)刺杀了沙皇亚历山大二世。由于理论上、策略上和斗争方法上的错误,在沙皇政府的严重摧残下,民意党在1881年以后就瓦解了。——9。

18　立宪民主党人是俄国自由主义君主派资产阶级的主要政党立宪民主党的成员。立宪民主党(正式名称为人民自由党)于1905年10月成立。中央委员中多数是资产阶级知识分子、地方自治人士和自由派地主。主要活动家有帕·尼·米留可夫、谢·安·穆罗姆采夫、瓦·阿·马克拉柯夫、安·伊·盛加略夫、彼·伯·司徒卢威、约·弗·盖森等。立宪民主党提出一条与革命道路相对抗的和平的宪政发展道路,主张俄国实行立宪君主制和资产阶级的自由。在土地问题上,主张将国家、皇室、皇族和寺院的土地分给无地和少地的农民;私有土地部分地转让,并且按"公平"价格给予补偿;解决土地问题的土地委员会由同等数量的地主和农民组成,并由官员充当他们之间的调解人。1906年春,曾同政府进行参加内阁的秘密谈判,后来在国家杜马中自命为"负责任的反对派"。第一次世界大战期间,支持沙皇政府的掠夺政策,曾同十月党等反动政党组成"进步同盟",要求成立责任内阁,即为资产阶级和地主所信任的政府，力图阻止革命并把战争进行到最后胜利。二月革命后，立宪民主党在资产阶级临时政府中居于领导地位，竭力阻挠土地问题、民族问题等基本问题的解决，并奉行继续帝国主义战争的政策。七月事变后，支持科尔尼洛夫叛乱，阴谋建立军事独裁。十月革命胜利后，苏维埃政府于1917年11月28日(12月11日)宣布立宪民主党为"人民公敌的党"。该党随之转入地下，继续进行反革命活动，并参与白卫将军的武装叛乱。国内战争结束后，该党上层分子大多数逃亡国外。1921年5月，该党在巴黎召开代表大会时分裂，作为统一的党不复存在。——10。

19 1861年改革指俄国废除农奴制的改革。这次改革是由于沙皇政府在军事上遭到失败、财政困难和反对农奴制的农民起义不断高涨而被迫实行的。沙皇亚历山大二世于1861年2月19日(3月3日)签署了废除农奴制的宣言，颁布了改革的法令。这次改革共"解放了"2 250万地主农民，但是地主土地占有制仍然保存下来。在改革中，农民的土地被宣布为地主的财产，农民只能得到法定数额的份地，并要支付赎金。赎金主要部分由政府以债券形式付给地主，再由农民在49年内偿还政府。根据粗略统计，在改革后，贵族拥有土地7 150万俄亩，农民则只有3 370万俄亩。改革中地主把农民土地割去了1/5，甚至2/5。

在改革中，旧的徭役制经济只是受到破坏，并没有消灭。农民份地中最好的土地以及森林、池塘、牧场等都留在地主手里，使农民难以独立经营。在签订赎买契约以前，农民还对地主负有暂时义务。农民为了赎买土地交纳的赎金，大大超过了地价。仅前地主农民交给政府的赎金就有19亿卢布，而转归农民的土地按市场价格仅值5亿多卢布。这就造成了农民经济的破产，使得大多数农民还像以前一样，受着地主的剥削和奴役。但是，这次改革仍为俄国资本主义经济的发展创造了有利的条件。——10。

20 脸盆镀锡一词见于俄国作家米·叶·萨尔蒂科夫-谢德林的《致婶母书信集》。作者在这里嘲讽地方自治机关不敢破坏现存制度的基础，而只能解决关于脸盆镀锡之类的小问题。——11。

21 亚历山大三世是俄国皇帝,1881 年 3 月 1 日亚历山大二世被民意党人刺死后继位。亚历山大三世在位期间实行了一系列被称为“反改革”的反动改革。其中涉及地方自治机关的主要有两项。一项是 1890 年 6 月 12 日颁布地方自治条例,在地方自治机关选举中实行等级制的选民团制度,增加贵族的代表权,并由省长从农民选出的候选人中任命地方自治机关中的农民议员来代替农民选民团的选举。另一项是建立新的机关来加强对地方自治机关的监护,这种机关从 1892 年起称为省城市和地方自治事务会议。——11。

22 莫斯科罗斯是指 15 世纪末—17 世纪的俄罗斯中央集权国家,即有些史书中所说的莫斯科国。——11。

23 杰米扬的鱼汤原意是过分殷勤的款待,也泛指把自己主观上认为合适的东西强加于人,出典于俄国作家伊·安·克雷洛夫的一篇寓言。寓言说,一个叫杰米扬的人请客时拼命劝客人进餐,端上一盘又一盘的鱼汤,直到客人喝不下了仍不罢休。客人最后只得逃走,再也不敢进杰米扬的家门。——13。

24 莫斯科的三鲜汤一词出自格·阿·阿列克辛斯基(阿列克谢耶夫)在俄国社会民主工党第四次(统一)代表大会第 11 次会议上的发言。鉴于代表大会通过了对孟什维克土地地方公有纲领的一项修正案——备移民使用的土地归国家所有,阿列克辛斯基在发言中说:决议的起草者们“一直翻来覆去地向我们谈国有化的害处,他们自己却把它部分地采用于决议之中,试问逻辑何在? ……如果说普列汉诺夫同志如他自己承认的不喜欢杰米扬的鱼汤,那么,是不是他和土地问题决议的其他作者们更喜欢他们已把我们的土地纲领变成的那种‘莫斯科的三鲜汤’呢?”——14。

25 10 月 17 日宣言是指 1905 年 10 月 17 日(30 日)沙皇尼古拉二世迫于革命运动高涨的形势而颁布的《关于完善国家制度》的宣言。宣言是由被任命为大臣会议主席的谢·尤·维特起草的,其主要内容是许诺“赐予”居民以“公民自由的坚实基础”,即人身不可侵犯和信仰、言论、集会、结社等自由;“视可能”吸收被剥夺选举权的阶层的居民(主要是工人和城市知识分子)参加国家杜马选举;承认国家杜马是立法机关,任何法律不经它的同意不能生效。宣言颁布后,沙皇政府又相应采取以下措施:实行最高执行权力集中化;将德·费·特列波夫免职,由彼·尼·杜尔诺沃代替亚·格·布里根任内务大臣;宣布大赦政治犯;废除对报刊的预先检查;制定新的选举法。在把革命运动镇压下去以后,沙皇政府很快就背弃了自己在宣言中宣布的诺言。——14。

26 波拿巴主义原来是指法国大革命后拿破仑·波拿巴(拿破仑第一)于1799年在法国建立的军事专政和法国1848年革命失败后于1851年掌握政权的路易·波拿巴(拿破仑第三)的专政,后来则泛指依靠军阀和具有反动情绪的落后的农民阶层、在阶级力量均势不稳定的情况下在相互斗争的各阶级间随机应变的大资产阶级反革命专政。俄国彼·阿·斯托雷平的统治就含有波拿巴主义的性质。——16。

27 《前进报》(«Вперед»)是第一个布尔什维克报纸,俄国社会民主工党多数派委员会常务局的机关报(周报),1904年12月22日(1905年1月4日)—1905年5月5日(18日)在日内瓦出版,共出了18号。列宁是该报的领导者,《前进报》这一名称也是他提出的。该报编辑部的成员是列宁、瓦·瓦·沃罗夫斯基、米·斯·奥里明斯基和阿·瓦·卢那察尔斯基。娜·康·克鲁普斯卡娅任编辑部秘书,负责全部通信工作。列宁在《俄国社会民主工党分裂简况》一文中写道:“《前进报》的方针就是**旧《火星报》的方针**。《前进报》为了捍卫旧《火星报》正在同新《火星报》进行坚决的斗争。”(见本版全集第9卷第217页)《前进报》发表过列宁的40多篇文章,而评论1905年1月9日事件和俄国革命开始的第4、5两号报纸几乎完全是列宁编写的。《前进报》创刊后,很快就博得了各地方党委会的同情,被承认为它们的机关报。《前进报》在反对孟什维克、创建新型政党、筹备召开俄国社会民主工党第三次代表大会方面起了卓越作用。第三次代表大会决定委托中央委员会创办名为《无产者报》的新的中央机关报,《前进报》因此停办。——17。

28 《无产者报》(«Пролетарий»)是布尔什维克的秘密报纸,是根据党的第三次代表大会决定创办的俄国社会民主工党中央机关报(周报)。1905年5月14日(27日)—11月12日(25日)在日内瓦出版,共出了26号。根据1905年4月27日(5月10日)党的中央全会的决定,列宁被任命为该报的责任编辑,编委会的委员有瓦·瓦·沃罗夫斯基、阿·瓦·卢那察尔斯基和米·斯·奥里明斯基。参加编辑工作的有:娜·康·克鲁普斯卡娅、维·米·韦利奇金娜、维·阿·卡尔宾斯基、尼·费·纳西莫维奇、伊·阿·泰奥多罗维奇、莉·亚·福季耶娃等。弗·德·邦契-布鲁耶维奇、谢·伊·古谢夫、安·伊·乌里扬诺娃-叶利扎罗娃负责为编辑部收集地方通讯稿。克鲁普斯卡娅和福季耶娃负责编辑部同地方组织和读者的通信联系。该报继续执行《火星报》的路线,并保持同《前进报》的继承关系。《无产者报》发表了大约90篇列宁的文章和短评,印发了俄国社会民主工党第三次代表大会的材料。该报的发行量达1万份。1905年11月初列宁回俄国后不久停刊,报纸的最后两号是沃罗夫斯基编辑的。——17。

29　指第一届国家杜马时期。

第一届国家杜马(维特杜马)是根据沙皇政府大臣会议主席谢·尤·维特制定的条例于1906年4月27日(5月10日)召开的。

在1905年十月全俄政治罢工的冲击下,沙皇尼古拉二世被迫发表了10月17日宣言,宣布召开具有立法职能的国家杜马以代替布里根咨议性杜马,借以把国家引上君主立宪的发展道路。1905年12月11日,沙皇政府公布了《关于修改国家杜马选举条例的命令》,这一命令原封不动地保留了为选举布里根杜马而制定的以财产资格和阶级不平等为基础的选举制度,只是在原来的三个选民团——土地占有者(地主)选民团、城市(资产阶级)选民团、农民选民团之外,新增了工人选民团。就分得的复选人数额来说,各选民团的权利不是平等的。地主的1票相当于城市资产阶级的3票、农民的15票、工人的45票。工人选民团的复选人只占国家杜马全部复选人的4%。选举不是普遍的。全体妇女、不满25岁的青年、游牧民族、军人、学生、小企业(50人以下的企业)的工人、短工、小手工业者、没有土地的农民都被剥夺了选举权。选举也不是直接的。一般是二级选举制,而为工人规定了三级选举制,为农民规定了四级选举制。

十二月起义失败后，沙皇政府一再限制曾经宣布过的杜马的权力。1906年2月20日的诏书给了国务会议以批准或否决国家杜马所通过的法案的权力。1906年4月23日(5月6日)又颁布了经尼古拉二世批准的《国家根本法》，将国家政策的最重要问题置于杜马管辖之外。

第一届国家杜马选举于1906年2—3月举行。布尔什维克宣布抵制，但是没能达到搞垮这次选举的目的。当杜马终究召集起来时，列宁要求利用杜马来进行革命的宣传鼓动并揭露杜马的本质。

第一届国家杜马的代表共478人，其中立宪民主党179人，自治派63人(包括波兰、乌克兰、爱沙尼亚、拉脱维亚、立陶宛等民族的资产阶级集团的成员)，十月党16人，无党派人士105人，劳动派97人，社会民主党18人。主席是立宪民主党人谢·安·穆罗姆采夫。

第一届国家杜马讨论过人身不可侵犯、废除死刑、信仰和集会自由、公民权利平等等问题，但是中心问题是土地问题。在杜马会议上提出的土地纲领主要有两个：一个是立宪民主党人于5月8日提出的由42名代表签署的法案，它力图保持地主土地占有制，只允许通过"按公平价格"赎买的办法来强制地主转让主要用农民的耕畜和农具耕种的或已出租的土地；另一个是劳动派于5月23日提出的"104人法案"，它要求建立全民土地资产，把超过劳动土地份额的地主土地及其他私有土地收归国有，按劳动份额平均使用土地。

第一届国家杜马尽管很软弱，它的决议尽管很不彻底，但仍不符合政府的愿望。1906年7月9日(22日)，沙皇政府解散了第一届国家杜马。——18。

30　《人民自由报》(«Народная Свобода»)是俄国的政治文学报纸，立宪民主党机关报，1905年12月15日(28日)—1905年12月21日(1906年1月3日)在彼得堡出版，共出了6号。编辑为帕·尼·米留可夫和约·弗·盖森。《人民自由报》的前身是1905年12月在彼得堡出版的《自由人民报》。——19。

31　指收入《国家杜马和社会民主党》这本小册子(1906年2月)的列宁的

《国家杜马和社会民主党的策略》一文中的引文(见本版全集第12卷)。——19。

32 《俄罗斯新闻》(«Русские Ведомости»)是俄国报纸,1863—1918年在莫斯科出版。它反映自由派地主和资产阶级的观点,主张在俄国实行君主立宪,撰稿人是一些自由派教授。至19世纪70年代中期成为俄国影响最大的报纸之一。80—90年代刊登民主主义作家和民粹主义者的文章。1898年和1901年曾经停刊。从1905年起成为右翼立宪民主党人的机关报。1917年二月革命后支持资产阶级临时政府。十月革命后被查封。——19。

33 这句话出自格·瓦·普列汉诺夫的《再论我们的处境(给X同志的信)》一文(载于1905年12月《社会民主党人日志》第4期)。普列汉诺夫在这篇文章里说:"不合时宜地发动起来的政治罢工导致了莫斯科、索尔莫沃、巴赫姆特等地的武装起义。在这些起义中我们的无产阶级表现得强大、勇敢和具有献身精神。但是他们的力量总还不足以取得胜利。这种情况本来是不难预见到的。因此本来就用不着拿起武器。"(见《普列汉诺夫全集》1926年俄文版第15卷第12页)——20。

34 这个问题列宁在《怎么办?》一书中已经说到过。他在那里写道:"笔者非常清楚地知道,彼得堡的'经济派'早就责备过《工人报》是民意主义(把《工人报》同《工人思想报》比较一下,就会知道这也是可以理解的)。因此,在《火星报》创刊不久,当一个同志对我们说某城的社会民主党人称《火星报》为'民意主义'机关报的时候,我们一点都不感到奇怪。"(见本版全集第6卷第127—128页)——22。

35 引自孟什维克《关于目前革命形势和无产阶级任务的决议草案》。原话是:"在10月17日以后无产阶级的革命斗争不允许政府和资产阶级与贵族的寄生分子有其他的选择:他们或者完全彻底地实行民主自由,或者返回到与国家的社会经济发展绝对不相容的专制国家制度那里去。"——30。

36 《言论报》(«Слово»)是俄国资产阶级的报纸(日报),1903—1909年在彼得堡出版。起初是右翼地方自治人士的报纸,1905年11月起是十月党的机关报。1906年7月起停刊。1906年11月19日(12月2日)复刊后,是同十月党无实质区别的和平革新党的机关报。——33。

37 《涅瓦报》(«Невская Газета»)是俄国孟什维克的合法机关报(日报),1906年5月2—13日(15—26日)在彼得堡出版,共出了10号。参加该报工作的有帕·波·阿克雪里罗得、费·伊·唐恩、维·伊·查苏利奇、尔·马尔托夫、格·瓦·普列汉诺夫等。——41。

38 分进合击是军事术语,是普鲁士和德国统帅、军事理论家老毛奇的一条重要军事思想。他对这一思想的具体表述是:"从各个方向向一点运动,协同一致,出其不意围歼敌人。"此处是把这个军事术语应用于政治方面。——42。

39 彼·伯·司徒卢威是在给他自己出版的财政大臣谢·尤·维特的秘密记事《专制制度和地方自治机关》写的序言中提出"权利与拥有权力的地方自治机关"这一希波夫式的口号的。他在那里说:"即使彼得堡的官僚们为人民建造起维特先生答应建造的最好的、甚至是镀金的营房,伟大的人民仍然不堪忍受这种营房中的生活。他们需要的是权利与拥有权力的全俄地方自治机关。"列宁在《地方自治机关的迫害者和自由主义的汉尼拔》一文中批评了这个口号(见本版全集第5卷)。——43。

40 劳动团(劳动派)是俄国国家杜马中的农民代表和民粹派知识分子代表组成的小资产阶级民主派集团,1906年4月成立。领导人是阿·费·阿拉季因、斯·瓦·阿尼金等。劳动派要求废除一切等级限制和民族限制,实行自治机关的民主化,用普选制选举国家杜马。劳动派的土地纲领要求建立由官地、皇族土地、皇室土地、寺院土地以及超过劳动土地份额的私有土地组成的全民地产,由农民普选产生的地方土地委员会负责进行土地改革,这反映了全体农民的土地要求,同时它又容许赎买土地,则是符合富裕农民阶层利益的。在国家杜马中,劳动派动摇于立宪民主党和布尔什维克之间。布尔什维克党支持劳动派的符合农民利益的社会经济要求，同时批评它在政治上的不坚定，可是劳动派始终没有成为彻底革命的农民组织。六三政变后，劳动派在地方上停止了活动。第一次世界大战期间，劳动派多数采取沙文主义立场。二月革命后，劳动派积极支持资产阶级临时政府，1917 年 6 月与人民社会党合并为劳动人民社会党。十月革命后，劳动派站在资产阶级反革命势力方面。——43。

41 《杜马报》(«Дума»)是立宪民主党右翼的机关报(每天出版的晚报)，1906 年 4 月 27 日(5 月 10 日)—6 月 13 日(26 日)在彼得堡出版。编辑是彼·伯·司徒卢威，参加者有第一届国家杜马代表弗·伊·维尔纳茨基、谢·安·科特利亚列夫斯基、帕·伊·诺夫哥罗德采夫、伊·伊·彼特龙凯维奇、费·伊·罗季切夫、列·尼·雅斯诺波尔斯基等。——44。

42 《新时报》(«Новое Время»)是俄国报纸，1868—1917 年在彼得堡出版。出版人多次更换，政治方向也随之改变。1872—1873 年采取进步自由主义的方针。1876—1912 年由反动出版家阿·谢·苏沃林掌握，成为俄国最没有原则的报纸。1905 年起是黑帮报纸。1917 年二月革命后，完全支持资产阶级临时政府的反革命政策，攻击布尔什维克。1917 年 10 月 26 日(11 月 8 日)被查封。——44。

43 新《火星报》是指第 52 号以后的《火星报》。1903 年 10 月 19 日(11 月 1 日)列宁退出《火星报》编辑部以后，该报第 52 号由格·瓦·普列汉诺夫一人编辑。1903 年 11 月 13 日(26 日)普列汉诺夫把原来的编辑全部增补进编辑部以后，该报由普列汉诺夫、尔·马尔托夫、帕·波·阿克雪里罗得、维·伊·查苏利奇和亚·尼·波特列索夫编辑。1905 年 5 月该报第 100 号以后，普列汉诺夫退出了编辑部。1905 年 10 月，该报停刊，最后一号是第 112 号。关于《火星报》，见注 193。——45。

44 经济派是 19 世纪末—20 世纪初俄国社会民主党内的机会主义派别，是国际机会主义的俄国变种。其代表人物是康·米·塔赫塔廖夫、谢·尼·普罗柯波维奇、叶·德·库斯柯娃、波·尼·克里切夫斯基、亚·萨·皮凯尔(亚·马尔丁诺夫)、弗·彼·马赫诺韦茨(阿基莫夫)等,经济派的主要报刊是《工人思想报》(1897—1902年)和《工人事业》杂志(1899—1902年)。

经济派主张工人阶级只进行争取提高工资、改善劳动条件等等的经济斗争,认为政治斗争是自由派资产阶级的事情。他们否认工人阶级政党的领导作用,崇拜工人运动的自发性,否定向工人运动灌输社会主义意识的必要性,维护分散的和手工业的小组活动方式,反对建立集中的工人阶级政党。经济主义有诱使工人阶级离开革命道路而沦为资产阶级政治附庸的危险。

列宁对经济派进行了始终不渝的斗争。他在《俄国社会民主党人抗议书》(见本版全集第4卷)中尖锐地批判了经济派的纲领。列宁的《火星报》在同经济主义的斗争中发挥了重大作用。列宁的《怎么办?》一书(见本版全集第6卷),从思想上彻底地粉碎了经济主义。——45。

45 《解放》杂志(«Освобождение»)是俄国自由派资产阶级反对派的机关刊物(双周刊),1902年6月18日(7月1日)—1905年10月5日(18日)先后在斯图加特和巴黎出版,共出了79期。编辑是彼·伯·司徒卢威。该杂志反映资产阶级的立宪和民主要求,在资产阶级知识分子和地方自治人士中影响很大。1903年至1904年1月,该杂志筹备成立了俄国资产阶级自由派的秘密组织解放社。解放派和立宪派地方自治人士一起构成了1905年10月成立的立宪民主党的核心。——45。

46 《无题》周刊(«Без Заглавия»)是俄国政治性刊物,1906年1月24日(2月6日)—5月14日(27日)在彼得堡出版,共出了16期。该杂志是一批原先信奉合法马克思主义和经济主义、后来参加了解放社的资产阶级自由派知识分子的刊物。参加编辑部的有:谢·尼·普罗柯波维奇(主编)、叶·德·库斯柯娃(出版者)、瓦·雅·鲍古查尔斯基、瓦·瓦·希日尼亚科夫等。无题派公开宣布自己是西欧"批判社会主义"的拥护者,支持孟什维克和立宪民主党的政策。列宁称无题派为孟什维克化的立宪民主党人或立宪民主党人化的孟什维克。第一届国家杜马开幕后,《无题》周刊停刊,出版该杂志的一批人加入了左翼立宪民主党的报纸《同志报》。——45。

47 温和谨慎一语出自俄国作家亚·谢·格里鲍耶陀夫的喜剧《智慧的痛苦》，是该剧主人公莫尔恰林自诩的长处。他热衷于功名利禄，一心依附权贵，为了得到赏识和提拔，在上司面前总是唯唯诺诺，寡言少语。——48。

48 国民公会是法兰西第一共和国的最高立法机关和执行机关，存在于1792年9月21日—1795年10月26日。国民公会的代表由年满21岁的全体男性公民普遍选举产生。在雅各宾派执政时期（1793年6月2日—1794年7月27日），国民公会是雅各宾专政的最高机关。这一专政完成了革命的最重要的任务，如组织全国力量战胜反革命，清除农村中的封建关系，通过1793年民主宪法等。——52。

49 布朗基主义是19世纪法国工人运动中的革命冒险主义的思潮，以路·奥·布朗基为代表。布朗基主义者不了解无产阶级的历史使命，忽视同群众的联系，主张用密谋手段推翻资产阶级政府，建立革命政权，实行少数人的专政。马克思和列宁高度评价布朗基主义者的革命精神，同时坚决批判他们的密谋策略。

巴黎公社失败以后，1872年秋天，在伦敦的布朗基派公社流亡者发表了题为《国际和革命》的小册子，宣布拥护《共产党宣言》这个科学共产主义的纲领。对此，恩格斯曾不止一次地予以肯定（参看《马克思恩格斯文集》第3卷第357—365页）。列宁对布朗基主义的评论，见本卷第75—76页。——53。

50 指列宁的《国家杜马和社会民主党的策略》一文（见本版全集第12卷）。这篇文章和费·伊·唐恩的《国家杜马和无产阶级》一文一起载于1906年2月在彼得堡出版的小册子《国家杜马和社会民主党》。——55。

51 《前进报》（«Vorwärts»）是德国社会民主党的中央机关报（日报），1876年10月在莱比锡创刊，编辑是威·李卜克内西和威·哈森克莱维尔。

1878年10月反社会党人非常法颁布后被查禁。1890年10月反社会党人非常法废除后，德国社会民主党哈雷代表大会决定把1884年在柏林创办的《柏林人民报》改名为《前进报》(全称是《前进。柏林人民报》)，从1891年1月起作为中央机关报在柏林出版，由李卜克内西任主编。恩格斯曾为《前进报》撰稿，同机会主义的各种表现进行斗争。1895年恩格斯逝世以后，《前进报》逐渐转入党的右翼手中。它支持过俄国的经济派和孟什维克。第一次世界大战期间持社会沙文主义立场。俄国十月革命以后，进行反对苏维埃的宣传。1933年停刊。——56。

52 指德国社会民主党中央机关报《前进报》6名编辑(包括主编库·艾斯纳)辞职的事件。《前进报》编辑部倾向机会主义，引起了党内的不满。1905年6月17日，该党柏林组织的积极分子、出版事务委员会和中央执行委员会联合召开会议讨论《前进报》问题。奥·倍倍尔在会上作报告指责该报的立场，要求该报改变路线。10月22日，该报6名编辑提出了辞呈。该党中央执行委员会立即接受了他们的辞呈，并于10月23日发出了改组《前进报》编辑部的通告(载于1905年10月24日《前进报》第249号)，任命了新的编辑。这些被免职的编辑于10月26日在《前进报》上发表宣言，把该党中央执行委员会的路线说成是“对党报自由和独立的威胁，甚至是毁灭”。机会主义者还企图发动一场为这些编辑辩护的运动。——56。

53 阿姆斯特丹国际社会党代表大会即1904年8月14—20日在阿姆斯特丹举行的第二国际第六次代表大会。出席这次大会的有各国社会党代表476人。大会讨论了社会党策略的国际准则、党的统一、总罢工、殖民政策等问题。对资产阶级政党的态度问题是在《社会党策略的国际准则》这一决议中说明的。决议禁止社会民主党人参加资产阶级政府，谴责掩盖现存的阶级矛盾从而促成同资产阶级政党接近的任何尝试。——56。

54 十月党(十月十七日同盟)于1905年11月成立，名称取自沙皇1905年10月17日宣言。该党代表和维护大工商业资本家和按资本主义方式经营的大地主的利益，属于自由派的右翼。十月党的主要领导人是大工业家和莫斯科房产主亚·伊·古契柯夫、大地主米·弗·罗将柯，活动家有彼·亚·葛伊甸、德·尼·希波夫、米·亚·斯塔霍维奇、尼·阿·霍米亚科夫等。十月党完全拥护沙皇政府的对内对外政策，支持政府镇压革命的一切行动，主张用调整租地、组织移民、协助农民退出村社等办法解决土地问题。第一次世界大战期间，号召支持政府，后来参加了军事工业委员会的活动，曾同立宪民主党等结成"进步同盟"，主张把帝国主义战争进行到最后胜利，并通过温和的改革来阻止人民革命和维护君主制。二月革命后，该党参加了资产阶级临时政府。十月革命后，十月党人反对苏维埃政权，在白卫分子政府中担任要职。——57。

55 "真正的社会主义"亦称"德国的社会主义"，是从1844年起在德国知识分子中间传播的一种小资产阶级社会主义学说，代表人物有卡·格律恩、莫·赫斯、海·克利盖等人。"真正的社会主义者"宣扬超阶级的爱、抽象的人性和改良主义思想，拒绝进行政治活动和争取民主的斗争，否认进行资产阶级民主革命的必要性。在19世纪40年代的德国，这种学说成了不断发展的工人运动的障碍，不利于团结民主力量进行反对专制制度和封建秩序的斗争，不利于在革命斗争的基础上形成独立的无产阶级运动。马克思和恩格斯在1845—1848年的许多著作中对"真正的社会主义"进行了不懈的批判。——58。

56 农民协会（全俄农民协会）是俄国1905年革命中产生的群众性的革命民主主义政治组织，于1905年7月31日—8月1日（8月13—14日）在莫斯科举行了成立大会。据1905年10—12月的统计，协会在欧俄有470个乡级和村级组织，会员约20万人。根据该协会成立大会和1905年11月6—10日（19—23日）举行的第二次代表大会通过的决议，协会的纲领性要求是：实现政治自由和在普选基础上立即召开立宪会议，支持抵制第一届国家杜马；废除土地私有制，由农民选出的委员会将土地分配给自力耕作的农民使用，同意对一部分私有土地给以补偿。农民协会曾与彼得堡工人代表苏维埃合作，它的地方组织在农民起义地区起了革命委员会的作用。农民协会从一开始就遭到警察镇压，1907年初被解散。——61。

57 指《浪潮报》。

《浪潮报》(«Волна»)是布尔什维克的合法报纸(日报)，1906年4月26日(5月9日)—5月24日(6月6日)在彼得堡出版，共出了25号。该报从第9号起实际上由列宁领导。参加编辑工作的有瓦·瓦·沃罗夫斯基和米·斯·奥里明斯基，撰稿人有阿·瓦·卢那察尔斯基、伊·伊·斯克沃尔佐夫-斯捷潘诺夫等。该报刊登过27篇列宁的文章和短评，其中有不少是作为社论发表的。《浪潮报》屡遭沙皇政府的迫害，最终被查封。从1906年5月26日(6月8日)起，布尔什维克出版了合法日报《前进报》以代替《浪潮报》。——66。

58 《新的高潮》一文是1906年5月6日《浪潮报》第10号的社论。沙皇政府的彼得堡出版委员会认为这篇文章"有犯刑法典第129条第1款所列罪行之征象"，决定对《浪潮报》编辑、出版者以及对刊载这篇文章负有责任的其他人追究刑事责任，并没收第10号报纸。1906年5月12日(25日)，彼得堡高等法院批准了出版委员会的这一决定。——69。

59 指立宪民主党第三次代表大会。

立宪民主党第三次代表大会是在第一届国家杜马召开前夕于1906年4月21—25日(5月4—8日)在彼得堡举行的。主要讨论了立宪民主党在杜马中的策略问题。帕·尼·米留可夫就这个问题作了报告，提出了党的杜马活动的计划，声言必须顾及沙皇政府现行法令。在代表大会通过的《党在国家杜马中的策略的决议》中，立宪民主党宣称它打算"通过提出相应的法案并在杜马中加以讨论"来争得民主自由。代表大会还讨论了立宪民主党土地委员会制定的《土地改革基本条例草案》，这个文件经过一些修改，于1906年5月8日在国家杜马提出，通称"42人法案"。——72。

60 《言语报》(«Речь»)是俄国立宪民主党的中央机关报(日报)，1906年2月23日(3月8日)起在彼得堡出版，实际编辑是帕·尼·米留可夫和约·弗·盖森。积极参加该报工作的有马·莫·维纳维尔、帕·德·多尔戈鲁科夫、彼·伯·司徒卢威等。1917 年二月革命后,该报积极支持资产阶级临时政府的对内对外政策,反对布尔什维克。1917 年 10 月 26 日(11 月 8 日)被查封。后曾改用《我们的言语报》、《自由言语报》、《时代报》、《新言语报》和《我们时代报》等名称继续出版,1918 年 8 月最终被查封。——75。

61 《我们的生活报》(«Наша Жизнь»)是俄国自由派的报纸(日报),多数撰稿人属于解放社的左翼。1904 年 11 月 6 日(19 日)—1906 年 7 月 11 日(24 日)断断续续地在彼得堡出版。——79。

62 《报刊评论》是 1906 年春夏出版的几种布尔什维克合法报纸——《浪潮报》、《前进报》和《回声报》的一个专栏。列宁为它写过不少文章。这个专栏里的文章不另加标题。——83。

63 伯恩施坦派是国际工人运动中的修正主义派别,产生于 19 世纪末 20 世纪初。爱·伯恩施坦的《社会主义的前提和社会民主党的任务》(1899 年)一书是对伯恩施坦派思想体系的全面阐述。伯恩施坦派在哲学上否定辩证唯物主义和历史唯物主义,用庸俗进化论和诡辩论代替革命的辩证法;在政治经济学上修改马克思主义的剩余价值学说,竭力掩盖帝国主义的矛盾,否认资本主义制度的经济危机和政治危机;在政治上鼓吹阶级合作和资本主义和平长入社会主义,传播改良主义和机会主义思想,反对马克思主义的阶级斗争学说,特别是无产阶级革命和无产阶级专政的学说。伯恩施坦派得到德国社会民主党右翼和第二国际其他一些政党的支持。在俄国,追随伯恩施坦派的有合法马克思主义者、经济派等。——83。

64 米勒兰派是法国社会党中的机会主义思潮米勒兰主义的拥护者。法国社会党人亚·埃·米勒兰于 1899 年参加了瓦尔德克-卢梭的资产阶级政府并支持其反人民的政策,米勒兰主义即由此得名。1900 年 9 月 23—27 日在巴黎举行的第二国际第五次代表大会讨论了米勒兰主义问题。大会通过了卡·考茨基提出的调和主义决议。这个决议虽谴责社会党人参加资产阶级政府，但却认为在“非常”情况下可以这样做。法国社会党人和其他国家的社会党人就利用这项附带条件为他们在第一次世界大战期间参加帝国主义资产阶级政府的行为辩护。列宁认为米勒兰主义是一种修正主义和叛卖行为，社会改良主义者参加资产阶级政府必定会充当资本家的傀儡，成为这个政府欺骗群众的工具。——83。

65 这是列宁为1906年5月9日《浪潮报》第12号发表他向俄国社会民主工党第四次(统一)代表大会提出的关于国家杜马问题的决议草案写的按语，印在文件后面。决议草案的全文见本版全集第12卷第341—342页。——85。

66 帕宁娜伯爵夫人民众文化馆群众大会是在第一届国家杜马提出对沙皇演说的答词之后召开的。约有3 000人出席大会，其中大部分是工人。从立宪民主党到布尔什维克的各个政党的代表都在大会上讲了话。列宁化名卡尔波夫在大会上发表演说，这是他第一次在国内群众大会上公开讲话。列宁在演说中揭露了立宪民主党靠牺牲人民利益同专制政府搞交易的政策，批驳了企图为立宪民主党开脱它同沙皇政府秘密勾结的罪责的立宪民主党发言人尼·瓦·沃多沃佐夫和H.A.奥戈罗德尼科夫，也批驳了为同立宪民主党结成联盟进行辩护的人民社会党人韦·亚·米雅柯金和孟什维克费·伊·唐恩(别尔先涅夫)。大会以绝大多数票通过了列宁提出的决议案。这次大会后，政府因《浪潮报》和《号召报》刊登了关于大会的报导和大会通过的决议而对他们的编辑进行追究，宣布要对5月9日大会的参加者起诉，并且禁止再举行群众大会。——86。

67 《浪潮报》此处排印有错误，应当是“别尔先涅夫”(费·伊·唐恩的化名)。——88。

68 葛伊甸伯爵集团是俄国第一届国家杜马里的十月党党团的左翼，首领是彼·亚·葛伊甸和米·亚·斯塔霍维奇。参加这一集团的有某些右翼立宪民主党人(尼·尼·李沃夫等)。在1906年5月4日(17日)国家杜马会议讨论立宪民主党人起草的对沙皇尼古拉二世 1906 年 4 月 27 日在国家杜马开幕会议上发表的演说的答词时，葛伊甸集团认为该答词过分激进，因而拒绝投票，并退出会场。第一届国家杜马解散以后，该集团组成了靠近十月党的和平革新党。列宁在《纪念葛伊甸伯爵》一文中对葛伊甸和葛伊甸集团作了政治评价（见本版全集第 16 卷）。——93。

69 出自俄国诗人米·尤·莱蒙托夫 1838 年写的短诗《咏怀》（见《莱蒙托夫作品集》（六卷本）1954 年版第 2 卷第 114 页）的最末一节，全节是："子孙们将要带着法官与公民的严峻，用轻蔑的诗句，用被欺骗了的儿子对那荒唐胡为的父亲的痛苦的讥笑来侮辱我们的那些冰冷无言的死尸。"——93。

70 这是列宁为列·波·加米涅夫的《谈谈组织问题》一文（署名：尤里）写的编辑部后记。加米涅夫的文章评论了俄国社会民主工党第四次（统一）代表大会后地方党组织中孟什维克和布尔什维克的相互关系问题。

在俄国社会民主工党第四次（统一）代表大会第 27 次会议即最后一次会议上，瓦·阿·杰斯尼茨基（索斯诺夫斯基）代表党章起草委员会中的布尔什维克委员建议为党章第 1 条增加一个附注："改变住址的党员在任何情况下都有权参加当地的党组织。"代表大会以微弱多数否决了布尔什维克的建议，而通过了 6 名孟什维克提出的决议案："代表大会否决了党章第 1 条的附注，认为这个附注是多余的和不言而喻的。"（参看《苏联共产党代表大会、代表会议和中央全会决议汇编》1964 年人民出版社版第 1 分册第 143、166 页和本卷第 55 页）——95。

71 这里说的是大臣会议主席伊·洛·哥列梅金同内务大臣亚·阿·斯托雷平就大赦问题进行的一次谈话。在谈话中斯托雷平认为关于大赦问题应考虑人民代表的意见。哥列梅金回答说，他认为没有必要，"因为国家杜马中三分之一的成员在自投绞架"。1906 年 5 月 3 日（16 日）《呼声报》第 5 号新闻栏的一篇短评《哥列梅金谈"优秀分子"》转述了谈话的内容。——96。

72 《国家报》(«Страна»)是俄国民主改革党的机关报(日报),1906年2月19日(3月4日)—1907年在彼得堡出版。——104。

73 列宁这里引用的彼得堡通讯社关于梯弗利斯选举的报道不够确切。梯弗利斯选出了80名候选人(不是81名),其中社会民主党71人,立宪民主党9人。——109。

74 这里说的是库塔伊西复选人的选举,杜马代表的选举是稍后一些举行的。库塔伊西省选进第一届国家杜马的3名代表——伊·格·哥马尔捷利、С.Д.贾帕里泽和伊·伊·拉米什维里——都是孟什维克。此外,孟什维克诺·尼·饶尔丹尼亚和С.Н.策列铁里分别当选为梯弗利斯市和梯弗利斯省的国家杜马代表。——109。

75 列宁指的是俄国社会民主工党第四次(统一)代表大会《关于对国家杜马的态度的决议》。决议中写道:"在所有还将举行选举而俄国社会民主工党能够不同其他政党结成联盟提出自己候选人的地方,俄国社会民主工党应该力求把自己的候选人选入杜马去。"决议的这一项是根据诺·尼·饶尔丹尼亚(科斯特罗夫)和斯·古·斯特卢米林在代表大会第21次会议上的建议通过的。有17名布尔什维克,包括列宁在内,对这一建议投赞成票,并声明:"我们投票赞成斯特卢米林和科斯特罗夫的修正案,只是因为我们认为以党的名义谴责同其他政党结成联盟是有益和重要的;我们并不认为至今尚未举行的杜马选举的问题还有实际意义,因而决不支持这种选举。"(见《俄国社会民主工党第四次(统一)代表大会。记录》1959年俄文版第358页)——109。

76 指孟什维克的俄国社会民主工党阿尔马维尔委员会在第一届国家杜马选举中所犯的错误。该委员会违反俄国社会民主工党第四次(统一)代表大会关于禁止同资产阶级政党结成联盟的决定,向选民发出如下号召:"请投票选举劳动的代表——社会民主党人。在万不得已时请投票选举不右于立宪民主党(人民自由党)的候选人。"费·伊·唐恩在1906年5月11日(24日)彼得堡市莫斯科区工人社会民主党党员会议上承认阿尔马维尔组织犯了错误(见1906年5月12日(25日)《浪潮报》第 15 号)。——109。

77 这句话引自 1906 年 5 月 17 日(30 日)《言语报》第 75 号社论《外国和俄国大臣的职责》,其作者是帕·尼·米留可夫。——112。

78 进步党人是指普鲁士资产阶级政党——进步党的成员。进步党于 1861 年 6 月成立,创始人和领袖为鲁·微耳和、贝·瓦尔德克、海·舒尔采-德里奇、汉·维·翁鲁等。进步党要求在普鲁士领导下统一德国,召开全德议会,建立对众议院负责的强有力的自由派内阁。1866 年 10 月,进步党中的右翼分裂出去组成民族自由党。1884 年,进步党同民族自由党中分裂出来的左翼合并组成德国自由思想党;1893 年,该党又分裂成自由思想同盟和自由思想人民党两派。进步党反对社会主义,把德国社会民主党视为主要敌人。为了同社会民主党进行斗争和对工人阶级施加影响,进步党的活动家舒尔采-德里奇、麦·希尔施、弗·敦克尔等人积极进行建立工会的活动。——114。

79 《交易所新闻》(«Биржевые Ведомости»)即《交易所小报》(«Биржевка»),是俄国资产阶级温和自由派报纸,1880 年在彼得堡创刊。起初每周出两次,后来出四次,从 1885 年起改为日报,1902 年 11 月起每天出两次。这个报纸的特点是看风使舵,趋炎附势,没有原则。1905 年该报成为立宪民主党人的报纸,曾改用《自由人民报》和《人民自由报》的名称。从 1906 年起,它表面上是无党派的报纸,实际上继续代表资产阶级利益。1917 年二月革命后,攻击布尔什维克党和列宁。1917 年 10 月底因进行反苏维埃宣传被查封。——116。

80 这是列宁为国家杜马工人代表的宣言《告俄国全体工人书》写的编辑部后记。宣言和后记一起载于 1906 年 5 月 19 日《浪潮报》第 21 号。——118。

81 《人民通报》(«Народный Вестник»)是俄国社会革命党的合法机关报,在彼得堡出版。该报于 1906 年 3 月中旬创刊,原为周刊。出至第 7 期后,从 1906 年 5 月 17 日(30 日)起改为日报。1906 年 5 月 31 日(6 月

13 日）被查封。——123。

82 指第一届国家杜马中劳动团代表非正式会议制定的“土地基本法草案”。这个草案由 33 名代表（主要是劳动派）签名，于 1906 年 6 月 6 日（19 日）提交国家杜马审议，通称“33 人法案”。法案是在社会革命党人直接参与下制定的，代表了他们关于土地问题的观点。“33 人法案”提出的主要要求是：立即完全废除土地私有制，没收地主土地，宣布所有公民都有使用土地的平等权利，实行村社使用土地的原则，按照消费份额和劳动份额平均重分土地。

“33 人法案”遭到立宪民主党人的激烈反对。他们甚至不同意把它作为材料转交给杜马土地委员会。在 1906 年 6 月 8 日（21 日）杜马会议上，该法案以 78 票对 140 票被否决。——123。

83 哥列梅金派是指以当时的大臣会议主席伊·洛·哥列梅金为首的沙皇俄国政府反动官僚的代表，其机关报是黑帮报纸《新时报》。——126。

84 1906 年 5 月 11 日（24 日），彼得堡市莫斯科区的工人社会民主党党员集会，讨论党的第四次（统一）代表大会的总结。出席会议的约 300 人。列宁代表布尔什维克、费·伊·唐恩代表孟什维克在会上作了报告。大会将结束时，布尔什维克和孟什维克之间就是否允许在报刊上和群众集会上批评统一代表大会的决议问题展开了激烈的辩论。孟什维克力图限制围绕代表大会决议所展开的思想斗争，认为只有在党的会议上才允许批评，并根据这种精神提出了决议案。列宁对决议案提出修正，指出不仅应当在党的会议上，而且应当在“社会民主党报纸上和群众集会上”讨论代表大会的全部决议。经列宁修改过的决议案获绝大多数的赞同而通过（只有 39 票反对）。对此，孟什维克中央委员会通过了列宁在本文中所批评的决议。几乎彼得堡的所有党组织都反对孟什维克中央委员会的这个决议。布尔什维克在这个问题上的立场也得到其他许多社会民主党组织的支持。——128。

85 指格·瓦·普列汉诺夫在俄国社会民主工党第二次代表大会第 21 次会议上的发言。普列汉诺夫在党的纲领通过时说：“我们党的党员必须承认党的纲领。当然这并不是说纲领一旦通过就不能批评。我们过去、现在和将来都承认批评自由。但是谁愿意始终是党员，他就应当甚至在进行批评时也始终站在纲领的基础上。”（见《俄国社会民主工党第二次代表大会。记录》1959年俄文版第258页）——129。

86 《糟糕的建议》一文作为社论载于1906年5月21日《浪潮报》第23号。由于刊登了这篇文章，《浪潮报》这一号被没收，该报编辑也被追究刑事责任。——131。

87 《信使报》（«Курьер»）是俄国孟什维克的合法机关报（日报），1906年5月17日（30日）—6月13日（26日）在彼得堡出版，代替在这之前出版的《涅瓦报》。《信使报》共出25号，继该报之后出版的是《劳动呼声报》。——131。

88 《人民事业报》（«Дело Народа»）是社会革命党的合法报纸（日报），1906年5月3—12日（16—25日）在彼得堡出版。共出了9号。——131。

89 1906年5月17日和18日（30日和31日）《言语报》第75号和第76号刊载了《人民自由党提交国家杜马的出版法草案》。该草案规定，“以出版手段犯罪者”处8年以下苦役。——134。

90 《政府通报》（«Правительственный Вестник»）是沙皇政府内务部的机关报（日报），1869年1月1日（13日）—1917年2月26日（3月11日）在彼得堡出版，它的前身是《北方邮报》。通报登载政府命令和公告、大臣会议和国务会议开会的综合报道、国内外消息、各种文章和书评等。1917年二月革命后，《政府通报》为《临时政府通报》所代替。——137。

91 《考茨基论国家杜马》一文发表于1906年《生活通报》杂志第6期。

《生活通报》是布尔什维克的合法刊物，1906年3月30日（4月12日）—1907年9月在彼得堡出版，共出了20期。——139。

92 这是劳动团纲领里的话。纲领是在1906年4月26日（5月9日）130名农民杜马代表的会议上通过的（载于1906年4月27日（5月10日）

《我们的生活报》第 430 号)。——146。

93 《普列汉诺夫同志是怎样论述社会民主党的策略的?》一文最初发表于 1906 年 5 月 26 日(6 月 8 日)《前进报》第 1 号,同年稍晚一些,出版了单行本。《前进报》第 1 号和文章的单行本都受到了沙皇政府书报检查部门和司法部门的查处。——148。

94 《钟声报》(«Колокол»)是社会民主党合法报纸(日报),1906 年 1 月 18 日(31 日)—6 月 8 日(21 日)在波尔塔瓦出版。参加该报工作的多为孟什维克。——148。

95 法兰克福议会是德国 1848 年三月革命以后召开的全德国民议会,1848 年 5 月 18 日在美因河畔法兰克福正式开幕。法兰克福议会的选举由各邦自行办理,代表中资产阶级自由派占多数。由于自由派的怯懦和动摇以及小资产阶级左派的不坚定和不彻底,法兰克福议会害怕接管国家的最高权力,没有成为真正统一德国的机构,最后变成了一个没有实际权力,只能导致群众离开革命斗争的纯粹的争论俱乐部。直至 1849 年 3 月 27 日,议会才通过了帝国宪法,而这时反动势力已在奥地利和普鲁士得胜。法兰克福议会制定的宪法尽管很保守,但毕竟主张德国统一,有些自由主义气味,因此普鲁士、奥地利、巴伐利亚等邦纷纷宣布予以拒绝,并从议会召回自己的代表。留在议会里的小资产阶级左派不敢领导已经兴起的人民群众保卫宪法的斗争,于 1849 年 5 月 30 日把法兰克福议会迁至持中立立场的符腾堡的斯图加特。6 月 18 日,法兰克福议会被符腾堡军队解散。——156。

96 希波夫派是指以俄国地方自治人士右翼领袖德·尼·希波夫为首的一批温和自由派分子。希波夫力图既限制革命规模,又从沙皇政府方面取得某些有利于地方自治机关的让步,因而建议建立附属于沙皇的咨议性代表机关。温和自由派想通过这笔交易欺骗人民群众,保存君主制度,并使自己获得某些政治权利。——156。

97 指法国最老的资产阶级政党激进社会党(全称激进和激进社会共和

党），该党于1901年6月成立，作为派别则于1869年形成。该党宗旨是一方面保卫议会制共和国免受教权派和保皇派反动势力的威胁，另一方面通过政治改革和社会改革来防止社会主义革命。第一次世界大战以前，它基本代表中小资产阶级的利益。在第一次和第二次世界大战之间，党内大资产阶级的影响加强了。党的领袖曾多次出任法国政府总理。——158。

98　盖得派是19世纪80年代至20世纪初法国社会主义运动中以茹·盖得为首的一个派别，基本成员是19世纪70年代末期团结在盖得创办的《平等报》周围的进步青年知识分子和先进工人。1879年组成了法国工人党。1880年11月在勒阿弗尔代表大会上制定了马克思主义纲领。在米勒兰事件上持反对加入资产阶级内阁的立场。1901年与其他反入阁派一起组成法兰西社会党。盖得派为在法国传播马克思主义作出过重要贡献。1905年法兰西社会党与饶勒斯派的法国社会党合并为统一的法国社会党（工人国际法国支部）。第一次世界大战爆发后，盖得和相当大一部分盖得派分子转到了社会沙文主义方面，盖得、马·桑巴参加了法国政府。1920年，以马·加香为首的一部分左翼盖得派分子在建立法国共产党方面起了重要作用。——160。

99　饶勒斯派是19世纪末20世纪初法国社会主义运动中以让·饶勒斯为首的右翼改良派。饶勒斯派以要求"批评自由"为借口，修正马克思主义基本原理，宣传无产阶级同资产阶级的阶级合作。他们认为社会主义的胜利不会通过无产阶级同资产阶级的阶级斗争而取得，这一胜利将是民主主义思想繁荣的结果。他们还赞同蒲鲁东主义关于合作社的主张，认为在资本主义条件下合作社的发展有助于逐渐向社会主义过渡。在米勒兰事件上，饶勒斯派竭力为亚·埃·米勒兰参加资产阶级内阁的背叛行为辩护。1902年，饶勒斯派成立了改良主义的法国社会党。1905年该党和盖得派的法兰西社会党合并成统一的法国社会党（工人国际法国支部）。第一次世界大战期间，在法国社会党领导中占优势的饶勒斯派采取了社会沙文主义立场，公开支持帝国主义战争。——160。

100 《自由和文化》杂志(«Свобода и Культура»)是立宪民主党右翼的机关刊物(周刊),1906年4月1日(14日)作为《北极星》杂志的续刊在彼得堡开始出版。该刊编辑是谢·路·弗兰克,积极参加该刊工作的有彼·伯·司徒卢威。该刊共出了8期,由于印数急剧下降,于1906年5月31日(6月13日)停刊。——161。

101 四原则选举制是包括有四项要求的民主选举制的简称,这四项要求是:普遍的、平等的、直接的和无记名投票的选举权。——163。

102 国务会议是俄罗斯帝国的最高咨议机关,于1810年设立,1917年二月革命后废除。国务会议审议各部大臣提出的法案,然后由沙皇批准;它本身不具有立法提案权。国务会议的主席和成员由沙皇从高级官员中任命,在沙皇亲自出席国务会议时,则由沙皇担任主席。国家杜马成立以后,国务会议获得了除改变国家根本法律以外的立法提案权。国务会议成员半数改由正教、各省地方自治会议、各省和各州贵族组织、科学院院士和大学教授、工商业主组织、芬兰议会分别选举产生。国务会议讨论业经国家杜马审议的法案,然后由沙皇批准。

列宁在这里说的是1906年5月23日(6月5日)《杜马报》第22号上登载的国务会议成员尼·阿·霍米亚科夫的谈话。霍米亚科夫谈到国家杜马和国务会议的相互关系问题时说:“中间派的国务会议成员大多数反对使用立法提案权,他们的考虑是,尽管法律给了国务会议这种权利……但是国务会议使用这种权利仍会是对杜马权利的侵犯。”“只要杜马开始向国务会议提出法律草案,国务会议就会开始紧张工作,并且竭尽努力不使事情发展到同杜马冲突的地步。”——163。

103 《号召报》(«Призыв»)是俄国通俗日报,1906年1月15日(28日)起在彼得堡出版。从3月底起,布尔什维克尼·瓦·克雷连柯等参加了该报的工作。同年6月15日(28日)根据彼得堡高等法院决定被查封。——165。

104 《俄罗斯国家报》(«Русское Государство»)是俄国政府机关报,1906年2月1日(14日)—5月15日(28日)在彼得堡出版。——166。

105 祖巴托夫政策是20世纪初沙皇政府在工人问题上采取的一种政策，因其倡议者莫斯科保安处处长、宪兵上校谢·瓦·祖巴托夫而得名。祖巴托夫政策是在俄国工人运动从经济斗争向政治斗争转变、社会民主党的影响不断扩大的情况下提出来的，主要内容是建立亲政府的合法工人组织，以诱使工人脱离反对专制制度的政治斗争。祖巴托夫分子力图把工人运动引入纯粹经济要求的轨道，并向工人灌输政府准备满足这些要求的想法。祖巴托夫在制定和实行这一政策时利用了伯恩施坦主义、合法马克思主义和经济主义的思想。

1901年5月，保安处在莫斯科建立了第一个祖巴托夫组织——机械工人互助协会。同年夏季，祖巴托夫代理人（原为崩得成员）在明斯克和维尔诺建立了犹太独立工党。在1901—1903年间，彼得堡、基辅、哈尔科夫、叶卡捷琳诺斯拉夫、尼古拉耶夫、彼尔姆、敖德萨等地都建立了祖巴托夫组织。这些组织开会讨论过必须争取提高工人工资和缩短工作日等问题，甚至还提出过让工人购买企业的建议。革命报刊因此称祖巴托夫政策为"警察社会主义"。

革命社会民主党人揭露祖巴托夫政策的反动性，同时也利用合法工人组织来吸引工人阶级的广大阶层参加反对专制制度的斗争。在革命社会民主党人宣传鼓动的影响下，祖巴托夫组织发起的多次罢工都转变成了反政府的政治行动，1903年爆发的南俄总罢工特别明显地表明了这一点。沙皇政府于是摒弃了祖巴托夫建议的同革命运动斗争的方法，而祖巴托夫政策也为工厂主所反对。1903年夏，祖巴托夫组织被全部撤销。——168。

106 文化派是革命前俄国资产阶级知识分子中的一个派别，这一派别力图用单纯教育活动来代替为人民利益进行的实际斗争。列宁关于文化派的论述，见《革命青年的任务》一文（本版全集第7卷）。——168。

107 沙皇政府在1906年5月13日（26日）宣读的宣言中否决了立宪民主党杜马在对沙皇演说的答词中提出的要求。杜马为此通过了一项决议，表示不信任伊·洛·哥列梅金内阁，并要求成立得到杜马信任的内阁。俄国社会民主工党孟什维克中央委员会分发给各级党组织一份决议，建议支持杜马关于成立杜马内阁即立宪民主党内阁的要求。列宁领导的彼得堡委员会反对这个决议。在1906年5月24日(6月6日)的会议上,彼得堡委员会以13票对8票的多数否决了中央委员会的孟什维克决议而通过了列宁起草的决议。彼得堡委员会中的9名孟什维克要求在中央或彼得堡市区际代表会议解决这个问题以前停止执行布尔什维克的决议。孟什维克的这一要求也被彼得堡委员会拒绝。同时,彼得堡委员会决定召开区际代表会议,还决定把这次会议的记录和文件通报各区,并在报刊上公布列宁起草的决议和9名孟什维克的声明,作为代表会议召开前进行争论的材料。5月27日(6月9日),列宁起草的决议和9名孟什维克的声明在《前进报》第2号上发表。关于这次代表会议,见注144。——170。

108 《关于杜马组阁的口号》一文载于1906年5月27日《前进报》第2号,是列宁为该报刊登《俄国社会民主工党彼得堡委员会关于对国家杜马的态度的决议》、中央委员会关于这一问题的决议以及彼得堡委员会9名孟什维克委员的声明而写的编辑部后记。——172。

109 塔夫利达宫在彼得堡,是俄国国家杜马所在地。——174。

110 1906年5月24日(6月6日),在国家杜马第14次会议上,劳动派提出了有35名代表签名的关于立即成立地方土地委员会的建议。按照这个建议,土地委员会应在普遍、平等、直接和无记名投票的选举权基础上选举产生,应当完成土地改革的各项准备工作,并参加讨论提交杜马的土地问题的草案。地方土地委员会问题涉及是由地主还是由农民来实施土地改革的问题,因而是土地问题的关键所在。立宪民主党在杜马内和报刊上对劳动派的建议进行尖锐批评,说这些委员会可能使问题的解决偏左。布尔什维克则支持成立地方土地委员会的主张,认为它们是组织群众进一步开展革命斗争的形式之一。——175。

111 这里是借用圣经里的一个故事:耶稣已经知道犹大要出卖他,就蘸了一点饼给他吃。犹大吃了以后,魔鬼撒旦入了犹大的心,耶稣便对他说:你所做的快做吧!(见《新约全书·约翰福音》第13章)——177。

112 《时报》(«Le Temps»)是法国资产阶级报纸(日报),1861—1942年在巴黎出版。——177。

113 关于哥列梅金内阁辞职的消息刊登于1906年5月27日(6月9日)《交易所新闻》(晚上版),5月28日(6月10日)被官方所否认。——178。

114 指帕·尼·米留可夫写的1906年5月28日(6月10日)《言语报》第85号社论《通过杜马还是不通过杜马?"孟什维克"同"布尔什维克"关于两个公式的争论》。1906年5月30日(6月12日)《前进报》第4号以《礼尚往来》为题转载了这篇社论,并附如下按语:"立宪民主党报刊近来喜欢从社会民主党报刊上转载它所喜欢的东西。现在我们也全文转载立宪民主党主要机关报《言语报》最近的一篇社论。让工人们内行地判断一下,自由派资产阶级是怎样议论的,为什么这样议论而不那样议论。"——179。

115 《前进报》(«Вперед»)是布尔什维克的合法日报,1906年5月26日(6月8日)在彼得堡开始出版,以代替被政府查封的《浪潮报》。列宁领导了该报的工作。积极参加编辑工作的有米·斯·奥里明斯基、瓦·瓦·沃罗夫斯基和阿·瓦·卢那察尔斯基。该报刊登了列宁的15篇文章。报纸不止一次遭到迫害,所出版的17号中有10号被没收。1906年6月14日(27日),该报被彼得堡高等法院勒令停止出版。布尔什维克随即出版《回声报》,以代替《前进报》。——189。

116 出自1906年6月1日(14日)《交易所新闻》(上午版)上的一篇短文《相信吗?》。该文说:"《俄罗斯言论报》驻巴黎记者来电称,在法国首都有一个类似反动的俄国俱乐部的东西……　据该记者说,5月30日这个俱乐部里香槟酒流成了河。这种狂欢是因为彼得堡的一封来电引起的……'全胜。彼得戈夫的一切动荡已经终止。哥列梅金获得了充分的行动自由。'"——194。

117 这里是借用德国诗人亨·海涅的诗句:"它是一个老的但又万古常新的故事。"(见《抒情插曲(1822—1823年)》)——199。

118 这个决议同俄国社会民主工党中央委员会和彼得堡委员会在对待国家杜马态度的问题上发生的冲突有关。它和《俄国社会民主工党彼得堡委员会关于对国家杜马的态度的决议》(见本卷第170—171页)一起构成布尔什维克的策略纲领。党内的争论和彼得堡组织区际代表会议代表的选举,都是以这个策略纲领为基础进行的。

《前进报》刊载这一决议时加了如下按语:"《前进报》编辑部完全赞同这一决议的基本论点并建议同志们在工人集会和工人的群众大会上提出这一决议。"——204。

119 《前夜》一文是列宁为准备在基辅出版的布尔什维克合法日报《工作者报》写的,用电报发给了该报编辑部,刊载于1906年6月8日(21日)《工作者报》第1号。《工作者报》只出了两号就被沙皇政府查封了。——206。

120 最便宜的小蜡烛直译是"一戈比的小蜡烛"。俄国谚语说:"一戈比的小蜡烛可以烧毁一座莫斯科城。"据历史记载,1493年、1737年莫斯科的两次大火均由一支小蜡烛引起。——208。

121 1906年6月8日(21日)《我们的生活报》登了一条简讯:"6月7日风传,陆军大臣给皇上呈上一封奏折,其中说到军队中的风潮时,表示对镇压骚乱能否成功有所担心,因此解散杜马也就不无危险。"这条简讯当天被《交易所新闻》(晚上版)转载。——208。

122 出自斐·拉萨尔1862年4月16日在柏林区市民协会举办的集会上发表的演说《论宪法的实质》。演说中说:"国王的仆人不是人民的仆人中常有的那种花言巧语之徒,而是认真办事的**讲究实际的**人,他们靠某种本能总是抓住问题的本质。"——209。

123 指1906年6月7日(20日)《杜马报》第34号刊载的彼·伯·司徒卢威的《皇冠和国家杜马》一文中的话:"俄国需要**强有力的政权**——这一点我早在1905年夏天,在对马战役以前,就在国外,在《解放》杂志上写过,我那时还说,只有那种具备道义权威的政府才能成为这样的政权,而这种道义权威只能产生于人民对政权的真诚信任。”——209。

124 《庄严的誓词》是《国家杜马条例》第13条规定的所有杜马代表都须签署的誓词，文如下：“我们，在下面列名的人，在全能的上帝面前，保证竭尽全部智慧和力量完成交给我们的国家杜马代表的职责，忠于全俄皇帝和君主陛下，牢记俄国的幸福和利益，特此亲笔签名以昭信守。”高加索社会民主党的第一届国家杜马代表在誓词上签了字，并在1906年6月8日(21日)《信使报》第20号上发表了列宁所引用的声明。——211。

125 明星院是英国中世纪一个机构的名称，被人们借用来称呼由高官显贵组成的俄国宫廷集团。这一集团代表上层农奴主、地主和官僚的利益，反对革命和维护他们的一切特权，在1905—1907年革命时期以及随后的反动年代对尼古拉二世施加巨大的幕后影响。英国的明星院存在于15—17世纪，起初是有司法职能的御前会议，因在天花板有星饰的厅里开会而得名，后来发展成为一种拥有特权的特别法院，曾是压迫议会和迫害清教徒的象征。——213。

126 《人民报》(«Volkszeitung»)是崩得的合法机关报(日报)，1906年2月19日(3月4日)—1907年8月19日(9月1日)在维尔诺用依地文出版。——214。

127 这里说的是1906年6月9日(22日)国家杜马第24次会议上的一个插曲。司法大臣和内务大臣在前一天回答了杜马关于沃洛格达、卡利亚津和察里津大暴行的质询。社会民主党代表伊·伊·拉米什维里就这件事发言说：“人民的代表和人民的敌人昨天在这里面对面地相遇了……”杜马主席谢·安·穆罗姆采夫当即打断发言，声称“须要放弃‘人民的敌人’这种用语，这是一个过于厉害的用语”。杜马主席的这一做法引起了极左派席位上一片喊声：“讲下去，请不要打断发言！”——215。

128 “信任”时期(政府对社会人士“信任”的时期)的到来是内务大臣彼·丹·斯维亚托波尔克-米尔斯基在1904年秋宣布的。为了应付日益发展的革命运动，沙皇政府当时作了一些次要的让步，如略微放宽书报检查的尺度，实行局部的大赦，允许召开地方自治人士代表大会等等，指望以此欺骗人民并把自由派资产阶级拉到自己方面来。自由派欢迎政府的这种"新"方针，在他们的宴会上大谈其宪法和他们与政权接近的必要性。孟什维克也寄希望于这种"宴会运动"，提出了影响自由派资产阶级以便让自由派代表人民向沙皇政府提出政治要求的计划。布尔什维克坚决反对孟什维克的计划，指出寄希望于自由派资产阶级就是充当资产阶级运动的尾巴，并且揭露了关于"信任"时期的虚伪性。1904 年 12 月 12 日(25 日)，尼古拉二世签署诏令，强调"帝国根本法律不可动摇"，要求严惩"一切狂妄行动"。尽管诏令中也包含一些扩大地方自治机关权利的含糊的许诺，但却完全回避了俄国宪法问题。这个诏令表明，沙皇政府已决定结束所谓"信任"时期。——219。

129　指 1905 年 1 月 9 日。这一天，彼得堡工人按照与俄国保安机关有联系的格·阿·加邦神父的建议，列队前往冬宫向沙皇呈递请愿书。沙皇命令军队对手无寸铁的工人和他们的妻子儿女开枪，结果有 1 000 多人被打死，2 000 多人受伤。沙皇的暴行引起了工人的极大愤怒，当天彼得堡街头就出现了街垒，工人同军警发生了武装冲突。1 月 9 日成了 1905—1907 年俄国第一次革命的起点。——219。

130　布里根杜马即沙皇政府宣布要在 1906 年 1 月中旬前召开的咨议性国家杜马。1905 年 8 月 6 日(19 日)沙皇颁布了有关建立国家杜马的诏书，与此同时，还颁布了《关于建立国家杜马的法令》和《国家杜马选举条例》。这些文件是受沙皇之托由内务大臣亚·格·布里根任主席的特别委员会起草的，所以这个拟建立的国家杜马被人们称做布里根杜马。根据这些文件的规定，在杜马选举中，只有地主、资本家和农民户主有选举权。居民的大多数——工人、贫苦农民、雇农、民主主义知识分子被剥夺了选举权。妇女、军人、学生、未满 25 岁的人和许多被压迫民族都被排除在选举之外。杜马只能作为沙皇属下的咨议性机构讨论某些问题，无权通过任何法律。布尔什维克号召工人和农民抵制布里根杜马。孟什维克则认为可以参加杜马选举并主张同自由派资产阶级合作。

1905年十月全俄政治罢工迫使沙皇颁布10月17日宣言，保证召开立法杜马。这样布里根杜马没有召开就被革命风暴扫除了。——219。

131　1906年6月16日(29日)，第一届国家杜马第28次会议讨论关于集会自由的法案时，С.Д.贾帕里泽宣读了社会民主党党团宣言。这个宣言是帕·波·阿克雪里罗得起草的，得到了孟什维克中央委员会的赞同。——222。

132　指1906年6月9日(22日)第一届国家杜马第24次会议讨论沃洛格达、卡利亚津、察里津等地的蹂躏犹太人的大暴行和警察的胡作非为时伊·伊·拉米什维里代表13名社会民主党党团成员所提的决议案。拉米什维里在自己的讲话中也谈到了比亚韦斯托克大暴行，指出这次大屠杀是内务大臣和整个当局制造的。在所提的决议案中，社会民主党杜马党团要求将最高行政当局全体成员交法庭审判。后来，1906年6月29日(7月12日)，在杜马第35次会议上，С.Д.贾帕里泽代表社会民主党党团专门就比亚韦斯托克大暴行提出了决议案。——222。

133　1906年6月12日(25日)，在第一届国家杜马第25次会议上，内务大臣彼·阿·斯托雷平在答复有关救灾措施的质询时请求杜马拨款给政府来赈济饥民。在讨论中，劳动派分子阿·费·阿拉季因发言，号召"不给内阁一个戈比"，以便由杜马把赈济饥民的工作掌握起来。但是立宪民主党人弗·德·纳波柯夫却把这个问题篡改成为对使用拨款的监督问题，从而得以用自己的名义和阿拉季因的名义提出一个由杜马监督赈济饥民的拨款的提案，而为会议的多数通过。对此，社会民主党代表没有立即表示抗议，也没有提出自己的决议案。列宁在《救济饥民和杜马的策略》一文中指出了社会民主党杜马党团的这一错误(见本卷第234—238页)。在这个问题上，社会民主党杜马党团后来采取了正确的立场。1906年6月23日(7月6日)，在杜马第32次会议上，它提出了一个决议案，建议不要把钱交给大暴行制造者的政府，而在杜马下设粮食委员会以赈济饥民，该委员会的委员应到地方上去，在饥民中间组织地方的委员会。列宁在《立宪民主党杜马把钱交给了大暴行制造者的政府》一文中谈到了这件事(见本卷第251—254页)。——222。

134　这个宣言草案是列宁写的。——223。

135　《思想报》(«Мысль»)是俄国的一种政治、文学日报，社会革命党的合法机关报，1906年6月20日(7月3日)接替被查封的《呼声报》在彼得堡开始出版，同年7月6日(19日)被查封，共出了15号。——228。

136　法制党人是俄国大工商业资产阶级、地主和上层官僚的政党——法制党的成员。

法制党是俄国大工商业资产阶级、地主和上层官僚的政党，1905年秋组成，10月17日宣言颁布后正式成立。该党打着"法制"的幌子，实际上坚决维护沙皇制度，对解散第一届国家杜马表示欢迎，在第二届国家杜马选举中和黑帮组织"真正俄国人联合会"结成联盟。1907年该党瓦解，一部分成员加入十月党，另一部分成员成为公开的黑帮分子。——228。

137　1906年5月24日(6月6日)，在第一届国家杜马第14次会议上，当乌法省代表、立宪民主党人沙·沙·瑟尔特拉诺夫发言讲到"杜马曾建议政府辞职……"时，主持会议的谢·安·穆罗姆采夫打断他的发言，声称："我认为，是建议内阁辞职，而不是建议政府辞职。国家杜马本身就是政府的一部分。政府是体现国家权力的国家机关的总和。"——233。

138　《劳动呼声报》(«Голос Труда»)是俄国孟什维克的合法机关报(日报)，1906年6月21日(7月4日)接替《信使报》在彼得堡开始出版，同年7月7日(20日)停刊，共出了16号。——241。

139　《火炬报》(«Светоч»)是俄国布尔什维克合法机关报(日报)，1906年5月11日(24日)起在莫斯科出版。参加报纸编辑工作的有：伊·伊·斯克沃尔佐夫-斯捷潘诺夫、米·尼·波克罗夫斯基、尼·亚·罗日柯夫等。该报先后出了17号，于1906年5月31日(6月13日)被莫斯科高等法院勒令停刊。1906年6月1日(14日)起《自由言论报》接替《火炬报》出版，一共出了4号。——241。

140　那里不需要聪明人出自俄国作家列·尼·托尔斯泰写的讽刺歌曲

《1855年8月4日黑河战役之歌》,全句是:"那里不需要聪明人,您派列阿德去就行,让我看看再说。"列阿德是沙皇军队的一位有勇无谋的将军,在克里木战争中守卫塞瓦斯托波尔。老奸巨猾的利普兰吉将军在反攻时怕担风险,建议总指挥高尔查科夫公爵派列阿德去冲锋陷阵,结果俄军遭到惨败。这首歌曾在俄国士兵中广为流传。——244。

141 民主改革党是俄国自由派资产阶级政党,由立宪民主党内一批认为该党纲领过"左"的分子在1906年1月第一届国家杜马选举时建立。该党领导人是马·马·柯瓦列夫斯基、米·马·斯塔秀列维奇、伊·伊·伊万纽科夫、弗·德·库兹明-卡拉瓦耶夫和康·康·阿尔先耶夫。1906年1月18日,该党公布了自己的纲领,其内容主要是:坚持走和平革新俄国的道路,同时保持世袭的立宪君主制;主张俄国统一(只有波兰和芬兰可以实行自治);保留大小土地占有制,允许通过赎买转让超过最高限额的土地。该党出版的刊物有《国家报》和《欧洲通报》杂志。1907年底,该党并入和平革新党。——247。

142 像熊那样帮忙意为帮倒忙,出典于俄国作家伊·安·克雷洛夫的寓言《隐士和熊》。寓言说,一个隐士和熊做朋友,熊热心地抱起一块大石头为酣睡的隐士驱赶鼻子上的一只苍蝇,结果把他的脑袋砸成了两半。——249。

143 指波兰王国和立陶宛社会民主党第五次代表大会。

波兰王国和立陶宛社会民主党第五次代表大会于1906年6月18—24日在加里西亚的扎科帕内举行。出席代表大会的有51名有表决权的代表,13名有发言权的代表。俄国社会民主工党中央委员会代表列·伊·戈尔德曼、O.H.奥谢姆和布尔什维克《前进报》编辑部代表瓦·瓦·沃罗夫斯基参加了代表大会。费·埃·捷尔任斯基(弗兰科夫斯基)作了总执行委员会的工作报告。弗·列德尔作了关于对国家杜马的态度问题的报告。代表大会总结了革命一年来该党的活动,指出在这一期间党员人数迅速增加,已从1904年的1 000人增至1906年夏的30 000人。大会完全批准了总执行委员会的工作报告和总执行委员会提出的党章草案。代表大会赞同布尔什维克的策略,反对俄国社会民主工党孟什维克中央委员会的机会主义策略，并批评了俄国社会民主工党第四次(统一)代表大会的孟什维克的决议。代表大会关于对国家杜马的态度的决议指出："俄国社会民主工党统一代表大会把杜马视为发展革命的重心是错误的。"代表大会选出由捷尔任斯基、阿·瓦尔斯基、尤·约·马尔赫列夫斯基、亚·马·马列茨基、列德尔和雅·斯·加涅茨基组成的总执行委员会，并选举罗·卢森堡为该党驻社会党国际局的代表。代表大会的主要决议发表于1906年6月25日和28日《回声报》第4号和第6号。——256。

144 这里说的是俄国社会民主工党彼得堡组织区际代表会议和莫斯科区域代表会议。

俄国社会民主工党彼得堡组织区际代表会议是根据彼得堡委员会1906年5月24日(6月6日)的决定，为制定彼得堡无产阶级对国家杜马的策略而召开的(参看注107)。代表会议于1906年6月11—12日(24—25日)举行，最初在彼得堡，后来从保密考虑迁至芬兰泰里约基。

在代表会议代表选举前，各个党组织围绕两种策略纲领——中央委员会关于支持立宪民主党杜马内阁的孟什维克的决议案和彼得堡委员会《关于对国家杜马的态度》、《关于杜马组阁问题》这两个布尔什维克的决议案(两个决议案都是列宁写的，见本卷)——开展了争论。争论结果，1 760票赞成布尔什维克的决议案，952票赞成孟什维克的决议案。

出席这次代表会议的有约80名代表，代表4 000名党员。伊·伊·拉米什维里作为社会民主党杜马党团代表出席了会议。列宁被选为代表会议主席并领导会议工作。他在会上代表彼得堡委员会作了关于党对国家杜马的策略的报告。代表孟什维克作报告的是费·伊·唐恩。会议以多数票通过决议，赞同彼得堡委员会的策略。代表会议接着讨论党的统一问题。列宁就这个问题作了报告。会议通过的决议指出，俄国社会民主工党第四次代表大会选出的中央委员会只反映党内少数派的意见。决议要求召开新的党代表大会。代表会议还通过了关于在彼得堡党组织和社会民主党杜马党团之间建立牢固联系的决议。

俄国社会民主工党莫斯科区域代表会议(北方各委员会代表会议)

于1906年6月上半月举行。出席代表会议的有莫斯科、莫斯科郊区、沃洛格达、雅罗斯拉夫尔、基涅什马、科斯特罗马、弗拉基米尔郊区、伊万诺沃-沃兹涅先斯克、博里索格列勃斯克、下诺夫哥罗德、奥廖尔、科兹洛夫等委员会和舒亚市社会民主党小组的代表,共代表14 000名有组织的工人。

代表会议谴责孟什维克中央委员会支持成立杜马内阁的要求的策略,认为它不符合党代表大会的指示。代表会议还建议杜马内的极左派发表告人民书,揭露杜马的软弱性,指出它根本不可能有所作为,号召人民准备独立地采取行动。——256。

145 据1906年6月25日(7月8日)的《交易所新闻》和《新时报》报道,德·费·特列波夫在同路透社记者谈话时说:他认为"成立杜马中间派的内阁是解决当前危机的上策,因为立宪民主党是最强的杜马政党"。康·彼·波别多诺斯采夫也持这样的观点,他在6月初给尼古拉二世的奏折里认为必须成立自由派内阁,因为"更换内阁比解散杜马要容易得多"。——257。

146 出典于圣经《旧约全书·创世记》第25章。故事说,一天,雅各熬红豆汤,其兄以扫打猎回来,累得昏了,求雅各给他汤喝。雅各说,须把你的长子名分让给我。以扫就起了誓,出卖了自己的长子权。这个典故常被用来比喻因小失大。——259。

147 *反社会党人非常法*(反社会党人法)即《反社会民主党企图危害治安法》,是德国俾斯麦政府从1878年10月21日起实行的镇压工人运动的反动法令。这个法令规定取缔德国社会民主党和一切进步工人组织,查封工人刊物,没收社会主义书报,并可不经法律手续把革命者逮捕和驱逐出境。在反社会党人非常法实施期间,有1 000多种书刊被查禁,300多个工人组织被解散,2 000多人被监禁和驱逐。在工人运动的压力下,反社会党人非常法于1890年10月1日被废除。——262。

148 *《回声报》*(«Эхо»)是俄国布尔什维克的合法报纸(日报)。1906年6月22日(7月5日)—7月7日(20日)接替被政府查封的《前进报》在彼得堡出版。该报的编辑实际上是列宁，撰稿人有阿·瓦·卢那察尔斯基、米·斯·奥里明斯基、瓦·瓦·沃罗夫斯基等。该报刊登过列宁的20多篇文章。该报不断遭到政府的迫害，已出14号中有12号被没收。1906年7月10日被查封。——269。

149 劳动团曾提出以联合人民中所有的"劳动阶级——农民、工厂工人以及劳动知识分子"为自己的任务，因此在第一届国家杜马初期，劳动团成员包括各党各派成员：社会革命党人、社会民主党人、农民协会会员、无党派社会主义者、激进派、自由思想派、左派立宪民主党人、自治派等等。——273。

150 教师联合会即全俄教师和国民教育活动家联合会，于1905年4月成立，领导层是资产阶级和小资产阶级政党的拥护者。联合会有单纯为职业利益斗争的倾向，但是在革命事件的影响下，也赞同革命民主派的口号，表示愿意参加人民争取土地、自由和政权的斗争。联合会对第一届国家杜马的选举进行了抵制，支持通过普遍、平等、直接和无记名投票的选举召集立宪会议的要求。联合会把根本改革俄国国民教育作为自己的基本任务之一，提出了实行普遍免费的和义务的初等教育以及免费的中等和高等教育、用本民族语言授课、协调各种类型的学校等要求。1906年6月6日(19日)，列宁化名卡尔波夫向全俄国民教师代表大会部分代表作了关于土地问题的报告。社会革命党的报纸《呼声报》(1906年6月8日(21日)第15号)对此作了报道。教师联合会于1909年解散。1917年二月革命后曾恢复。十月革命时期，该会领导机构采取反苏维埃立场，参加了拯救祖国和革命委员会这一反革命组织，并企图组织教师罢工。共产党人和同情苏维埃政权的教师纷纷脱离该会，另组国际主义者教师联合会。1918年12月23日，全俄中央执行委员会颁布法令，解散了全俄教师联合会。——273。

151 指全俄铁路工会。

全俄铁路工会是俄国第一个铁路员工的工会组织，在1905年4月20—21日(5月3—4日)于莫斯科召开的全俄铁路员工第一次代表大会上成立。在代表大会选出的中央常务局中，社会革命党人占主要地位。全俄铁路工会的纲领包括经济要求和一般民主要求（召开立宪会议等）。参加全俄铁路工会的主要是铁路职员和高收入工人。布尔什维克虽然批评社会革命党人的思想实质和斗争策略，但在革命发展的一定时期内也参加了全俄铁路工会的地方和中央领导机构，同时在某些城市建立了同全俄铁路工会平行的社会民主党的铁路工会组织。

全俄铁路工会在实行全俄铁路政治罢工中起了重要作用。1905年7月22—24日（8月4—6日）在莫斯科召开的全俄铁路员工第二次代表大会决定，立即着手进行全俄铁路政治罢工的鼓动工作。在革命群众的压力下，1905年9—10月在彼得堡召开的全俄铁路员工代表大会制定并向政府提出了如下要求：实行八小时工作制，自上而下选举铁路各级行政机构，立即释放被捕的罢工参加者，撤销强化警卫和戒严，实行政治自由、大赦和民族自决，立即召开按照普遍、平等、直接和无记名投票原则选举产生的立宪会议。10月7日（20日）由莫斯科—喀山铁路开始的罢工迅速发展成为全俄政治罢工，有力地打击了专制制度。1905年12月，有29条铁路代表参加的全俄代表会议支持莫斯科布尔什维克代表会议关于宣布举行政治总罢工的决定，并于12月6日（19日）作出关于参加罢工和立即宣布全俄铁路罢工的决定。全俄铁路工会的许多一般成员积极参加了十二月武装起义。起义失败以后，许多铁路员工遭枪杀，全俄铁路工会事实上转入地下。1906年8月曾召开一次铁路员工代表会议，讨论因第一届国家杜马被解散而举行总罢工的问题。这次会议通过的决议主张举行总罢工和武装起义，列宁在《政治危机和机会主义策略的破产》一文中曾提到这件事（见本卷第355页和注185）。到1906年底，铁路工会受社会革命党人的影响，丧失了自己的革命作用。1907年2月俄国社会民主工党中央委员会召开的铁路系统社会民主党组织代表会议决定社会民主党人退出全俄铁路工会，中央委员会批准了这一决定。全俄铁路工会于1907年瓦解。——273。

152　指在第一届国家杜马选举期间于1906年3月11日（24日）颁布的沙皇3月8日（21日）诏令。这个专门对付抵制策略的法律规定：凡煽动抵制国务会议或国家杜马的选举或煽动群众拒绝参加以上选举者，判处4—8个月监禁。——274。

153 指1906年1月出版的俄国社会民主工党统一的中央委员会的传单《告全党书》。传单说:“统一的中央委员会和中央机关报联席会议……的讨论表明,两派代表对杜马的基本观点是一致的,这就是:为了对抗政府伪造人民代表会议和用杜马顶替立宪会议的做法,必须像以前一样提出用革命办法召集全民立宪会议的口号和最积极地准备武装起义。而按照这种观点,党参加选举运动的最后阶段即参加杜马代表本身的选举,在当前条件下是不能容许的。意见的分歧只在于党能否参加选举运动的前两阶段,即参加初选人和复选人的选举。”——276。

154 这句话见于1906年6月29日(7月12日)孟什维克《劳动呼声报》第8号社论《杜马告人民书》。——278。

155 1906年6月29日(7月12日),《言语报》刊登了亚·索·伊兹哥耶夫的文章《专制制度的回声》,反对列宁的《立宪民主党的应声虫》一文(见本卷第256—260页)。阿·瓦·卢那察尔斯基在1906年6月30日(7月13日)《回声报》第8号上发表了《先决条件》一文(署名:阿·卢—基),回答了伊兹哥耶夫的文章。针对卢那察尔斯基的文章,伊兹哥耶夫又写了列宁在这篇短评中分析的《非常聪明的人》一文。这里说批评此文是“阿·卢—基同志的写作范围”,就是由于这个缘故。——284。

156 1906年6月,社会革命党人发动了为在彼得堡恢复工人代表苏维埃的宣传鼓动活动。孟什维克支持这一主张,布尔什维克则表示反对。1906年6月21日(7月4日),俄国社会民主工党彼得堡委员会通过了一项决定(公布于1906年6月27日《回声报》第5号),在强调工人代表苏维埃的战斗作用的同时,指出在目前时期成立这一组织是不适时的,并且揭露了社会革命党的宣传鼓动的挑拨性质。彼得堡委员会的这一决定曾在各种集会上广泛讨论,得到了绝大多数工人的支持。曾于1905年10—11月担任彼得堡工人代表苏维埃主席的孟什维克格·斯·赫鲁斯塔廖夫-诺萨尔反对彼得堡委员会的决定,维护社会革命党人的宣传鼓动。——285。

157 绝顶聪明的鮈鱼出典于俄国作家米·叶·萨尔蒂科夫-谢德林的同名

讽刺故事。故事说,一条鮈鱼感到处处有丧生的危险,便常常东躲西藏,提心吊胆地度日,而却自以为绝顶聪明。——292。

158 这里说的是为制定土地问题法案而成立的第一届国家杜马土地委员会。1906 年 6 月 6 日(19 日)杜马第 22 次会议选出了 91 名委员(其中立宪民主党人占多数,共 41 名),后来根据通过的决议增补 8 名委员(高加索 3 名,西伯利亚 3 名,中亚细亚 2 名)。土地委员会主席是立宪民主党人阿·阿·穆哈诺夫。——293。

159 《俄国报》(«Россия»)是俄国黑帮报纸(日报),1905 年 11 月—1914 年 4 月在彼得堡出版。从 1906 年起成为内务部的机关报。该报接受由内务大臣掌握的政府秘密基金的资助。——300。

160 伊里亚·姆罗梅茨是俄国古代民间故事里的一个勇士,曾制服善学夜莺啼叫的夜莺大盗。——300。

161 《杜马的解散和无产阶级的任务》由新浪潮出版社在莫斯科出版。这本小册子出版后不久,就遭到沙皇政府的查禁,但仍在莫斯科、彼得堡以及外地各省广泛流传。——304。

162 1906 年 6 月 20 日(7 月 3 日),正当杜马就土地问题进行热烈辩论的时刻,沙皇政府颁布了一项通告,断然宣布现行土地关系制度不得动摇。在这种情况下,杜马乃着手讨论《告人民书》,企图诉诸人民。在《告人民书》即将进行最终讨论时,政府于 1906 年 7 月 8 日(21 日)深夜封闭了塔夫利达宫,并于次日公布了沙皇 1906 年 7 月 8 日(21 日)签署的《关于解散国家杜马和规定新选出的杜马的召集时间的诏令》。诏令说:"兹根据国家根本法(1906 年版)第 105 条发布诏令,解散国家杜马,并定于 1907 年 2 月 20 日召集新杜马。"解散杜马的具体理由是杜马代表进入了"不属于他们的领域"。——304。

163 指《维堡宣言》。

《维堡宣言》即第一届国家杜马代表在杜马被解散后发表的号召书《人民代表致人民书》。号召书是由一部分国家杜马代表于 1906 年 7

月 9—10 日(22—23 日)在维堡市召开的会议上通过的。参加这次会议的杜马代表约有 200 人,其中多数是立宪民主党人。号召书是帕·尼·米留可夫起草的,通过前曾经会议选出的一个六人委员会(立宪民主党人费·费·科科什金和马·莫·维纳维尔,孟什维克诺·尼·饶尔丹尼亚和 С.Д.贾帕里泽,劳动派伊·瓦·日尔金和 С.И.邦达列夫)修订。号召书的主要内容是号召人民对沙皇政府进行"消极抵抗",在召集新杜马以前不纳税,不出壮丁,不承认未经杜马批准而签订的债款。立宪民主党想用这些办法把群众革命运动纳入和平的轨道。但是到 1906 年 9 月,立宪民主党召开第四次代表大会时,立宪民主党人就已公开反对实行"消极抵抗",背弃了《维堡宣言》的号召。1906 年 7 月 16 日(29 日)沙皇政府对号召书签名者起诉。1907 年 12 月 12—18 日(25—31 日)圣彼得堡高等法院特别法庭审理此案,分别判处 167 名签名者以 3 个月监禁。——305。

164 《莫斯科新闻》(«Московские Ведомости»)是俄国最老的报纸之一,1756 年开始由莫斯科大学出版。1842 年以前每周出版两次,以后每周出版三次,从 1859 年起改为日报。1863—1887 年,由米·尼·卡特柯夫等担任编辑,宣扬地主和宗教界人士中最反动阶层的观点。1897—1907 年由弗·安·格林格穆特任编辑,成为黑帮报纸,鼓吹镇压工人和革命知识分子。1917 年 10 月 27 日(11 月 9 日)被查封。——306。

165 《公民》(«Гражданин»)是俄国文学政治刊物,1872—1914 年在彼得堡出版,创办人是弗·彼·美舍尔斯基公爵。作家费·米·陀思妥耶夫斯基于 1873—1874 年担任过它的编辑。原为每周出版一次或两次,1887 年后改为每日出版。19 世纪 80 年代起是靠沙皇政府供给经费的极端君主派刊物,发行份数不多,但对政府官员有影响。——306。

166 指俄国第一次资产阶级民主革命期间的 1905 年十月全俄政治罢工。

十月全俄政治罢工是俄国第一次革命的最重要阶段之一。1905 年 10 月 6 日(19 日),在一些铁路线的布尔什维克组织的代表决定共同举行罢工后,俄国社会民主工党莫斯科委员会号召莫斯科铁路枢纽各线从 10 月 7 日(20 日)正午起实行总罢工,全俄铁路工会中央常务局支持这一罢工。到10月17日(30日),铁路罢工已发展成为全俄总罢工,参加罢工的人数达200万以上。在各大城市,工厂、交通运输部门、发电厂、邮电系统、机关、商店、学校都停止了工作。十月罢工的口号是:推翻专制制度、积极抵制布里根杜马、召集立宪会议和建立民主共和国。十月罢工扫除了布里根杜马,迫使沙皇于10月17日(30日)颁布了允诺给予"公民自由"和召开"立宪"杜马的宣言。罢工显示了无产阶级运动的力量和声势,推动了农村和军队中革命斗争的展开。在十月罢工中,彼得堡及其他一些城市出现了工人代表苏维埃。十月罢工持续了十多天,是十二月武装起义的序幕。关于十月罢工,参看列宁《全俄政治罢工》一文(本版全集第12卷)。——307。

167 "波将金"号装甲舰的起义发生于1905年6—7月间。黑海舰队社会民主党组织中央委员会原准备在1905年秋天发动舰队所有舰只同时起义,但是"波将金"号在单独出航进行射击演习期间于1905年6月14日(27日)过早地自发举行了起义。起义的导火线是该舰指挥官下令将带头拒绝吃用臭肉做的菜汤的水兵枪决。在起义中,水兵们杀死了最可恨的军官,但起义领导人、布尔什维克格·尼·瓦库连丘克在搏斗中牺牲。水兵们选出了以阿·尼·马秋申科为首的军舰委员会。6月14日晚,"波将金"号悬挂红旗驶到正在举行总罢工的敖德萨。但是敖德萨社会民主党组织联络委员会未能说服"波将金"号的船员们登岸来武装工人并与工人共同行动。该舰船员们只在6月15日(28日)向市当局和军队所在地区开了两炮。6月17日(30日),沙皇政府派来两支舰队,企图迫使"波将金"号投降,或将其击沉,但是这些军舰不肯向"波将金"号开火,而且其中的"常胜者乔治"号还转到革命方面来。6月18日(7月1日),"常胜者乔治"号上的一些军士级技术员叛变,将该舰交给了政府当局。当晚,士气沮丧的"波将金"号偕同所属的第267号雷击舰离开敖德萨驶往罗马尼亚的康斯坦察。6月20日(7月3日),"波将金"号军舰委员会在那里发表了《告文明世界书》和《告欧洲各国书》,表明他们反对沙皇制度的决心。6月22日(7月5日),"波将金"号曾驶到费奥多西亚。由于始终得不到煤和食品的补给,水兵们被迫于6月25日(7月8日)在康斯坦察把军舰交给了罗马尼亚当局。与此同时,"普鲁特"号教练舰于6月19日(7月2日)为支持"波将金"号举行起义,选出了以布尔什维克A.M.彼得罗夫为首的军舰委员会。该舰立即开往敖德萨,但由于"波将金"号已经离开那里而未能与它会合。6月20日(7月3日),没有武器装备的"普鲁特"号被沙皇政府两艘雷击舰扣押。起义的水兵们遭到了沙皇政府的残酷镇压。

俄国社会民主工党中央委员会非常重视"波将金"号的起义。列宁曾委托米·伊·瓦西里耶夫-尤任前往领导起义,但他没有及时赶到。——315。

168 斯维亚堡起义是指1906年7月17日(30日)深夜在赫尔辛福斯附近的斯维亚堡要塞开始的起义。这次起义在很大程度上是由于社会革命党人的挑动而过早地自发爆发的。俄国社会民主工党彼得堡委员会获悉斯维亚堡可能爆发武装起义的消息后,曾于7月16日(29日)通过了列宁起草的决定,试图说服群众推迟行动(见本卷第324—327页)。布尔什维克在确信自发行动已不能制止之后,便领导了起义。俄国社会民主工党军事组织的两名布尔什维克阿·彼·叶梅利亚诺夫少尉和叶·李·科汉斯基少尉担任起义的领导人。积极参加起义的有7个炮兵连(共有10个连)。起义者提出了推翻专制政府、给人民自由、把土地交给农民等口号。芬兰工人曾举行罢工支持起义。起义坚持了三天,终于因为准备不足,在7月20日(8月2日)被镇压下去。起义参加者被交付法庭审判。43人被判处死刑,数百人被送去服苦役或被监禁。——323。

169 《暴风雨之前》一文于1906年8月21日(9月3日)作为社论发表于布尔什维克秘密报纸《无产者报》第1号。——328。

170 强化警卫和非常警卫都是沙皇俄国政府镇压革命运动的特别措施。在宣布实施强化警卫或非常警卫的地方,行政长官有特别权力颁布强制执行的决定,禁止集会(包括私人集会),查封报刊,不按法律程序进行逮捕、监禁、审判等等。1906年,俄国曾有27个省、州处于非常警卫状态之中。——328。

171 耶利哥城的城墙就要倒塌意思是出现奇迹。据基督教圣经传说,以色列人从埃及逃归家乡迦南的途中,为耶利哥城(今埃里哈)所阻。领袖约书亚按耶和华指示的方法,命 7 个祭司吹着羊角绕城墙行进。到第 7 天,耶利哥城的城墙便在一片号角声和呐喊声中倒塌了。(《旧约全书·约书亚记》第 6 章)——331。

172 指一些党派团体在 1906 年 7 月第一届国家杜马解散后发表的几个号召书:以国家杜马劳动团委员会和社会民主党党团的名义发出的《告陆海军书》;由国家杜马社会民主党党团委员会、劳动团委员会、全俄农民协会、俄国社会民主工党中央委员会、社会革命党中央委员会、全俄铁路工会和全俄教师联合会签署的《告全国农民书》;由国家杜马社会民主党党团委员会、劳动团委员会、俄国社会民主工党中央委员会、社会革命党中央委员会、波兰社会党中央委员会、崩得中央委员会签署的《告全体人民书》。这些号召书都强调武装起义的必要性。——331。

173 喀琅施塔得事件是指 1906 年 7 月 19 日(8 月 1 日)爆发的喀琅施塔得水兵和士兵的起义。1906 年春天和夏天,喀琅施塔得的布尔什维克在俄国社会民主工党彼得堡委员会的直接领导下,一直在进行武装起义的准备。1906 年 7 月 9 日(22 日),俄国社会民主工党军事和工人组织大部分成员被捕,使武装起义的准备受到影响,但准备工作并未停止。7 月 18 日(31 日),斯维亚堡起义的消息传来,在喀琅施塔得积极活动的社会革命党人主张立即起义,布尔什维克鉴于起义的准备尚未完成而表示反对。可是在劝阻群众推迟行动已不可能时,布尔什维克根据彼得堡委员会的指示把领导士兵和水兵起义的任务担当起来。1906 年 7 月 19 日(8 月 1 日)夜 24 时左右,按照规定的信号,地雷连、工兵连、电雷连的士兵(1 000 余人)与海军第 1 和第 2 总队的水兵(约 6 000 人)几乎同时发动起义。部分武装的工人(约 400 人)也参加了起义。但是政府通过奸细已得知起义的日期并预先作好了镇压起义的准备,社会革命党的瓦解组织的活动也阻碍了起义的顺利进行。到 7 月 20 日(8 月 2 日)晨,起义被镇压下去。起义参加者有 3 000 多人被捕(其中有 80 名非军人)。根据战地法庭判决,36 人被枪决,130 人服苦役，1 251 人被判处不同期限的监禁。

俄国社会民主工党彼得堡委员会于 7 月 20 日（8 月 2 日）通过了关于举行政治总罢工来支持喀琅施塔得、斯维亚堡起义的决定。在得知起义已被镇压下去的消息后，取消了这一决定。——332。

174 这是马·高尔基的诗《海燕之歌》（1901 年）的最后一句。“蠢笨的企鹅”这一形象也出自高尔基的这首诗。——335。

175 《同志报》（«Товарищ»）是俄国资产阶级报纸（日报），1906 年 3 月 15 日（28 日）—1907 年 12 月 30 日（1908 年 1 月 12 日）在彼得堡出版。该报打着“无党派”的招牌，实际上是左派立宪民主党人的机关报。参加该报工作的有谢·尼·普罗柯波维奇和叶·德·库斯柯娃。孟什维克也为该报撰稿。从 1908 年 1 月起《我们时代报》代替了《同志报》。——339。

176 《眼睛报》（«Око»）是俄国自由派资产阶级的报纸（日报），1906 年 8 月 6 日（19 日）—10 月 31 日（11 月 13 日）在彼得堡出版，共出了 50 号。该报的前身是依次更替出版的《俄罗斯报》、《评论报》和《二十世纪报》。——345。

177 你把本性赶出门外，它会从窗口飞进来！是法国作家让·拉封丹所写的寓言《变成女人的牝猫》的结束语，意思是事物的本性不能改变。寓言说，一个男人养了一只牝猫，经过日夜祈祷，牝猫终于变成了女人，做了他的妻子。可是一天夜里，老鼠来咬席子，新娘又像猫一样捉起老鼠来。——346。

178 波兰社会党是以波兰社会党人巴黎代表大会（1892 年 11 月）确定的纲领方针为基础于 1893 年成立的。这次代表大会提出了建立独立民主共和国、为争取人民群众的民主权利而斗争的口号，但是没有把这一斗争同俄国、德国和奥匈帝国的革命力量的斗争结合起来。该党右翼领导人约·皮尔苏茨基等认为恢复波兰国家的唯一道路是民族起义，而不是以无产阶级为领导的全俄反对沙皇的革命。从 1905 年 2 月起，以马·亨·瓦列茨基、费·雅·柯恩等为首的左派逐步在党内占了优势。

1906年11月在维也纳召开的波兰社会党第九次代表大会把皮尔苏茨基及其拥护者开除出党，该党遂分裂为两个党：波兰社会党“左派”和波兰社会党“革命派”（“右派”，亦称弗腊克派）。

波兰社会党“左派”反对皮尔苏茨基分子的民族主义及其恐怖主义和密谋策略，主张同全俄工人运动密切合作，认为只有在全俄革命运动胜利的基础上才能解决波兰劳动人民的民族解放和社会解放问题。在1908—1910年期间，主要通过工会、文教团体等合法组织进行活动。该党不同意孟什维克关于在反对专制制度斗争中的领导权属于资产阶级的论点，可是支持孟什维克反对第四届国家杜马中的布尔什维克代表。第一次世界大战爆发后，该党持国际主义立场，参加了1915年的齐美尔瓦尔德会议和1916年的昆塔尔会议。该党欢迎俄国十月革命。1918年12月，该党同波兰王国和立陶宛社会民主党一起建立了波兰共产主义工人党（1925年改称波兰共产党，1938年解散）。

波兰社会党“革命派”于1909年重新使用波兰社会党的名称，强调通过武装斗争争取波兰独立，但把这一斗争同无产阶级的阶级斗争割裂开来。从第一次世界大战开始起，该党的骨干分子参加了皮尔苏茨基站在奥德帝国主义一边搞的军事政治活动（成立波兰军团）。1917年俄国二月革命后，该党转而对德奥占领者采取反对立场，开展争取建立独立的民主共和国和进行社会改革的斗争。1918年该党参加创建独立的资产阶级波兰国家，1919年同原普鲁士占领区的波兰社会党和原奥地利占领区的加利西亚和西里西亚波兰社会民主党合并。该党不反对地主资产阶级波兰对苏维埃俄国的武装干涉，并于1920年7月参加了所谓国防联合政府。1926年该党支持皮尔苏茨基发动的政变，同年11月由于拒绝同推行“健全化”的当局合作而成为反对党。1939年该党解散。——346。

179　指俄国社会民主工党中央委员会内的布尔什维克委员——瓦·阿·杰斯尼茨基（斯特罗耶夫）、列·波·克拉辛（季明）和亚·亚·波格丹诺夫（马克西莫夫）于1906年7月20日（8月2日）发表的《三个中央委员向俄国社会民主工党中央委员会提出的声明》。声明以传单形式印发，注明“仅供党员阅读”。声明列举了第一届国家杜马解散后孟什维克中央委员会实行机会主义策略的事实，指出它力图把伟大的革命斗争化为杜马运动，不仅不顾活生生的现实，而且也不顾授予它全权的代表大会的指示。声明对这种“盲目的机会主义策略”表示坚决抗议，要求中央委员会放弃这种策略（见《第一次俄国革命时期（1905—1907 年）布尔什维克组织的传单》1956 年俄文版第 3 卷第 40—43 页）。——346。

180 指布尔什维克提交给俄国社会民主工党第四次（统一）代表大会的《临时革命政府和革命政权的地方机关》这一决议草案的第 2 条（参看《苏联共产党代表大会、代表会议和中央全会决议汇编》1964 年人民出版社版第 1 分册第 131 页）。——350。

181 《北极星》杂志（«Полярная Звезда»）是俄国立宪民主党右翼的机关刊物（周刊），1905 年 12 月 15 日（28 日）—1906 年 3 月 19 日（4 月 1 日）在彼得堡出版，总共出了 14 期。主编为彼·伯·司徒卢威。参加编辑工作的有尼·亚·别尔嘉耶夫、亚·索·伊兹哥耶夫等。1906 年 4 月改称《自由和文化》杂志。——352。

182 根据民意党领导人安·伊·热里雅鲍夫的倡议，民意党于 1880 年秋建立了军事革命组织，在喀琅施塔得、梯弗利斯、敖德萨、尼古拉耶夫等地成立了民意党的军官小组。民意党的军事革命组织未能在士兵群众中生根，而且该组织的章程也禁止军官亲自在下级中进行宣传。1883 年春，民意党的军事革命组织由于它的一个成员叛变而被沙皇政府摧毁。——352。

183 马尼洛夫精神意为耽于幻想，无所作为。马尼洛夫是俄国作家尼·瓦·果戈理的小说《死魂灵》中的一个地主。他生性怠惰，终日想入非非，崇尚空谈，刻意讲究虚伪客套。——353。

184 指俄国社会民主工党库尔斯克委员会、卡卢加委员会、莫斯科郊区委员会、中部地区区域局和科斯特罗马党代表会议（1906 年 7 月 25 日（8 月 7 日））的决议。这些决议均刊载于 1906 年 8 月 21 日（9 月 3 日）《无产者报》第 1 号。——354。

185 这里说的是1906年8月召开的铁路员工代表会议。会议讨论了因第一届国家杜马被解散举行总罢工问题。出席代表会议的有23条铁路的职工代表以及全俄铁路工会中央常务局、国家杜马劳动团、俄国社会民主工党中央委员会、崩得、社会革命党中央委员会、全俄农民协会等单位的代表。全俄铁路工会中央常务局提交代表会议的报告说，只有在最广大的劳动者阶层充满战斗情绪的时候，铁路总罢工才能发动起来并顺利进行。在这种条件下，铁路罢工将是一次决定性的打击，使劳动农民和城市无产阶级已开始的事业得以完成，并使政府完全投降。代表会议通过的决议指出："当前的总罢工将是人民力量的一次强攻，它定能从专制政府手中把政权夺取过来。"——355。

186 指1906年8月2日(15日)在波兰华沙、罗兹、拉多姆、普沃茨克和其他城市发生的袭击警察局的事件。这些事件是波兰社会党在举行起义的必要条件并不具备的情况下策划的。波兰王国和立陶宛社会民主党坚决反对波兰社会党的这种策略。关于这一天波兰发生的事件的报导载于1906年9月8日《无产者报》第3号。这一号报纸还刊登了列宁写的编辑部短评《关于波兰社会党的游击行动》(见本卷第388页)。——361。

187 谋刺大臣会议主席彼·阿·斯托雷平一事是最高纲领派社会革命党人于1906年8月12日(25日)干的。他们用炸弹炸毁了斯托雷平的别墅，炸死炸伤数人，但斯托雷平本人未被炸着。

领导镇压莫斯科十二月武装起义的格·亚·米恩将军于1906年8月13日(26日)被社会革命党人季·瓦·科诺普良尼科娃刺死。——361。

188 指非党工人代表大会。召开非党工人代表大会的主张是帕·波·阿克雪里罗得于1905年夏首次提出的，得到了其他孟什维克的支持。这一主张概括起来说就是召开各种工人组织的代表大会，在这个代表大会上建立社会民主党人、社会革命党人和无政府主义者都参加的合法的"广泛工人政党"。这实际上意味着取消俄国社会民主工党而代之以非党的组织。召开非党工人代表大会的主张也得到了社会革命党人、无政府主义者以及立宪民主党人和黑帮工人组织(祖巴托夫分子等)的赞同。1907年俄国社会民主工党第五次(伦敦)代表大会谴责了这种主张(参看《苏联共产党代表大会、代表会议和中央全会决议汇编》1964年人民出版社版第1分册第201—202页)。与布尔什维克一起反对召开非党工人代表大会的有波兰和拉脱维亚社会民主党人。列宁对孟什维克召开非党工人代表大会思想的批判,见《革命界的小市民习气》、《孟什维主义的危机》、《知识分子斗士反对知识分子的统治》、《气得晕头转向(关于工人代表大会问题)》等文(本版全集第14卷和第15卷)。——364。

189 《1905年12月的莫斯科》是孟什维克选辑的一本资料汇编,1906年在莫斯科出版。——365。

190 战斗队联合委员会是为了反对黑帮斗争的需要于1905年10月底在莫斯科成立的,存在到十二月武装起义时期。派代表参加战斗队联合委员会的有分别隶属于俄国社会民主工党莫斯科委员会、社会民主党莫斯科小组、社会革命党莫斯科委员会的各党派战斗队以及"自由区战斗队"、"大学战斗队"、"印刷业战斗队"和"高加索战斗队"。在联合委员会中,社会革命党人和孟什维克占多数。在十二月武装起义时期,战斗队联合委员会跟不上形势,未能起到起义的作战参谋部的作用。——365。

191 1905年12月8日(21日)晚,沙皇军警包围了坐落在莫斯科凯旋门花园广场上的"阿克瓦留姆"花园。当时在花园的剧场里正在举行群众大会。工人战斗队挺身保卫大会,使流血事件得以避免。但是大会参加者从大门走出时,遭到了搜查和殴打,有37人被捕。——366。

192 莫斯科清水塘畔的菲德列尔学校是一所实科学校,1905年由该校校董兼校长И.И.菲德列尔交给各革命党派使用,成为各党举行集会的固定场所。1905年12月9日(22日)晚,沙皇军队包围了菲德列尔学校。当时这里正开大会,与会者多数是战斗队队员,他们拒绝投降并在会场周围筑起了防御工事。军队用大炮轰击这座建筑,结果死伤30多人,

120人被捕。——366。

193 《火星报》(«Искра»)是第一个全俄马克思主义的秘密报纸,由列宁创办。创刊号于1900年12月在莱比锡出版,以后各号的出版地点是慕尼黑、伦敦(1902年7月起)和日内瓦(1903年春起)。参加《火星报》编辑部的有:列宁、格·瓦·普列汉诺夫、尔·马尔托夫、亚·尼·波特列索夫、帕·波·阿克雪里罗得和维·伊·查苏利奇。编辑部的秘书起初是因·格·斯米多维奇,1901年4月起由娜·康·克鲁普斯卡娅担任。列宁实际上是《火星报》的主编和领导者。他在《火星报》上发表了许多文章,阐述有关党的建设和俄国无产阶级的阶级斗争的基本问题,并评论国际生活中的重大事件。

《火星报》在国外出版后,秘密运往俄国翻印和传播。《火星报》成了团结党的力量、聚集和培养党的干部的中心。在俄国许多城市成立了俄国社会民主工党列宁火星派的小组和委员会。1902年1月在萨马拉举行了火星派代表大会,建立了《火星报》俄国组织常设局。

《火星报》在建立俄国马克思主义政党方面起了重大的作用。在列宁的倡议和亲自参加下,《火星报》编辑部制定了党纲草案,筹备了俄国社会民主工党第二次代表大会。这次代表大会宣布《火星报》为党的中央机关报。

根据俄国社会民主工党第二次代表大会的决议,《火星报》编辑部改由列宁、普列汉诺夫、马尔托夫三人组成。但是马尔托夫坚持保留原来的六人编辑部,拒绝参加新的编辑部,因此《火星报》第46—51号是由列宁和普列汉诺夫二人编辑的。后来普列汉诺夫转到了孟什维主义的立场上,要求把原来的编辑都吸收进编辑部,列宁不同意这样做,于1903年10月19日(11月1日)退出了编辑部。因此,从第52号起,《火星报》变成了孟什维克的机关报。人们将第52号以前的《火星报》称为旧《火星报》,而把孟什维克的《火星报》称为新《火星报》。——369。

194 见恩格斯《德国的革命和反革命》一书第17节《起义》(《马克思恩格斯文集》第2卷第444—448页)。

《德国的革命和反革命》原是一组论述德国1848—1849年革命的文章。1851年8月初,《纽约每日论坛报》向马克思约稿。马克思因忙于经济学研究工作,转请恩格斯为该报写一些关于德国革命的文章。恩格斯在写这些文章时利用了《新莱茵报》和马克思向他提供的一些补充材料,并经常同马克思交换意见。文章寄发之前,也都经马克思看过。文章发表时署名马克思。马克思和恩格斯在世时,这些文章没有重新出版过。以后出版的一些单行本也都用马克思的名义。直到1913年马克思和恩格斯的来往书信发表后,才知道这组文章是恩格斯写的。——370。

195 恩格斯在他的许多著作中,特别是在《反杜林论》第2编第3章《暴力论(续)》中(见《马克思恩格斯文集》第9卷第173—181页),发挥了这个论点。——370。

196 关于这个问题,列宁在《俄国革命和无产阶级的任务》一文中更详细地谈到过(见本版全集第12卷)。——370。

197 1905年11月底—12月初,拉脱维亚的图库姆斯、塔利先和其他地方曾爆发武装起义;文茨皮尔斯、鲁延、马兹萨拉察、萨尔杜斯和坎达瓦等地的政权转到了起义者手中。——371。

198 这幅漫画载于1905年8月8日的德国社会民主党的讽刺图画月刊《实话》第497期。——378。

199 战地法庭是沙皇政府为镇压革命运动而设立的非常法庭。沙皇俄国大臣会议于1906年8月19日(9月1日)制定了战地法庭条例。该条例规定,在宣布戒严或处于非常警卫状态的地方设立战地法庭。设立战地法庭之权属于总督、在实施非常警卫时被授予全部行政权力的"长官"或其他有同等权力的人员,由他们确定设立战地法庭的地点,并向警备司令、驻军司令或港口司令提出相应的要求。战地法庭由主席1人(将校级军官)和成员4人(陆军或海军军官)组成。开庭时禁止旁听,被告人不得委托他人辩护,也不得上诉。战地法庭的判决一般是死刑，宣判后立即生效，并且必须在一昼夜内执行。——380。

200 指被大臣会议主席彼·阿·斯托雷平禁止的立宪民主党第四次代表大会。这次代表大会是1906年9月24—28日(10月7—11日)在尚未实施会议法的芬兰赫尔辛福斯举行的。大会主要讨论了立宪民主党的策略路线，对第一届国家杜马中的立宪民主党党团的活动表示赞同。大会以89票对53票通过了反对实行《维堡宣言》的决议。——381。

201 指斯托雷平政府的两个命令：1906年8月12日(25日)关于把部分皇族土地出售给农民的命令和1906年8月27日(9月9日)关于把部分官地出售给农民的命令。出售土地的手续必须通过农民银行办理。——381。

202 杰尔席莫尔达是俄国作家尼·瓦·果戈理的喜剧《钦差大臣》中的一个愚蠢粗野、动辄用拳头打人的警察。——381。

203 指《莫斯科工人代表苏维埃消息报》。

《莫斯科工人代表苏维埃消息报》(«Известия Московского Совета Рабочих Депутатов»)于1905年12月7日(20日)—12日(25日)出版，是一份动员群众参加武装斗争的战斗机关报。该报刊载莫斯科工人代表苏维埃的决定和反映十二月武装起义进程的其他材料。报纸由工人在合法的印刷厂里自行排印，发行5 000—10 000份。该报共出了6号。——383。

204 《向星星》是俄国作家列·尼·安德列耶夫1906年写的一个剧本。——384。

205 这是列宁为1906年9月8日《无产者报》第3号上发表的《波兰通讯》一文写的编辑部短评。关于波兰社会党的游击行动，参看注186。——388。

206 指俄国社会民主工党第四次(统一)代表大会通过的《关于游击行动的决议》(参看《苏联共产党代表大会、代表会议和中央全会决议汇编》

1964年人民出版社版第1分册第156—158页)。——388。

207 特维尔是彼得堡涅瓦关卡的一家茶馆,是黑帮分子的集会地点,1906年1月27日(2月9日)被革命工人炸毁。——388。

208 最高纲领派是1904年在社会革命党内部形成的一个小资产阶级半无政府主义的恐怖集团,1906年10月在芬兰奥布市召开成立大会,组成最高纲领派社会革命党人联合会。最高纲领派无视资产阶级民主革命这一阶段,坚持立即实行社会革命党的最高纲领,即在实行土地社会化的同时实行工厂社会化。最高纲领派认为劳动农民是革命的主要动力,同时声明,在革命运动中起决定作用的是"有主动精神的少数人",而斗争的主要手段是个人恐怖。1907年,在恐怖行动接连失败和大批人员遭到逮捕以后,最高纲领派的组织开始瓦解。

1917年10月,最高纲领派在莫斯科召开第二次代表会议,恢复了自己的组织,十月革命胜利后,最高纲领派参加了苏维埃和全俄中央执行委员会,但不久即告分裂,一些人走上了反对苏维埃政权的道路,另一些人承认布尔什维克的纲领,并于1920年4月的代表会议上通过了加入俄国共产党(布)的决议。——391。

209 劳动人民社会党(人民社会党)是1906年从俄国社会革命党右翼分裂出来的小资产阶级政党,领导人有尼·费·安年斯基、韦·亚·米雅柯金、阿·瓦·彼舍霍诺夫、弗·格·博哥拉兹、谢·雅·叶尔帕季耶夫斯基、瓦·伊·谢美夫斯基等。人民社会党提出"全部国家政权应归人民",即归从无产者到资产阶级知识分子的全体劳动者,主张对地主土地进行赎买和实行土地国有化,但不触动份地和经营"劳动经济"的私有土地。在俄国1905—1907年革命趋于低潮时,该党赞同立宪民主党的路线,六三政变后,因没有群众基础,实际上处于瓦解状态。第一次世界大战期间,持社会沙文主义立场。二月革命后,该党开始恢复组织。1917年6月,同劳动派合并为劳动人民社会党。这个党代表富农利益,积极支持资产阶级临时政府,十月革命后参加反革命阴谋活动和武装叛乱,1918年后不复存在。——391。

210 社会革命党第一次代表大会于1905年12月29日—1906年1月4日(1906年1月11—17日)在芬兰举行。出席代表大会的有该党中央委员会、中央机关报、国际局、国外委员会、战斗组织、农民联合会和44个地方委员会、小组的代表。代表大会批准了党纲和社会革命党组织章程,并通过了关于抵制国家杜马和关于拒绝参加选举运动的决议。——392。

211 《呼声报》(«Голос»)是俄国社会革命党的政治和文学报纸(日报),1906年4—6月在彼得堡出版;4月27日(5月10日)—5月7日(20日)出了第1—9号;6月2—10日(15—23日)出了第10—17号。——392。

212 《俄国财富》杂志(«Русское Богатство»)是俄国科学、文学和政治刊物。1876年创办于莫斯科,同年年中迁至彼得堡。1879年以前为旬刊,以后为月刊。1879年起成为自由主义民粹派的刊物。1892年以后由尼·康·米海洛夫斯基和弗·加·柯罗连科领导,成为自由主义民粹派的中心,在其周围聚集了一批政论家,他们后来成为社会革命党、人民社会党和历届国家杜马中的劳动派的著名成员。在1893年以后的几年中,曾同马克思主义者展开理论上的争论。为该杂志撰稿的也有一些现实主义作家。1906年成为人民社会党的机关刊物。1914年至1917年3月以《俄国纪事》为刊名出版。1918年被查封。——393。

213 104人土地法案即劳动派1906年5月23日(6月5日)在俄国第一届国家杜马第13次会议上提出的有104位杜马代表签名的土地法案。法案提出的土地立法的目标是:建立一种全部土地及地下矿藏和水流属于全体人民、农业用地只给自食其力的耕种者使用的制度。法案要求建立全民地产。全部官地和皇室土地、皇族土地、寺院土地、教会土地都应归入全民地产,占有面积超过当地规定劳动土地份额的地主土地及其他私有土地也强制转归全民地产,对私有土地的转让给予某种补偿。法案规定,份地和小块私有土地暂时保留在其所有者手里,将来也逐步转为全民财产。土地改革由经过普遍、直接、平等和无记名投票选举产生的地方委员会实施。这个法案虽然不彻底,并带有空想性质,但却是争取把备受盘剥的农民中的一部分殷实户变成自由农场主的纲领。列宁指出，104人法案“充满了小私有者的恐惧，害怕进行过分急剧的变革，害怕吸引太广泛太贫困的人民群众参加运动”（见本版全集第14卷第285页）。——394。

214 博勃钦斯基和多勃钦斯基是俄国作家尼·瓦·果戈理的讽刺喜剧《钦差大臣》中的两个愚蠢的地主，他们不但姓氏只差一个字母，而且外貌和性格也都相近。两人都爱传播“新闻”，播弄是非。一次，他们听说钦差大臣要来本县私访，于是四处奔走打听。他们自作聪明地把一位青年旅客断定为钦差大臣，并抢先向县长禀报。博勃钦斯基说他一悟出这个青年是钦差大臣，就对多勃钦斯基说了一声“唉！”，后者则反驳说，是自己先说的“唉！”。后来人们就用“谁先说‘唉’”来比喻无谓的争论。——398。

215 《现代评论》杂志（«Отклики Современности»）是俄国孟什维克的合法刊物，1906年3—6月在彼得堡出版，共出了5期。——401。

人 名 索 引

A

阿·卢—基——见卢那察尔斯基,阿纳托利·瓦西里耶维奇。

阿基莫夫(马赫诺韦茨),弗拉基米尔·彼得罗维奇(Акимов(Махновец), Владимир Петрович 1872—1921)——俄国社会民主党人,经济派代表人物。19世纪90年代中期加入彼得堡民意社,1897年被捕,1898年流放叶尼塞斯克省,同年9月逃往国外,成为国外俄国社会民主党人联合会领导人之一;为经济主义思想辩护,反对劳动解放社,后又反对《火星报》。1903年代表联合会出席俄国社会民主工党第二次代表大会,是反火星派分子,会后成为孟什维克极右翼代表。1905—1907年革命期间支持主张建立"全俄工人阶级组织"(社会民主党仅是该组织中的一种思想派别)的取消主义思想。作为有发言权的代表参加了俄国社会民主工党第四次(统一)代表大会的工作,维护孟什维克的机会主义策略,呼吁同立宪民主党人联合。斯托雷平反动时期脱党。——2、22、44—45、155。

阿克雪里罗得,帕维尔·波里索维奇(Аксельрод, Павел Борисович 1850—1928)——俄国孟什维克领袖之一。19世纪70年代是民粹派分子。1883年参与创建劳动解放社。1900年起是《火星报》和《曙光》杂志编辑部成员。这一时期在宣传马克思主义的同时,也在一系列著作中把资产阶级民主制和西欧社会民主党议会活动理想化。1903年在俄国社会民主工党第二次代表大会上是《火星报》编辑部有发言权的代表,属火星派少数派,会后是孟什维主义的思想家。1905年提出召开广泛的工人代表大会的取消主义观点。1906年在党的第四次(统一)代表大会上代表孟什维克作了关于国家杜马问题的报告,宣扬无产阶级同资产阶级实行政治合作的机会主义思想。斯托雷平反动时期和新的革命高涨年代是取消派的思想领袖,参

加孟什维克取消派《社会民主党人呼声报》编辑部。1912 年加入“八月联盟”。第一次世界大战期间表面上是中派，实际持社会沙文主义立场；曾参加齐美尔瓦尔德代表会议和昆塔尔代表会议，属于右翼。1917 年二月革命后任彼得格勒苏维埃执行委员会委员，支持资产阶级临时政府。十月革命后侨居国外，反对苏维埃政权，鼓吹武装干涉苏维埃俄国。——2、22、36—38、45、62、364。

阿拉季因，阿列克谢·费多罗维奇（Аладьин，Алексей Федорович 1873—1927）——俄国劳动派领袖之一。在喀山大学学习时曾参加秘密小组的活动。19 世纪 90 年代中期被捕后被开除学籍，监禁九个月后流亡国外九年。1905 年回国，当选为第一届国家杜马辛比尔斯克省农民选民团的代表，并加入劳动团。作为杜马代表出席在伦敦举行的各国议会代表会议；在此期间，国家杜马解散。1917 年以前侨居国外，1917 年二月革命后回国。十月革命后竭力反对革命，是白俄流亡分子。——116、127、222、234。

安德列耶夫，列昂尼德·尼古拉耶维奇（Андреев，Леонид Николаевич 1871—1919）——俄国作家。创作初期（1898—1906）倾向进步文学，作品（短篇小说和剧本等）贯穿了批判现实主义的古典传统精神，表现了对人民群众反对专制制度斗争的同情，同时也流露出怀疑主义和悲观主义情调。这种颓废情绪在 1907—1910 年充分显露出来，在揭露俄国统治阶级的瓦解和腐败的同时，又宣扬反动的社会哲学观点。第一次世界大战期间持沙文主义立场，参加反动报纸《俄罗斯意志报》编辑部。敌视十月革命，后移居国外。——384。

B

倍倍尔，奥古斯特（Bebel，August 1840—1913）——德国工人运动和国际工人运动活动家，德国社会民主党和第二国际的创建人和领袖之一，马克思和恩格斯的朋友和战友；旋工出身。19 世纪 60 年代前半期开始参加政治活动，1867 年当选为德国工人协会联合会主席，1868 年该联合会加入第一国际。1869 年与威·李卜克内西共同创建了德国社会民主工党（爱森纳赫派），该党于 1875 年与拉萨尔派合并为德国社会主义工人党，后又改名为德国社会民主党。多次当选国会议员，利用国会讲坛揭露帝国政府反动

的内外政策。1870—1871年普法战争期间持国际主义立场，在国会中投票反对军事拨款，支持巴黎公社，为此曾被捕和被控叛国，断断续续在狱中度过近六年时间。在反社会党人非常法施行时期，领导了党的地下活动和议会活动。90年代和20世纪初同党内的改良主义和修正主义进行斗争，反对伯恩施坦及其拥护者对马克思主义理论的歪曲和庸俗化。是出色的政论家和演说家，对德国和欧洲工人运动的发展有很大影响。马克思和恩格斯高度评价了他的活动。——183。

彼得拉日茨基，列夫·约瑟福维奇（Петражицкий，Лев Иосифович 1867—1931）——俄国立宪民主党领袖之一，法学家和社会学家。1899年起任彼得堡大学教授。第一届国家杜马代表；《法学》和《法律学报》杂志编辑之一。1918年侨居波兰，任华沙大学教授。写有一些法学著作。——296、298。

彼得一世（彼得大帝）（Петр Ⅰ Великий 1672—1725）——俄国沙皇（1682—1725），第一个全俄皇帝（1721—1725）。——11、12。

彼舍霍诺夫，阿列克谢·瓦西里耶维奇（Пешехонов，Алексей Васильевич 1867—1933）——俄国社会活动家和政论家。19世纪90年代为自由主义民粹派分子。《俄国财富》杂志撰稿人，1904年起为该杂志编委；曾为自由派资产阶级的《解放》杂志和社会革命党的《革命俄国报》撰稿。1903—1905年为解放社成员。小资产阶级政党“人民社会党”的组织者（1906）和领袖之一，该党同劳动派合并后（1917年6月），参加劳动人民社会党中央委员会。1917年二月革命后任彼得格勒工兵代表苏维埃执行委员会委员，同年5—8月任临时政府粮食部长，后任预备议会副主席。十月革命后反对苏维埃政权，参加了反革命组织“俄罗斯复兴会”。1922年被驱逐出境，成为白俄流亡分子。——392、393、394—396、398—401。

彼特龙凯维奇，伊万·伊里奇（Петрункевич，Иван Ильич 1843—1928）——俄国地主，地方自治运动活动家。19世纪70年代末开始参加地方自治运动。解放社的组织者和主席（1904—1905），立宪民主党创建人之一，该党中央委员会主席（1909—1915）和中央机关报《言语报》出版人。曾参加1904—1905年地方自治人士代表大会。第一届国家杜马代表。十月革命后为白俄流亡分子。——20、26。

俾斯麦,奥托·爱德华·莱奥波德(Bismarck,Otto Eduard Leopold 1815—1898)——普鲁士和德国国务活动家和外交家。普鲁士容克的代表。曾任驻彼得堡大使(1859—1862)和驻巴黎大使(1862),普鲁士首相(1862—1872、1873—1890),北德意志联邦首相(1867—1871)和德意志帝国首相(1871—1890)。1870年发动普法战争,1871年支持法国资产阶级镇压巴黎公社。主张在普鲁士领导下"自上而下"统一德国。曾采取一系列内政措施,捍卫容克和大资产阶级的联盟。1878年颁布反社会党人非常法。由于内外政策遭受挫折,于1890年3月去职。——113、114、262、264。

波别多诺斯采夫,康斯坦丁·彼得罗维奇(Победоносцев,Константин Петрович 1827—1907)——俄国国务活动家。1860—1865年任莫斯科大学法学教授。1868年起为参议员,1872年起为国务会议成员,1880—1905年任俄国正教会最高管理机构——正教院总监。给亚历山大三世和尼古拉二世讲授过法律知识。一贯敌视革命运动,反对资产阶级改革,维护极权专制制度,排斥西欧文化,是1881年4月29日巩固专制制度宣言的起草人。80年代末势力减弱,沙皇1905年10月17日宣言颁布后引退。——257、381。

波波夫,康斯坦丁·安德列耶维奇(康·波—夫)(Попов,Константин Андреевич(К.П—в)1876—1949)——俄国社会民主党人,1899年参加革命运动。1901—1903年为火星派分子,俄国社会民主工党第二次代表大会后为孟什维克,1906年起为布尔什维克。鄂木斯克组织出席俄国社会民主工党第五次(伦敦)代表大会的代表。因从事革命活动多次被捕、流放和监禁。1910—1917年在俄国社会民主工党鄂木斯克委员会工作。西伯利亚建立苏维埃政权后,为鄂木斯克苏维埃委员。1919—1920年任伊尔库茨克高尔察克和高尔察克政府案特别调查委员会主席。1920—1922年先后任鄂木斯克省执行委员会副主席和主席。1922年起在党中央机关任职。1929年起为列宁研究院研究员,1938—1948年在高等院校任教。写有苏共历史方面的著作。——270。

波里斯·尼古拉耶维奇——见索洛韦奇克,Б.И.。

波里索夫——见苏沃洛夫,谢尔盖·亚历山德罗维奇。

波旁王朝(Bourbons)——指1589—1792年、1814—1815年和1815—1830

年的法国王朝。——12、13。

波亚尔科夫,阿列克谢·弗拉基米罗维奇(Поярков,Алексей Владимирович 生于 1868 年)——俄国神父,无党派人士,第一届国家杜马沃罗涅日省代表。——116、117。

伯恩施坦,爱德华(Bernstein,Eduard 1850—1932)——德国社会民主党和第二国际右翼领袖之一,修正主义的代表人物。1872 年加入社会民主党,曾是欧·杜林的信徒。1879 年和卡·赫希柏格、卡·施拉姆在苏黎世发表《德国社会主义运动的回顾》一文,指责党的革命策略,主张放弃革命斗争,适应俾斯麦制度,受到马克思和恩格斯的严厉批评。1881—1890 年任党的中央机关报《社会民主党人报》编辑。从 90 年代中期起完全同马克思主义决裂。1896—1898 年以《社会主义问题》为题在《新时代》杂志上发表一组文章,1899 年发表《社会主义的前提和社会民主党的任务》一书,从经济、政治和哲学方面对马克思主义的理论和策略作了全面的修正。1902 年起为国会议员。第一次世界大战期间持中派立场。1917 年参加德国独立社会民主党,1919 年公开转到右派方面。1918 年十一月革命失败后出任艾伯特—谢德曼政府的财政部长助理。——33、45、83、152、156、158、159、160、161、162、254、262、350。

布兰克,鲁维姆·马尔科维奇(Бланк,Рувим Маркович 生于 1866 年)——俄国政论家,化学家。1905 年以前住在国外,为自由派资产阶级刊物《解放》杂志撰稿。回到彼得堡后参加《我们的生活报》编辑部,后成为该报实际上的编辑;曾为左派立宪民主党人的《同志报》撰稿。1909—1912 年参加立宪民主党人、人民社会党人和孟什维克取消派合办的《生活需要》杂志的出版工作,为该杂志编辑。——23。

布里根,亚历山大·格里戈里耶维奇(Булыгин,Александр Григорьевич 1851—1919)——俄国国务活动家,大地主。1900 年以前先后任法院侦查员和一些省的省长。1900—1904 年任莫斯科总督助理,积极支持祖巴托夫保安处的活动。1905 年 1 月 20 日就任内务大臣。同年 2 月起奉沙皇之命主持起草关于召开咨议性国家杜马的法案,以期平息国内日益增长的革命热潮。但布里根杜马在革命的冲击下未能召开。布里根于沙皇颁布十月十七日宣言后辞职,虽仍留任国务会议成员,实际上已退出政治舞台。

——184、219—220、274、290、307、330、336、337、342。

D

大山岩(1842—1916)——日本元帅,陆军大将。1885—1891 年和 1892—1896 年任陆军大臣。1894—1895 年中日战争时期任第 2 军司令。1898 年起为陆军元帅。1899—1906 年任参谋总长。1904—1905 年日俄战争时期任满洲军总司令。1914—1916 年任内大臣。——71。

丹尼尔逊,尼古拉·弗兰策维奇(尼古拉·—逊)(Даниельсон,Николай Францевич(Николай—он)1844—1918)——俄国经济学家,政论家,自由主义民粹派理论家。他的政治活动反映了民粹派从对沙皇制度进行革命斗争转向与之妥协的演变。19 世纪 60—70 年代与革命的青年平民知识分子小组有联系。接替格·亚·洛帕廷译完了马克思的《资本论》第 1 卷(1872 年初版),以后又译出第 2 卷(1885)和第 3 卷(1896)。在翻译该书期间同马克思和恩格斯有过书信往来。但不了解马克思主义的实质,认为马克思主义理论不适用于俄国,资本主义在俄国没有发展前途;主张保存村社土地所有制,维护小农经济和手工业经济。1893 年出版了《我国改革后的社会经济概况》一书,论证了自由主义民粹派的经济观点。列宁尖锐地批判了他的经济思想。——393。

杜巴索夫,费多尔·瓦西里耶维奇(Дубасов,Федор Васильевич 1845—1912)——沙俄海军上将(1906),副官长,沙皇反动势力的魁首之一。1897—1899 年任太平洋分舰队司令。1905 年领导镇压切尔尼戈夫省、波尔塔瓦省和库尔斯克省的农民运动。1905 年 11 月—1906 年 7 月任莫斯科总督,是镇压莫斯科十二月武装起义的策划者。1906 年起为国务会议成员。1907 年起为国防会议成员。——11、18、21、25、61、139、366、368、369。

杜尔诺沃,彼得·尼古拉耶维奇(Дурново,Петр Николаевич 1845—1915)——俄国国务活动家,反动分子。1872 年起在司法部门任职,1881 年转到内务部。1884—1893 年任警察司司长,1900—1905 年任副内务大臣,1905 年 10 月—1906 年 4 月任内务大臣,残酷镇压俄国第一次革命。1906 年起为国务会议成员。——104、177、185、234、268、381。

多尔戈鲁科夫，彼得·德米特里耶维奇（Долгоруков，Петр Дмитриевич 1866—约 1945）——俄国公爵，大地主，地方自治运动活动家，立宪民主党人。苏贾县地方自治局主席，1904—1905 年地方自治人士代表大会的参加者。立宪民主党创建人之一，该党中央委员。第一届国家杜马代表和副主席。十月革命后为白俄流亡分子。——117、135。

E

恩格斯，弗里德里希（Engels，Friedrich 1820—1895）——科学共产主义创始人之一，世界无产阶级的领袖和导师，马克思的亲密战友。——370。

尔·马·——见马尔托夫，尔·。

F

费多罗夫斯基，В.К.（Федоровский，В.К. 生于 1871 年）——1905—1906 年为俄国梁赞省叶戈里耶夫斯克县地方自治局主席，第一届国家杜马梁赞省代表。属于民主改革党。——222。

费里，恩里科（Ferri，Enrico 1856—1929）——意大利社会党领袖之一，"整体派"（中派）思想家，该派有时反对公开的改良主义者，但在阶级斗争的基本问题上持改良主义和机会主义立场。1898 年和 1904—1908 年编辑意大利社会党中央机关报《前进报》。第一次世界大战期间主张社会党人参加资产阶级政府。后来支持意大利法西斯主义。——160。

弗拉索夫——见李可夫，阿列克谢·伊万诺维奇。

G

盖森，约瑟夫·弗拉基米罗维奇（Гессен，Иосиф Владимирович 1866—1943）——俄国资产阶级政论家，法学家，立宪民主党创建人和领袖之一，该党中央委员。先后参与编辑立宪民主党机关报《人民自由报》和《言语报》。第二届国家杜马代表，杜马司法委员会主席。十月革命后反对苏维埃政权，外国武装干涉和国内战争时期竭力支持反革命首领尤登尼奇，后为白俄流亡分子。1920 年起在柏林出版白卫报纸《舵轮报》，1921 年起出版《俄国革命文库》。写过不少攻击布尔什维克的政论文章。——19。

哥列梅金,伊万·洛金诺维奇(Горемыкин, Иван Логгинович 1839—1917)——俄国国务活动家,君主派分子。1895—1899年任内务大臣,推行削弱和取消1861年改革的反动政策(所谓"反改革"政策),残酷镇压工人运动。1899年起为国务会议成员。1906年4月被任命为大臣会议主席(同年7月由斯托雷平接替),维护专制制度,解散第一届国家杜马。1914年1月—1916年1月再次出任大臣会议主席,执行以格·叶·拉斯普廷为首的宫廷奸党的意志。敌视第四届国家杜马和进步同盟。——96、113、114、121、126、127、177、178、179、194、228、229、231、233、291。

哥马尔捷利,伊万·格杰瓦诺维奇(Гомартели, Иван Гедеванович 1875—1938)——俄国社会民主党人,孟什维克;职业是医生。1899年加入俄国社会民主工党,曾任党的库塔伊西委员会委员。1906年被选为第一届国家杜马库塔伊西省代表。杜马解散后,因在维堡宣言上签名被判处监禁三个月。刑满后不再积极参加社会民主党组织的工作。十月革命后曾与格鲁吉亚孟什维克政府合作,1919年是梯弗利斯市杜马孟什维克议员候选人。1921年起脱离孟什维克,从事医务工作和写作。——222。

格列杰斯库尔,尼古拉·安德列耶维奇(Гредескул, Николай Андреевич 生于1864年)——俄国法学家和政论家,教授,立宪民主党人。1905年参加《世界报》的出版工作,同年12月在该报因发表"反政府"性质的文章遭到查封后被捕。1906年流放阿尔汉格尔斯克省。流放期间缺席当选为第一届国家杜马代表,回到彼得堡后任国家杜马副主席。第一届国家杜马解散后,因在维堡宣言上签名,再次被捕入狱。刑满出狱后,为立宪民主党的《言语报》和资产阶级自由派的其他一些报刊撰稿。1916年退出立宪民主党。1917年二月革命后参加资产阶级的《俄罗斯意志报》的出版工作。十月革命后在列宁格勒一些高等院校任教。1926年出版了自己的回忆录《俄国今昔》,书中肯定了十月革命及其成果。——137、267、268。

葛伊甸,彼得·亚历山德罗维奇(Гейден, Петр Александрович 1840—1907)——俄国伯爵,大地主,地方自治运动活动家,十月党人。1895年起是普斯科夫省的县贵族代表、自由经济学会主席。1904—1905年积极参加地方自治运动。打着自由主义的幌子,力图使资产阶级和地主联合起来对付日益增长的革命运动。沙皇1905年10月17日宣言颁布后,公开转

向反革命营垒,是十月党的组织者之一。在第一届国家杜马中领导右派代表集团。杜马解散后是和平革新党的组织者之一。——93、143、169、228、239、240、254。

古尔柯,弗拉基米尔·约瑟福维奇(Гурко, Владимир Иосифович 1863—1927)——俄国国务活动家。1902年起任内务部地方局局长,1906年起任副内务大臣。在第一届国家杜马中反对土地法案,维护农奴主-地主的利益。在哥列梅金政府中起过重要作用。后因同盗用公款一事有牵连,根据参议院判决被解职。1912年当选为国务会议成员。敌视十月革命,反对苏维埃政权,后流亡国外。——234、235、400。

古契柯夫,亚历山大·伊万诺维奇(Гучков, Александр Иванович 1862—1936)——俄国大资本家,十月党的组织者和领袖。1905—1907年革命期间支持政府镇压工农。1907年5月作为工商界代表被选入国务会议,同年11月被选入第三届国家杜马;1910年3月—1911年3月任杜马主席。第一次世界大战期间是中央军事工业委员会主席和国防特别会议成员。1917年3—5月任临时政府陆海军部长。同年8月参与策划科尔尼洛夫叛乱。十月革命后反对苏维埃政权,1918年起为白俄流亡分子。——381。

H

赫尔岑施坦,米哈伊尔·雅柯夫列维奇(Герценштейн, Михаил Яковлевич 1859—1906)——俄国经济学家,莫斯科农学院教授,第一届国家杜马代表,立宪民主党领袖之一,该党土地问题理论家。第一届国家杜马解散后,在芬兰被黑帮分子杀害。——228、242。

赫鲁斯塔廖夫-诺萨尔,格奥尔吉·斯捷潘诺维奇(Хрусталев-Носарь, Георгий Степанович 1877—1918)——俄国政治活动家,律师助理。1906年加入俄国社会民主工党,孟什维克。1905年10月作为无党派人士当选为孟什维克控制的彼得堡工人代表苏维埃主席。1906年因彼得堡苏维埃案受审,流放西伯利亚,1907年逃往国外。俄国社会民主工党第五次(伦敦)代表大会代表。支持关于召开所谓"非党工人代表大会"和建立"广泛的无党派的工人党"的思想。斯托雷平反动时期和新的革命高涨年代是取消派分子,为孟什维克的《社会民主党人呼声报》撰稿。1909年退党。第一次

世界大战期间回国。十月革命后在乌克兰积极从事反革命活动，支持帕·彼·斯科罗帕茨基和西·瓦·佩特留拉。1918年被枪决。——285—288。

黑格尔，乔治·威廉·弗里德里希（Hegel, Georg Wilhelm Friedrich 1770—1831）——德国哲学家，客观唯心主义者，德国古典哲学的主要代表。1801—1807年任耶拿大学哲学讲师和教授。1808—1816年任纽伦堡中学校长。1816—1817年任海德堡大学哲学教授。1818年起任柏林大学哲学教授。黑格尔哲学是18世纪末至19世纪初德国唯心主义哲学的最高发展。他根据唯心主义的思维与存在同一的基本原则，建立了客观唯心主义的哲学体系，并创立了唯心主义辩证法的理论。认为在自然界和人类出现以前存在着绝对精神，客观世界是绝对精神、绝对观念的产物；绝对精神在其发展中经历了逻辑阶段、自然阶段和精神阶段，最终回复到了它自身；整个自然的、历史的和精神的世界都处于不断的运动、变化和发展中，矛盾是运动、变化的核心。黑格尔哲学的特点是辩证方法同形而上学体系之间的深刻矛盾。他的唯心主义辩证法是马克思主义哲学的理论来源之一。在社会政治观点上是保守的，是立宪君主制的维护者。主要著作有《精神现象学》(1807)、《逻辑学》(1812—1816)、《哲学全书》(1817)、《法哲学原理》(1821)、《哲学史讲演录》(1833—1836)、《历史哲学讲演录》(1837)、《美学讲演录》(1836—1838)等。——31。

霍夫施泰特尔，伊波利特·安德列耶维奇（Гофштеттер, Ипполит Андреевич 生于1863年）——俄国自由主义民粹派代表人物，自称是瓦·巴·沃龙佐夫的追随者。一方面指责马克思主义者力图“培植”资本主义和“加快农民丧失土地和小经济破产的过程”，同时又指望沙皇政府实行明智的政策，认为沙皇政府应该通过一套正确的税收和信贷制度，借助大生产来促进小生产的发展。在《资本主义的空谈家》这本小册子中阐述了自己的观点。——127。

霍米亚科夫，尼古拉·阿列克谢耶维奇（Хомяков, Николай Алексеевич 1850—1925）——俄国大地主，十月党人。1886—1896年是斯摩棱斯克省贵族代表。1896—1902年任农业和国家产业部农业司司长。1906年被选为国务会议成员。第二届、第三届和第四届国家杜马代表；1910年3月前任第三届国家杜马主席。与银行资本有联系，在东部铁路实行租让时入

了股。——163。

J

季米里亚捷夫,瓦西里·伊万诺维奇(Тимирязев,Василий Иванович 1849—1919)——俄国工业家和金融家。1894年起为财政大臣办公会议成员,财政部驻柏林和维也纳的代表。1902年起任副财政大臣,1905年起任工商大臣,1906年退职,从事私人工商业活动。1906—1917年为国务会议成员。1909年再次被任命为工商大臣。1912年任勒拿采金工业公司董事长时,为镇压金矿工人的勒拿惨案进行辩解。——228、240。

加列茨基,伊万·瓦西里耶维奇(Галецкий,Иван Васильевич 生于1874年)——俄国左派立宪民主党人,后为社会革命党人。因参加彼得堡民意社,1896年在警察公开监视下流放阿尔汉格尔斯克省,为期三年。刑满后在奔萨担任诉讼案件的律师,后回到阿尔汉格尔斯克当律师,任立宪民主党的省委员会主席。第一届国家杜马阿尔汉格尔斯克省代表。1906年退出立宪民主党,加入劳动派,后又加入社会革命党。1907年以前曾在阿尔汉格尔斯克出版《北方小报》。——253。

杰米扬——见泰奥多罗维奇,伊万·阿道福维奇。

K

卡尔波夫——见列宁,弗拉基米尔·伊里奇。

康·波—夫——见波波夫,康斯坦丁·安德列耶维奇。

考茨基,卡尔(Kautsky,Karl 1854—1938)——德国社会民主党和第二国际的领袖和主要理论家之一。1875年加入奥地利社会民主党,1877年加入德国社会民主党。1881年与马克思和恩格斯相识后,在他们的影响下逐渐转向马克思主义。从19世纪80年代到20世纪初写过一些宣传和解释马克思主义的著作:《卡尔·马克思的经济学说》(1887)、《土地问题》(1899)等。但在这个时期已表现出向机会主义方面摇摆,在批判伯恩施坦时作了很多让步。1883—1917年任德国社会民主党理论刊物《新时代》杂志主编。曾参与起草1891年德国社会民主党纲领(爱尔福特纲领)。1910年以后逐渐转到机会主义立场,成为中派领袖。第一次世界大战前夕提出

超帝国主义论,大战期间打着中派旗号支持帝国主义战争。1917 年参与建立德国独立社会民主党,1922 年拥护该党右翼与德国社会民主党合并。1918 年后发表《无产阶级专政》等书,攻击俄国十月革命,反对无产阶级专政。——62、139—141、160、370。

考夫曼,亚历山大·阿尔卡季耶维奇(Кауфман, Александр Аркадьевич 1864—1919)——俄国经济学家和统计学家,立宪民主党的组织者和领袖之一。1887—1906 年在农业和国家产业部供职。曾参与制定立宪民主党的土地改革法案,积极为《俄罗斯新闻》撰稿。列宁在使用考夫曼的某些统计著作的同时,对他宣扬农民和地主之间的阶级和平给予了尖锐批评。十月革命后在中央统计机关工作。著有《西伯利亚的农民村社》(1897)、《移民与垦殖》(1905)等书。——20。

柯瓦列夫斯基,马克西姆·马克西莫维奇(Ковалевский, Максим Максимович 1851—1916)——俄国历史学家、法学家和社会学家,资产阶级自由派政治活动家。1878—1887 年任莫斯科大学法律系教授。1887 年出国。1901 年和叶·瓦·罗伯蒂一起在巴黎创办俄国社会科学高等学校。1905 年回国。1906 年创建立宪君主主义的民主改革党,同年被选入第一届国家杜马,次年被选入国务会议。1906—1907 年出版民主改革党的机关报《国家报》,1909 年收买《欧洲通报》杂志社的产权并任杂志编辑。在他的学术研究中,比较重要的是论述公社和氏族关系方面的著作。主要著作有《公社土地占有制,它的瓦解原因、过程和后果》、《家庭及所有制的起源和发展概论》、《现代民主制的起源》、《社会学》等。——112、114。

科科夫佐夫,弗拉基米尔·尼古拉耶维奇(Коковцов, Владимир Николаевич 1853—1943)——俄国国务活动家,伯爵。1904—1914 年(略有间断)任财政大臣,1911—1914 年兼任大臣会议主席。第一次世界大战期间是大银行家。十月革命后为白俄流亡分子。——177、178、254。

科斯特罗夫——见饶尔丹尼亚,诺伊·尼古拉耶维奇。

科特利亚列夫斯基,谢尔盖·安德列耶维奇(Котляревский, Сергей Андреевич 1873—1940)——俄国教授,政论家,立宪民主党创建人之一,该党中央委员。第一届国家杜马萨拉托夫省代表。1917 年二月革命后在临时政府宗教事务部门担任领导职务。十月革命后参加过多种反革命组

织。1920 年因“战术中心”案受审,被判处五年缓期监禁。后在莫斯科大学工作,是苏联法学研究所成员。——160、297。

克德林,Е.И.(Кедрин,Е.И. 生于 1851 年)——俄国律师,1905—1906 年自由派资产阶级运动的积极参加者,立宪民主党人。第一届国家杜马代表。——345。

克拉辛,列昂尼德·波里索维奇(文特尔)(Красин, Леонид Борисович (Винтер)1870—1926)——1890 年参加俄国社会民主主义运动,是布鲁斯涅夫小组成员。1895 年被捕,流放伊尔库茨克三年。流放期满后进入哈尔科夫工艺学院学习,1900 年毕业。1900—1904 年在巴库当工程师,与弗·扎·克茨霍韦利一起建立《火星报》秘密印刷所。俄国社会民主工党第二次代表大会后加入布尔什维克党,被增补进中央委员会;在中央委员会里一度对孟什维克采取调和主义态度,帮助把三名孟什维克代表增补进中央委员会,但不久即同孟什维克决裂。俄国社会民主工党第三次代表大会的参加者,在会上当选为中央委员。1905 年是布尔什维克第一份合法报纸《新生活报》的创办人之一。1905—1907 年革命期间参加彼得堡工人代表苏维埃,领导党中央战斗技术组。在党的第四次(统一)代表大会上代表布尔什维克作了关于武装起义问题的报告,并再次当选为中央委员,在第五次(伦敦)代表大会上当选为候补中央委员。1908 年侨居国外。一度参加反布尔什维克的“前进”集团,后脱离政治活动,在国内外当工程师。十月革命后是红军供给工作的组织者之一,任红军供给非常委员会主席、最高国民经济委员会主席团委员、工商业人民委员、交通人民委员。1919 年起从事外交工作。1920 年起任对外贸易人民委员,1920—1923 年兼任驻英国全权代表和商务代表,参加了热那亚国际会议和海牙国际会议。1924 年任驻法国全权代表,1925 年起任驻英国全权代表。在党的第十三次和第十四次代表大会上当选为中央委员。——47—48。

克列孟梭,若尔日(Clemenceau,Georges 1841—1929)——法国国务活动家。第二帝国时期属左翼共和派。1871 年巴黎公社时期任巴黎第十八区区长,力求使公社战士与凡尔赛分子和解。1876 年起为众议员,80 年代初成为激进派领袖,1902 年起为参议员。1906 年 3—10 月任内务部长,1906 年 10 月—1909 年 7 月任总理。维护大资产阶级利益,镇压工人运动和民

主运动。第一次世界大战期间是沙文主义者。1917—1920年再度任总理，在国内建立军事专制制度，积极策划和鼓吹经济封锁和武装干涉苏维埃俄国。1919—1920年主持巴黎和会，参与炮制凡尔赛和约。1920年竞选总统失败后退出政界。——351。

克柳切夫斯基，瓦西里·奥西波维奇（Ключевский，Василий Осипович 1841—1911）——俄国历史学家，俄国资产阶级历史编纂学的代表人物，莫斯科大学教授，彼得堡科学院院士，立宪民主党人。他的著作重视地理殖民地在俄国历史上的作用；不局限于政治史的研究，还注意分析历史过程中的社会和经济因素等。主要著作有《俄国史教程》（五卷本，最后一卷是他死后由他的学生整理出版的）、《古俄罗斯的贵族杜马》（1882）等。——12。

库罗帕特金，阿列克谢·尼古拉耶维奇（Куропаткин，Алексей Николаевич 1848—1925）——沙俄将军，1898—1904年任陆军大臣。1904—1905年日俄战争期间，先后任满洲陆军总司令和俄国远东武装力量总司令，1905年3月被免职。1906年起为国务会议成员。第一次世界大战期间，1916年任北方面军司令，1916—1917年任土耳其斯坦总督兼部队司令，曾指挥镇压中亚起义。十月革命后住在普斯科夫省自己的庄园里，并在当地中学和他创办的农业学校任教。——71。

库特列尔，尼古拉·尼古拉耶维奇（Кутлер，Николай Николаевич 1859—1924）——俄国立宪民主党领袖之一。曾任财政部定额税务司司长，1905—1906年任土地规划和农业管理总署署长。第二届和第三届国家杜马代表，立宪民主党土地纲领草案的起草人之一。1917年二月革命后与银行界和工业界保持密切联系，代表俄国南部企业主的利益参加了工商业部下属的各个委员会。十月革命后在财政人民委员部和国家银行管理委员会工作。——20。

库兹明-卡拉瓦耶夫，弗拉基米尔·德米特里耶维奇（Кузьмин-Караваев，Владимир Дмитриевич 1859—1927）——俄国军法官，将军，立宪民主党右翼领袖之一。第一届和第二届国家杜马代表。在镇压1905—1907年革命中起了重要作用。第一次世界大战期间是地方自治运动活动家和军事工业委员会委员。十月革命后极力反对苏维埃政权。外国武装干涉和国内

战争时期是白卫分子，尤登尼奇的政治会议成员。1920 年起为白俄流亡分子。——228、253。

L

拉甫罗夫，彼得·拉甫罗维奇（Лавров，Петр Лаврович 1823—1900）——俄国革命民粹主义思想家，哲学家，政论家，社会学家。1862 年加入秘密革命团体——第一个土地和自由社。1866 年被捕，次年流放沃洛格达省，在那里写了对俄国民粹主义知识界有很大影响的《历史信札》（1868—1869）。1870 年从流放地逃到巴黎，加入第一国际，参加了巴黎公社。1871 年 5 月受公社的委托去伦敦，在那里与马克思和恩格斯相识。1873—1876 年编辑《前进》杂志，1883—1886 年编辑《民意导报》，后参加编辑民意社文集《俄国社会革命运动史资料》（1893—1896）。作为社会学主观学派的代表，否认社会发展的客观规律，把人类的进步视为"具有批判头脑的个人"活动的结果，被认为是民粹主义"英雄"与"群氓"理论的精神始祖。还著有《国际史论丛》、《1873—1878 年的民粹派宣传家》等社会思想史、革命运动史和文化史方面的著作。——154、392、393、399。

拉赫美托夫，恩·（**布柳姆，O. B.**）（Рахметов，Н.（Блюм，О. В.）生于 1886 年）——俄国社会民主党人，孟什维克。曾从事哲学题材的著述活动，参加拉脱维亚边疆区社会民主党编辑委员会，为《劳动呼声报》撰稿。1909 年 7 月起为里加保安局密探。1917 年被揭发，判处监禁，后被驱逐出境。——241—243、244、248—250、270、271、373。

拉林，尤·（**卢里叶，米哈伊尔·亚历山德罗维奇**）（Ларин，Ю.（Лурье，Михаил Александрович）1882—1932）——1900 年参加俄国社会民主主义运动，在敖德萨和辛菲罗波尔工作。1904 年起为孟什维克。1905 年是俄国社会民主工党彼得堡孟什维克委员会委员。1906 年进入党的统一的彼得堡委员会；是党的第四次（统一）代表大会有表决权的代表。维护孟什维克的土地地方公有化纲领，支持召开"工人代表大会"的取消主义思想。党的第五次（伦敦）代表大会波尔塔瓦组织的代表。斯托雷平反动时期和新的革命高涨年代是取消派领袖之一，参加了"八月联盟"。第一次世界大战期间是中派分子。1917 年二月革命后领导出版《国际》杂志的孟什维克国

际主义派。1917年8月加入布尔什维克党。在彼得格勒参加十月武装起义。十月革命后主张成立有孟什维克和社会革命党人参加的联合政府。在苏维埃和经济部门工作,曾任最高国民经济委员会主席团委员、国家计划委员会主席团委员等职。1920—1921年工会问题争论期间先后支持布哈林和托洛茨基的纲领。——51—52。

拉米什维里,伊西多尔·伊万诺维奇(Рамишвили,Исидор Иванович 1859—1937)——俄国社会民主党人,孟什维克;职业是教员。第一届国家杜马库塔伊西省代表。杜马解散后,因在维堡宣言上签名而被判刑。俄国社会民主工党第四次(统一)代表大会梯弗利斯组织的代表。1917年是彼得格勒苏维埃执行委员会委员,立宪会议代表。1918年起是格鲁吉亚孟什维克政府的部长。1921年起为白俄流亡分子。——215、216、222、252、297、298。

拉萨尔,斐迪南(Lassalle,Ferdinand 1825—1864)——德国工人运动活动家,小资产阶级社会主义者,德国工人运动中的机会主义——拉萨尔主义的代表人物。积极参加德国1848年革命。曾与马克思和恩格斯有过通信联系。1863年5月参与创建全德工人联合会,并当选为联合会主席。在联合会中推行拉萨尔主义,把德国工人运动引上了机会主义道路。宣传超阶级的国家观点,主张通过争取普选权和建立由国家资助的工人生产合作社来解放工人。曾同俾斯麦勾结并支持在普鲁士领导下"自上而下"统一德国的政策。在哲学上是唯心主义者和折中主义者。——209。

赖德律-洛兰,亚历山大·奥古斯特(Ledru-Rollin,Alexandre-Auguste 1807—1874)——法国政论家和政治活动家,小资产阶级民主派的领袖之一;职业是律师。1843年参与创办反对派报纸《改革报》,反对七月王朝,主张建立民主共和国。1848年二月革命后任临时政府内务部长,参与镇压巴黎工人六月起义。1849年领导了反对路易·波拿巴政府反动对外政策的六月示威游行,游行队伍被驱散后流亡英国。1870年回国。1871年当选为国民议会议员,但为了抗议1871年法兰克福和约的苛刻条件,辞去了议员职务。敌视1871年的巴黎公社。——313、349。

雷日科夫,谢苗·马尔丁诺维奇(Рыжков,Семен Мартынович 生于1874年)——俄国教员,农民出身,第一届国家杜马叶卡捷琳诺斯拉夫省代表。

创办过星期日学校和自学小组。第一届杜马解散后，因在维堡宣言上签名而被判刑。——202。

李卜克内西，威廉（Liebknecht，Wilhelm 1826—1900）——德国工人运动和国际工人运动活动家，德国社会民主党的创建人和领袖之一，马克思和恩格斯的朋友和战友。积极参加德国1848年革命，革命失败后流亡国外，在国外结识马克思和恩格斯，接受了科学共产主义思想。1850年加入共产主义者同盟。1862年回国。第一国际成立后，成为国际的革命思想的热心宣传者和国际的德国支部的组织者之一。1868年起任《民主周报》编辑。1869年与倍倍尔共同创建了德国社会民主工党（爱森纳赫派），任党的中央机关报《人民国家报》编辑。1875年积极促成爱森纳赫派和拉萨尔派的合并。在反社会党人非常法施行期间与倍倍尔一起领导党的地下工作和斗争。1890年起任党的中央机关报《前进报》主编，直至逝世。1867—1870年为北德意志联邦国会议员，1874年起多次被选为德意志帝国国会议员，利用议会讲坛揭露普鲁士容克反动的内外政策。因革命活动屡遭监禁。是第二国际的组织者之一。——276—277。

李可夫，阿列克谢·伊万诺维奇（弗拉索夫）（Рыков，Алексей Иванович（Власов）1881—1938）——1899年加入俄国社会民主工党。曾在萨拉托夫、莫斯科、彼得堡等地做党的工作。1905年党的第三次代表大会起多次当选为中央委员。斯托雷平反动时期对取消派、召回派和托洛茨基分子采取调和主义态度。曾多次被捕流放并逃亡国外。1917年二月革命后被选进莫斯科苏维埃主席团，同年10月在彼得格勒参与领导武装起义。十月革命后参加第一届人民委员会，任内务人民委员。1917年11月主张成立有孟什维克和社会革命党人参加的联合政府，遭到否决后声明退出党中央和人民委员会。1918年2月起任最高国民经济委员会主席，1921年夏起任人民委员会和劳动国防委员会副主席。1923年当选为党中央政治局委员。1924—1930年任苏联人民委员会主席。1929年被作为"右倾派别集团"领袖之一受到批判。1930年12月被撤销政治局委员职务。1931—1936年任苏联交通人民委员。1934年当选为候补中央委员。1937年被开除出党。1938年3月13日被苏联最高法院军事审判庭以"参与托洛茨基的恐怖、间谍和破坏活动"的罪名判处枪决。1988年平反昭雪并恢复党

籍。——192—193。

里扬舍夫,В.(Рьяншев,В.)——《立宪民主党人关于集会自由的法案》一文(载于1906年5月31日(6月13日)《信使报》第13号)的作者。——193。

列德尼茨基,亚历山大·Р.(Ледницкий(Lednicki),Александр Р. 1866—1934)——波兰人,律师;立宪民主党活动家,第一届国家杜马代表。曾为《俄国思想报》、《人民自由党通报》杂志等撰稿。第一次世界大战期间是在俄国的一些波兰资产阶级组织的领导人之一。1917年任临时政府波兰王国事务清理委员会主席,1918年是波兰摄政会议驻苏维埃俄国的代表。后居住在波兰,是反苏的泛欧思潮的拥护者。——297、298。

列宁,弗拉基米尔·伊里奇(**乌里扬诺夫,弗拉基米尔·伊里奇**;卡尔波夫;列宁,尼·)(Ленин,Владимир Ильич(Ульянов,Владимир Ильич,Карпов,Ленин,Н.)1870—1924)——1—65、86、88、305、324、336、350、352。

列文,Ш.Х.(Левин,Ш.Х. 生于1867年)——俄国立宪民主党人,第一届国家杜马维尔诺市代表。曾为《新曙光》和其他资产阶级文学刊物撰稿。第一届国家杜马解散后,曾在维堡宣言上签名,因害怕受迫害,移居国外。——201—202。

卢那察尔斯基,阿纳托利·瓦西里耶维奇(阿·卢—基;沃伊诺夫)(Луначарский,Анатолий Васильевич(А.Л—ий,Воинов)1875—1933)——19世纪90年代初参加俄国社会民主主义运动。俄国社会民主工党第二次代表大会后是布尔什维克。曾先后参加布尔什维克的《前进报》、《无产者报》和《新生活报》编辑部。代表《前进报》编辑部出席了党的第三次代表大会,受列宁委托,在会上作了关于武装起义问题的报告。党的第四次(统一)代表大会和第五次(伦敦)代表大会的参加者,布尔什维克出席第二国际斯图加特代表大会(1907)和哥本哈根代表大会(1910)的代表。斯托雷平反动时期脱离布尔什维克,参加"前进"集团;在哲学上宣扬造神说和马赫主义。第一次世界大战期间持国际主义立场。1917年二月革命后参加区联派,在俄国社会民主工党(布)第六次代表大会上随区联派集体加入布尔什维克党。十月革命后到1929年任教育人民委员,以后任苏联中央执行委员会学术委员会主席。1930年起为苏联科学院院士。在艺术和文学方面著述很多。——21、22、51、52、284。

鲁勉采夫，彼得·彼得罗维奇（施米特）（Румянцев，Петр Петрович（Шмидт）1870—1925）——1891年参加俄国社会民主主义运动，在彼得堡和其他城市做党的工作。俄国社会民主工党第二次代表大会后是布尔什维克，为多数派委员会常务局成员。沃罗涅日委员会出席党的第三次代表大会的代表。1905年6月被增补进党中央委员会。1905年是布尔什维克第一份合法报纸《新生活报》撰稿人和编辑，1906—1907年是《生活通报》杂志撰稿人和编辑。党的第四次（统一）代表大会有发言权的代表。在土地问题上维护列宁的土地国有化纲领。斯托雷平反动时期脱党，从事统计工作。死于国外。——9。

罗季切夫，费多尔·伊兹迈洛维奇（Родичев，Федор Измаилович 1853—1932）——俄国地主，地方自治运动活动家，立宪民主党领袖之一，该党中央委员。1904—1905年地方自治人士代表大会的参加者。第一届至第四届国家杜马代表。1917年二月革命后任临时政府芬兰事务委员。十月革命后为白俄流亡分子。——20、26、27、137、138、229、258、260、306。

罗曼诺夫王朝（Романовы）——俄国皇朝（1613—1917）。——379、381。

罗扎诺夫，瓦西里·瓦西里耶维奇（Розанов，Василий Васильевич 1856—1919）——俄国宗教哲学家，文艺批评家和政论家。宣扬唯心主义和神秘主义。19世纪90年代末起是晚期斯拉夫派记者，《俄罗斯通报》杂志和《俄罗斯评论》杂志撰稿人，《新时报》的主要政论家之一。他的文章维护专制制度和正教，受到革命马克思主义者的尖锐批评。——179。

M

马尔丁诺夫，亚历山大（**皮凯尔，亚历山大·萨莫伊洛维奇**）（Мартынов，Александр（Пиккер，Александр Самойлович）1865—1935）——俄国经济派领袖之一，孟什维克著名活动家，后为共产党员。19世纪80年代初参加民意党人小组，1886年被捕，流放东西伯利亚十年；流放期间成为社会民主党人。1900年侨居国外，参加经济派的《工人事业》杂志编辑部，反对列宁的《火星报》。在俄国社会民主工党第二次代表大会上是国外俄国社会民主党人联合会的代表，反火星派分子，会后成为孟什维克。1907年作为叶卡捷琳诺斯拉夫组织的代表参加了党的第五次（伦敦）代表大会的工作，

在代表大会上当选为中央委员。斯托雷平反动时期和新的革命高涨年代是取消派分子，参加取消派的机关报《社会民主党人呼声报》编辑部。第一次世界大战期间持中派立场。1917年二月革命后为孟什维克国际主义者。十月革命后脱离孟什维克。1918—1922年在乌克兰当教员。1923年加入俄共(布)，在马克思恩格斯研究院工作。1924年起任《共产国际》杂志编委。——29—30、98、156。

马尔托夫，尔·(**策杰尔包姆，尤利·奥西波维奇**；尔·马·)(Мартов，Л.(Цедербаум，Юлий Осипович，Л.М.)1873—1923)——俄国孟什维克领袖之一。1895年参与组织彼得堡工人阶级解放斗争协会。1896年被捕并流放图鲁汉斯克三年。1900年参与创办《火星报》，为该报编辑部成员。在俄国社会民主工党第二次代表大会上是《火星报》组织的代表，领导机会主义少数派，反对列宁的建党原则；从那时起成为孟什维克中央机关的领导成员和孟什维克报刊的编辑。曾参加党的第五次(伦敦)代表大会的工作。斯托雷平反动时期和新的革命高涨年代是取消派分子，编辑《社会民主党人呼声报》，参与组织"八月联盟"。第一次世界大战期间是中派分子，参加齐美尔瓦尔德代表会议和昆塔尔代表会议。曾参加孟什维克组织委员会国外书记处，为书记处编辑机关刊物。1917年二月革命后领导孟什维克国际主义派。十月革命后反对镇压反革命和解散立宪会议。1919年当选为全俄中央执行委员会委员，1919—1920年为莫斯科苏维埃代表。1920年9月侨居德国。参与组织第二半国际，在柏林创办和编辑孟什维克杂志《社会主义通报》。——83、192、193。

马克思，卡尔(Marx，Karl 1818—1883)——科学共产主义的创始人，世界无产阶级的领袖和导师。——26、152、155—156、360、366、370。

马拉霍夫，尼古拉·尼古拉耶维奇(Малахов，Николай Николаевич 生于1827年)——沙俄将军。1849年参与镇压匈牙利革命。1877—1878年参加俄土战争。1903—1905年任莫斯科军区副司令，1905年2月—1906年1月任司令；是奉沙皇政府命令镇压1905年莫斯科十二月武装起义的罪魁之一。1906年起在陆军部供职。——369。

马利舍夫斯基，Н.Г.(Малишевский，Н.Г. 生于1874年)——俄国社会民主党人，孟什维克。1894—1895年是彼得堡一个社会民主主义小组的成员。

1895年被捕，在狱中和流放地服刑。1906年为孟什维克《现代评论》杂志撰稿；提出在俄国争取共和制的斗争应退居次要地位的机会主义论点，受到列宁的严厉批判。1907年起脱离政治活动。——400。

马斯洛夫，彼得·巴甫洛维奇（约翰）（Маслов，Петр Павлович（Джон，）1867—1946）——俄国经济学家，社会民主党人。写有一些土地问题著作，修正马克思主义政治经济学原理。曾为《生活》、《开端》和《科学评论》等杂志撰稿。俄国社会民主工党第二次代表大会后是孟什维克；曾提出孟什维克的土地地方公有化纲领。在俄国社会民主工党第四次（统一）代表大会上代表孟什维克作了关于土地问题的报告，被选入中央机关报编辑部。斯托雷平反动时期和新的革命高涨年代是取消派分子。第一次世界大战期间是社会沙文主义者。十月革命后脱离政治活动，从事教学和科研工作，研究社会主义政治经济学问题。1929年起为苏联科学院院士。——9、16、17、23、24、25、27、28、29、76。

米恩，格奥尔吉·亚历山德罗维奇（Мин，Георгий Александрович 1855—1906）——沙俄上校，谢苗诺夫近卫团团长。镇压莫斯科1905年十二月武装起义的首领之一。曾向莫斯科—喀山铁路讨伐队下达"格杀勿论、无情镇压"的命令。根据他的命令，1905年12月17日（30日）起义工人主力部队的集中地普罗霍罗夫纺织厂遭到炮击。为了嘉奖他血腥屠杀起义者，尼古拉二世晋升他为少将。后被社会革命党人杀死。——361。

米哈伊利琴科，米特罗范·伊万诺维奇（Михайличенко，Митрофан Иванович 生于1872年）——俄国工人，社会民主党人，第一届国家杜马叶卡捷琳诺斯拉夫省代表。在杜马中是工人团领袖。第一届国家杜马解散后，曾在维堡宣言上签名。1912年被捕后在狱中服刑。——92。

米海洛夫斯基，尼古拉·康斯坦丁诺维奇（Михайловский，Николай Константинович 1842—1904）——俄国自由主义民粹派理论家，政论家，文艺批评家，实证论哲学家，社会学主观学派代表人物。1860年开始写作活动。1868年起为《祖国纪事》杂志撰稿，后任编辑。1879年与民意党接近。1882年以后写了一系列谈"英雄"与"群氓"问题的文章，建立了完整的"英雄"与"群氓"的理论体系。1884年《祖国纪事》杂志被查封后，给《北方通报》、《俄国思想》、《俄罗斯新闻》撰稿。1892年起任《俄国财富》杂志

编辑，在该杂志上与俄国马克思主义者进行激烈论战。——392—393、399。

米留可夫，帕维尔·尼古拉耶维奇（Милюков，Павел Николаевич 1859—1943）——俄国立宪民主党领袖，俄国自由派资产阶级思想家，历史学家和政论家。1886年起任莫斯科大学讲师。90年代前半期开始政治活动，1902年起为资产阶级自由派的《解放》杂志撰稿。1905年10月参与创建立宪民主党，后任该党中央委员会主席和中央机关报《言语报》编辑。第三届和第四届国家杜马代表。第一次世界大战期间为沙皇政府的掠夺政策辩护。1917年二月革命后任第一届临时政府外交部长，推行把战争进行到"最后胜利"的帝国主义政策；同年8月积极参与策划科尔尼洛夫叛乱。十月革命后同白卫分子和武装干涉者合作。1920年起为白俄流亡分子，在巴黎出版《最新消息报》。著有《俄国文化史概要》、《第二次俄国革命史》及《回忆录》等。——19、41、72、94、113、114、188、194、254。

米雅柯金，韦涅季克特·亚历山德罗维奇（Мякотин，Венедикт Александрович 1867—1937）——俄国人民社会党领袖之一，历史学家和政论家。1893年为《俄国财富》杂志撰稿人，1904年起为杂志编委。1905—1906年是资产阶级知识分子组织"协会联合会"的领导人之一。敌视十月革命，反对苏维埃政权。1918年是反革命组织"俄罗斯复兴会"的创建人之一，同年流亡国外。——88、229。

穆罗姆采夫，谢尔盖·安德列耶维奇（Муромцев，Сергей Андреевич 1850—1910）——俄国立宪民主党创建人和领袖之一，法学家和政论家。1877年起任莫斯科大学罗马法教授。1879—1892年任自由派资产阶级的《法学通报》杂志编辑。1897年开始从事地方自治活动。曾参加1904—1905年地方自治人士代表大会。1906年为第一届国家杜马代表和杜马主席。1908—1910年从事政论活动。——135、232、233、237。

N

拿破仑第一（**波拿巴**）（Napoléon I（Bonaparte）1769—1821）——法国皇帝，资产阶级军事家和政治家。法国资产阶级革命时期参加革命军。1799年发动雾月政变，自任第一执政，实行军事独裁统治。1804年称帝，建立法兰

西第一帝国，颁布《拿破仑法典》，巩固资本主义制度。多次粉碎反法同盟，严重打击了欧洲封建反动势力。但对外战争逐渐变为同英俄争霸和掠夺、奴役别国的侵略战争。1814年欧洲反法联军攻陷巴黎后，被流放厄尔巴岛。1815年重返巴黎，再登皇位。滑铁卢之役战败后，被流放大西洋圣赫勒拿岛。——13。

纳波柯夫，弗拉基米尔·德米特里耶维奇（Набоков，Владимир Дмитриевич 1869—1922）——俄国立宪民主党创建人和领袖之一，法学家和政论家。1901年起编辑自由派资产阶级的法学刊物《法学》和《法律学报》杂志。曾参加1904—1905年地方自治人士代表大会，并加入解放社。立宪民主党的《人民自由党通报》杂志和《言语报》编辑兼出版人。第一届国家杜马代表。1917年二月革命后任临时政府办公厅主任。十月革命后反对苏维埃政权，参加了白卫分子成立的所谓克里木边疆区政府，任司法部长。1920年起流亡柏林，参与出版右派立宪民主党人的《舵轮报》。——117、201、222、228、229、235、239、242、264。

纳科里亚科夫，尼古拉·尼坎德罗维奇（纳扎尔）（Накоряков，Николай Никандрович（Назар）1881—1970）——1899年参加俄国革命运动，1901年加入俄国社会民主工党，党的第二次代表大会后是布尔什维克。曾在喀山、萨马拉和乌拉尔等地做党的工作，为秘密的和合法的报刊撰稿；多次被捕和流放。俄国社会民主工党第四次（统一）代表大会和第五次（伦敦）代表大会的代表；在第四次代表大会上提出了关于议会党团组成问题的修正案。1908年被捕，流放西伯利亚。1911年侨居美国，编辑俄国侨民出版的《新世界报》。1916年转到护国派立场。1917年二月革命后回国，在临时政府的军队中任副政委。1919—1920年在邓尼金白卫军中服役。后转向苏维埃政权，在哈尔科夫、西伯利亚和莫斯科的出版社工作，1922年起领导国家美术书籍出版社。1925年加入联共（布）。——43。

纳扎尔——见纳科里亚科夫，尼古拉·尼坎德罗维奇。

乃木希典（1849—1912）——日本将军，伯爵（1907）。1894—1895年中日战争时期任步兵旅旅长，战后晋升为师长，并被派往台湾任总督。1900—1904年退役。1904—1905年日俄战争时期重返军界。1904年6月起任第3集团军司令，指挥围攻旅顺口。攻陷旅顺后参加了沈阳战役。战后任

天皇的军事参议官和享有特权的贵族子弟学习院名誉院长。——376。
瑙曼，弗里德里希（Naumann，Friedrich 1860—1919）——德国政治活动家，政论家，“民族社会主义”理论的创始人之一。早年当过牧师，积极参加基督教社会运动。创办《辅助》周刊和《时代报》，宣扬劳动者顺从现行制度的思想，拥护建立强有力的帝国政权，要求实行殖民掠夺的“民族”政策和建立强大的海军和陆军。1896 年成立民族社会联盟，该联盟于 1903 年被解散。1907—1919 年（稍有间断）为国会议员。第一次世界大战期间持帝国主义立场，提出建立在德国庇护下的“中欧”思想，实际上是鼓吹侵占中欧各国的政策。1919 年建立德国民主党，并任该党主席；参与制定魏玛宪法。他的某些思想后来被德国法西斯主义思想家所利用。——351。
尼古拉二世（**罗曼诺夫**）（Николай II（Романов）1868—1918）——俄国最后一个皇帝，亚历山大三世的儿子。1894 年即位，1917 年二月革命时被推翻。1918 年 7 月 17 日根据乌拉尔州工兵代表苏维埃的决定在叶卡捷琳堡被枪决。——21、45、46、93、100、120、121、135、329、330、331、338、339、343、348、351、359、372、378。
尼古拉·—逊——见丹尼尔逊，尼古拉·弗兰策维奇。
涅哥列夫——见约尔丹斯基，尼古拉·伊万诺维奇。

P

帕尔乌斯（**格尔方德，亚历山大·李沃维奇**）（Парвус（Гельфанд，Александр Львович）1869—1924）——生于俄国，19 世纪 80 年代移居国外。90 年代末起在德国社会民主党内工作，属该党左翼；曾任《萨克森工人报》编辑。写有一些世界经济问题的著作。20 世纪初参加俄国社会民主工党的工作，为《火星报》撰稿。俄国社会民主工党第二次代表大会后支持孟什维克的组织路线。1905 年回到俄国，曾担任彼得堡工人代表苏维埃执行委员会委员，为孟什维克的《开端报》撰稿；同托洛茨基一起提出“不断革命论”，主张参加布里根杜马，坚持同立宪民主党人搞交易。斯托雷平反动时期脱离俄国社会民主工党，后移居德国。第一次世界大战期间是社会沙文主义者和德国帝国主义的代理人。1915 年起在柏林出版《钟声》杂志。1918 年脱离政治活动。——4。

普列汉诺夫，格奥尔吉·瓦连廷诺维奇（Плеханов，Георгий Валентинович 1856—1918）——俄国早期的马克思主义理论家，后来成为孟什维克和第二国际机会主义领袖之一。19世纪70年代参加民粹主义运动，是土地和自由社成员及土地平分社领导人之一。1880年侨居瑞士，逐步同民粹主义决裂。1883年在日内瓦创建俄国第一个马克思主义团体——劳动解放社。翻译和介绍了马克思和恩格斯的许多著作，对马克思主义在俄国的传播起了重要作用；写过不少优秀的马克思主义著作，批判民粹主义、合法马克思主义、经济主义、伯恩施坦主义、马赫主义。20世纪初是《火星报》和《曙光》杂志编辑部成员。曾参与制定俄国社会民主工党纲领草案和参加党的第二次代表大会的筹备工作。在代表大会上是劳动解放社的代表，属火星派多数派，参加了大会常务委员会，会后逐渐转向孟什维克。1905—1907年革命时期反对列宁的民主革命的策略，后来在孟什维克和布尔什维克之间摇摆。在俄国社会民主工党第四次（统一）代表大会上作了关于土地问题的报告，维护马斯洛夫的孟什维克方案；在国家杜马问题上坚持极右立场，呼吁支持立宪民主党人的杜马。斯托雷平反动时期和新的革命高涨年代反对取消主义，领导孟什维克护党派。第一次世界大战期间持社会沙文主义立场。1917年二月革命后支持资产阶级临时政府。对十月革命持否定态度，但拒绝支持反革命。最重要的理论著作有《社会主义与政治斗争》（1883）、《我们的意见分歧》（1885）、《论一元论历史观之发展》（1895）、《唯物主义史论丛》（1896）、《论个人在历史上的作用》（1898）、《没有地址的信》（1899—1900），等等。——2、4、7、9、11—13、14、16、17、18、20、21、22、23、24、26、28、33—34、42、46、47、48、52、98、129、131—136、140、148—169、229、242、276、336、338、340、359、367、373—377、400。

普列韦，维亚切斯拉夫·康斯坦丁诺维奇（Плеве，Вячеслав Константинович 1846—1904）——俄国国务活动家。1881年起任警察司司长，1884—1894年任枢密官和副内务大臣。1902年4月任内务大臣兼宪兵团名誉团长。掌权期间，残酷地镇压了波尔塔瓦省和哈尔科夫省的农民运动，破坏了许多地方自治机关；鼓动在俄国边疆地区推行反动的俄罗斯化政策。为了诱使群众脱离反对专制制度的斗争，促进了日俄战争的爆发；出于同一目的，多次策划蹂躏犹太人的暴行，鼓励祖巴托夫政策。1904年7月15日（28

日)被社会革命党人刺死。——380。

普罗柯波维奇,谢尔盖·尼古拉耶维奇(Прокопович,Сергей Николаевич 1871—1955)——俄国经济学家和政论家。曾参加国外俄国社会民主党人联合会,是经济派的著名代表人物,伯恩施坦主义在俄国最早的传播者之一。1904年加入资产阶级自由派的解放社,为该社骨干分子。1905年为立宪民主党中央委员。1906年参与出版半立宪民主党、半孟什维克的《无题》周刊,为左派立宪民主党人的《同志报》积极撰稿。1917年8月任临时政府工商业部长,9—10月任粮食部长。1921年在全俄赈济饥民委员会工作,同反革命地下活动有联系。1922年被驱逐出境。——45。

普罗托波波夫,德米特里·德米特里耶维奇(Протопопов,Дмитрий Дмитриевич 生于1865年)——俄国政论家,地方自治运动活动家,立宪民主党中央委员。第一届国家杜马萨马拉省代表。《地方自治事业》杂志出版人,《俄罗斯新闻》等报刊撰稿人。敌视十月革命和苏维埃政权。1920年因"战术中心"案受审。——70、106。

Q

齐林(Цирин)——俄国格罗德诺省比亚韦斯托克公民复选人,曾致电第一届国家杜马,报告已开始的反犹暴行的情况。——199。

切尔诺夫,维克多·米哈伊洛维奇(Чернов,Виктор Михайлович1873—1952)——俄国社会革命党领袖和理论家之一。1902—1905年任社会革命党中央机关报《革命俄国报》编辑。曾撰文反对马克思主义,企图证明马克思的理论不适用于农业。第一次世界大战期间持社会沙文主义立场,曾参加齐美尔瓦尔德代表会议和昆塔尔代表会议。1917年5—8月任临时政府农业部长,对夺取地主土地的农民实行残酷镇压。敌视十月革命。1918年1月任立宪会议主席;曾领导萨马拉的反革命立宪会议委员会,参与策划反苏维埃叛乱。1920年流亡国外,继续反对苏维埃政权。在他的理论著作中,主观唯心主义和折中主义同修正主义和民粹派的空想混合在一起;企图以资产阶级改良主义的"结构社会主义"对抗科学社会主义。——392。

切列万宁,涅·(**利普金,费多尔·安德列耶维奇**)(Череванин,Н.(Липкин,

Федор Андреевич)1868—1938)——俄国政论家，"马克思的批评家"，后为孟什维克领袖之一，取消派分子。俄国社会民主工党第四次（统一）代表大会和第五次（伦敦）代表大会的参加者，取消派报刊撰稿人，16个孟什维克关于取消党的"公开信"的起草人之一。1912年反布尔什维克的八月代表会议后是孟什维克领导中心——组委会成员。第一次世界大战期间是社会沙文主义者。1917年是孟什维克中央机关报《工人报》编辑之一和孟什维克中央委员会委员。敌视十月革命。——47。

R

饶尔丹尼亚，诺伊·尼古拉耶维奇（科斯特罗夫）（Жордания，Ной Николаевич（Костров）1869—1953）——俄国社会民主党人。19世纪90年代开始政治活动，加入格鲁吉亚第一个社会民主主义团体"麦撒墨达西社"，领导该社的机会主义派。1903年在俄国社会民主工党第二次代表大会上是有发言权的代表，属火星派少数派，会后为高加索孟什维克的领袖。1905年编辑孟什维克的《社会民主党人报》（格鲁吉亚文），反对布尔什维克在资产阶级民主革命中的策略。第一届国家杜马代表，社会民主党党团领袖。1907—1912年为俄国社会民主工党中央委员（代表孟什维克）。斯托雷平反动时期和新的革命高涨年代形式上参加孟什维克护党派，实际上支持取消派。1914年为托洛茨基的《斗争》杂志撰稿。第一次世界大战期间是社会沙文主义者。1917年二月革命后任梯弗利斯工人代表苏维埃主席。1918—1921年是格鲁吉亚孟什维克政府主席。1921年格鲁吉亚建立苏维埃政权后成为白俄流亡分子。——17、28、109。

饶勒斯，让（Jaurès，Jean 1859—1914）——法国社会主义运动和国际社会主义运动活动家，法国社会党领袖，历史学家和哲学家。1885年起多次当选议员。原属资产阶级共和派，19世纪90年代初开始转向社会主义。1898年同亚·米勒兰等人组成法国独立社会党人联盟。1899年竭力为米勒兰参加资产阶级政府的行为辩护。1901年起为社会党国际局成员。1902年与可能派、阿列曼派等组成改良主义的法国社会党。1903年当选为议会副议长。1904年创办《人道报》，主编该报直到逝世。1905年法国社会党同盖得领导的法兰西社会党合并后，成为统一的法国社会党的主要领导

人。在理论和实践问题上往往持改良主义立场,但始终不渝地捍卫民主主义,反对殖民主义和军国主义。由于呼吁反对临近的帝国主义战争,于第一次世界大战前夕(1914 年 7 月 31 日)被法国沙文主义者刺杀。写有法国大革命史等方面的著作。——160、183。

日尔金,伊万·瓦西里耶维奇(Жилкин,Иван Васильевич 1874—1958)——俄国新闻工作者,劳动派领袖之一。曾任《乌拉尔人报》编辑、《星期周报》秘书,为《圣彼得堡新闻》和左派立宪民主党人的《我们的生活报》和《同志报》撰稿。1906 年作为萨拉托夫省的农民代表被选进第一届国家杜马。杜马解散后,因在维堡宣言上签名被判处三个月监禁。刑满后不再积极从事政治活动,为各种资产阶级报刊撰稿。十月革命后在苏维埃机关工作,1925 年起从事新闻工作。——194、195、297、298。

S

萨尔蒂科夫-谢德林,米哈伊尔·叶夫格拉福维奇(**萨尔蒂科夫,米·叶·;谢德林**)(Салтыков-Щедрин,Михаил Евграфович(Салтыков,М. Е.,Щедрин) 1826—1889)——俄国讽刺作家,革命民主主义者。1848 年因发表抨击沙皇制度的小说被捕,流放七年。1856 年初返回彼得堡,用笔名"尼·谢德林"发表了《外省散记》。1863—1864 年为《同时代人》杂志撰写政论文章,1868 年起任《祖国纪事》杂志编辑,1878 年起任主编。60—80 年代创作了《一个城市的历史》、《戈洛夫廖夫老爷们》等长篇小说,批判了俄国的专制农奴制,刻画了地主、沙皇官僚和自由派的丑恶形象。——292。

施米特——见鲁勉采夫,彼得·彼得罗维奇。

舒赫坦,Л. Ф.(Шухтан,Л. Ф.)——俄国交通工程师,尼古拉铁路局局长。1906 年 6 月被提名为拟议中的联合政府的交通大臣。——228。

司徒卢威,彼得·伯恩哈多维奇(Струве,Петр Бернгардович1870—1944)——俄国经济学家,哲学家,政论家,合法马克思主义主要代表人物,立宪民主党领袖之一。19 世纪 90 年代编辑合法马克思主义者的《新言论》杂志和《开端》杂志。1896 年参加第二国际第四次代表大会。1898 年参加起草《俄国社会民主工党宣言》。在 1894 年发表的第一部著作《俄国经济发展问题的评述》中,在批判民粹主义的同时,对马克思的经济学说和

哲学学说提出"补充"和"批评"。20世纪初同马克思主义和社会民主主义彻底决裂,转到自由派营垒。1902年起编辑自由派资产阶级刊物《解放》杂志,1903年起是解放社的领袖之一。1905年起是立宪民主党中央委员,领导该党右翼。1907年当选为第二届国家杜马代表。第一次世界大战爆发后鼓吹俄国的帝国主义侵略扩张政策。十月革命后敌视苏维埃政权,是邓尼金和弗兰格尔反革命政府成员,后逃往国外。——43、44、45、94、104、120、121、156、161、209、352、353、398、399。

斯基尔蒙特,罗曼·亚历山德罗维奇(Скирмунт,Роман Александрович 生于1868年)——俄国地主,第一届国家杜马明斯克省代表,属于自治派同盟党团。1910年10月当选国务会议成员。——298。

斯季申斯基,亚历山大·谢苗诺维奇(Стишинский,Александр Семенович 生于1857年)——俄国官吏,地主利益的狂热维护者。1873—1882年先后在国务办公厅和内务部供职。1896年起任副国务秘书,1899—1904年任副内务大臣。在哥列梅金政府中任土地规划和农业管理总署署长。黑帮组织"俄罗斯人民同盟"的鼓动者之一。1904年起为国务会议成员。——121、400。

斯塔霍维奇,米哈伊尔·亚历山德罗维奇(Стахович,Михаил Александрович 1861—1923)——俄国地主,温和自由派分子。1895—1907年是奥廖尔省贵族代表,在地方自治运动中起过显著作用。曾加入立宪民主党,后来是十月党的组织者之一。第一届和第二届国家杜马代表,国务会议成员。1917年二月革命后被任命为芬兰总督,后任临时政府驻国外代表。——228、240。

斯特卢米林(**斯特卢米洛-彼特拉什凯维奇**),斯坦尼斯拉夫·古斯塔沃维奇(Струмилин(Струмилло-Петрашкевич),Станислав Густавович 1877—1974)——俄国社会民主党人,后来是苏联经济学家和统计学家,苏联科学院院士。1897年参加革命运动,1899年加入彼得堡工人阶级解放斗争协会。多次被捕和流放。1905年和以后一段时间在彼得堡孟什维克组织中工作,采取调和主义立场。1906年和1907年分别是俄国社会民主工党第四次(统一)代表大会和第五次(伦敦)代表大会的代表。在第四次代表大会上,就土地问题发表了独特的见解,否定了一般土地纲领的必要性;在一

系列原则问题上赞同布尔什维克。十月革命后脱离孟什维克,1923年加入俄共(布)。1921—1937年和1943—1951年在苏联国家计划委员会工作,历任国家计划委员会副主席、主席团委员、中央国民经济核算局副局长等职;同时在莫斯科大学及其他高等院校从事科研和教学工作。写有许多关于社会主义计划、苏联国民经济史、经济学、统计学等方面的著作。——29。

斯特卢米洛-彼特拉什凯维奇——见斯特卢米林,斯坦尼斯拉夫·古斯塔沃维奇。

斯托雷平,彼得·阿尔卡季耶维奇(Столыпин,Петр Аркадьевич 1862—1911)——俄国国务活动家,大地主。1884年起在内务部任职。1902年任格罗德诺省省长。1903—1906年任萨拉托夫省省长,因镇压该省农民运动受到尼古拉二世的嘉奖。1906—1911年任大臣会议主席兼内务大臣。1907年发动"六三政变",解散第二届国家杜马,颁布新选举法以保证地主、资产阶级在杜马中占统治地位,残酷镇压革命运动,大规模实施死刑,开始了"斯托雷平反动时期"。实行旨在摧毁村社和培植富农的土地改革。1911年被社会革命党人Д.Г.博格罗夫刺死。——235、313、361、374—375、379、380、381、382。

斯维亚托波尔克-米尔斯基,彼得·丹尼洛维奇(Святополк-Мирский,Петр Данилович 1857—1914)——俄国国务活动家,公爵,中将,十月党人。1895—1904年先后在奔萨、叶卡捷琳诺斯拉夫、维尔纳等省担任省长和总督。1904年8月起任内务大臣。为了缓和国内日益增长的革命危机,讨好自由派,实行看风使舵的政策,宣称开始了一个政府对社会的"信任时期",表现为放松对书报的检查,实行部分特赦,允许召开地方自治人士代表大会等等。这一政策未能制止1905—1907年革命的爆发。1905年1月被迫辞职。——219。

苏沃林,阿列克谢·谢尔盖耶维奇(Суворин,Алексей Сергеевич 1834—1912)——俄国新闻工作者,出版家。1858年在外省报界开始新闻活动,后移居莫斯科和彼得堡,为《祖国纪事》和《同时代人》等杂志撰稿。1875年以前他的新闻活动带有自由主义、民主主义性质,1876年购买《新时报》成了大企业主后,急剧转向反动派。1876—1912年是《新时报》的所有人

和发行人,在他主持下该报成了最无原则的报纸,反动贵族和官僚集团的喉舌。1917 年《新时报》由他的儿子米·阿·苏沃林和波·阿·苏沃林以及其他人编辑出版。——305。

苏沃洛夫,谢尔盖·亚历山德罗维奇(波里索夫)(Суворов, Сергей Александрович(Борисов)1869—1918)——俄国社会民主党人,著作家和统计学家。19 世纪 90 年代开始革命活动时是民意党人,1900 年起为社会民主党人。1905—1907 年在俄国一些城市的布尔什维克组织中工作,是俄国社会民主工党第四次(统一)代表大会代表。在代表大会上是土地问题的报告人之一,支持分配地主土地并将土地转归农民私有的要求。1905—1907 年革命失败后,参加党内马赫主义者知识分子集团,攻击马克思主义哲学。在该集团编纂的《马克思主义哲学论丛》(1908)中发表了他的《社会哲学的基础》一文。对其反马克思主义的哲学观点,列宁在《唯物主义和经验批判主义》一书中予以批判。1910 年以后脱党,从事统计工作。1917 年加入孟什维克国际主义派。十月革命后在莫斯科和雅罗斯拉夫尔工作。1918 年 7 月雅罗斯拉夫尔发生反革命暴动时死去。——9、10、25。

索洛韦奇克,Б. И.(波里斯·尼古拉耶维奇)(Соловейчик, Б. И.(Борис Николаевич)生于 1884 年)——1903 年参加俄国社会民主主义运动,孟什维克。先后在南方一些城市和莫斯科工作,是俄国社会民主工党第四次(统一)代表大会莫斯科郊区组织的代表。1909 年起脱离政治活动。30 年代在轻工业人民委员部工作。——32。

T

塔格—因——见特罗伊茨基,А.Г.。

泰奥多罗维奇,伊万·阿道福维奇(杰米扬)(Теодорович, Иван Адольфович (Демьян)1875—1937)——1895 年加入莫斯科工人阶级解放斗争协会,1903 年俄国社会民主工党第二次代表大会后是布尔什维克。1905 年在日内瓦任《无产者报》编辑部秘书。1905—1907 年为党的彼得堡委员会委员。俄国社会民主工党第四次(统一)代表大会代表,被选入记录审定委员会。后在莫斯科、彼得堡、斯摩棱斯克、西伯利亚等地工作。1907 年在党的第五次(伦敦)代表大会上当选为中央委员,1917 年在党的第七次全国

代表会议(四月代表会议)上当选为候补中央委员。十月革命后参加第一届人民委员会,任粮食人民委员。1917 年 11 月主张成立有孟什维克和社会革命党人参加的联合政府,遭到否决后声明退出人民委员会。国内战争期间参加游击队同高尔察克作战。1920 年起在农业人民委员部工作,起初任部务委员,1922 年起任副农业人民委员,1926 年起兼任国际农业研究所所长。1928—1930 年任农民国际总书记。后来任政治苦役犯协会出版社总编辑和《苦役与流放》杂志责任编辑。写有农业问题和革命运动史方面的著作。——12、13、14、21。

唐恩(**古尔维奇**),费多尔·伊里奇(别尔先涅夫)(Дан(Гурвич),Федор Ильич(Берсенев)1871—1947)——俄国孟什维克领袖之一;职业是医生。1894 年参加社会民主主义运动,加入彼得堡工人阶级解放斗争协会。1896 年 8 月被捕,监禁两年左右,1898 年流放维亚特卡省,为期三年。1901 年夏逃往国外,加入《火星报》柏林协助小组。1902 年作为《火星报》代办员参加了俄国社会民主工党第二次代表大会的筹备会议,会后再次被捕,流放东西伯利亚。1903 年 9 月逃往国外,成为孟什维克。俄国社会民主工党第四次(统一)代表大会和第五次(伦敦)代表大会及一系列代表会议的参加者。斯托雷平反动时期和新的革命高涨年代在国外领导取消派,编辑取消派的《社会民主党人呼声报》。第一次世界大战期间是社会沙文主义者。1917 年二月革命后任彼得格勒苏维埃执行委员会委员和第一届中央执行委员会主席团委员,支持资产阶级临时政府。十月革命后反对苏维埃政权,1922 年被驱逐出境,在柏林领导孟什维克进行反革命活动。1923 年参与组织社会主义工人国际。同年被取消苏联国籍。——7、8、55、88、336。

特卡乔夫,彼得·尼基季奇(Ткачев,Петр Никитич 1844—1886)——俄国革命民粹派思想家,政论家和文艺批评家。1861 年起参加学生运动,曾为许多进步杂志撰稿,屡遭沙皇政府迫害。1873 年流亡国外;一度为彼·拉·拉甫罗夫的《前进》杂志撰稿,1875—1881 年同一些波兰流亡者出版《警钟》杂志。70 年代中期同法国布朗基派有密切接触,1880 年为布朗基的报纸《既没有上帝也没有老板》撰稿。领导革命民粹派中接近布朗基主义的派别。认为政治斗争是革命的必要前提,但对人民群众的决定性作用估计

不足;主张由少数革命者组织密谋团体和采用恐怖手段去夺取政权,建立新国家,实行有益于人民的革命改革,而人民只须坐享其成;错误地认为,专制国家在俄国没有社会基础,也不代表任何阶级的利益。恩格斯在《流亡者文献》中批判了他的小资产阶级观点。1882 年底身患重病,在巴黎精神病院度过余年。——29。

特列波夫,德米特里·费多罗维奇(Трепов,Дмитрий Федорович 1855—1906)——沙俄少将(1900)。毕业于贵族子弟军官学校,曾在禁卫军供职。1896—1905 年任莫斯科警察总监,支持祖巴托夫的"警察社会主义"思想。1905 年 1 月 11 日起任彼得堡总督,4 月起任副内务大臣兼独立宪兵团司令,10 月起先后任彼得戈夫宫和冬宫警卫长。1905 年 10 月全国政治大罢工期间发布了臭名昭著的"不放空枪,不惜子弹"的命令,是武装镇压 1905—1907 年革命的策划者。——11、25、26、27、61、94、121、177、182、210、229、257、260、264、266、269、302、311、330、379、381。

特鲁别茨科伊,谢尔盖·尼古拉耶维奇(Трубецкой,Сергей Николаевич 1862—1905)——俄国社会活动家,宗教哲学家,公爵。在政治观点上是自由派分子,力图通过制定一部温和的宪法来巩固沙皇制度。1905 年作为地方自治人士代表团的成员晋谒了尼古拉二世,并在沙皇面前发表了纲领性的演说。列宁把地方自治人士的这一政治行动说成是对沙皇制度妥协的尝试。1905 年被推举为莫斯科大学校长。由于害怕学生在校内采取反对专制制度的公开革命行动,曾答应关闭学校。在哲学著作中激烈反对唯物主义。曾任《哲学和心理学问题》杂志编辑。——163。

特罗伊茨基,А.Г.(塔格—因)(Троицкий,А.Г.(Таг—ин))——俄国统计学家。1905 年加入社会革命党左派(1906 年组成最高纲领派)。1907 年起脱离政治活动。1917 年二月革命后重新加入最高纲领派,但不久即与其决裂,加入社会革命党。十月革命后一度是俄共(布)党员;1921 年退党,并脱离政治活动。曾在一些苏维埃机关做统计工作。——392。

屠拉梯,菲力浦(Turati,Filippo 1857—1932)——意大利工人运动活动家,意大利社会党创建人之一,该党右翼改良派领袖。1896—1926 年为议员,领导意大利社会党议会党团。推行无产阶级同资产阶级阶级合作的政策。第一次世界大战期间持中派立场。敌视俄国十月革命。1922 年意大利社

会党分裂后,参与组织并领导改良主义的统一社会党。法西斯分子上台后,于1926年流亡法国,进行反法西斯的活动。——160。

托洛茨基(**勃朗施坦**),列夫·达维多维奇(Троцкий(Бронштейн),Лев Давидович)1879—1940)——1897年参加俄国社会民主主义运动。在俄国社会民主工党第二次代表大会上是西伯利亚联合会的代表,属火星派少数派。1905年同亚·帕尔乌斯一起提出和鼓吹"不断革命论"。斯托雷平反动时期和新的革命高涨年代,打着"非派别性"的幌子,实际上采取取消派立场。1912年组织"八月联盟"。第一次世界大战期间持中派立场。1917年二月革命后参加区联派,在党的第六次代表大会上随区联派集体加入布尔什维克党,当选为中央委员。参加十月武装起义的领导工作。十月革命后任外交人民委员,1918年初反对签订布列斯特和约,同年3月改任共和国革命军事委员会主席、陆海军人民委员等职。参与组建红军。1919年起为党中央政治局委员。1920年起历任共产国际执行委员会候补委员、委员。1920—1921年挑起关于工会问题的争论。1923年起进行派别活动。1925年初被解除革命军事委员会主席和陆海军人民委员职务。1926年与季诺维也夫结成"托季联盟"。1927年被开除出党,1929年被驱逐出境,1932年被取消苏联国籍。在国外组织第四国际。死于墨西哥。——4。

W

瓦·沃·——见沃龙佐夫,瓦西里·巴甫洛维奇。

瓦尔沙夫斯基,阿·绍·——见瓦尔斯基,阿道夫。

瓦尔斯基,阿道夫(**瓦尔沙夫斯基,阿道夫·绍洛维奇**)(Warski,Adolf(Варшавский,Адольф Саулович)1868—1937)——波兰革命运动活动家。1889年是波兰工人联合会组织者之一。先后参加波兰王国社会民主党以及波兰王国和立陶宛社会民主党的建党工作。1893年侨居国外,与罗·卢森堡等人一起出版波兰社会民主党人最早的报纸《工人事业报》,后又出版《社会民主党评论》杂志。是波兰王国和立陶宛社会民主党出席俄国社会民主工党第四次(统一)代表大会的有发言权的代表,会后进入俄国社会民主工党中央委员会。在党的第五次(伦敦)代表大会上当选为中央委员。

1909—1910年是俄国社会民主工党中央机关报《社会民主党人报》编辑之一。第一次世界大战期间是国际主义者，参加了齐美尔瓦尔德代表会议和昆塔尔代表会议。1916年回到波兰，因进行反战宣传被德国人逮捕。1917年获释后成为波兰王国和立陶宛社会民主党领导成员。1918年参与创建波兰共产党，是波共中央委员（1919—1929）和政治局委员（1923—1929）。曾被选为波兰国会议员，是国会共产党党团主席。1929年移居苏联，在马克思恩格斯列宁研究院从事波兰工人运动史的研究工作。——7。

维诺格拉多夫，帕维尔·加甫里洛维奇（Виноградов，Павел Гаврилович 1854—1925）——俄国历史学家，彼得堡科学院院士（1914年起）。1884年起任莫斯科大学教授。1902年到英国，1903年起任牛津大学教授。在政治观点上倾向立宪民主党人。从自由派资产阶级立场出发来看待1905—1907年革命，这种立场反映在他发表于1905年8月5日《俄罗斯新闻》上的《政治书信》中。1908年回到莫斯科大学。敌视十月革命和苏维埃政权。十月革命后转入英国国籍。大部分著作研究英国中世纪史，著有《英国中世纪社会史研究》（1887）、《英国中世纪的领地》（1911）等。——19。

维特，谢尔盖·尤利耶维奇（Витте，Сергей Юльевич 1849—1915）——俄国国务活动家。1892年2—8月任交通大臣，1892—1903年任财政大臣，1903年8月起任大臣委员会主席，1905年10月—1906年4月任大臣会议主席。在财政、关税政策、铁路建设、工厂立法和鼓励外国投资等方面采取了一系列措施，促进了俄国资本主义的发展。同时力图通过对自由派资产阶级稍作让步和对人民群众进行镇压的手段来维护沙皇专制制度。1905—1907年革命期间派军队对西伯利亚、波罗的海沿岸地区、波兰以及莫斯科的武装起义进行了镇压。——46、104、177、185、220、268、274、290、308、336、337、338。

文特尔——见克拉辛，列昂尼德·波里索维奇。

沃多沃佐夫，瓦西里·瓦西里耶维奇（Водовозов，Василий Васильевич 1864—1933）——俄国经济学家和自由主义民粹派政论家。1904年起任《我们的生活报》编委，1906年为左派立宪民主党人的《同志报》撰稿。第二届国家杜马选举期间参加劳动派。1912年在立宪民主党人、人民社会党人和孟

什维克取消派撰稿的《生活需要》杂志上发表文章。1917年参加《往事》杂志编辑部，并为自由派资产阶级的《日报》撰稿。敌视十月革命。1926年移居国外，参加白卫报刊的工作。——339。

沃尔康斯基，尼古拉·谢尔盖耶维奇（Волконский，Николай Сергеевич 1848—1910）——俄国政治活动家，公爵，十月党人。1874年起为梁赞省地方自治机关议员，1897—1899年任省地方自治局主席。1904—1905年地方自治人士代表大会的参加者。1906—1907年为国务会议成员，第一届和第三届国家杜马代表。曾为《俄罗斯新闻》撰稿。——298。

沃龙佐夫，瓦西里·巴甫洛维奇（瓦·沃·）（Воронцов，Василий Павлович（В.В.）1847—1918）——俄国经济学家，社会学家，政论家，自由主义民粹派思想家。曾为《俄国财富》、《欧洲通报》等杂志撰稿。认为俄国没有发展资本主义的条件，俄国工业的形成是政府保护政策的结果；把农民村社理想化，力图找到一种维护小资产者不受资本主义发展之害的手段。19世纪90年代发表文章反对俄国马克思主义者，鼓吹同沙皇政府和解。主要著作有《俄国资本主义的命运》（1882）、《俄国手工工业概述》（1886）、《农民经济中的进步潮流》（1892）、《我们的方针》（1893）、《理论经济学概论》（1895）。——392、393。

沃伊诺夫——见卢那察尔斯基，阿纳托利·瓦西里耶维奇。

乌里扬诺夫，弗·伊·——见列宁，弗拉基米尔·伊里奇。

乌鲁索夫，谢尔盖·德米特里耶维奇（Урусов，Сергей Дмитриевич 生于1862年）——俄国公爵，大地主。拥护议会君主制，力图通过制定一部温和的宪法来巩固沙皇制度。1903年和1904年任比萨拉比亚总督。1905年一度任维特内阁副内务大臣。1906年被选入第一届国家杜马。是比立宪民主党更右的民主改革党党员。第一届国家杜马解散后，因在维堡宣言上签名而被捕并被判处监禁三个月。1917年3—6月任临时政府内务部副部长。十月革命后在最高国民经济委员会主席团所属库尔斯克磁力异常区调查特设委员会工作。1921—1929年在国家银行工作。——228、229、239。

乌沙科夫，М.А.（Ушаков，М.А.）——沙俄祖巴托夫保安处密探。最初在彼得堡祖巴托夫的协会中工作，后成立所谓独立社会工党；用政府的经费出版《工人报》，与警察司有密切联系；激烈反对社会民主党人。1908年，他

的党由于得不到工人支持而退出政治舞台。——399。

X

希波夫，德米特里·尼古拉耶维奇（Шипов，Дмитрий Николаевич 1851—1920）——俄国大地主，地方自治运动活动家，温和自由派分子。1893—1904年任莫斯科省地方自治局主席。1904年11月是地方自治人士非正式会议主席。1905年11月是十月党的组织者之一，该党中央委员会主席。1906年退出十月党，成为和平革新党领袖之一；同年被选为国务会议成员。1911年脱离政治活动。敌视十月革命。1918年是白卫组织"民族中心"的领导人。——43、156。

希日尼亚科夫，瓦西里·瓦西里耶维奇（Хижняков，Василий Васильевич 1871—1949）——俄国自由派资产阶级政治活动家，人民社会党党员。1903—1905年是解放社的创建人之一和该社成员。1905—1907年革命期间追随孟什维克知识分子的所谓"超党"派，为《我们的生活报》和《无题》周刊撰稿。1903—1910年任自由经济学会秘书。1917年任临时政府内务部副部长。十月革命后在苏维埃合作社系统工作，并从事写作。——195。

谢德林——见萨尔蒂科夫-谢德林，米哈伊尔·叶夫格拉福维奇。

Y

雅库什金，维亚切斯拉夫·叶夫根尼耶维奇（Якушкин，Вячеслав Евгеньевич 1856—1912）——俄国历史学家，政论家，地方自治运动活动家，立宪民主党创建人之一。1899年以前任莫斯科大学讲师。曾为《欧洲通报》、《批判评论》、《俄国旧事》等杂志撰稿，任《俄罗斯新闻》编委，在莫斯科出版《人民事业报》，还积极参加其他一些报刊的工作。1904—1905年地方自治人士代表大会的参加者。第一届国家杜马库尔斯克省代表。——298。

亚历山大三世（**罗曼诺夫**）（Александр III（Романов）1845—1894）——俄国皇帝（1881—1894）。——11。

叶尔曼斯基（**科甘**），奥西普·阿尔卡季耶维奇（Ерманский（Коган），Осип Аркадьевич 1866—1941）——俄国社会民主党人，孟什维克。19世纪80

年代末参加革命运动。1899—1902年在俄国南方工作。俄国社会民主工党第二次代表大会后是孟什维克。1905年在俄国社会民主工党敖德萨委员会工作；是俄国社会民主工党第四次(统一)代表大会敖德萨组织的代表。斯托雷平反动时期和新的革命高涨年代是取消派分子，积极为孟什维克报刊撰稿。曾参加第三届国家杜马社会民主党党团的工作。第一次世界大战期间是中派分子。1917年是孟什维克国际主义者。1918年是孟什维克中央委员，孟什维克中央机关刊物《工人国际》杂志编辑之一。1921年退出孟什维克，在莫斯科从事学术工作。——44。

叶尔莫洛夫，阿列克谢·谢尔盖耶维奇(Ермолов，Алексей Сергеевич 1846—1917)——俄国沙皇政府官员。高等学校毕业后一直在国家产业部和财政部任职。1886—1888年是自由经济学会副会长。写有一些农业问题的著作。1892年出版《歉收和人民的灾难》一书，为沙皇政府的农业政策辩护。1892年任副财政大臣，1893年主持国家产业部，1894—1905年任农业和国家产业大臣，后为国务会议成员。——228、237、239、240。

叶菲缅科，亚历山德拉·雅柯夫列夫娜(Ефименко，Александра Яковлевна 1848—1918)——俄罗斯和乌克兰历史学家，教授，俄国第一位获得俄罗斯历史学名誉博士学位的妇女，以研究乌克兰历史闻名。19世纪70年代以前在阿尔汉格尔斯克省霍尔莫戈雷当教师，后迁居哈尔科夫。1907年起在彼得堡别斯图热夫高等女子学校任教。曾为科普杂志《知识》和《事业》等撰稿。她的著作提供了丰富的实际材料；在俄国社会关系史和土地占有制历史方面的著作，引起了马克思、恩格斯和列宁的注意。写有《南方罗斯》(1905)、《乌克兰民族史》(1906)等著作。——12。

叶辛，叶夫谢伊·马尔科维奇(Ещин，Евсей Маркович 生于1865年)——俄国政论家，律师，立宪民主党人。1890年起为《俄罗斯新闻》撰稿，1894—1896年主持该报的外省生活评论栏。1906年为《言语报》撰稿。——237。

伊格纳季耶夫，阿列克谢·巴甫洛维奇(Игнатьев，Алексей Павлович 1842—1906)——俄国国务活动家，骑兵将军，伯爵。1859—1885年在军队供职。1885—1896年先后任伊尔库茨克和基辅总督。1896年被任命为国务会议成员。1896—1905年在法律局工作，曾任国家保安委员会和宗教问题委员会主席。维护君主专制政权，主张严厉镇压革命运动，反对召开国家

杜马。被社会革命党人杀死。——379、381。

伊兹哥耶夫(兰德),亚历山大·索洛蒙诺维奇(Изгоев(Ланде),Александр Соломонович 1872—1935)——俄国政论家,立宪民主党思想家。早年是合法马克思主义者,一度成为社会民主党人,1905年转向立宪民主党。曾为立宪民主党的《言语报》、《南方札记》和《俄国思想》杂志撰稿,参加过《路标》文集的工作。十月革命后为颓废派知识分子的《文学通报》杂志撰稿。因进行反革命政论活动,于1922年被驱逐出境。——283—284。

约尔丹斯基,尼古拉·伊万诺维奇(涅哥列夫)(Иорданский,Николай Иванович(Негорев)1876—1928)——1899年参加俄国社会民主主义运动。1903年俄国社会民主工党第二次代表大会后是孟什维克。1904年为孟什维克《火星报》撰稿人,1905年进入彼得堡苏维埃执行委员会。1906年是党的第四次(统一)代表大会有发言权的代表、俄国社会民主工党统一的中央委员会(孟什维克的)代表。斯托雷平反动时期接近孟什维克护党派。第一次世界大战期间支持战争。1917年二月革命后是临时政府派驻西南方面军多个集团军的委员。1921年加入俄共(布)。1922年在外交人民委员部和国家出版社工作,1923—1924年任驻意大利全权代表。1924年起从事写作。——62、139、141。

约翰——见马斯洛夫,彼得·巴甫洛维奇。

Z

祖巴托夫,谢尔盖·瓦西里耶维奇(Зубатов,Сергей Васильевич 1864—1917)——沙俄宪兵上校,"警察社会主义"(祖巴托夫主义)的炮制者和鼓吹者。1896—1902年任莫斯科保安处处长,组织政治侦查网,建立密探别动队,破坏革命组织。1902年10月到彼得堡就任警察司特别局局长。1901—1903年组织警方办的工会——莫斯科机械工人互助协会和圣彼得堡俄国工厂工人大会等,诱使工人脱离革命斗争。由于他的离间政策的破产和反内务大臣的内讧,于1903年被解职和流放,后脱离政治活动。1917年二月革命初期自杀。——168、264。

文 献 索 引

стр.1—2)——300、302。

恩格斯，弗·《德国的革命和反革命》(Энгельс, Ф. Революция и контрреволюция в Германии. Август 1851—сентябрь 1852 г.)——370。

—《法兰克福德国国民议会的第一件事迹》(Первое деяние германского Национального собрания во Франкфурте. 22 июня 1848 г.)——156。

—《法兰克福关于波兰问题的辩论》(Дебаты по польскому вопросу во Франкфурте. 7 августа—6 сентября 1848 г.)——156。

—《法兰克福议会》(1848 年 5 月 31 日)(Франкфуртское собрание. 31 мая 1848 г.)——156。

—《反杜林论》(Анти-Дюринг. Переворот в науке, произведенный господином Евгением Дюрингом. 1876—1878 гг.)——370。

—《[卡·马克思〈1848 年至 1850 年的法兰西阶级斗争〉一书]导言》(Введение[к работе К. Маркса «Классовая борьба во Франции с 1848 по 1850 г.»]. 6 марта 1895 г.)——370。

—《马克思和〈新莱茵报〉(1848—1849)》(Маркс и «Новая Рейнская Газета» (1848—1849). Февраль—начало марта 1884 г.)——156。

尔·马·——见马尔托夫，尔·。

弗拉索夫——见李可夫，阿·伊·。

[盖森，约·弗·]圣彼得堡，12 月 20 日。([Гессен, И. В.] С.-Петербург, 20-го декабря.—«Народная Свобода», Спб., 1905, №5(9144), 20 декабря(2 января 1906), стр.1)——19。

高尔基，阿·马·《海燕之歌》(Горький, А. М. Песня о Буревестнике)——335。

[哥列梅金，伊·洛·]《伊·洛·哥列梅金[在 1906 年 5 月 13 日(26 日)国家杜马会议上的]讲话》([Горемыкин, И. Л.] Речь И. Л. Горемыкина[на заседании Государственной думы 13(26) мая 1906 г.].—«Речь», Спб., 1906, №73, 14(27) мая, стр. 2, в отд.: Государственная дума)——107—108、121。

戈洛文，康·《可望而不可即》(Головин, К. По усам потекло, да в рот не попало.—«Россия», Спб., 1906, №171, 6 июля, стр. 2)——300、302。

考茨基,卡·《俄国革命的前途》(Kautsky,K.Die Aussichten der russischen Revolution.—«Vorwärts»,Berlin,1906,№23,28.Januar,S.1.Unterschrift:K.K.)——370、371。

—《国家杜马》(Каутский,К.Государственная дума. Пер.с рукописи С.и М.Левитиных.Спб.,«Амиран»,1906.8 стр.)——62、139—142。

科特利亚列夫斯基,谢·安·《阶级斗争和阶级仇恨》(Котляревский,С.А.Классовая борьба и классовая ненависть.—«Дума»,Спб.,1906,№22,23 мая(5 июня),стр.1)——160。

克雷洛夫,伊·安·《杰米扬的鱼汤》(Крылов,И.А.Демьянова уха)——13、21。

拉赫美托夫,恩·《关于俄国社会民主党的政治任务问题》(Рахметов,Н.К вопросу о политических задачах российской социал-демократии.—«Голос Труда»,Спб.,1906,№2,22 июня(5 июля),стр.2—3;№3,23 июня(6 июля),стр.4—6)——241—243、244、248—249、270—271。

拉林,尤·[卢里叶,米·亚·][《修正案(在俄国社会民主工党第四次(统一)代表大会讨论土地纲领草案时提出)》](Ларин,Ю.[Лурье,М.А.][Поправка,внесенная при обсуждении проекта аграрной программы на IV(Объединительном) съезде РСДРП].—В кн.:Протоколы Объединительного съезда РСДРП,состоявшегося в Стокгольме в 1906 г.М.,тип.Иванова,1907,стр.150)——28。

—[《致俄国社会民主工党第四次(统一)代表大会常务委员会的书面声明》]([Письменное заявление в бюро IV(Объединительного) съезда РСДРП].—Там же,стр.197)——51。

拉米什维里,伊·伊·[《社会民主党党团13名成员的决议(1906年6月9日(22日)在国家杜马第二十四次会议上提出)》](Рамишвили,И.И.[Резолюция от имени 13 членов с.-д.фракции,внесенная на 24 заседании Государственной думы 9(22) июня 1906 г.].—В кн.:Стенографические отчеты[Государственной думы].1906 год.Сессия первая.Т.II.Заседания 19—38(с 1 июня по 4 июля).Спб.,гос.тип.,1906,стр.1160.(Государственная дума))——222。

—《从民粹主义到马克思主义》(От народничества к марксизму.Статья первая.—«Вперед»,Женева,1905,№3,24(11)января,стр.2)——391。

—《大胆的攻击和胆怯的防御》(Смелый натиск и робкая защита.—«Эхо»,Спб.,1906,№12,5 июля,стр.1)——296、297。

—《抵制布里根杜马和起义》(Бойкот булыгинской Думы и восстание.—«Пролетарий»,Женева,1905,№12,16(3)августа,стр.1)——17、336。

—《对资产阶级政党的态度》[俄国社会民主工党第四次(统一)代表大会的决议草案](Отношение к буржуазным партиям.[Проект резолюции к IV(Объединительному)съезду РСДРП].—Там же,стр.7—8)——42、56、143、153、247。

—《对各民族社会民主党的态度》(Отношение к национальным социал-демократическим партиям.[Проект резолюции к IV(Объединительному)съезду РСДРП].—«Партийные Известия»,[Спб.],1906,№2,20 марта,стр.8.Под общ.загл.:Проект резолюций.К Объединительному съезду Российской социал-демократической рабочей партии)——54。

—《多数派关于国家杜马的决议》(Резолюция большинства о Государственной думе.—«Волна»,Спб.,1906,№12,9 мая,стр.3,в отд.:Из жизни политических партий)——36、39、41、85、91、92、109—110、141、152、277。

—[《俄国社会民主工党彼得堡委员会关于杜马组阁问题的决议》]([Резолюция ПК РСДРП по вопросу о думском министерстве].—«Вперед»,Спб.,1906,№10,6 июня,стр.3,в отд.:В районах)——287。

—《俄国社会民主工党彼得堡委员会关于对国家杜马的态度的决议》——见列宁,弗·伊·《俄国社会民主工党第二届彼得堡委员会决议》。

—《俄国社会民主工党第二届彼得堡委员会决议》(Резолюция II-ая ПК РСДРП.—«Вперед»,Спб.,1906,№2,27 мая,стр.2—3,в отд.:Из жизни политических партий)——172、189。

—[《俄国社会民主工党杜马党团宣言的布尔什维克草案》]([Большевистский проект думской декларации РСДРП])——223、226、227。

—《反动派开始了武装斗争》(Реакция начинает вооруженную борьбу.—«Вперед»,Спб.,1906,№9,4 июня,стр.1)——214。

—《"非党"抵制派的错误议论》(Неверные рассуждения«беспартийных» бойкотистов.—«Эхо»,Спб.,1906,№9,1 июля,стр.2)——289。

—《关于对国家杜马的态度问题的副报告[在俄国社会民主工党第四次(统一)代表大会上]》(Содоклад по вопросу об отношении к Государственной думе[на IV(Объединительном)съезде РСДРП].—В кн.:Протоколы Объединительного съезда РСДРП,состоявшегося в Стокгольме в 1906 г. М.,тип.Иванова,1907,стр.237—240)——36、38、40、41—42、43。

—《关于俄国社会民主工党统一代表大会的报告》(Доклад об Объединительном съезде РСДРП. Письмо к петербургским рабочим. М.—Спб., тип.«Дело»,1906.111 стр. Перед загл. авт.:Н. Ленин)——50、56、59、64、350。

—《关于俄国社会民主工党议会党团的组成问题的个人意见(在俄国社会民主工党第四次(统一)代表大会上提出)》(Особое мнение по вопросу о составе парламентской фракции РСДРП,[внесенное на IV(Объединительном)съезде РСДРП].—В кн.:Протоколы Объединительного съезда РСДРП,состоявшегося в Стокгольме в 1906 г. М.,тип. Иванова,1907,стр. 389—390)——43。

—《关于国家杜马的决议草案(在统一代表大会上提出)》——见列宁,弗·伊·《多数派关于国家杜马的决议》。

—《关于解散国家杜马的传闻和谣言》(Толки и слухи о роспуске Государственной думы.—«Волна»,Спб.,1906,№23,21 мая,стр.1,в отд.:Вопросы дня)——167。

—《关于临时政府和革命政权的地方机关的布尔什维克决议草案》(Проект большевистской резолюции о временном правительстве и местных органах революционной власти. Временное революционное правительство и местные органы революционной власти.—В кн.:[Ленин,В.И.]. Доклад об Объединительном съезде российской социал-демократической рабочей партии. Письмо к петербургским рабочим. М.—Спб.,тип.«Дело»,1906,стр.92—93,в отд.:Приложения)——350。

—《关于目前形势和无产阶级阶级任务问题的报告(在俄国社会民主工党

第四次(统一)代表大会上)》(Доклад по вопросу о современном моменте и классовых задачах пролетариата на IV(Объединительном)съезде РСДРП)——29、30、31、32。

—《关于土地问题的报告(在俄国社会民主工党第四次(统一)代表大会上)》(Доклад по аграрному вопросу на IV(Объединительном)съезде РСДРП)——8、9、14。

—《关于目前的政治局势》(О современном политическом положении.—«Вперед»,Спб.,1906,№3,28 мая,стр.1)——179。

—《滚开吧!》(Руки прочь! —«Пролетарий»,[Выборг],1906,№3,8 сентября,стр.2—3.На газ.место изд.:М.)——365。

—《国家杜马和社会民主党的策略》(Государственная дума и социалдемократическая тактика.—В кн.:Государственная дума и социал-демократия.[Спб.,«Пролетарское Дело»],1906,стр.1—8.Подпись:Н.Ленин)——19、54、336。

—《国家杜马中的工人团》(Рабочая группа в Государственной думе.—«Волна»,Спб.,1906,№13,10 мая,стр.1)——96、162。

—《〈火星报〉策略的最新发明:滑稽的选举是推动起义的新因素》(Последнее слово «искровской» тактики или потешные выборы,как новые побудительные мотивы для восстания.—«Пролетарий»,Женева,1905,№21,17(4)октября,стр.2—5)——17。

—《救济饥民和杜马的策略》(Помощь голодающим и думская тактика.—«Эхо»,Спб.,1906,№2,23 июня,стр.1)——252。

—《卡尔波夫同志的决议(5月9日帕宁娜夫人民众文化馆群众大会通过)》(Резолюция т. Карпова,принятая народным собранием 9 мая в зале Паниной.—«Волна»,Спб.,1906,№14,11 мая,стр.2,в ст.:Народный митинг в доме Паниной)——106、133。

—《立宪民主党、劳动派和工人政党》(Кадеты,трудовики и рабочая партия.—«Волна»,Спб.,1906,№25,24 мая,стр.1)——306。

—《立宪民主党人的胜利和工人政党的任务》(Победа кадетов и задачи рабочей партии.Спб.,«Наша Мысль»,[апрель 1906].79 стр.Перед загл.

［Спб.］,［1905］. IV, 129 стр.（РСДРП）. Перед загл. авт.: Н. Ленин）——150。

—《［社会民主党人］在梯弗利斯选举中的胜利》（Избирательная победа с［оциал］-д［емократов］в Тифлисе.—«Волна»,Спб.,1906,№17,14 мая,стр.1）——222。

—［《提交俄国社会民主工党统一代表大会的策略纲领（提交俄国社会民主工党统一代表大会的决议草案）》］（［Тактическая платформа к Объединительному съезду РСДРП. Проект резолюций к Объединительному съезду РСДРП］.—«Партийные Известия»,［Спб.］,1906,№2,20 марта,стр.5—9）——8、30、31、36、40、42、47、49、50、54、56、65、72、143、153、247、350、358、388。

—《团结起来！》（К единству！—«Вперед»,Спб.,1906,№14,10 июня,стр.1）—217。

—《为政权而斗争和为小恩小惠而“斗争”》（Борьба за власть и «борьба» за подачки.—«Вперед»,Спб.,1906,№17,14 июня,стр.1）——217。

—《我国自由派资产者希望的是什么，害怕的是什么？》（Чего хотят и чего боятся наши либеральные буржуа？—«Пролетарий»,Женева,1905,№16,14(1)сентября,стр.2）——19。

—《武装起义》［提交俄国社会民主工党第四次（统一）代表大会的决议草案］（Вооруженное восстание.［Проект резолюции к IV（Объединительному）съезду РСДРП］.—«Партийные Известия»,［Спб.］,1906,№2,20 марта,стр.6. Под общ. загл.: Проект резолюций. К Объединительному съезду Российской социал-демократической рабочей партии）——48、49、50。

—《新的高潮》（Новый подъем.—«Волна»,Спб.,1906,№10,6 мая,стр.1. Подпись: Н.Л—н.）——106、132。

—《修改工人政党的土地纲领》（Пересмотр аграрной программы рабочей партии.Спб.,«Наша Мысль»,1906.31 стр.）——9、10、17、20、23、25、27。

—［《1906年5月9日(22日)在帕宁娜伯爵夫人民众文化馆群众大会上的演说》］（［Речь на народном митинге в доме гр. Паниной 9(22)мая 1906 г.］.—«Волна»,Спб.,1906,№14,11 мая,стр.2,в ст.: Народный митинг в

доме Паниной)——229。

—《1906 年 5 月 9 日（22 日）在帕宁娜伯爵夫人民众文化馆群众大会上通过的决议》——见列宁，弗・伊・《卡尔波夫同志的决议（5 月 9 日帕宁娜夫人民众文化馆群众大会通过）》。

—《游击性战斗行动》(Партизанские боевые выступления.[Проект

—《游击性战斗行动》(Партизанские боевые выступления.[Проект резолюции к IV(Объединительному) съезду РСДРП].—«Партийные Известия»,[Спб.],1906,№2,20 марта,стр.6 — 7.Под общ.загл.:Проект резолюций.К Объединительному съезду Российской социал-демократической рабочей партии)——388。

—《游击战争》(Партизанская война.—«Пролетарий»,[Выборг],1906,№5, 30 сентября,стр.3 — 5.На газ.место изд.:М.)——361。

—《在俄国社会民主工党第四次（统一）代表大会上关于对国家杜马的态度问题的总结发言》(Заключительное слово по вопросу об отношении к Государственной думе на IV(Объединительном) съезде РСДРП)——46。

—《[在俄国社会民主工党第四次（统一）代表大会上]关于目前形势和无产阶级阶级任务问题的总结发言》(Заключительное слово по вопросу о современном моменте и классовых задачах пролетариата[на IV(Объединительном) съезде РСДРП].—В кн.:Протоколы Объединительного съезда РСДРП,состоявшегося в Стокгольме в 1906 г.М.,тип.Иванова,1907, стр.201 — 203)——32、33、73。

—《[在俄国社会民主工党第四次（统一）代表大会上]关于土地问题的总结发言》(Заключительное слово по аграрному вопросу [на IV(Объединительном) съезде РСДРП].—В кн.:Протоколы Объединительного съезда РСДРП,состоявшегося в Стокгольме в 1906 г.М.,тип.Иванова,1907, стр.103 — 110)——14 — 16、20、22、23、26。

—《再论杜马内阁》(Еще о думском министерстве.—«Эхо»,Спб.,1906, №6,28 июня,стр.1)——260。

—《做君主派资产阶级的尾巴，还是做革命无产阶级和农民的领袖？》(В хвосте у монархической буржуазии или во главе революционного пролетариата и крестьянства? —«Пролетарий»,Женева,1905,№15,5 се-

IV(Объединительном) съезде РСДРП].—В кн.:Протоколы Объединительного съезда РСДРП,состоявшегося в Стокгольме в 1906 г.М.,тип.Иванова,1907, стр.201 — 203)——32、33、73。

IV(Объединительном) съезде РСДРП].—В кн.:Протоколы Объединительного съезда РСДРП,состоявшегося в Стокгольме в 1906 г.М.,тип.Иванова,1907, стр.103 — 110)——14 — 16、20、22、23、26。

—《做君主派资产阶级的尾巴，还是做革命无产阶级和农民的领袖？》(В хвосте у монархической буржуазии или во главе революционного пролетариата и крестьянства? —«Пролетарий»,Женева,1905,№15,5 се-

нтября(23 августа),стр.1—2)——17。

[卢那察尔斯基,阿·瓦·]《杜马正转向当前的事务》([Луначарский,А.В.] Дума переходит к очередным делам.—«Волна», Спб., 1906, №19, 17 мая,стр.1.Подпись:А.Лун—й.)——131。

—《目前的任务》(Задачи момента.—«Волна»,Спб.,1906,№19,17 мая,стр. 1.Подпись:А.Л.)——131。

罗扎诺夫,瓦·瓦·《只见树木,不见森林》(Розанов,В.В.Из-за деревьев не видим леса.—«Новое Время», Спб., 1906, №10848, 28 мая(10 июня), стр. 3—4)——179。

马尔托夫,尔·《会发生新的分裂吗?》(Мартов,Л.Быть ли новому расколу? —«Курьер»,Спб.,1906,№13,31 мая(13 июня),стр.5—6)——192。

—《自由派的称赞》(Либеральные похвалы.—«Невская Газета», Спб., 1906,№6,8(21)мая,стр.1.Подпись:Л.М.)——83。

马克思,卡·《关于费尔巴哈的提纲》(Маркс,К.Тезисы о Фейербахе. Весна 1845 г.)——26。

—《〈莱茵观察家〉的共产主义》(Коммунизм газеты «Rheinischer Beobachter».5 сентября 1847 г.)——152、156。

—《社会民主党人》(1848 年 6 月 1 日)(Демократическая партия.1 июня 1848 г.)——156。

—《1848 年至 1850 年的法兰西阶级斗争》(Классовая борьба во Франции с 1848 по 1850 г.Январь—1 ноября 1850 г.)——366。

—《资本论》(政治经济学批判)(Капитал.Критика политической экономии. Т.III,ч.1—2,1894 г.)——27。

马克思,卡·和恩格斯,弗·《法兰克福议会和柏林议会承认自己有名无实》(Маркс, К. и Энгельс, Ф. Признание Франкфуртским и Берлинским собраниями своей некомпетентности.11 июня 1848 г.)——156。

—《法兰克福激进民主党和法兰克福左派的纲领》(Программы радикально-демократической партии во Франкфурте и франкфуртской левой.6 июня 1848 г.)——156。

马利舍夫斯基,Н.Г.《社会民主党在俄国解放运动中的作用》(Малишевский,

—《站在左翼一边》(На левом фланге.—«Новое Время», Спб., 1906, №10825,4(17)мая,стр.2)——66。

[纳科里亚科夫,尼·尼·]纳扎尔[《修正案(在俄国社会民主工党第四次(统一)代表大会讨论对国家杜马的态度的决议草案时提出)》]([Накоряков, Н.Н.]Назар.[Поправка,внесенная при обсуждении проекта резолюции об отношении к Государственной думе на IV(Объединительном)съезде РСДРП].—В кн.:Протоколы Объединительного съезда РСДРП,состоявшегося в Стокгольме в 1906 г. М., тип. Иванова, 1907, стр. 301)——43。

纳扎尔——见纳科里亚科夫,尼·尼·。

涅哥列夫——见约尔丹斯基,尼·伊·。

皮连科,А.《在国家杜马里》(Пиленко, А. В Государственной думе.—«Новое Время»,Спб.,1906,№10840,19 мая(1 июня),стр.2—3)——126。

普列汉诺夫,格·瓦·《格·瓦·普列汉诺夫的信》(Плеханов,Г.В.Письмо Г.В.Плеханова.—«Курьер»,Спб.,1906,№4,20 мая(2 июня),стр.1)——131、132、133—136。

—《共同的灾难》(«Общее горе».—«Дневник Социал-Демократа»,Женева, 1906,№6,август,стр.1—12)——373—377。

—《关于杜马选举》(答С.同志)(О выборах в Думу.(Ответ товарищу С.).—«Дневник Социал-Демократа», Женева, 1906, №5, март, стр. 32—39)——17。

—《论策略和不策略的信》(第一封信)(Письма о тактике и о бестактности. Письмо первое.—«Курьер»,Спб.,1906,№4,20 мая(2 июня),стр.2—3; №5,21 мая(3 июня),стр.2—3)——148—150、151、152、154、155、156—163、164、165—169、338。

—《我们的处境》(Наше положение.—«Дневник Социал-Демократа», Женева,1905,№3,ноябрь,стр.1—23)——161。

—《再论我们的处境》(给Х同志的信)(Еще о нашем положении.(Письмо к товарищу Х.).—«Дневник Социал-Демократа», Женева, 1905, №4, декабрь,стр.1—12)——20、23、47、367、400。

условий объединения Бунда с РСДРП, внесенный на IV (Объединительном) съезде РСДРП].—В кн.: Протоколы Объединительного съезда РСДРП, состоявшегося в Стокгольме в 1906 г. М., тип. Иванова, 1907, стр.384—385)——53。

司徒卢威,彼·伯·《必要的反驳》(Струве, П.Б. Необходимое опровержение.—«Дума», Спб., 1906, №25, 26 мая (8 июня), стр. 2, в отд.: Последние известия. Подпись: П.С.)——175。

—《必要的反击》(Необходимый отпор.—«Дума», Спб., 1906, №12, 11(24) мая, стр.1)——104。

—《陛下不接见杜马主席团》(Непринятие думского президиума государем.—«Дума», Спб., 1906, №9, 7(20) мая, стр.1)——94。

—《"波将金公爵"号和下一步怎么办?》(«Князь Потемкин» и что же дальше? —«Освобождение», Париж, 1905, №73, 19(6) июля, стр.371—372. Подпись: П.С.)——352。

—《革命》(Революция.—«Полярная Звезда», Спб., 1905, №1, 15 декабря, стр.5—17)——352。

—《皇冠和国家杜马》(Корона и Государственная дума.—«Дума», Спб., 1906, №34, 7(20) июня, стр.1)——209。

—《狂妄愚蠢的行为》(Безумие и глупость.—«Свобода и Культура», Спб., 1906, №7, 18 мая, стр.514—517)——120、161。

—《两个罢工委员会》(Два забастовочных комитета.—«Полярная Звезда», Спб., 1905, №3, 30 декабря, стр.223—228)——352。

—《没有次序》(Не в очередь. О моей преступной привязанности к ст.129.—«Дума», Спб., 1906, №23, 24 мая (6 июня). стр.1)——176。

—《[谢·尤·维特〈专制制度和地方自治机关〉一书]序言》(Предисловие [к книге С.Ю. Витте «Самодержавие и земство»].—В кн.: Витте, С.Ю. Самодержавие и земство. Конфиденциальная записка министра финансов статс-секретаря С.Ю. Витте (1899 г.). С предисл. и примеч. Р.Н.С. Печ. «Зарей». Stuttgart, Dietz, 1901, стр. V—XLIV. Подпись: Р.Н.С.)——43。

—《又一次丧失了理智?》(Снова полоса безумия? —«Свобода и Культ-

ура», Спб., 1906, №7, 18 мая, стр. 455—458)——161。

——《怎样认识自己的使命？》(Как найти себя? Ответ автору письма «Как не потерять себя?»——«Освобождение», Париж, 1905, №71, 31 (18) мая, стр. 337—343)——352。

斯芬克斯《日本外交官论俄国国内形势》(Сфинкс. Японский дипломат о внутреннем положении России.——«Новое Время», Спб., 1906, №10848, 28 мая (10 июня), стр. 3)——179。

[斯米尔诺夫, 叶·]《杜马中的工人团和劳动团》([Смирнов, Е.] Рабочая и Трудовая группы в Думе.——«Невская Газета», Спб., 1906, №2, 3 (16) мая, стр. 1)——43。

——《"民族反对派"和"极左派"》(«Национальная оппозиция» и «крайние левые».——«Невская Газета», Спб., 1906, №6, 8 (21) мая, стр. 2. Подпись: Е. С.)——41、94。

苏沃林, 阿·谢·《几封短信》(Суворин, А. С. Маленькие письма. DCLXVI.——«Новое Время», Спб., 1906, №10894, 13 (26) июля, стр. 2)——305。

[苏沃洛夫, 谢·亚·]波里索夫[《土地纲领草案》]([Суворов, С. А.] Борисов. [Проект аграрной

唐恩, 费·伊·《答词与人民代表》(Дан, Ф. И. Ответный адрес и народные депутаты.——«Невская Газета», Спб., 1906, №3, 4 (17) мая, стр. 1)——43。

——《国家杜马和无产阶级》(Государственная дума и пролетариат.——В кн.: Государственная дума и социал-демократия. [Спб., «Пролетарское Дело»], 1906, стр. 9—32)——55。

特鲁别茨科伊, 谢·尼·[《在沙皇接见地方自治人士代表团时的讲话(1905年6月6日(19日))》](Трубецкой, С. Н. [Речь во время приема царем земской делегации 6 (19) июня 1905 г.].——«Правительственный Вестник», Спб., 1905, №121, 8 (21) июня, стр. 1)——163。

[特罗伊茨基, А. Г.]《劳动论原理》([Троицкий, А. Г.] Принципы трудовой теории. Посвящается памяти Н. К. Михайловского и П. Л. Лаврова. Спб.,

1906.124 стр.Перед загл. авт.:Е.Таг—ин.)——392。

托尔斯泰，列·尼·《塞瓦斯托波尔的故事》(Толстой，Л.Н，Севастопольская песня)——244。

维诺格拉多夫，帕·加·《政治书信》(Виноградов，П.Г.Политические письма.—«Русские Ведомости»，М.，1905，№210，5 августа，стр.3)——19。

维特，谢·尤·《专制制度和地方自治机关》(Витте，С.Ю.Самодержавие и земство.Конфиденциальная записка министра финансов статс-секретаря С.Ю.Витте(1899 г.).С предисл.и примеч.Р.Н.С.Печ.«Зарей».Stuttgart，Dietz，1901.XLIV，212 стр.)——43。

沃多沃佐夫，瓦·瓦·《和平革新党》(Водовозов，В.В.Партия мирного обновления.—«Товарищ»，Спб.，1906，№32，11(24)августа，стр.1)——339。

[沃罗夫斯基，瓦·瓦·]《国会游戏》([Воровский，В.В.]Игра в парламент.—«Волна»，Спб.，1906，№18，16 мая，стр.1.Подпись:П.Ор.)——131。

希日尼亚科夫，瓦·瓦·《论地方机关和杜马》(Хижняков，В.В.О местных органах и Думе.—«Наша Жизнь»，Спб.，1906，№460，1(14)июня，стр.2)——195、196。

[谢尔盖耶夫，费·安·]阿尔塔蒙诺夫[《修正案(在俄国社会民主工党第四次(统一)代表大会讨论土地纲领草案时提出)》]([Сергеев，Ф.А.]Артамонов.[Поправка，внесенная при обсуждении проекта аграрной программы на IV(Объединительном)съезде РСДРП].—В кн.:Протоколы Объединительного съезда РСДРП，состоявшегося в Стокгольме в 1906 г.М.，тип.Иванова，1907，стр.137)——27。

辛比尔斯基，Н.《杜马和社会民主党人》(Симбирский，Н.Дума и социал-демократы.—«Слово»，Спб.，1906，№429，1(14)апреля，стр.6，в отд.:Политические беседы)——33。

叶辛，叶·马·《杜马救济饥民》(Ещин，Е.М.Думская помощь голодающим.—«Речь»，Спб.，1906，№106，22 июня(5 июля)，стр.2)——237。

一工人 С—ч《再次从远处》(Рабочий С—ч.Еще раз издалека.—«Призыв»，Спб.，1906，№87，24 мая(6 июня)，стр.1)——165。

伊兹哥耶夫，亚·索·《非常聪明的人》(Изгоев，А.С.«Очень умные».—

[《崩得同俄国社会民主工党统一的条件草案(俄国社会民主工党第四次(统一)代表大会通过)》]([Проект условия объединения Бунда с РСДРП, принятый на IV(Объединительном) съезде РСДРП].—В кн.: Протоколы Объединительного съезда РСДРП, состоявшегося в Стокгольме в 1906 г. М., тип. Иванова, 1907, стр. 362—363)——53、389。

《比亚韦斯托克的大暴行》(官方报道)(Погром в Белостоке. (Официальное сообщение).—«Новое Время», Спб., 1906, №10854, 3(16) июня, стр. 2)——202。

《比亚韦斯托克的大暴行》(我们的通讯记者的报道)(Погром в Белостоке. (От нашего корреспондента). Белосток, 2 июня.—«Дума», Спб., 1906, №31, 2(15) июня, стр. 3)——199。

《比亚韦斯托克大暴行的质问书》(Интерпелляция о белостокском погроме.—«Речь», Спб., 1906 №90, 3(16) июня. Приложение к №90 «Речи». Государственная дума, стр. 2)——200、201、202。

《比亚韦斯托克公民复选人齐林的电报》——见《比亚韦斯托克的大暴行》(我们的通讯记者的报道)。

彼得堡,5月28日。(Петербург, 28-го мая. [Официальное опровержение извещения об отставке Горемыкина].—«Русские Ведомости», М., 1906, №140, 30 мая, стр. 4, в отд.: Телеграф и телефон)——179。

《编辑部的话》(От редакции.—«Голос Труда», Спб., 1906, №7, 28 июня (11 июля), стр. 2)——270—271。

《波兰王国和立陶宛社会民主党第五次代表大会通过的决议》(резолюции, принятые на V съезде СДКПиЛ.—«Эхо», Спб., 1906, №4, 25 июня, стр. 3)——256。

[《波兰王国和立陶宛社会民主党同俄国社会民主工党合并的条件(俄国社会民主工党第四次(统一)代表大会通过)》]([Условия слияния СДКПиЛ с РСДРП, принятые на IV(Объединительном) съезде РСДРП].—В кн.: Протоколы Объединительного съезда РСДРП, состоявшегося в Стокгольме в 1906 г. М., тип. Иванова, 1907, стр. 345—348)——53。

《传闻》(Слухи.—«Речь», Спб., 1906, №85, 28 мая(10 июня), стр. 2)——179。

《杜马告人民书》(Обращение Думы к народу.—«Голос Труда», Спб., 1906, №8, 29 июня(12 июля), стр.1)——278。

《杜马关于土地问题的公告》(Обращение Думы по земельному вопросу.—«Речь», Спб., 1906, №117, 5(18) июля. Приложение к №117 «Речи». Государственная дума, стр.1. Под общ. загл.: Заседание 4-го июля)——291—295、296、299、300。

《杜马和居民》(Дума и население.—«Наша Жизнь», Спб., 1906, №439, 7(20) мая, стр.2. Подпись: В.Г.)——79—82。

《杜马和"立宪民主党人"》(俄国来信)(Duma und«Kadetten». Russische Briefe.—«Vorwärts», Berlin, 1906, №124, 31. Mai, S.1; №125, 1. Juni, S.1)——183—187。

《杜马论粮食工作》(Дума о продовольственном деле.—«Наша Жизнь», Спб., 1906, №480, 24 июня(7 июля), стр.1)——254。

《短讯》(载于1906年5月19日(6月1日)《政府通报》晚上增刊第4号)(Хроника.—«Правительственный Вестник». Вечернее прибавление к «Правительственному Вестнику», Спб., 1906, №4, 19 мая(1 июня), стр.2)——137。

《短讯》(载于1906年6月22日(7月5日)《言语报》第106号)(Хроника.—«Речь», Спб., 1906, №106, 22 июня(5 июля), стр.3)——239、240。

《对起义工人的忠告》[俄国社会民主工党莫斯科委员会战斗组织宣言](Советы восставшим рабочим.[Воззвание Боевой организации МК РСДРП].—«Известия Московского Совета Рабочих Депутатов», М., 1905, №5, 11 декабря, стр.[2])——384—385。

《俄国报》(圣彼得堡)(«Россия», Спб.)——300。

—1906, №170, 5 июля, стр.1—2.——300、302。

—1906, №171, 6 июля, стр.1, 2.——300、302。

《俄国财富》杂志(圣彼得堡)(«Русское Богатство», Спб., 1906, №7, июль, стр.164—181)——392、393、396、399。

—1906, №8, август, стр.178—206.——392、393、394、396、399。

[《俄国社会民主工党彼得堡委员会关于目前不适于成立工人代表苏维埃的

ролетарий»,[Выборг],1906,№1,21 августа,стр.4,в отд.:Из партии.На газ.место изд.:М.)——354。

[《俄国社会民主工党莫斯科郊区委员会关于对目前形势的估计的决议》]([Резолюция Московского окружного комитета РСДРП об оценке текущего момента].—«Пролетарий»,[Выборг],1906,№1,21 августа,стр.4—5,в отд.:Из партии.На газ.место изд.:М.)——354。

《俄国社会民主工党莫斯科委员会战斗组织宣言》——见《对起义工人的忠告》。

《俄国社会民主工党统一代表大会的决定和决议》(Постановления и резолюции Объединительн.съезда Российской социал-демократической рабочей партии.[Листовка].[Спб.],тип.Центрального Комитета,[1906].4 стр.(РСДРП))——17、18、21、22、24、26、27、28、44、60、76、78、92、101、146。

[《俄国社会民主工党统一的中央委员会同波兰王国和立陶宛社会民主党的协议(在俄国社会民主工党第四次(统一)代表大会上提出)》]([Договор Объединенного Центрального Комитета РСДРП с СДКПиЛ,внес-енный на IV(Объединительный)съезд РСДРП].—В кн.:Протоколы Объединительного съезда РСДРП,состоявшегося в Стокгольме в 1906 г.М.,тип.Иванова,1907,стр.24—25)——7。

[《俄国社会民主工党维堡区委员会决议》(1906年5月28日(6月10日))]([Резолюция Выборгского районного комитета РСДРП.28 мая(10 июня)1906 г.].—«Курьер»,Спб.,1906,№13,31 мая(13 июня),стр.2—3,в отд.:Союзы и партии)——193。

[《俄国社会民主工党中部地区区域局关于对目前形势的估计的决议》]([Резолюция Областного бюро РСДРП Центрального района об оценке текущего момента].—«Пролетарий»,[Выборг],1906,№1,21 августа,стр.5—6,в отд.:Из партии.На газ.место изд.:М.)——354。

[《俄国社会民主工党中央委员会关于国家杜马内社会民主党党团与劳动团之间的相互关系的决议》]([Резолюция ЦК РСДРП о взаимоотношении с.-д.фракции и Трудовой группы в Государственной думе].—«Голос Тр-

фракции Государственной думы, комитета Трудовой группы Государственной думы, Центрального Комитета РСДРП, центрального комитета партии социалистов-революционеров, центрального комитета Польской социалистической партии(ППС), центрального комитета Всеобщего еврейского союза в Литве, Польше и России(Бунда)]. Июль 1906 г. [Листовка]. Б. м., тип. ЦК РСДРП, июль 1906. 1 стр.)——331、346、355、359。

《哥列梅金内阁于昨晚提出辞职》(«Министерство Горемыкина вчера вечером подало в отставку. Ответ пока неизвестен». [Аншлаг].—«Биржевые Ведомости». Вечерний выпуск, Спб., 1906, №9311, 27 мая(9 июня), стр. 1)——178、179。

《哥列梅金谈"优秀分子"》(Горемыкин о«лучших людях».—«Голос», Спб., 1906, №5, 3 мая, стр. 5, в отд.: Хроника)——96。

《革命俄国报》[日内瓦](«Революционная Россия», [Женева], 1904, №46, 5 мая, стр. 1—3)——391。

《〈革命俄国报〉编辑部拟定的社会革命党纲领草案》(Проект программы партии социалистов-революционеров, выработанный редакцией «Революционной России».—«Революционная Россия», [Женева], 1904, №46, 5 мая, стр. 1—3)——391。

《各政党的党内生活》(Из жизни политических партий.—«Эхо», Спб., 1906, №3, 24 июня, стр. 2—3)——256。

《给[党]章第1条所加的附注[布尔什维克在俄国社会民主工党第四次(统一)代表大会上的建议]》(Примечание к 1-му пункту устава[партии, предложенное большевиками на IV(Объединительном)съезде РСДРП].—В кн.: Протоколы Объединительного съезда РСДРП, состоявшегося в Стокгольме в 1906 г. М., тип. Иванова, 1907, стр. 398)——55、95。

《给各党组织的信》[第四封信](Письмо к партийным организациям. [№4]. 14 июля 1906 г. [Листовка]. [Спб., 1906]. 5 стр. (РСДРП). Подпись: ЦК РСДРП)——346、348—353、354、355、356、359、362。

《给各党组织的信》(第五封信)(Письмо к партийным организациям. №5. 29 июля 1906 г. [Листовка]. Б. м., тип. ЦК РСДРП, [1906]. 4 стр. Подпись:

о VII съезде Бунда. Женева，тип. Бунда，сентябрь 1906，стр. 5 — 9.（Всеобщий еврейский рабочий союз в Литве，Польше и России（Бунд）））——389。

《关于策略》［崩得第七次代表大会通过的决议］（О тактике.［Резолюция，принятая на VII съезде Бунда］.—Там же，стр.9—11）——390。

《［关于成立军事战地法庭的］圣旨》（1906 年 8 月 19 日（9 月 1 日））（Высочайшие повеления［об учреждении военно-полевых судов］.19 августа（1 сентября）1906 г.—«Правительственный Вестник»，Спб.，1906，№190，24 августа（6 сентября），стр.2）——380、381。

［《关于成立研究土地改革问题的地方土地委员会》（国家杜马 35 名代表在 1906 年 5 月 24 日（6 月 6 日）国家杜马第十四次会议上提出的声明）］（［О создании местных земельных комитетов для разработки аграрной реформы.Заявление 35 членов Государственной думы，внесенное на 14-м заседании Государственной думы 24 мая（6 июня）1906 г.］.—В кн.：Стенографические отчеты［Государственной думы］.1906 год.Сессия первая.Т.I.Заседание 1—18（с 27 апреля по 30 мая）.Спб.，гос.тип.，1906，стр.588—590.（Государственная дума））——175、177、180。

［《关于出版阿基莫夫［弗·彼·马赫诺韦茨］〈论俄国社会民主工党第二次代表大会工作问题〉一书》］（［О выходе в свет книги Акимова［Махновца，В.П.］«К вопросу о работах Второго съезда Росс. соц.-дем. раб. партии»］.—«Освобождение»，Штутгарт，1904，№52，19 июля（1 августа），стр.［3，обл.］，в отд.：Библиографический листок«Освобождения»）——45。

《关于当前对国家杜马的策略的决议》（Резолюция о тактике по отношению к Г［осударственной］думе в настоящий момент.［Листовка］.Б.м.，тип.ЦК РСДРП，［1906］.2 стр.（РСДРП））——265。

《关于对国家杜马的态度》［孟什维克在俄国社会民主工党第四次（统一）代表大会上提出的决议草案］（Об отношении к Государственной думе.［Проект резолюции，внесенный меньшевиками на IV（Объединительном）съезде РСДРП］.—В кн.：Протоколы Объединительного съезда РСДРП，состоявшегося в Стокгольме в 1906 г.М.，тип.Иванова，1907，стр.204—

[《关于废除死刑的法律草案(1906 年 5 月 18 日在国家杜马会议上讨论)》]([Законопроект об отмене смертной казни,обсуждавшийся на заседании Государственной думы 18 мая 1906 г.].—В кн.:Стенографические отчеты [Государственной думы].1906 год.Сессия первая.Т.Ⅰ.Заседания 1—18(с 27 апреля по 30 мая).Спб.,гос. тип.,1906,стр. 421—422 (Государственная дума))——116、117、126、175。

《关于革命的时局和无产阶级的任务》[孟什维克向俄国社会民主工党第四次(统一)代表大会提出的决议草案](О современном моменте революции и задачах пролетариата.[Проект резолюции меньшевиков к Ⅳ(Объединительному) съезду РСДРП].—«Партийные Известия»,[Спб.],1906,№2,20 марта,стр. 9.Под общ. загл.:Проект резолюций к предстоящему съезду,выработанный группой«меньшевиков»с участием редакторов«Искры»)——8、29、30、31、35、71。

《关于革命时代代表机关的意义》(О значении представительных учреждений в революционную эпоху.[Проект резолюции меньшевиков к Ⅳ(Объединительному) съезду РСДРП].—«Партийные Известия»,[Спб.],1906,№2,20 марта,стр. 10—11.Под общ. загл.:Проект резолюций к предстоящему съезду,выработанный группой«меньшевиков»с участием редакторов«Искры»)——336。

《关于工会》[俄国社会民主工党第四次(统一)代表大会通过的决议](О профессиональных союзах.[Резолюция, принятая на Ⅳ(Объединительном) съезде РСДРП].—В кн.:Протоколы Объединительного съезда РСДРП,состоявшегося в Стокгольме в 1906 г.М.,тип. Иванова,1907,стр. 418—419,в отд.:Приложение Ⅱ.Постановления и резолюции съезда)——53。

《关于工人代表大会问题》(К вопросу о рабочем съезде.—«Товарищ»,Спб.,1906,№35,15(28)августа,стр.4)——364。

《[关于建立国家杜马的]诏书》[1905 年 8 月 6 日(19 日)](Манифест[об учреждении Государственной думы. 6(19) августа 1905 г.].—«Правительственный Вестник»,Спб.,1905,№169,6(19)августа,стр. 1)——220。

ДРП])——4、48、50、51。

《关于游击行动》[崩得第七次代表大会通过的决议](О партизанских выступлениях.[Резолюция, принятая на VII съезде Бунда].—В кн.: Извещение о VII съезде Бунда. Женева, тип. Бунда, сентябрь 1906, стр. 11—12. (Всеобщий еврейский рабочий союз в Литве, Польше и России (Бунд)))——390。

《关于游击行动》[俄国社会民主工党第四次(统一)代表大会通过的决议](О партизанских выступлениях. О партизанских действиях. [Резолюция, принятая на IV(Объединительном) съезде РСДРП].—В кн.: Протоколы Объединительного съезда РСДРП, состоявшегося в Стокгольме в 1906 г. М., тип. Иванова, 1907, стр. 417 — 418, в отд.: Приложение II. Постановления и резолюции съезда)——53、361、362、388。

《国家报》(圣彼得堡)(«Страна», Спб., 1906, №68, 10(23) мая, стр. 1)——104。

—1906, №94, 9(22) июня, стр. 1.——281。

《国家杜马》(5月15日)(载于1906年5月16日(29日)《言语报》第74号)(Государственная дума. 15 мая.—«Речь», Спб., 1906, №74, 16(29) мая, стр. 2—3)——112。

《国家杜马》(载于1906年5月17日(30日)《政府通报》晚上版增刊第2号)(Государственная дума.—«Правительственный Вестник». Вечернее прибавление к «Правительственному Вестнику», Спб., 1906, №2, 17(30) мая, стр. 2, в отд.: Хроника)——137。

《国家杜马》(7月4日会议)(载于1906年7月5日(18日)《我们的生活报》第489号)(Государственная дума. Заседание 4 июля.—«Наша Жизнь», Спб., 1906, №489, 5(18) июля, стр. 2—4)——296—299。

[《国家杜马代表庄严的誓词》]([Торжественное обещание членов Государственной думы].—В кн.: Стенографические отчеты [Государственной думы]. 1906 год. Сессия первая. Т. I. Заседания 1—18 (с 27 апреля по 30 мая). Спб., гос. тип., 1906, стр. 2. (Государственная дума))——211。

《国家杜马的建立》(Учреждение Государственной думы. 6(19) августа 1905 г.—«Правительственный Вестник», Спб., 1905, №169, 6(19) августа, стр.

146、163、259、283、284。

[《立宪民主党关于比亚韦斯托克大暴行的决议草案(1906 年 6 月 29 日在国家杜马会议上提出)》](〔Проект резолюции к.-д. по поводу белостокского погрома, внесенный на заседание Государственной думы 29 июня 1906 г.〕.—«Речь», Спб., 1906, №113, 30 июня (13 июля). Приложение к №113«Речи». Государственная дума, стр. 3)——278、279。

《两条道路》(Два пути.—«Курьер», Спб., 1906, №4, 20 мая(2 июня), стр. 1, в отд.: Политическое обозрение)——137、166。

《临时政府与革命自治》[孟什维克在俄国社会民主工党第四次(统一)代表大会上提出的决议草案](Временное правительство и революционное самоуправление. [Проект резолюции меньшевиков к IV(Объединительному) съезду РСДРП].—«Партийные Известия», [Спб.], 1906, №2, 20 марта, стр. 11. Под общ. загл.: Проект резолюций к предстоящему съезду, выработанный группой «меньшевиков» с участием редакторов «Искры»)——350。

《论内阁改组》(К смене министерства.—«Голос Труда», Спб., 1906, №6, 27 июня(10 июля), стр. 1)——265。

《论土地改革》(劳动团的新草案)(К земельной реформе. (Новый проект Трудовой группы). —«Речь», Спб., 1906, №94, 8(21) июня, стр. 4—5)——281、291、394。

《孟什维克关于临时政府和革命自治的决议草案》(Проект меньшевистской резолюции о временном правительстве и революционном самоуправлении. Временное правительство и революционное самоуправление.—В кн.: [Ленин, В. И.] Доклад об Объединительном съезде РСДРП. Письмо к петербургским рабочим. М.—Спб., тип. «Дело», 1906, стр. 91—92, в отд.: Приложения)——350。

《孟什维克关于对各资产阶级政党的态度的决议草案初稿》(Проект первоначальной меньшевистской резолюции об отношении к буржуазным партиям. Об отношении к либерально-демократическим партиям.—В кн.: [Ленин, В. И.] Доклад об Объединительном съезде РСДРП. Письмо к петербургским рабочим. М.—Спб., тип. «Дело», 1906, стр. 87—88, в отд.:

Приложения. Перед загл. авт.: Н. Ленин)——56—57。

[《孟什维克决议(俄国社会民主工党第四次(统一)代表大会通过的取代布尔什维克提出的为党章第1条加的一个附注)》]([Резолюция меньшевиков, принятая IV(Объединительным) съездом РСДРП вместо предложенного большевиками примечания к 1-му пункту устава].—В кн.: Протоколы Объединительного съезда РСДРП, состоявшегося в Стокгольме в 1906 г. М., тип. Иванова, 1907, стр. 400)——55、95。

《"孟什维克"派及〈火星报〉编辑向本次代表大会提出的决议草案》(Проект резолюций к предстоящему съезду, выработанный группой «меньшевиков» с участием редакторов «Искры».—«Партийные Известия», [Спб.], 1906, №2, 20 марта, стр. 9—11)——4、8、22、28、30、31、35、47、54、57、64、72、153、336、350。

《莫斯科工人代表苏维埃消息报》(莫斯科)(«Известия Московского Совета Рабочих Депутатов», М., 1905, №5, 11 декабря, стр. [2])——383—385。

《莫斯科新闻》(«Московские Ведомости»)——306。

《[尼古拉二世]致国务会议和国家杜马的贺词》(Приветственное слово [Николая II] Государственному совету и Государственной думе.—«Правительственный Вестник», Спб., 1906, №94, 28 апреля (11 мая), стр. 1)——93、100。

《涅瓦报》(圣彼得堡)(«Невская Газета», Спб.)——131。

—1906, №1, 2(15) мая, стр. 1—2.——62、139、140、141。

—1906, №2, 3(16) мая, стр. 1.——43。

—1906, №3, 4(17) мая, стр. 1.——43。

—1906, №6, 8(21) мая, стр. 1, 2.——41、83、93、135。

《评价俄国社会民主工党统一代表大会工作的参考资料》(Материалы для оценки работ Объединительного съезда РСДРП.——В кн.: [Ленин, В. И.] Доклад об Объединительном съезде Российской социал-демократической рабочей партии. Письмо к петербургским рабочим. М.—Спб., тип. «Дело», 1906, стр. 63—110, в отд.: Приложения. Перед загл. авт.: Н. Ленин)——50、57、59、64、350。

《人民代表致人民书》[传单](Народу от народных представителей.[Июль 1906 г.].[Листовка].Б.м.,1906.1 стр.)——305、353、357、373。

《人民事业报》(圣彼得堡)(«Дело Народа»,Спб.)——131、392。

《人民通报》(圣彼得堡)(«Народный Вестник»,Спб.,1906,№9,18(31)мая,стр.4)——123。

《人民自由报》(圣彼得堡)(«Народная Свобода»,Спб.)——19。

—1905,№5(9144),20 декабря(2 января 1906),стр.1.——19。

《人民自由党代表第三次代表大会》(III-й съезд делегатов партии народной свободы.—«Речь», Спб., 1906, №55, 22 апреля (5 мая), стр. 3 — 4)——72。

《人民自由党提交国家杜马的出版法草案》(Законопроект о печати,вносимый партией народной свободы в Государственную думу.—«Речь», Спб., 1906,№75,17(30)мая,стр.4;№76,18(31)мая,стр.5)——134、163、175、283。

《人民自由(立宪民主)党第三次代表大会记录》(Протоколы III съезда партии народной свободы (конституционно-демократической). Изд. секретариата центрального комитета партии народной свободы. Спб., 1906. 176 стр.)——72。

《沙皇尼古拉二世的演说》——见《尼古拉二世致国务会议和国家杜马的贺词》。

《社会党策略的国际准则》(Internationale Regeln der sozialistischen Taktik. [Die Resolution des Internationalen Sozialistenkongresses zu Amsterdam].—In:Internationaler Sozialistenkongreß zu Amsterdam. 14. bis 20. August 1904. Berlin, Expedition der Buchhandlung «Vorwärts», 1904, S. 31—32)——55—58、153。

《社会革命党第一次代表大会记录》(Протоколы первого съезда партии социалистов-революционеров. Изд. ЦК п. с.-р. Б. м., тип. партии социалистов-революционеров, 1906. 368 стр. (Партия социалистов-революционеров))——391、392。

《社会革命党纲领和组织章程(党的第一次代表大会批准)》(Программа и

№85,6 мая,стр.1)——148、149、157—158。

《社会民主党人日志》(日内瓦)(«Дневник Социал-Демократа», Женева, №№1—5, март 1905—март 1906)——4、20、23、47。

—1905,№3,ноябрь,стр.1—23.——161。

—1905,№4,декабрь,стр.1—12.——20、23、47、367、400。

—1906,№5,март,стр.32—39.——17。

—1906,№6,август,стр.1—12.——373—377。

《社会民主党人的分裂》(Раскол в среде социал-демократов.—«Речь», Спб., 1906,№88,1(14)июня,стр.2)——195。

圣彼得堡,5月7日。[社论](С.-Петербург, 7 мая.[Передовая].—«Наша Жизнь»,Спб.,1906,№441,10(23)мая,стр.1)——104。

圣彼得堡,5月10日。[社论](С.-Петербург, 10 мая.[Передовая].—«Страна»,Спб.,1906,№68,10(23)мая,стр.1)——104。

圣彼得堡,5月11日。[社论](С.-Петербург,11 мая.[Передовая].—«Речь», Спб.,1906,№70,11(24)мая,стр.1)——104。

圣彼得堡,5月20日。[社论](С.-Петербург,20 мая.[Передовая].—«Речь», Спб.,1906,№78,20 мая(2 июня),стр.1)——137。

圣彼得堡,5月31日。[社论](С.-Петербург,31 мая.[Передовая].—«Наша Жизнь»,Спб.,1906,№460,1(14)июня,стр.1)——194、195。

圣彼得堡,6月22日。[社论](С.-Петербург,22 июня.[Передовая].—«Речь», Спб.,1906,№106,22 июня(5 июля),стр.1)——237。

圣彼得堡,6月27日。[社论](С.-Петербург,27 июня.[Передовая].—«Речь», Спб.,1906,№110,27 июня(10 июля),стр.1)——266。

圣彼得堡,6月28日。(劳动团还是各党团?)(С.-Петербург,28 июня.Трудовая группа или партийные фракции? —«Мысль»,Спб.,1906,№8,28 июня (11 июля),стр.1)——273、276。

圣彼得堡,7月6日。[社论](载于1906年7月6日《俄国报》第171号)(С.-Петербург, 6 июля.[Передовая].—«Россия», Спб., 1906, №171, 6 июля,стр.1)——300。

圣彼得堡,7月6日。[社论](载于1906年7月6日(19日)《言语报》第118

社会民主工党第四次(统一)代表大会上宣读)》](Протест тифлисских рабочих против полномочий тифлисской меньшевистской делегации, зачитанный на IV(Объединительном) съезде РСДРП].—В кн.: Протоколы Объединительного съезда РСДРП, состоявшегося в Стокгольме в 1906 г.М., тип.Иванова, 1907, стр.284)——5。

梯弗利斯, 11日。(Тифлис, 11.—«Волна», Спб., 1906, №16, 13 мая, стр.2, в отд.: Агентские телеграммы)——109。

《同德·费·特列波夫的谈话》(Интервью с Д.Ф.Треповым.—«Новое Время», Спб., 1906, №10876, 25 июня(8 июля), стр.4.Подпись: Reporter)——257。

《同志报》(圣彼得堡)(«Товарищ», Спб.)——342。

—1906, №32, 11(24) августа, стр.1.——339。

—1906, №35, 15(28) августа, стр.4.——364。

《[土地法]基本条例草案[由104个国家杜马代表提出]》(Проект основных положений[земельного закона, внесенный 104 членами Государственной думы].—В кн.: Стенографические отчеты[Государственной думы].1906 год.Сессия первая.Т.I.Заседания 1—18(с 27 апреля по 30 мая).Спб., гос. тип., 1906, стр.560—562.(Государственная дума))——394、395。

《土地纲领[俄国社会民主工党第四次(统一)代表大会通过]》(Аграрная программа, [принятая на IV(Объединительном) съезде РСДРП].—В листовке: Постановления и резолюции Объединительн. съезда Российской социал-демократической рабочей партии.[Спб.], тип.Центрального Комитета, [1906], стр.1.(РСДРП))——17、22、25、26、29、60、76、101、146。

《土地基本法草案》(Проект основного земельного закона.—«Народный Вестник», Спб., 1906, №9, 18(31) мая, стр.4)——123。

《土地基本法草案[由33个国家杜马代表提出]》(Проект основного земельного закона, [внесенный 33 членами Государственной думы].—В кн.: Стенографические отчеты [Государственной думы].1906 год.Сессия первая.Т.II.Заседания 19—38(с 1 июня по 4 июля).Спб., гос.тип., 1906, стр.1153—1156.(Государственная дума))——381、394。

《土地问题和劳动团》(Аграрный вопрос и Трудовая группа.—«Курьер», Спб.,

дума, стр.1—2.——180。
—1906, №85, 28 мая(10 июня), стр.1, 2.——179。
—1906, №86, 30 мая(12 июня), стр.2.——188、194。
—1906, №88, 1(14)июня, стр.2.——195。
—1906, №89, 2(15) июня. Приложение к №89 «Речи». Государственная дума, стр.4.——193、222、259、267—268、283。
—1906, №90, 3(16) июня. Приложение к №90 «Речи». Государственная дума, стр.1—3.——200、202。
—1906, №94, 8(21)июня, стр.4—5.——281、291、394。
—1906, №96, 10(23) июня. Приложение к №96 «Речи». Государственная дума, стр.1—4.——215、222。
—1906, №98, 13(26) июня. Приложение к №98 «Речи». Государственная дума, стр.1—4.——222、234。
—1906, №102, 17(30) июня. Приложение к №102 «Речи». Государственная дума, стр.1.——223、227。
—1906, №106, 22 июня(5 июля), стр.1, 2, 3.——234、237、239、240。
—1906, №108, 24 июня (7 июля). Приложение к №108 «Речи». Государственная дума, стр.1—4.——251、253。
—1906, №108, 24 июня(7 июля), стр.2.——255。
—1906, №110, 27 июня(10 июля), стр.1.——266。
—1906, №111, 28 июня(11 июля), стр.1—2.——267、268、280。
—1906, №113, 30 июня (13 июля). Приложение к №113 «Речи». Государственная дума, стр.1—4.——278。
—1906, №114, 1(14)июля, стр.1—2.——284。
—1906, №115, 2(15)июля, стр.2.——289—290。
—1906, №117, 5(18) июля. Приложение к №117 «Речи». Государственная дума, стр.1.——291—294、296、297、299、300。
—1906, №118, 6(19)июля, стр.1.——300、302。
—1906, №125, 13(26)июля, стр.1.——305。
—1906, №130, 19 июля(1 августа), стр.1.——345。

《[1906年]6月29日[国家杜马]会议》(Заседание[Государственной думы]29 июня[1906 г.].—«Речь»,Спб.,1906,№113,30 июня(13 июля).Приложение к №113«Речи».Государственная дума.стр.1—4)——278—279。

《[1906年]7月4日[国家杜马]会议》(Заседание[Государственной думы]4 июля[1906 г.].—«Речь»,1906,№117,5(18)июля.Приложение к №117 «Речи».Государственная дума,стр.1—3)——291—295。

《1906年在斯德哥尔摩举行的俄国社会民主工党统一代表大会记录》(Протоколы Объединительного съезда РСДРП,состоявшегося в Стокгольме в 1906 г.М.,тип.Иванова,1907.VI,420 стр.)——2、3—18、20、21—44、45—57、60、62、63—64、72、76、77、85、86、88、91—92、95、98、101、109、122、123、129、136、145、153、172、176、182、189、190、192、193、211、227、338、340、358、361、362、388、389。

《意外的建议》(Неожиданное предложение.—«Страна»,Спб.,1906,№94,9(22)июня,стр.1.Под общ.загл.:С.-Петербург,9-го июня)——281。

《议会习俗》(«Парламентские обычаи».—«Курьер»,Спб.,1906,№4,20 мая(2 июня),стр.1,в отд.:Политическое обозрение)——135。

《又是代表大会!》(Опять съезд! —«Наша Жизнь»,Спб.,1906,№483,28 июня(11 июля),стр.5,в отд.:Дума и партии)——269。

《在杜马周围》(Около Думы.—«Слово»,Спб.,1906,№499,28 июня(11 июля),стр.3,в отд.:Обзор печати)——269。

[《在俄国社会民主工党第四次(统一)代表大会上通过的对崩得和俄国社会民主工党统一的条件草案的补充决议》]([Резолюция,принятая на IV (Объединительном)съезде РСДРП в дополнение к проекту условий объединения Бунда с РСДРП].—В кн.:Протоколы Объединительного съезда РСДРП,состоявшегося в Стокгольме в 1906 г.М.,тип.Иванова,1907,стр.392)——53。

《在国务会议周围》(Около Государственного совета.У Н.А.Хомякова.—«Дума»,Спб.,1906,№22,23 мая(5 июня),стр.2)——163。

《在卢比孔河畔》(У Рубикона.—«Русское Государство»,Спб.,1906,№47,28 марта(10 апреля),стр.3.Подпись:К.Т.)——166。

Спб.,1906,№5,25 июня(8 июля),стр.1)——257、258、259。

《直接向目标前进》(Прямо к цели.Спб.,«Максималист»,1906.16 стр.)——392。

[《中央委员会关于议会党团的指示(俄国社会民主工党第四次(统一)代表大会通过)》]([Инструкция ЦК о парламентской группе,принятая на IV(Объединительном) съезде РСДРП].—В кн.:Протоколы Объединительного съезда РСДРП,состоявшегося в Стокгольме в 1906 г.М.,тип.Иванова,1907,стр.408—409)——44、92。

《中央委员会三个委员的抗议书》——见《中央委员会三个委员的声明》。

《中央委员会三个委员的声明》(1906 年 7 月 20 日在俄国社会民主工党中央委员会上)(Заявление 3-х членов ЦК.В ЦК РСДРП.20 июля 1906 г.[Листовка].Б.м.,июль 1906.1 стр.(Только для членов партии).Подпись:Члены ЦК РСДРП Максимов,Зимин,Строев)——346。

《钟声》杂志(波尔塔瓦)(«Колокол»,Полтава)——148、149。

—1906,№85,6 мая,стр.1.——148、149、157—158。

《自由和文化》杂志(圣彼得堡)(«Свобода и Культура»,Спб.,1906,№7,18 мая,стр.455—458,514—517)——120、161。

《组织章程[崩得第七次代表大会通过]》(Организационный устав,[принятый на VII съезде Бунда].—В кн.:Извещение о VII съезде Бунда.Женева,тип.Бунда,сентябрь 1906,стр.12—15.(Всеобщий еврейский рабочий союз в Литве,Польше и России(Бунд)))——390。

《组织章程[俄国社会民主工党第四次(统一)代表大会通过]》(Организационный устав,[принятый на IV(Объединительном) съезде РСДРП].—В кн.:Протоколы Объединительного съезда РСДРП,состоявшегося в Стокгольме в 1906 г.М.,тип.Иванова,1907,стр.419—420)——54—55、129。

年　表

（1906 年 5 月—9 月下半月）

1906 年

5 月初—8 月初

列宁住在彼得堡。为避免沙皇保安机关的追踪，生活在秘密状态中，经常更换住所。

5 月 4 日（17 日）

写《争取自由的斗争和争取政权的斗争》一文。该文作为社论发表在 5 月 5 日（18 日）《浪潮报》第 9 号上。

5 月 6 日（19 日）

在彼得堡大学内举行的彼得堡市党的工作者会议上作关于俄国社会民主工党第四次（统一）代表大会的总结报告。关于这次报告的简要报道刊登在 1906 年 5 月 7 日（20 日）《号召报》上。

写《关于代表大会的总结》一文。该文作为社论发表在 5 月 7 日（20 日）《浪潮报》第 11 号上。

列宁的《新的高潮》一文作为社论发表在《浪潮报》第 10 号上。

5 月 6 日和 10 日（19 日和 23 日）之间

在维堡区织造分区工人社会民主党人会议上作关于国家杜马问题的报告。会上通过的决议发表在 1906 年 5 月 10 日（23 日）《浪潮报》第 13 号上。该决议尖锐地批判了国家杜马致沙皇的请求书和立宪民主党人向沙皇专制制度伸出和解之手的政策。

5 月 9 日（22 日）

去彼得堡办事员和会计工会，同工会理事会成员谈工会的工作。

用卡尔波夫这个假名在帕宁娜伯爵夫人民众文化馆群众大会上发

表演说，阐明俄国社会民主工党对待国家杜马的策略。大会通过了列宁提出的决议案。

写《国家杜马中的工人团》一文。该文作为社论发表在 5 月 10 日(23 日)《浪潮报》第 13 号上。

列宁的《杜马和人民》(社论)、《报刊评论》和提交俄国社会民主工党第四次(统一)代表大会的布尔什维克《关于国家杜马》的决议草案的按语发表在《浪潮报》第 12 号上。

5 月 10 日(23 日)

为列·波·加米涅夫的《谈谈组织问题》一文写的编辑部后记发表在《浪潮报》第 13 号上。

写《农民团或"劳动"团和俄国社会民主工党》一文。该文作为社论发表在 5 月 11 日(24 日)《浪潮报》第 14 号上。

5 月 11 日(24 日)

在彼得堡市莫斯科区工人社会民主党人会议上作关于俄国社会民主工党第四次(统一)代表大会的报告，对会议决议提出修改意见，认为有必要在社会民主党的报刊上和群众集会上对第四次(统一)代表大会的决议展开讨论。列宁的修改意见被会议通过。

在彼得堡市弗兰科-俄罗斯分区社会民主党人会议上作关于俄国社会民主工党第四次(统一)代表大会的总结的报告。

列宁在帕宁娜伯爵夫人民众文化馆群众大会上演说的简要报道发表在《涅瓦报》第 8 号和《浪潮报》第 14 号上。

列宁提出的在帕宁娜伯爵夫人民众文化馆群众大会上通过的决议发表在《浪潮报》第 14 号上。

5 月 12 日(25 日)

列宁的《杜马中的土地问题》一文作为社论发表在《浪潮报》第 15 号上。

5 月 13 日(26 日)

写《既不给土地，也不给自由》一文。该文作为社论发表在 5 月 14 日(27 日)《浪潮报》第 17 号上。

列宁的《决议和革命》一文发表在《浪潮报》第 16 号上。

5 月 14 日(27 日)

列宁的《社会民主党人在梯弗利斯选举中的胜利》一文发表在《浪潮报》

第 17 号上。

5 月上半月

写小册子《关于俄国社会民主工党统一代表大会的报告(给彼得堡工人的信)》。

5 月 17 日(30 日)

写《政府、杜马和人民》一文。该文作为社论发表在 5 月 18 日(31 日)《浪潮报》第 20 号上。

5 月 18 日(31 日)

写《立宪民主党人阻碍杜马面向人民》一文和为国家杜马工人代表的宣言《告俄国全体工人书》写编辑部后记《关于工人代表的呼吁》。文章和后记发表在 5 月 19 日(6 月 1 日)《浪潮报》第 21 号上。

5 月 19 日(6 月 1 日)

列宁的《连讨价还价也不肯!》一文发表在《浪潮报》第 21 号上。

写《土地问题和争取自由的斗争》、《哥列梅金派、十月党人和立宪民主党人》两篇文章。这两篇文章发表在《浪潮报》第 22 号上。

5 月 20 日(6 月 2 日)

列宁的《批评自由和行动一致》一文发表在《浪潮报》第 22 号上。

写《糟糕的建议》和《关于解散国家杜马的传闻和谣言》两篇文章。这两篇文章发表在 5 月 21 日(6 月 3 日)《浪潮报》第 23 号上。

5 月 21 日(6 月 3 日)

在彼得堡纳尔瓦区社会民主党人会议上作关于俄国社会民主工党第四次(统一)代表大会的报告。

5 月 23 日(6 月 5 日)

在彼得堡圣加尔斯克分区工人大会上作关于土地问题的报告。报告以后,还应工人的请求谈了布尔什维克和孟什维克在对国家杜马态度问题上的分歧。

列宁的《考茨基论国家杜马》一文发表在《生活通报》杂志第 6 期上。

5 月 24 日(6 月 6 日)

列宁的《立宪民主党、劳动派和工人政党》一文作为社论发表在《浪潮报》第 25 号上。

俄国社会民主工党彼得堡委员会会议以多数票通过列宁起草的关于对国家杜马的态度的决议，决议号召作好工人和农民共同采取战斗行动的准备。彼得堡工人热烈支持这一决议。许多群众大会和工厂集会都支持这一决议，反对孟什维克中央委员会散发的关于要求杜马组阁即立宪民主党组阁的决议。

5月26日(6月8日)

列宁签署波波娃出版社再版他的《俄国资本主义的发展》一书的版权协议书。

列宁的《普列汉诺夫同志是怎样论述社会民主党的策略的?》一文发表在《前进报》第1号上。这篇文章在1906年由彼得堡前进出版社印成单行本。

5月27日(6月9日)

写《关于目前的政治局势》一文。该文作为社论发表在5月28日(6月10日)《前进报》第3号上。

列宁写的《俄国社会民主工党彼得堡委员会关于对杜马的态度的决议》和《关于杜马组阁的口号》发表在《前进报》第2号上。

5月30日(6月12日)

列宁的《无产阶级的策略和目前的任务》一文发表在《前进报》第4号上。

5月31日(6月13日)

写《让工人来决定》一文。该文发表在《前进报》第6号上。

列宁的《德国社会民主党对立宪民主党人的评论》和《报刊评论》发表在《前进报》第5号上。

5月

列宁的小册子《关于俄国社会民主工党统一代表大会的报告(给彼得堡工人的信)》出版。

多次会见布尔什维克报刊的撰稿人瓦·瓦·沃罗夫斯基、阿·瓦·卢那察尔斯基、亚·亚·波格丹诺夫、列·波·克拉辛以及其他党的工作者。

5月—7月7日(20日)

编辑在彼得堡出版的布尔什维克合法报纸《浪潮报》、《前进报》、《回声报》。

6月1日(14日)

写《“不要向上看,而要向下看”》一文。该文作为社论发表在6月2日(15日)《前进报》第7号上。

6月3日(16日)

写《反动派开始了武装斗争》一文。该文作为社论发表在《前进报》第9号上。

6月6日(19日)

用卡尔波夫这个假名在彼得堡给全俄国民教师代表大会部分代表作关于土地问题的报告和总结发言。

列宁写的《俄国社会民主工党彼得堡委员会关于杜马组阁问题的决议》发表在《前进报》第10号上。

6月8日(21日)

写《上面的动摇和下面的坚定》一文。该文作为社论发表在《前进报》第13号上。

列宁的《前夜》一文发表在基辅布尔什维克报纸《工作者报》第1号上。

6月9日(22日)

写《团结起来!》一文。该文作为社论发表在6月10日(23日)《前进报》第14号上。

6月10日(23日)

写《杜马和人民》一文。该文作为社论发表在6月11日(24日)《前进报》第15号上。

6月11日(24日)以前

在彼得堡波罗的海工厂社会民主党组织会议上发言,批判孟什维克支持立宪民主党“杜马组成责任内阁”的口号。

6月11日—12日(24日—25日)

领导俄国社会民主工党彼得堡组织区际代表会议的工作。在会议上代表彼得堡委员会作《关于党对国家杜马的策略》和《关于党的统一》的报告。列宁起草的俄国社会民主工党彼得堡委员会关于对国家杜马的态度的决议和关于杜马组阁问题的决议成为布尔什维克在这次大讨论中的策略纲领。

在代表会议上多次就会议日程问题发言驳斥费·伊·唐恩，坚持把关于对国家杜马的策略问题作为第一项议题。

6月11日和15日(24日和28日)之间

拟定社会民主党杜马党团的宣言草案。列宁在《关于我们杜马党团的宣言》一文中引用了这一草案。

6月14日(27日)

列宁的《为政权而斗争和为小恩小惠而“斗争”》一文作为社论发表在《前进报》第17号上。

6月上半月

会见波兰王国和立陶宛社会民主党总执行委员会代表弗·列德尔，同他就波兰王国和立陶宛社会民主党的状况、就即将举行的波兰王国和立陶宛社会民主党第五次代表大会以及布尔什维克派代表作为来宾出席代表大会的问题进行交谈。

6月18日(7月1日)以前

委派瓦·瓦·沃罗夫斯基作为布尔什维克《前进报》编辑部代表出席波兰王国和立陶宛社会民主党第五次代表大会。

6月18日(7月1日)

《生活通报》杂志第8期刊登前进出版社出版列宁的《立宪民主党人的胜利和工人政党的任务》和《论修改工人政党的土地纲领》两本小册子的广告。

6月21日(7月4日)

写《“你所做的快做吧!”》一文。该文发表在6月22日(7月5日)《回声报》第1号上。

6月22日(7月5日)

写《救济饥民和杜马的策略》、《关于内阁的谈判》两篇文章以及《回声报》的“报刊评论”栏的短评。文章和短评发表在6月23日(7月6日)《回声报》第2号上。

列宁的《关于我们杜马党团的宣言》和《有益的辩论》两篇文章发表

在《回声报》第1号上。

6月23日(7月6日)

写《谁赞成同立宪民主党结成联盟?》一文。该文作为社论发表在《回声报》第2号上。

列宁起草的社会民主党杜马党团宣言草案刊登在《北半球报》第1号上。

6月24日(7月7日)

为《回声报》撰写社论《立宪民主党杜马把钱交给了大暴行制造者的政府》,并为"报刊评论"栏写短评。文章和短评发表在6月25日(7月8日)《回声报》第4号上。

6月25日(7月8日)

在俄国社会民主工党彼得堡区委员会组织的工人大会上作关于土地问题的报告。报告中分析了立宪民主党人、劳动派(社会革命党人)和社会民主党人的土地纲领,详细谈了俄国社会民主工党内主张土地国有和土地地方公有的两派。

6月27日(7月10日)

为《回声报》的"报刊评论"栏写短评。短评发表在6月28日(7月11日)《回声报》第6号上。

列宁的《立宪民主党的应声虫》一文作为社论发表在《回声报》第5号上。

6月28日(7月11日)

主持彼得堡纳尔瓦区工人社会民主党人大会;作关于土地问题的报告。大会根据列宁的建议通过决议,同意俄国社会民主工党彼得堡组织区际代表会议所作的关于对待国家杜马的策略问题、关于党的统一问题以及关于同社会民主党杜马党团举行会议问题的决议。

列宁的《再论杜马内阁》一文作为社论发表在《回声报》第6号上。

为《回声报》的"报刊评论"栏写短评。这篇短评发表在6月29日(7月12日)《回声报》第7号上。

列宁的小册子《关于俄国社会民主工党统一代表大会的报告(给彼得堡工人的信)》被查封。

6 月 29 日(7 月 12 日)

为《回声报》的“报刊评论”栏写短评。这篇短评发表在 6 月 30 日(7 月 13 日)《回声报》第 8 号上。

6 月以后

阅读波·拉金(波·米·克努尼扬茨)的小册子《1905 年 10 月 13 日—12 月 3 日第一届工人代表苏维埃》,在书上作批注、画着重号。

7 月 1 日(14 日)

列宁的《“非党”抵制派的错误议论》和《资产阶级的谴责和无产阶级的号召》两篇文章发表在《回声报》第 9 号上。

7 月 2 日(15 日)

列宁的文章《军队和人民》(社论)和短评《报刊评论》发表在《回声报》第 10 号上。

7 月 4 日(17 日)

列宁的文章《论组织群众和选择斗争时机》(社论)和短评《报刊评论》发表在《回声报》第 11 号上。

7 月 5 日(18 日)以前

同拉脱维亚边疆区社会民主党中央委员会委员彼·伊·斯图契卡就即将召开的拉脱维亚边疆区社会民主党代表大会问题进行交谈,并答应出席代表大会。

7 月 5 日(18 日)

写《杜马内的政党和人民》一文。该文作为社论发表在 7 月 6 日(19 日)《回声报》第 13 号上。

列宁的《大胆的攻击和胆怯的防御》一文作为社论发表在《回声报》第 12 号上。

7 月 6 日(19 日)

写《反动派的阴谋和大暴行制造者的威胁》一文。该文作为社论发表在 7 月 7 日(20 日)《回声报》第 14 号上。

7 月 7 日(20 日)

用卡尔波夫这个假名在俄国社会民主工党彼得堡组织党的工作者会议上作关于社会民主党国家杜马党团的策略问题的报告。

7月8日—10日(21日—23日)

同娜·康·克鲁普斯卡娅在母亲玛·亚·乌里扬诺娃家里(在彼得堡郊区萨布林诺)休息。当7月10日(23日)早晨得知第一届国家杜马解散的消息后,立即离开萨布林诺,以便同党内的同志们讨论出现的新形势,并制定布尔什维克在新形势下的策略。

7月10日(23日)

在芬兰库奥卡拉同来自彼得堡的党的工作者举行会议,讨论第一届国家杜马解散后的党的任务问题,批判孟什维克中央委员会制定的号召进行总罢工反对解散杜马的计划,指示应利用解散杜马这个机会,进行集中的宣传鼓动,号召全民同时举行起义。

7月10日(23日)以后

在帕宁娜伯爵夫人民众文化馆举行的彼得堡布尔什维克组织积极分子大会上作关于当前形势的报告。

会见俄国社会民主工党卢甘斯克组织代表,同他就布尔什维克在国家杜马解散后的策略问题进行谈话,询问党组织同部队的联系,战斗队的数目和武装情况以及铁路工人的情绪等问题,指示卢甘斯克委员会不要单独提前行动,而应等候举行起义的统一信号。

7月13日和17日(26日和30日)之间

写小册子《杜马的解散和无产阶级的任务》。

7月16日(29日)

得知斯维亚堡的士兵和水兵可能立即举行起义的消息后,起草决定:立即派代表团前往该地了解情况并建议推迟举行起义的日期,在不可能推迟的情况下,责成代表团参加这次起义的领导工作。该决定为俄国社会民主工党彼得堡委员会执行委员会所通过。

7月17日(30日)

委派柳·鲁·明仁斯卡娅前往芬兰会见军事组织成员亚·格·施利希特尔,向他传达立即赴斯维亚堡领导起义的指示。

7月20日(8月2日)

根据列宁的建议,俄国社会民主工党彼得堡委员会决定举行政治总罢工支援斯维亚堡和喀琅施塔得的起义。

7月20日和28日(8月2日和10日)之间

出席彼得堡党的布尔什维克领导者会议。会议讨论党的策略问题。列宁在会上会见从华沙来的罗·卢森堡。

7月

在彼得堡一卷烟厂女工大会上发表演说,支持工人发动罢工抗议厂方拒绝满足他们的经济要求的倡议。

8月6日和21日(19日和9月3日)之间

在维堡期间领导筹备出版《无产者报》第1号的工作。

8月12日(25日)以前

列宁的小册子《杜马的解散和无产阶级的任务》在莫斯科由新浪潮出版社出版。

8月12日(25日)

写《论抵制》一文。

8月20日(9月2日)以前

就俄国革命的前途问题同格·马·克尔日扎诺夫斯基及其夫人季·巴·克尔日扎诺夫斯卡娅交谈。

8月20日(9月2日)

住进芬兰库奥卡拉"瓦萨"别墅,在此地一直侨居到1907年11月20日(12月3日)。

8月20日(9月2日)以后

在库奥卡拉同玛·莫·埃森谈话。埃森是受莫斯科委员会的委派前来听取列宁关于党的策略问题的指示的。

8月21日(9月3日)

列宁的文章《暴风雨之前》(社论)、《论抵制》、《政治危机和机会主义策略的破产》、《谈最近的事件》及短评《关于"工人代表大会"》发表在《无产者报》第1号上。

8月27日(9月9日)

主持俄国社会民主工党彼得堡委员会召开的党的会议;发表讲话,尖锐地批评孟什维克的"工人代表大会"的口号,认为这是对党的纲领的背弃,坚决主张必须召开俄国社会民主工党第五次代表大会。会议一致通过了列宁提出的决议案。

8月29日(9月11日)

列宁的《莫斯科起义的教训》(社论)和《策略上的动摇》两篇文章发表在《无产者报》第2号上。

8月底

在芬兰库奥卡拉“瓦萨”别墅会见罗·卢森堡,同她讨论俄国和国际工人运动的前途问题。

8月下半月

开始编辑布尔什维克的中央机关报《无产者报》。这一工作一直进行到1909年11月。

8月—9月

经常会见当时住在彼得堡的费·埃·捷尔任斯基。

夏天

同弗·德·邦契-布鲁耶维奇谈话,讨论他提出的是否可以出版列宁选集的建议。

委派布尔什维克费·安·谢尔盖耶夫前往乌拉尔,向乌拉尔各党组织介绍在第二届国家杜马选举中布尔什维克的策略。

在前进出版社所在地召开的党的工作者会议上发表讲话,建议加强农村工作。

就彼得堡工艺学院学生被捕问题同弗·德·邦契-布鲁耶维奇进行交谈。

读亚·亚·波格丹诺夫赠给的《经验一元论》(第3卷)一书,并给波格丹诺夫写了一封关于哲学问题的长达三个笔记本的信,信中批判作者的立场,认为他走的是一条极端错误的、非马克思主义的道路。列宁曾想以《一个普通马克思主义者的哲学见解》为题把这一著作发表出来,但没能实现。这一著作直到现在也没有找到。

9月1日(14日)

从库奥卡拉致函在日内瓦的格·阿·库克林,请他把留在日内瓦的一袋具有历史意义的文件(包括列宁的哥哥在狱中临刑前应母亲玛丽亚的请求拍的照片)寄往彼得堡。

9月8日(21日)

列宁的两篇文章《政府的政策和未来的斗争》(社论)和《滚开吧!》以及编辑部短评《关于波兰社会党的游击行动》发表在《无产者报》第3号上。

9月上半月

写短评《崩得同俄国社会民主工党的联合》。

9月19日(10月2日)

列宁的《社会革命党的孟什维克》一文发表在《无产者报》第4号上。

9月30日(10月13日)以前

在俄国社会民主工党彼尔姆委员会的来信上写批语。信中援引了党的市委会和几个区委会关于不信任孟什维克中央委员会的决议。信中还提出了关于召开党的紧急代表大会的建议。

《列宁全集》第二版第13卷编译人员

译文校订：张　企　谭金云　李永全　赵国顺

资料编写：杨祝华　张瑞亭　郭值京　刘方清　林海京　王锦文　刘彦章

编　　辑：许易森　钱文干　江显藩　李桂兰　李京洲　门三姗　薛春华

译文审订：张启荣　屈　洪

《列宁全集》第二版增订版编辑人员

翟民刚　李京洲　高晓惠　张海滨　赵国顺　任建华　刘燕明　孙凌齐　李桂兰　门三姗　韩　英　侯静娜　彭晓宇　李宏梅　武锡申　戢炳惠　曲延明

审　　定：韦建桦　顾锦屏　王学东

本卷增订工作负责人：赵国顺　李桂兰

项目统筹：崔继新
责任编辑：郇中建
装帧设计：石笑梦
版式设计：周方亚
责任校对：白　玥

图书在版编目(CIP)数据

列宁全集.第13卷/(苏)列宁著;中共中央马克思恩格斯列宁斯大林著作编译局编译.
—2版(增订版)-北京:人民出版社,2017.3
ISBN 978-7-01-017096-1
Ⅰ.①列… Ⅱ.①列… ②中… Ⅲ.①列宁著作-全集 Ⅳ.①A2
中国版本图书馆CIP数据核字(2016)第316474号

书　　名　列宁全集
LIENING QUANJI
第十三卷
编 译 者　中共中央马克思恩格斯列宁斯大林著作编译局
出版发行　人民出版社
(北京市东城区隆福寺街99号　邮编 100706)
邮购电话　(010)65250042　65289539
经　　销　新华书店
印　　刷　北京新华印刷有限公司
版　　次　2017年3月第2版增订版　2017年3月北京第1次印刷
开　　本　880毫米×1230毫米 1/32
印　　张　18.625
插　　页　3
字　　数　491千字
印　　数　0,001—3,000册
书　　号　ISBN 978-7-01-017096-1
定　　价　46.00元